基辛格传

上

A BIOGRAPHY
KISSINGER

著 —— [美] 沃尔特·艾萨克森（Walter Isaacson）　　译 —— 朱敬文　李耀宗

中信出版集团 | 北京

图书在版编目（CIP）数据

基辛格传：全2册 /（美）沃尔特·艾萨克森著；
朱敬文，李耀宗译. -- 北京：中信出版社，2023.9（2023.12重印）
ISBN 978-7-5217-5769-9

Ⅰ.①基… Ⅱ.①沃…②朱…③李… Ⅲ.①基辛格
(Kissinger, Henry Alfred 1923-) —传记 Ⅳ.
①K837.127=6

中国国家版本馆CIP数据核字（2023）第101764号

KISSINGER: A Biography
Original English Language edition Copyright © 1992, 2005 by Walter Isaacson
All Rights Reserved.
Published by arrangement with the original publisher, Simon & Schuster, Inc.
Simplified Chinese translation copyright © 2023 by CITIC Press Corporation
本书仅限中国大陆地区发行销售

基辛格传（全2册）
著者：　　[美] 沃尔特·艾萨克森
译者：　　朱敬文　李耀宗
出版发行：中信出版集团股份有限公司
　　　　　（北京市朝阳区东三环北路27号嘉铭中心　邮编　100020）
承印者：　北京盛通印刷股份有限公司

开本：787mm×1092mm 1/16　印张：51.75　字数：1071千字
版次：2023年9月第1版　　　印次：2023年12月第2次印刷
京权图字：01-2020-6266　　 书号：ISBN 978-7-5217-5769-9
定价：138.00元（全2册）

版权所有·侵权必究
如有印刷、装订问题，本公司负责调换。
服务热线：400-600-8099
投稿邮箱：author@citicpub.com

谨以此书献给
人如其名的贝齐

本书所获赞誉

艾萨克森对基辛格复杂个性的描绘感人至深,使基辛格的形象跃然纸上。艾萨克森对基辛格的经历的描述令读者有身临其境之感,能像艾萨克森这样讲述历史的人实不多见。

——罗伯特·卡洛 《权力之路:林登·约翰逊传》作者

《基辛格传》一书堪称巨著。艾萨克森的文笔平实生动,他在写作时充满想象力,有卓见,并且目光敏锐。这本书成就非凡。

——斯蒂芬·爱德华·安布罗斯 《尼克松与艾森豪威尔》作者

艾萨克森对人物的描述细致入微,调研扎实周全,评论发人深思,相当引人入胜。

——迈克尔·R. 贝施洛斯 《危机年代》作者

从涵盖范围和调研工作来看,这本书是介绍基辛格的权威之作,基辛格的粉丝必然对其爱不释手。对于想了解他多年来对美国对外政策影响的人来说,这本书则是必读著作。

——西奥多·德雷珀 《纽约时报书评》

艾萨克森先生的这本书堪称集洞察力、细腻笔触、公正立场于一身，将美国近代史娓娓道来，并对制定美国对外政策的知识分子与政界人物进行了深入刻画。

——《纽约客》

凡钦佩基辛格的人必能在这本书的字里行间找到足以佐证其观点的资料。不欣赏他的人也会发现他有很多缺点。此前认为基辛格只不过是"又一位平庸的国务卿"的人则会因这本书而三思。

——约翰·艾森豪威尔 《费城询问报》

这位前国务卿的第一本全面传记不但详细介绍了他的职场生涯和公共政策，还介绍了他的出身和离任后从事的工作……作者力求中立客观，也确实做到了这一点。对新生代读者来说，这些年发生的事已逐渐蜕变成真正的历史，要想重温历史，此书确属必读。

——威廉·海兰德 《外交事务》

目　录

2005 年版序　　基辛格的现实主义与当今圣战型的理想主义　/ V
1992 年版序　/ XI

第 1 章　童年时代：纳粹时期的菲尔特　1923—1938 年　/ 001
　　巴伐利亚的基辛格家族 / 年轻的海因茨 / 被摧毁的世界 / 丢失童年的后遗症

第 2 章　在华盛顿高地的日子：一位一心想成为会计师的人的美国化历程　1938—1943 年　/ 016
　　重建的世界 / 走出去

第 3 章　军旅生涯："亨利先生"重返故里　1943—1947 年　/ 022
　　大熔炉 / 弗里茨·克雷默 / 重返故里 / "向我的青年时代告别" / 占领者 / "或许我已经有了一套防御机制"

第 4 章　求学哈佛：志向远大的学生　1947—1955 年　/ 041
　　"小灰"与学者 / 威廉·埃利奥特 / 历史的意义 / 安纳利斯·弗莱舍尔·基辛格 / 国际研讨会 /《合流》/ 卡斯尔雷与梅特涅 / 一个研究生的生活与比拼

第 5 章　纽约试水：建制派的门客　1947—1957 年　/ 063
　　外交关系协会 / 核武器与外交政策 / 核明星 / 纳尔逊·奥尔德里奇·洛克菲勒

第 6 章　重返哈佛：教授　1957—1968 年　/ 074
　　国际事务中心 / 终身教职 / 家庭生活 / 发明军控 /《选择的必要》/ 俾斯麦

第 7 章　行走在权力边缘：肯尼迪、约翰逊和洛克菲勒　1961—1968 年　/ *088*

卡梅洛特的外围 / 徘徊 / 陷入泥潭的第一步 /1967 年宾州谈判 /1968 年的洛克菲勒

第 8 章　天造地设的搭档：基辛格和尼克松　1968 年　/ *107*

两边押宝 / 工作机会来了 / 看似格格不入的这一对 / 朝臣天性 / 静悄悄的政变

第 9 章　越战风云：秘密抉择，秘密轰炸　/ *135*

新的一天 / 越南选项 / 丹尼尔·埃尔斯伯格与国安备忘录 NSSM-1 号文件 / 关联 / 欧洲插曲，1969 年 2 月 / 秘密轰炸柬埔寨，1969 年 3 月 /1969 年 4 月 EC-121 被击落

第 10 章　基辛格的白宫帝国：大老板的权威及其行事风格　/ *159*

副手人选 / 基辛格的行事风格 / 威廉·皮尔斯·罗杰斯 / 梅尔文·莱尔德 / 基辛格的权力日增 / 背后渠道 / "应付亨利委员会"

第 11 章　耳边的秘密：办公室窃听器，死键，其他装置　/ *189*

国家安全窃听，1969 年 5 月 / 白宫其他的阴谋诡计 / 死键古卷

第 12 章　死路一条：深陷越南战争泥沼　/ *210*

越南化，1969 年 6 月 / 尼克松主义，1969 年 7 月 / 秘密和谈，1969 年 8 月 / 钓鸭行动，1969 年 11 月 / 秘密多发年 / 与黎德寿在一起的巴黎的春天，1970 年 2 月至 4 月

第 13 章　入侵柬埔寨：扩大战争，辞职，怒潮　/ *231*

决定入侵，1970 年 4 月 / 入侵柬埔寨，1970 年 5 月 / 幕僚人事异动：沃茨、莱克、莫里斯和林恩 / 争取布莱恩和其他的抗议者

第 14 章　危机杂耍术：9 月的两周随记　/ *259*

黑色 9 月,1970 年 /9 月 14 日，周一 /9 月 15 日，周二 /9 月 16 日，周三 /9 月 17 日，周四 /9 月 18 日，周五 /9 月 19 日，周六 /9 月 20 日，周日 /9 月 21 日，周一 /9 月 22 日，周二 /9 月 23 日，周三 /9 月 24 日，周四 /9 月 25 日，周五 /9 月 26 日，周六 /9 月 27 日，周日 / 余波 / 危机年代

第 15 章　限制战略武器谈判：背后渠道的军备控制　/ *288*

多弹头分导重返大气层运载工具 / 第一次战略武器限制谈判的提

议，1970 年 4 月 / 通过背后渠道取得的"突破"，1971 年 5 月 / 五角大楼文件，1971 年 6 月 / 单方面撤离的提议

第 16 章　接近巨龙："三角鼎立" / 306

通往北京的路 / 基辛格在中国，1971 年 7 月

第 17 章　权力和欲望：世界头号非性感名人的私生活 / 328

秘密的花花公子 / 乔治敦的社交圈 / 好莱坞年轻女明星的诱惑 / 最好的春药

第 18 章　长刀之冬：失手印巴之战，基辛格跌落谷底 / 346

印度-巴基斯坦战争，1971 年 12 月 / 文书士官瑞德福的间谍网，1971 年 12 月 / 迷宫中的将军 / 霍尔德曼，埃利希曼，以及假日忧郁症 / 比较快乐的新年

第 19 章　三角平衡术：莫斯科-北京春季峰会 / 375

与尼克松到中国，1972 年 2 月 / 秘密访问莫斯科，1972 年 4 月 / 在海防港布雷，1972 年 5 月 / 莫斯科峰会，1972 年 5 月

2005年版序

基辛格的现实主义与当今圣战型的理想主义

离职30年后,基辛格在公众的心目中依然颇具魅力,在国家对外政策讨论中也有一定的学术分量。他的影响力和名人地位经久不衰,美国当代的政治人物无出其右。他仍然是世界上最知名的对外政策泰斗,是公司及政界领军人物的求教对象。人们通过电视或电台仍经常能听到他那低沉的声音,他署名的分析评论也屡屡见诸报端。

他之所以声名显赫且经久不衰,部分是因为他确实才智出众。不欣赏他的人对此也不得不承认。而今,政策讨论往往两极化,追随政党,局限于有线电视节目上卖座的浅显论点。即便不同意基辛格的人,也被他的立论严谨、细致、有深度、客观精辟折服。他的著作和言论融合了历史论述与及时解析,这使他的回忆录因兼顾大局与细节而为人所称道。

如今,全球政治已不再像冷战时期那样黑白分明,基辛格对均势的了解和侧重就更具现实意义了。同样,他对世界相互依赖网络的触摸感——星球上某一角落发生的事件会在另一角落引发什么回响——在当今复杂的全球化时代也越发重要。

尽管他声名不减,但是一直未再于政府中正式任职。从他在福特总统离任时去职直至小布什时代,32年中三任共和党总统执政近20年,基辛格却始终未获一官半职。为什么?

这既得归因于共和党和美国经历的政治改变,也得归因于基辛格。基辛格所代表的保守国际主义基本上植根于现实主义、现实政治、均势和务实主义。我在本书中表明，伤害他最深的对手并非鸽派左翼人士或自由派民主党人，而是新保守主义分子或政治思想极强的共和党人，这些人把美国的全球斗争看成是事关价值、道义及感情的一场圣战。

读者会看到，罗纳德·里根最终成了对基辛格中伤最深的意识形态劲敌。虽然里根曾数度考虑与基辛格修好，但最后还是拒他于政府门外。更重要的是，里根的外交对应策略——日后共和党的主导观点——打的是为自由圣战的旗号，而并非为寻求稳定的均势。

2001年，小布什任内发生"9·11"事件后尤其如此。一些基辛格派人士，其中最知名的布伦特·斯考克罗夫特就曾公开表明圣战形式的对外政策恐怕不合适，在一定程度上劳伦斯·伊格尔伯格也有同感。同样，基辛格其实也有顾虑，只是他的用语更模棱两可，更隐晦，更微妙。

这不外乎两层原因。首先，他的意见向来比较隐晦，而他在谈论伊拉克以及大中东的复杂局势时一般均以用词微妙、睿智、模棱两可见称，往往事后人们才意识到他料事如神的智慧。本来世界就是复杂又危险的所在，基辛格以分析时事见长（故而不能见容于强调意识形态的保守主义分子），恰恰是因为他不善于将事物简单化。其次，出于本能，他不愿意公开与当权者叫板。尤其是在保守派共和党人当权时，他知道，就是因为这些人对他的政治思想热度缺乏信任，他才与政府无缘。

这一点与本书所探讨的一个核心问题有关，而这个核心问题，我认为，今天更具实际意义。我认为基辛格一方面是塑造美国外交的少数几位现实主义者——其对应者是理想主义者——之一。在这方面，他确实是个中能手。对均势、势力范围和现实政治关系，他感觉敏锐。他一手构建了涉及美、俄、中的绝妙三角关系，从而使美国权力及其全球影响能在败走越南后仍得以保留。另一方面，他对理想主义价值——他称其为情感——在国内外允许民主公开运行并持续凝聚信心方面的作用则不那么敏锐。在我看来，他也并不完全同意美国民主的公开透明与杂乱无章对其外交政策是强项而非弱点。也可以这么说，经尼克松一番阴暗调教后，他对秘密外交情有独钟，有些爱不释手了。

虽然基辛格曾多次接受我的采访，但是他对我这个论点与本书初次出版时一样，并不以为然。我想，当听到批评的声音既来自保守派也来自自由派时，他也很吃惊。另外，既然他向来不以脸皮厚见称，我猜，他若回过头来再看他的诺贝尔和平奖证书或他自己的回忆录，或许也会因为它们不够正面而震怒。

本书问世后，有一阵子他都没跟我说过话。后来，我成了《时代》周刊的总编辑。一次，他与其他上过《时代》周刊封面的人应邀出席一次周年庆祝会。铃声响起，电话那头传来了他独特的声音："我说，沃尔特，连史上的三十年战争也有结束的时候，所以我原谅你了。"（不过，他承认他的夫人南希，忠心耿耿而又聪明智慧的南希，还是倾向于坚持"百年战争"。）从此，我们一起合作了不少项目，包括在阿斯彭研究所的一个中东项目。

在我们最近的多次交谈中，基辛格表示，他向来都肯定价值观在铸就可持续对外政策中的作用，他的话有一定的说服力。但对他来说，必须在国家利益与国家理想之间找到一个平衡点，而在求取平衡时最好避免感情用事。

若想全面了解基辛格的论点，读者可阅读其离任后的多部著作，特别是 1994 年出版的巨著《大外交》一书。该书追踪了外交政策中的各种平衡，包括现实主义与理想主义之间的平衡，从枢机主教黎塞留一直到现实主义者西奥多·罗斯福以及理想主义者伍德罗·威尔逊，基辛格都有精辟论述。

总的来说，基辛格——熟读梅特涅胜于杰斐逊的欧洲难民——的书比较倾向现实主义阵营。在《大外交》一书中，他写道："没有其他国家曾将国际领导地位依托在利他主义之上。"或许会有美国人对此引以为傲，可是当基辛格说这话时，他却像个审视某一难定好坏的部落仪式的人类学家。他指出，基于理想而非利益制定政策的做法会让一个国家看似难以捉摸，会引起风险。

在《大外交》一书及过去 20 年的其他著作和论述中，基辛格可谓是自西奥多·罗斯福以来对国际事务中现实主义及其普鲁士版的现实政治提供最充实例证的美国政治家。乔治·凯南曾将浪漫主义与现实主义奇妙结合，协助决定了冷战初期美国的态度。同样，基辛格侧重国家利益而非道德情感，也为与苏联解体后出现的复杂世界交往奠定了基调。正如他在《大外交》一书的结论中所说："美式理想主义与以往一样必不可少，或许犹有过之。然而，在新的世界秩序中，它的作用在于给美国的坚持提供信心。归根结底，在这个不完美的世界里我们会面临各种各样的艰难抉择。"

其实，早在本杰明·富兰克林在法国玩均势游戏并同时宣传美国独特的价值观时，美国的理想主义与现实主义就已经交织在一起。从门罗主义到天命论，再到马歇尔计划，美国一直将其利益与理想挂钩。在冷战期间尤其如此，因为对美国来说，冷战既是一场道德圣战，又是一场安全斗争。

当然，基辛格认识到必须在两者之间求取平衡，同时他也意识到以价值为基础的理想主义是这一平衡的必需方。但我至今仍肯定我在本书中阐述的观点，即这一平衡在20世纪70年代太过于偏向秘密的幕后操作，超出了民主体制实行现实外交的必需范畴。1999年，即本书问世多年后，基辛格出版了第三部回忆录，在叙述福特政府年间的活动时，他对这一偏向并未否认，更多是一种辩解。他说："美国必须用国家利益的概念来修正其强烈的使命感，在明确其世界责任时心脑并用。"虽然这句话写于克林顿年代结束时，但它也同样适用于后来的小布什政府。

20世纪70年代，基辛格的现实主义权力路线成功地建立了一个有一定担当的稳定框架，却无法获得政治图谱两端任何一方的持续支持，它与容许在民主氛围中进行持续国际接触的情感不完全相符，并往往因此而鼓励一种不健康的隐秘行为。

不过，今天美国政界所面临的问题却可能来自另一方面：我们是否又太偏向理想主义这一边了？是否需要多注入一点基辛格的现实主义和技巧？美国的国际路线由于热衷于传播自由而被一种道德使命感和圣战激情所驱动，是到了可以多加一点谨慎、务实、现实主义、冷静的利益估算以及传统保守主义的时候了吗？

在答复这些问题时，我想至关重要的是我们得肯定，基辛格的保守现实政治传统，在40年来应对他所认为的——以圣战型新保守主义者和崇奉道德的自由派为代表——感性理想主义时发挥了作用。今天，了解基辛格及其对全球力量动态的感知，正如在越南劫波及冷战结束后，一样有现实意义。

沃尔特·艾萨克森
2005年6月于华盛顿特区

1992年版序

> 作为教授，我倾向认为历史非个人力量所能左右。但就事论事，你就会发现个人的确能起作用。
>
> ——1974年1月，基辛格在他的第一次中东穿梭外交后于飞机上对记者说的一番话

就在基辛格的父母整理完少量允许带离德国的家当时，这位戴眼镜的15岁少年正站在公寓一角仔细记取眼前的各个细节。他爱读书，爱思考，自信却又缺乏安全感，这或许与他虽然自幼聪颖，但频遭迫害有关。"有一天我会回来的。"他对检查他们箱子的海关专员如是说。多年以后，他还记得，当时那位官员以那种"过来人的鄙夷眼神"看看他，一言未发。[1]

亨利·基辛格说对了，他确实回到了位于巴伐利亚的出生地。他第一次回去时的身份是美国陆军反谍报部队士兵，之后是知名国际关系学者，最终则是当代叱咤风云的政治家。但他是以美国人而不是德国人的身份回去的。从他到纽约市发现他不需要为了躲避迎面过来的非犹太裔男孩的殴打而躲到街道对面行走后，他就渴望被认可、被接纳为美国人。

果然如其所愿。1973年，当他被任命为国务卿时，据盖洛普民调，他已成为美国最受爱戴的人物。此外，在他以贵宾之尊在鸡尾酒会上引领外交风骚时，他俨然是最为世人瞩目的明星级人物。当他出访玻利维亚时，按礼宾规定，该国总统不应在欢迎仪式上现身，但当晚玻利维亚总统还是不声张地、低调地夹杂在机场的人潮里，就为目睹基辛格抵达时的风采。[2]

然而，也有不少美国民众，从自由派知识分子到保守派活跃分子，

骂他有几分像毫无道德原则的奇爱博士型权谋者。在主流外交界守成派要员中，揶揄他几乎成了风尚，即便在直呼其名"亨利"时也不例外。资深美国外交官乔治·鲍尔将新书书稿送交编辑后，对方跟他说："我们发现了一个大问题，几乎在每一章里你都是一讲完自己的意见就开始数落基辛格。"鲍尔答道："如果哪一章我竟有疏漏，我一定会补上应有的挞伐。"[3]

就因为大家对他的看法差距太大，且都坚持己见，故着手写关于他的书必须答复的第一个问题是，是该赞美他还是否定他？问题听起来有些奇怪，在为亨利·史汀生、乔治·马歇尔甚至迪安·艾奇逊作传时都不会有此一问。偏偏就是基辛格，都已经离开官场这么多年了，仍然是一位争议性人物，而且众人感觉强烈，或仇恨或尊崇，或敌对或叹服，双方互不相让，其间几乎不存在中立地带。

基辛格作风隐秘，又有变色龙的本能，令人摸不透他对任何问题的真实态度，也使得客观评价此人难上加难。在大事情上——发兵柬埔寨，在海防港布雷，对河内的圣诞轰炸，1973年中东战争期间对以色列提供补给——与他直接交过手的人对他的真实感受和印象不一。

也难怪大多数谈论他的政策的书对他非褒即贬，而且从来没有人写过他的全面传记。我愿意让读者对我成功与否下自己的结论，但我的目标是写一部不带偏见的传记，描述基辛格的各个复杂面。我感觉已经过去足够长的时间，应该可以客观地看待一切了：当年的主角如今都已处于事业尾声，但仍记忆完好，个人材料齐备，而且也已经从老一套秘密和雄心的桎梏中解放出来。

本书并非他授权的传记。出版前，内容未经基辛格同意或过目，我写什么，他无权过问。对于某些披露内容和论断，他肯定不以为然，特别是因为他自我感极强，又极度敏感，或许连他自撰的回忆录他都觉得对自己的成就肯定得不够。

此外，本书也并非未经授权的传记。当开始决定要写作时，我同基辛格的接触仅限于在书写有关其他几位现代美国政治家的《聪明人》（*The Wise Men*）一书时对他进行过一次采访。出于礼貌，当决定写他的传记时，我给他写了一封信。

他在回信中的反应似乎一点儿也不积极。他说他知道拦也拦不住我，但他也无意看着我继续推进。就在我访问他过去的同僚，并收集资料时，我开始感觉到他似乎逐渐对这事上心了。

说到底，本书的对象不正是他也极度感兴趣的人吗？他从来没有写过他在尼克松上任前的经历，也没有关于他私人生活或福特政府及其后的回忆录。他特别在意让别人了解他，这是他的性格使然，就像一只扑火的飞蛾，他对他的批判者特别感兴趣，总想改变他们的想法，或起码向他们解释自己。

所以，到我该找他了解情况时，他最终还是很合作的。我正式采访过他不下20次，他给我提供了多份公开和私人材料。此外，他还请他的家人、前助理、事业伙伴以及前几任总统与我合作，甚至帮我找到了他的几位老对手。

虽然在项目开始之初我试图摒弃一切偏见，但对在书写过程中逐步显现的某些主调，我希望读者也能清晰地看到，甚或同意。我认为，最基本的一点是，基辛格对权力，对建立一种全球平衡来帮助美国应对越战阴影后的戒断心态，有一种本能的感触，也就是德文里说的Fingerspitzengefühl。但他对源于开放的美国民主体制的力量，或美国全球影响力真正源头的道德价值观，却缺乏类似的感触。

此外，我也试图探讨基辛格的个性，他足智多谋、隐秘鬼祟，对联系与层次十分敏感，有竞争和权力斗争倾向，可爱但又不免尔虞我诈，这一切都与其政策基础——以权力为导向的现实政治和秘密外交运作——有关。政策根植于个性，研读梅特涅的基辛格对此应该是知道的。

基辛格得势正值众多历史力量汇集之时，包括莫斯科达到与华盛顿的战略均势，美国在越南惨遭凌辱，以及中国需要结束其长期孤立状态。但这也是世界舞台上群雄荟萃之际，有尼克松、毛泽东、萨达特和基辛格自己，可谓不一而足。

当基辛格还是年轻的学界人士时，曾这样描述过俾斯麦及其时代：

1992年版序　　XIII

"新秩序简直是为一位天才量身定制的,此人建议用相互牵制的办法来制约国内外的对立势力。"如此描述基辛格及其时代也无不妥。20世纪30年代的德国正是一个敏感聪慧的孩子学习对立势力和如何让各方相互牵制的理想所在。

第1章

童年时代：纳粹时期的菲尔特
1923—1938 年

> 出发点就是秩序，唯独靠它才能产生自由。
>
> ——梅特涅

巴伐利亚的基辛格家族

维尔茨堡附近的一个巴伐利亚小村子洛德尔希居住着一群犹太人，其中一位叫亚伯拉罕·基辛格的人以虔诚和宗教知识渊博而闻名。由于经商成功，他有条件在每周五太阳下山前谨遵安息日教规停止营业。不过，他担心他的四个儿子如果也经商，就不一定有这个条件了。所以，他嘱咐他们将来都得像他们的祖父那样当老师，从而继续遵守教规。

就这样，约瑟夫、迈尔、西蒙和戴维陆续离开了洛德尔希，在附近的德国村落里兴办了卓著的犹太学校。他们的子女中起码有五人，包括戴维的长子路易，也都做了老师。多年之后，在一个遥远国度的一所知名大学里，路易的长子，勤恳而又有些内向的年轻人也当了老师，他的名字在举家逃至美国之前叫海因茨。[1]

巴伐利亚的犹太人自 10 世纪在此定居后即多次被镇压。作为商人和放贷人，他们因对经济有贡献，在许多巴伐利亚城镇是受保护的，但一旦亲王和民众改变看法，他们就会被残酷放逐。自 1276 年从上巴伐利亚被放逐后，他们屡遭压迫，尤以 1349 年黑死病后所受迫害最为严重。至 16 世纪，该区像样的犹太村镇已寥寥无几。

18世纪初，犹太人开始重返巴伐利亚，他们主要来自奥地利。其中有些是专为西班牙王位继承战争筹集资金而引进的银行家，也有商人和牛贩子。尽管不时也会有反犹突发事件，但他们还是在巴伐利亚社会再次站稳了脚跟，起码看起来如此。1804—1813年，拿破仑执政期间通过了一系列法律，允许犹太人上公立学校，加入民兵组织，并享有公民权。此外，犹太人还获得了使用家庭姓氏的权利。

第一个使用"基辛格"姓氏的家庭成员是1767年出生在小城镇的亚伯拉罕的父亲迈耶。迈耶年轻时即移居维尔茨堡北边的度假胜地巴特基辛根（温泉）。当时全镇1000多人口中约有180名犹太人。后来他又迁至洛德尔希，基辛根的迈耶在1817年正式更名为迈耶·基辛格。次年，亚伯拉罕诞生。[2]

迈耶的10个子女中只有亚伯拉罕幸免夭折的厄运。他活到81岁，家庭成员众多，4个儿子如他所愿都当了老师，另有4个女儿，32个孙辈。虽然他们都是正统派犹太教徒，但都是不折不扣的中产阶级德国家庭，对善待他们的国家怀有耿耿忠心。

亚伯拉罕最小的儿子戴维·基辛格于1860年出生于洛德尔希，后来搬到埃尔梅尔斯豪森办了一所小学，并在当地犹太聚会所担任领唱。之后，他又在维尔茨堡的犹太神学院执教。因总是着装正式，朋友们管他叫"安息日基辛格"，以别于他穿着随便的哥哥西蒙——"平日基辛格"。[3]

戴维和妻子林晨——又名莉娜——都是颇有教养、喜爱阅读的人，还像讲究的德国人一样，给他们于1887年出生的长子取了个法国名字"路易"。路易则是他们的7个子女中唯一从事教职的人。不过，与他父亲不同的是，他决定在普通学校而不是宗教学校教书。于是，从海德堡大学毕业后，他又去纽伦堡郊区的菲尔特师范学院求学。

由于德国缺老师，路易在第一次世界大战时获得免服兵役的待遇。他曾在一所中产阶级私立学校——赫克曼学校执教。办学的都是非犹外邦人，但有一半犹太学生，这很能说明在菲尔特这座有宗教宽容历史的城市里犹太人被同化的程度。[4]

菲尔特，在14世纪因犹太人不得进入纽伦堡，只得在设防城市城墙外的这个沿河村庄定居而兴盛一时。贸易商贩、工匠、金属加工者云集，菲尔特也因此变成了生机勃勃的商业中心，同时也是巴伐利亚仅有的几个未受打扰的犹太文化重镇之一。到1860年，菲尔特的人口已达14000人，约半数为犹太人。

工业革命期间，许多犹太商人开设了纺织厂和玩具厂。最发达的商人形成了犹太贵族群，由南森和弗兰克尔等家族牵头。他们气势宏伟的石砌庄园俯瞰全镇，他们也出资支持各种慈善事业，包括孤儿院、医院、学校和乐团。城里的七个犹太聚会所围绕一个广场紧密相邻，而其中最具影响力的聚会所思想比较开放，至少每逢重大宗教节日，犹太社会名流都会在此露面。

加入城里最正统的聚会所——新学派聚会所的路易·基辛格并非弗兰克尔和南森家族的圈内人。但教书在德国是值得骄傲、受人敬重的职业，而基辛格先生也是位骄傲和受人敬重的德国中产阶级。在政治上，他是保守派，喜欢德国皇帝，德皇退位后则渴望其复辟。尽管他宗教信仰强烈，但对犹太复国主义并不感兴趣；他是德国人，是爱国且对国家忠心耿耿的德国人。

当德皇政府关闭大部分私立学校时，赫克曼学校也解散了。路易在公立系统内找到了一份融校长、老师、辅导员于一身的新工作。他先是在一所女子初中任职，后来又在一所女中教地理和会计课，该校很快就与另一所职业学校——韩德尔学校合并了。[5]

路易·基辛格颇以他这份在德国社会地位崇高的高等教师职务自豪。多年后，另一届德国政府又让他失去了这个职务，他不得不背井离乡。他在给昔日友人写信时，却仍以工整的笔迹署名自己是退休高等教师。他严格，却很受欢迎。女学生给他的称号是"金发人"，甚至当面这么叫他，他的另一个绰号是"Kissus"（"亲我们"），他觉得这个绰号更好玩儿。他有小肚子，蓄了点胡子，方下巴，模样温文尔雅。据他当年在菲尔特、后来在纽约市的家庭友人杰里·贝希霍费尔说："他是位典型的德国学校老师，虽然像教授一样严厉，但心地极为善良。"[6]

当路易初到女校时，校长跟他说起一位前一年毕业的姑娘，名叫保拉·斯特恩。校长知道如何诱导这位表情严肃的新老师，他拿出保拉的成绩单给路易看。她优异的成绩果然引起了路易的兴趣。其实，这些高分也有其误导性。保拉并不像路易那样有学究气，她可是位聪慧、幽默、接地气、务实的女孩。这两个人十分般配：路易是聪明却不太容易亲近的老师，保拉则是活泼而又理性的拿主意的人。

斯特恩家族住在纽伦堡东边30英里的洛伊特斯豪森村。保拉的高祖父于19世纪初就从事贩牛行业，她的祖父伯恩哈特和父亲法尔克更将这份祖业办成了大企业。

法尔克·斯特恩在当地不论是犹太人还是外邦人中都相当有名，他比基辛格家族还认同自己是德国人。他的石砌宅院坐落在村中央，气派非凡，院落庞大，花园打理得井井有条。但他依然生活简朴，每晚9点多上床，对政治或学术问题都兴趣不大。他的第一任妻子贝披·贝尔同样出身贩牛世家，年纪轻轻就过世了，留下一女，即出生于1901年的保拉。虽然她的父亲后来续弦了，但保拉是他唯一的孩子。

保拉在菲尔特求学时，她就跟姑姑贝尔塔·弗莱施曼住，她的姑父是小镇的犹太屠宰商。姑姑贝尔塔鼓励保拉与路易·基辛格交往，虽然路易当时已35岁，而保拉只有21岁。斯特恩家族也赞成这门亲事。两人在1922年结婚，斯特恩家给女儿的嫁妆足以让小两口在菲尔特犹太区一条叫马帝尔达街的石板路上，一座顶上带尖顶阁楼的石砌建筑二楼买下一套拐角处的五室公寓。9个月后，即1923年5月27日，他们的第一个孩子就诞生于此。[7]

这个孩子名叫海因茨·阿尔弗雷德·基辛格。"海因茨"是保拉给他取的名。中名与他的叔叔相同，是亚伯拉罕的德语转音。他继承了他父亲"Kissus"的绰号。15年后，他搬到美国，改名"亨利"。[8]

年轻的海因茨

当海因茨·基辛格诞生时，菲尔特的犹太人口数量已缩减至3000人。第一轮的压迫还在进行：第一次世界大战惨遭败绩的德国出现了民族主义反弹,强调德国文化中纯正的条顿、雅利安根源。犹太人越来越被视为非我族类。比如,他们不得参与公众集会,连看足球联赛也不行。

然而,海因茨却是那支1914年最后赢得德国冠军的三叶草队的铁杆球迷。尽管父母勒令他得守法,但是他拒绝被他们的比赛拒于门外。他总会伙同弟弟沃尔特或朋友偷偷溜进体育场,假装自己不是犹太人。"大不了挨一顿打呗。"他事后回忆道。

他们也不是就去了一两次。有一回,他和沃尔特在赛场被逮住了,被一群孩子修理了一番。这事他们没敢告诉父母,而是跟家中的女仆说了,女仆将两人整理干净,还帮他们保守了秘密。[9]

基辛格也曾苦练,虽然他的球技不怎么样,但是非常热爱足球。周围世界如此不安,足球是他唯一的发泄。据他当年在菲尔特、后来移民到芝加哥的朋友保罗·施泰福说:"他在我们当中算是又小又瘦的那一种。"虽然他的体力不行,但是颇有技巧。有一年,他竟然被选为班队队长,靠的不是动作敏捷,而是领导才干。

菲尔特的犹太人有自己的体育俱乐部。基辛格的同学亨利·吉特曼说:"我父亲曾是市队成员。犹太人被踢出市队后,在自己的体育俱乐部里成立了自己的球队。"虽然球场很简陋,就是一块地外加两个球门,而体育馆则是上面盖着铁皮的老库房,但它仍是逃避满街游走的希特勒青年团与日益凶险的世界的避难所。[10]

年轻的基辛格有时就是不服输。在他家房子后院的石板地上,他常常跟曾在他家寄宿五年的表弟约翰·海曼一对一比拼足球。"到了该回家的时候",海曼回忆道,"如果是他赢,我们就回家。如果是他输,那我就得一直玩到他有机会扳平比分为止。"

基辛格躲避球打得不错,比赛分两边,一边通常五人,目标是将球打到对方队员身上。他喜欢站在对方防线后面接队友扔过来的球。他日后追忆:"这是我比较拿手的几项运动之一。"[11]

他最出色的不是体育,而是学习。像他父亲一样,他颇有学者之风。他的弟弟沃尔特说他当年"是个书虫,人也内向"。基辛格童年的友人奇波拉·乔希博格也说:"我记忆当中,海因茨的胳膊下总夹着一本书,永远如此。"

他的母亲甚至担心书籍成了他逃避这个不友好世界的去处。"他不出去，有时候就闷在家里，埋头看书。"她回忆道。[12]

海因茨与比他小一岁的弟弟沃尔特长得很像，两人都瘦，有一头鬈发，高额头，还有着像他父亲的大耳朵，但两人却性情迥异。海因茨比较害羞，喜欢观察，比较超然，有点儿缺乏自信，真诚，爱思考，很像他父亲。沃尔特则调皮，好交际，活泼，讲求实际，体能较好，脚踏实地，更像母亲。海因茨看似喜欢独来独往，但因聪明智慧得到朋友敬重而成了领导。沃尔特则善于交友，精明能干，能言善道，但不是领导之才。"亨利长于思考，"他的父亲曾说，"他顾虑较多，而沃尔特则是干实事的，比较外向。"[13]

路易非常想让他的两个孩子进一所文理高中。在犹太学校念了许多年的海因茨也很想换个环境，但等到他申请入学时反犹潮已高涨。就因为他是犹太人，他的申请被拒了。[14]

他后来念的学校以色列实科中学的教学水平并不比任何学校差：该校侧重的是历史（德国与犹太历史并重）、外语（基辛格学了英文）和文学。学校规模小，每年级只有30个学生，男女参半。最终因为公立学校禁收犹太人，许多正统派犹太教徒开始从纽伦堡坐电车来校，每班人数增加到50人。学校对待宗教态度严肃，基辛格和他的朋友每天都得花两小时阅读《圣经》和犹太法典。

基辛格虽然喜爱他的父亲，但总与他有那么一点距离。"他为人十分和气，特别和气，"基辛格日后说，"对他来说没有善与恶的问题，因为他无法想象恶。他无法想象纳粹代表的东西。他的和善发自内心，而不是矫揉造作的低声下气。"

路易是受过文化熏陶的人，特别喜好文学和古典音乐。他收集的唱片数量相当可观，家里还有立式钢琴，听音乐，弹钢琴，他乐此不疲。（"可惜，他最喜欢的作曲家是马勒。"保拉回忆道。）因为他聪明善良，邻居经常来求教。他的儿子说："他并不以道德家自诩，但他自己的行事为人树立了最佳榜样。"

可是他的孩子碰到问题却不一定找他。"他难以理解孩子们会有问题，也不认为他们会有问题，"基辛格说，"他也不懂一个 10 岁的孩子会有什么问题。"

保拉·基辛格则擅长处理家庭危机。"我的父亲很幸运，有位能拿主意、脚踏实地的妻子，"基辛格说，"她知道如何在逆境中求存，很实际。她没有那些不着边际的梦想，也不追寻什么终极意义，只关心我们的日常生活所需。"[15]

保拉目光锐利，思维敏捷。到保护她的家的关头，才能看到藏在她的笑容和自然大方背后的坚毅。虽然她不像她的丈夫（或孩子）那样喜欢思考，也不像他们那么有学问，但她更了解自己，也更了解周围人的所思所想。

孩提时代的基辛格宁愿有一位密友而不愿加入一个群体。他在菲尔特形影不离的同伴是海因茨·利翁，此人后来在以色列研究生化，并改名梅纳赫姆·利翁。他俩几乎每天下午和周末都一起玩。周六，利翁的父亲就教两人犹太律法，课后带他们去健行。

基辛格不愿跟自己的父亲谈的问题却能与利翁和他的父亲分享。"我们两家相距不远，有时他骑着车就过来了，"利翁回忆，"我觉得他与他父亲似乎有点儿问题。他有点儿怕他，因为他父亲的学究气很重。他父亲总是检查他的作业。他不止一次跟我说，他无法跟他父亲谈任何事，尤其是有关女孩子的事。"

基辛格和利翁经常在周五傍晚与女孩子在公园散步，或在结冰的湖上溜冰。有一个安息日的傍晚，两个孩子玩得太尽兴，回家晚了。"当时，德国有一个最神圣的规矩，那就是必须准时回家，天黑以后绝不在外滞留，"利翁的母亲事后回忆，"所以我丈夫就解下皮带抽了他们一顿。"利翁的父亲竟无端责怪基辛格把儿子带坏了，罚他们一个星期不得见面。后来，利翁的父母还把儿子送到捷克斯洛伐克参加一个为期 6 周的夏令营，好让他远离基辛格。[16]

基辛格 7 岁时，他的表弟约翰·海曼因为其村子里没有犹太学校而来他家寄宿。海曼与海因茨和沃尔特住同一间屋，成了他们家庭里的一员。"刚到那几天我可想家了，"日后成为芝加哥业余爱好工具包制造商的海曼回忆，"后来我也一直不适应。"有一天晚上，保拉发现海曼在哭，他说他想像学校其他男孩子一样能戴一顶蓝色的校帽。海曼说："第二天我一醒来，帽子就摆在那儿了，她就是这样的人。"[17]

年轻的基辛格觉得有一个地方最为神奇，那就是他母亲在洛伊特斯豪森的老家，也是基辛格一家的夏居。斯特恩家的宅院既气派又安全，庭院宽敞，海因茨经常在院子里追逐家养的鸡群嬉戏，再大一点就同友人在那里玩躲避球。

法尔克·斯特恩隔着玻璃看院中嬉戏的孩童，他的脸饱经风霜。他的妻子——保拉的继母——则系着围裙在家里四下忙活。她特别爱干净，每周三必定进行大扫除，孩子们要到周六安息日结束才能进客厅。洛伊特斯豪森的犹太人很少，大概只有20家。所以，斯特恩家有不少非犹太友人，这与菲尔特的基辛格家不同。

奇波拉·乔希博格是基辛格小时候在洛伊特斯豪森最要好的朋友之一。她家有个大花园，孩子们常在那儿自编马戏。他们借来梯子、铺垫搞杂技表演。"连亨利有一阵子都来凑热闹，"她说，"通常他比较严肃，对这类活动是不感兴趣的。"

奇波拉14岁那年，与其他犹太孩子一样被公立学校赶了出来。虽然她家属于改革派犹太人，但她的父母还是把她送到正统派犹太学校就读。那年暑假，她便成了正统派犹太教徒，家里对此很不理解。"我父母都不是虔诚的教徒，他们无法理解我的转变，"她说，"因此很不高兴。"由于她决定只吃符合教规的食物，奇波拉连饭都没法和家人一块儿吃。她觉得，作为正统派犹太教徒的基辛格是唯一能理解她的转变的人。他们曾经在散步时长谈这个问题。基辛格对她说，信仰确实重要，如果她觉得自己是对的，就应当坚持做正统派教徒。"亨利似乎理解我的改变。我喜欢听他解释问题，因为他非常聪明。"[18]

每天早上上学之前，他都跟约翰·海曼、海因茨·利翁一起去聚会所。周六，利翁的父亲给他们读律法，跟他们讨论律法。年轻的基辛格"是被宗教气氛全面笼罩的"，利翁的母亲回忆，"他经常虔诚祷告"。

基辛格熟读律法，而且自幼就嗓音低沉。他曾在自己的受戒礼上吟唱经句，观礼者多年后还无法忘怀那个美好的场景。主持受戒礼的拉比是利奥·布雷斯劳尔，后来他也搬到纽约，还主持了基辛格的第一次婚礼。受戒礼之后的庆祝会上，保拉还朗诵了一首她写的诗。[19]

从菲尔特学校毕业后，基辛格到维尔茨堡的犹太教神学院就读。那段日子还算愉快，他住在宿舍里，要看的书成百上千，让他无暇顾及外边世界的各种威胁。他每天都会去看他那博学的祖父。可是，基辛格到维尔茨堡并不是为了将来在德国当犹太老师，因为当时他已经很清楚，在德国当犹太老师，或当犹太人都已无前途可言。其实，到维尔茨堡也是他当时不得已的选择。此时，基辛格家在保拉带领下，即将做出一个痛苦抉择。[20]

被摧毁的世界

1923年，基辛格诞生的那一年，纳粹党驻纽伦堡支部的负责人尤利乌斯·施特莱彻在纽伦堡创办了极端排犹的周刊《冲锋报》。他狂热地煽动反犹仇恨，到了不惜横加虐待以逞一时之快的地步。他要求对被他称为"细菌"和"亵渎者"的犹太人赶尽杀绝。

施特莱彻的报纸销量一度高达50万份，分别在菲尔特和洛伊特斯豪森点燃了排犹仇恨之火。保拉·基辛格还记得，他们在洛伊特斯豪森度夏的气氛也变了。"我们原来有些非犹太人朋友，自从施特莱彻的报纸出版后，他们就跟我们疏远了。有些人还会同我们来往，但屈指可数。孩子们连玩伴都很难找。"[21]

施特莱彻为1935年的《纽伦堡法案》铺平了道路。这个法案不准犹太人做德国公民，禁止犹太人与德国基督徒通婚，不让犹太人在公立学校执教或担任许多其他专业职务。

结果，路易·基辛格突然就没有资格再教真正的德国人了，丢了他引以为傲的工作。他一度在菲尔特创办了一所犹太人职业学校，在那里教会计课。他心力交瘁，他善良的灵魂无法理解的仇恨势力让他受尽屈辱，只得低头做人。

后来，基辛格对自己的犹太出身低调处理。当谈到他的童年时（他很少谈，似乎也不太愿意谈），他总说他经历的是"典型的德国中产阶级童年"，然后再补上一句，当然他指的是德国犹太人中产阶级。他还称他家很德国化，又说菲尔特的犹太人并未被隔离或只跟自己人抱团。

他也不怎么提及他孩提时代遭遇过什么心理创伤，怎么受迫害，怎么被欺负，每天对抗甚嚣尘上的排犹氛围怎么让他觉得自己不受待见。1958年，菲尔特的《新闻报》刊登了一篇对他的专访，他对记者说："我对在菲尔特的这段日子似乎没什么印象。"他对许多其他提问者的答复基本跟这个回答一样。"这段童年经历对我并没有起什么关键作用，"基辛格在1971年的一次访问中还这么说，"我并未意识到我为什么不高兴，对当时周遭的一切我并不那么清楚。对孩子来说，这都不是什么大不了的事。"[22]

基辛格幼时的朋友认为他没说实话，是在自我欺骗。有人还认为他之所以出了名地缺乏安全感，就是他逃避记忆的结果。他们说，必须冒充别人身份混进足球场的人，长大了自然就是不惜用欺骗和自我欺骗混迹政界与社交界的人。

谈起纳粹时期承受的心理创伤，保拉·基辛格比较没有忌讳。"我们的孩子不能跟他们玩，"她说，"孩子们只能在花园里，不能出去。他们喜欢足球，尤其是亨利，但纽伦堡的比赛他们是不可以去看的。"她特别记得纳粹青年游街奚落犹太人时孩子们的害怕与困惑。"希特勒青年团几乎囊括了菲尔特所有的孩子，他们在街上列队高歌，穿着制服游行，在一旁观看的亨利和他弟弟就不懂为什么他们无权那样做。"[23]

"排犹是巴伐利亚特色，它并非始自希特勒，"梅纳赫姆·利翁说，"我们与非犹太孩子的接触少之又少。看到非犹太孩子迎面走来我们都害怕。那种经历今人根本无法想象，但我们当时倒以为这很正常，就像我们呼吸的空气那样正常。"[24]

基辛格童年的其他朋友也有类似痛苦的回忆。维尔纳·贡德尔芬格说："我们不能去游泳池，不能去跳舞，不能去茶馆，到哪里都会看到

'犹太人禁入'的牌子。这种事会永远留在你的潜意识里。"弗兰克·哈里斯说:"我们都是带着自卑感长大的。"奥托·普莱茨菲尔德说:"有我们那样的成长经历而不受影响是不可能的,在街上,每天都有人谩骂、诋毁、侮辱犹太人。"[25]

纳粹的兴起对保拉·基辛格打击最大。她的丈夫路易十分不解,像是被炸弹炸蒙了,无言以对。保拉则对这一切极度敏感,并深感痛苦。她是个喜欢交际的人,性格活泼,也有一些外邦人朋友。夏日,她们每天都爱到洛伊特斯豪森的游泳池游泳。当这些朋友开始躲着她,当犹太人不得使用游泳池时,她开始意识到她的家庭在德国不会有前途。

"是我做的决定",她事后说,"我是为孩子们着想。我知道如果我们留在当地,他们不会有出路。"

她有个表亲多年前移民到曼哈顿上西区的华盛顿高地居住。虽然她们从未谋面,但保拉还是在1935年刚通过《纽伦堡法案》后给她写了一封信,询问海因茨和沃尔特可不可以住到她那儿。她表亲的答复是,不行,基辛格应举家移民,而不是只让孩子来。

保拉舍不得她当时罹患癌症已至晚期的父亲,不忍心扔下他。到1938年春,她意识到自己已别无选择。她的表亲已经提交了允许他们入境美国的宣誓书,而获准离开德国的证件也已齐备。

基辛格一家最后一次去洛伊特斯豪森探望保拉的父亲和继母。"父亲在与我外祖父道别之前,我从来没见过他流泪,"基辛格说,"这对我的触动太大了。我突然意识到我们好像已经做了一个重要决定,一个无法挽回的决定。这是我第一次遇见令我父亲束手无策的情况。"[26]

当时,基辛格已经准备好离开了。利翁一家已经在3月移民巴勒斯坦。离开前一星期,他们把房子卖了,最后几天,海因茨·利翁还是跟基辛格家一起度过的。两个孩子谈到即将分别,离开德国,不知道还会不会回来。利翁的父亲给年轻的基辛格一句临别赠言:"有一天你会回到你的出生地,到时候往日的一切都将不复存在。"海因茨和他的父亲走后,基辛格已无甚留恋。"这是他第一次真正感受到孤寂。"他母亲回忆道。

1938年8月20日,就在"水晶之夜"的暴民摧毁他们的聚会所和德国许多其他犹太设施前不到三个月，基辛格一家乘船转道伦敦探望亲友，两星期后前往美国。亨利时年15岁，他弟弟沃尔特14岁，他父亲50岁，母亲37岁。

搬家打包并不难：虽然他们已经付钱找专人搬运家当离境，但按规定，他们只能装运一货车的东西，包括一些家具和个人物品。路易只得把他的书留下，他们随身只许携带少量零花钱。[27]

基辛格后来确实返回了他的出生地，先是以士兵，后是以政治家的身份。1975年12月，时任美国国务卿的他与父母一起应邀回去参加授予他菲尔特杰出当地公民金奖的典礼。到场观礼者除德国外长汉斯-迪特里希·根舍和市长库尔特·舍尔策外，约有1000人，当年不收基辛格兄弟的学校还派了一个合唱团前来。基辛格的致辞很简短，对当年促使他们举家逃离的恐怖经历避而不谈。当受邀重游他踢足球、研习律法、遭希特勒青年团员修理的旧地时，他礼貌地回绝了。

"我的那段记忆并不那么美好，"他事后告诉记者，"我去主要是为我的父母，他们一直牵挂着那个地方。"他父亲似乎也同意。与几位仍留在菲尔特的友人共进午餐时，他引述了欧里庇得斯的话："今天我们忘掉一切不愉快的回忆。"但他母亲却什么也忘不掉。"那一天，我心里很难受，但我一句话都没说，"她回忆道，"我心里明白，如果我们没走，他们会把我们跟其他人一样活活烧死。"[28]

在基辛格一家人曾经崇拜、经过修复的聚会所，挂着一块牌子。其上写着："1942年3月22日，这座建筑最后的居民，33个孤儿与他们的老师伊萨克·哈利曼博士一起被送到伊兹比察处死。"

基辛格一行在1975年到访时还去看了法尔克·斯特恩的墓地。法尔克很幸运，在大屠杀开始前就在家中去世了。基辛格起码有13位近亲被送进毒气室或死于集中营，包括斯特恩的妻子。

基辛格说，这么多人丧生的原因之一就是他们都自认为是忠心耿耿的德国公民。他的祖父戴维和伯祖西蒙都觉得家人可以渡过纳粹这个难关，苦难终会过去。戴维直到"水晶之夜"才逃到瑞典，与儿子阿尔诺（路易·基辛格的弟弟）团聚。然而西蒙即便在"水晶之夜"发生后仍拒绝让家人离开。他说，德国过去对犹太人不错，应当在这段艰难的日子与德国共生死。

西蒙死于德国集中营。他的儿子费迪南德和尤利乌斯与父亲一样都是老师，也同遭厄运。基辛格的三个姑姑也在大屠杀中丧生：艾达与她在迈因斯多根教书的丈夫齐格贝尔特·弗里德曼，及其子；萨拉和丈夫马克斯·布拉特纳及女儿塞尔玛；范妮和丈夫雅各布·劳及儿子诺伯特。范妮的女儿，曾经在基辛格家住过的莉娜·劳辗转逃到了纽约。她说："我父母没有料到希特勒能横行那么久。谁也没料到，我们都以为那种情况很快就会过去。"[29]

丢失童年的后遗症

除了偶尔出来澄清大屠杀没有给他的性格留下永久的伤痕，基辛格很少谈起大屠杀。"那不是一辈子的伤痛，"他说，"但也不无影响，在极权主义下生活，我知道个中滋味。"

对这段往事，他只有一次表露过一丝愤怒。早年，他作为美国总统国家安全事务助理访问德国时，波恩宣布，基辛格可能会去探望他的一些亲戚。"他们胡说什么？"他向随从们抱怨，"我的亲戚都在集中营被做成肥皂了。"[30]

尽管基辛格不愿承认，但纳粹的滔天罪行还是给他留下了永久的印记。"基辛格是个坚强的人，但纳粹还是伤害了他的灵魂。"弗里茨·克雷默，这位离开德国奋起抵抗希特勒、后来在美国军队成为基辛格良师的德国非犹太人如是说，"在青年成长期，他经历过他的世界解体、他挚爱的父亲变成'无助的老鼠'的惨痛经历。"克雷默说，基辛格最突出的性格特征就与这段经历有关。"所以他才追求秩序，渴望被接受，甚至不惜去取悦他认为才智不如他的人。"[31]

渴望被接受，不轻易相信他人，缺乏安全感，这些都是一个人的童年被人类历史上最惨烈的一页夺走后可以理解的反应。基辛格渴望在社会上和政治上被接受——渴求别人喜欢他——的愿望特别炽烈，甚至会因此愿意让自己的信念妥协。[32]

成年后，基辛格的不安全感就流露在他无意的刻薄幽默中，比如，他说如果他过分认同他的宗教，就会跟人家有点格格不入。他还曾半开玩笑地埋怨，对他的家庭背景报道过度可能"招致原先深藏不露的反犹派人士"群起而攻之。

对基辛格而言，大屠杀破坏了神的旨意与历史进步之间的联系——这是犹太教的核心信念，是犹太教对西方哲学最重要的贡献。对有信仰的犹太人来说，历史的意义应该从它与神的旨意及天理之间的联系来理解。但在目睹纳粹的恶行后，基辛格就摒弃了犹太教信仰。在哈佛就读时，这位年轻学子就开始从学术方面探究寻找历史意义的其他方法。[33]

基辛格的童年经历也埋下了他对别人极度猜疑的种子，这也不足为奇。他惯用自我挖苦的方式，拿自己老是疑神疑鬼、老以为别人在阴谋算计他开玩笑。另一位知名的美国政治家亨利·史汀生则奉他当年在耶鲁"骷髅会"学到的金句为圭臬——赢得对方信任的唯一方法就是信任对方。而基辛格则比较像尼克松，出于本能，他对同事和外人同样不信任。史汀生对搞间谍活动不以为然，他说"君子是不查看他人的信件的"。而尼克松和基辛格却安排一系列秘密电话窃听，甚至窃听他们最亲近的助理的电话。

基辛格成长期发生的大屠杀还给他留下另一个后遗症，就是他日后避免暴露自己的任何弱点。这是他个人的信条，也是他的现实政治的基本前提，故而又是他对外政策的座右铭。基辛格十分敬爱的父亲为人温良恭俭让，但最终这些优点却在他屡遭纳粹侮辱时显得那么苍白无力。随着年龄的增长，基辛格开始与个性强硬、泼辣甚至有些傲慢的权势人物靠近：军队里聒噪自信的普鲁士人弗里茨·克雷默，哈佛的大牌教授、人称"疯子"的威廉·埃利奥特，纳尔逊·洛克菲勒，理查德·尼克松。

此外，童年在自己的国家遭排挤的基辛格日后则渴望被接受。经常，在别人看来，他在搞欺骗，其实他在努力争取对方的认可。比如，在越南问题上，他一方面设法说服鸽派哈佛知识分子，他其实站在他们这一边，另一方面又为讨好尼克松而建议对越南态度强硬。在美国右派抨击他的缓和政策后,他竭尽全力取悦这些人,但同时又在他的知识界朋友面前贬低里根和有名望的里根派人士。基辛格多年的好友、历史学家小亚瑟·施莱辛格说:"都是他渴望被肯定的难民心态在作祟。"[34]

童年留给他的另一个烙印就是他的悲观思想。他的世界观很阴暗,充满悲剧感。他曾写道:"从未经历过大灾难的美国人很难了解为规避浩劫而执行的政策。"虽然他不同意斯宾格勒的历史性衰变不可避免说,但他却认为政治家必须不断抵制走向国际不稳定的自然趋势。

纳粹经验原可对基辛格的外交路线产生两种不同影响:致力于保护人权的理想主义、道德主义路线,或通过均势和愿意以使用武力为外交工具进而维系秩序的现实主义、现实政治路线。基辛格选择了后者。他常说,如果要在秩序与正义之间做选择——他借用歌德的比喻——他会选择秩序。因为对于混乱无序的结果,他看得太清楚了。

结果,基辛格就变成了真正意义上思想层面、知识层面和政治层面的保守派。对革命性的改变,他有一种出于本能的厌恶。这个态度,他在关于梅特涅和卡斯尔雷的博士论文中曾经探讨过,而在实际掌权后则影响了他的政策。

他也对追求民主和民粹主义的热情不甚感兴趣。就像与他同为保守派、现实主义者的前辈乔治·凯南一样,基辛格从来都没学会欣赏美国政治体系混乱的光芒,特别是在它影响对外政策时。

学术上,他的内心仍然是欧洲模块,就像他的发音一直带着厚重的巴伐利亚口音一样。他钻研起黑格尔、康德、梅特涅、陀思妥耶夫斯基都很自如,但从未对代表美国创造力的原型人物,如马克·吐温、托马斯·杰斐逊、富兰克林等表示过欣赏。

然而,年轻时代的可怕经历对他影响至深的恐怕还是——用他自己的话说——他对新祖国的热爱远超他偶尔对民主杂乱无章所流露的不屑。当年轻的海因茨抵达曼哈顿并改名亨利后,宽容有序的美国给了他令他振奋的个人自由,走在街上,他再也不用提心吊胆了。日后,他说过这么一段话:"所以我对美国所代表的东西永远怀揣着一种特殊感情,而土生土长的美国公民则以为一切本应如此。"[35]

第2章

在华盛顿高地的日子：一位一心想成为会计师的人的美国化历程
1938—1943年

> 1938年我来的时候，华盛顿中学要求我写一篇作文，讲一讲作为一个美国人意味着什么。我是这么写的——我想这是一个人人可以昂首挺胸过街的国家。
>
> ——基辛格卸任国务卿时的告别演说，1977年1月

重建的世界

基辛格首先想到的是过街，这是他积累多年被殴打、被嘲笑经验后的自然反应。当时他是一个人从阿姆斯特丹大道走向曼哈顿西185街，目的地是他新发现的百老汇街上的冰激凌店，只见迎面来了一群陌生的非犹太人。在菲尔特，碰到这种情况少说也得遭到一番羞辱。于是他开始离开人行道，然后他才想起自己现在身在何处。[1]

这次顿悟发生在亨利·基辛格刚到美国不过几个月的时候。他们全家刚刚搬进在华盛顿堡大道与187街交叉路口的一栋6层建筑内，他们的公寓并不讲究，但实用，有三间卧房。保拉·基辛格的表亲就住在走廊对面。这条热闹的街道上上下下类似的矮胖建筑内住着数百位犹太新移民，包括他们在菲尔特和纽伦堡的友人。

华盛顿高地得名于乔治·华盛顿在1776年10月曾在此驻兵抵御侵犯曼哈顿的英军（可惜未成功）。高地就是沿着可俯瞰哈德孙河的一块

巨岩发展出来的居民区。20世纪初期,这里的一排排公寓建筑里住的都是波兰和俄国的犹太人。站稳脚跟后,许多人搬往郊区,让这片聚会所、熟食店林立的所在,能再容纳新一批犹太移民。当逃避希特勒的难民涌入后,该地又被称为"第四帝国"。

年届五旬的路易·基辛格不太能适应这个新的语言环境。虽然他原来英文学得不错,或者就因为如此,他反而怕犯文法错误,担心自己口音太重。所以,他不怎么讲话,起码话比他那些没受过什么教育、不太在乎的朋友少得多。

他会教书,可是这个能力派不上用场,适逢大萧条,求职本就不易,加上他到美国就得了慢性胆囊炎,医生一度以为他得了癌症。保拉的父亲法尔克·斯特恩在他们抵美不久就病逝了,留下了一笔为数不多的财产。可是这钱眼看就要用完了。终于,在连续打了两年零工后,路易在德国友人开设的工厂找到了一份薪资不高的簿记工作。

养家的任务就落到比他小13岁、适应能力强得多的保拉·基辛格身上。善于交友、心思敏捷、应对能力强的她可谓条件优越:她很快就掌握了英语,起码跟人聊天不会打怵。她一度在当地一家饮食公司上班,专门为受戒礼和婚宴准备食品并提供服务。后来,她自己独立出来,当上了以承办私人家庭小型聚会宴饮为主的"承办人"。①2

从笼罩菲尔特的恐怖气氛中解放出来的亨利·基辛格像被假释的囚犯,高高兴兴地投入了他在华盛顿高地的新生活。没过几天,他就知道如何前往扬基体育场,掌握了这项他从未见过的体育运动的细节。"他是第一个发现怎么去,得花多少钱,如何了解棒球的人。"同样于当年夏天来自菲尔特的约翰·萨克斯回忆,"他第一次去体育场后的几个星期,就带着我叔叔和我去了。我们根本不懂棒球,整场比赛都靠他解说。"3

他和萨克斯去考驾照,他没过,后来又连续两次失利。("我实在想不通为什么我老考不过。"他事后说,虽然跟他一起学车的人可以想到

---

① 几年后她就创出了名声,在她儿子当上总统国家安全事务助理后还有老顾客请她安排宴会饮食。她一般都同意,只是请别人就叫她保拉,不要提她的姓,这样,宾客就不知道她是谁了。

多个方面。）萨克斯可是顺利过关了，用一辆借来的车，他和基辛格到处探险，还去过游览胜地卡茨基尔山。

1938年9月，抵美后一个月，基辛格进了华盛顿中学。学校在192街，建于1925年，占地两英亩①。当时它还隶属于纽约市公立学校系统，学生都是其附近注重教育的犹太人和其他难民。师资在全市数一数二，教学水平也名列前茅。

根据他中学的成绩单，基辛格同很多孩子一样，都被认定有"外语学习障碍"。其实，他什么障碍也没有。头一个学期，他的英文就拿了70分（满分100），第二学期跃升到90分。从那以后，他所有学科的成绩都在90分以上，法文、美国历史、欧洲历史、经济学、几何、簿记等皆然，唯独"工业和贸易"课只拿了85分。"他是德国难民学生里最认真成熟的一个，"他的数学老师安妮·辛德邦事后说，"而这帮学生又比我们自己的学生认真。"一位与基辛格同班的德国难民回忆道："我们当然认真。除了认真学习，我们还能干什么？只有把书念好，以后进城市学院，我们在美国才有前途。如今孩子们老嘲笑书虫，可当年我们全是书虫。"他笑着补了一句："尤其是亨利。"4

基辛格一家敬拜的正统派卡尔·埃达·耶苏伦聚会所在他们抵美的那一年刚刚成立。其第一任拉比是原法兰克福叶史瓦（犹太高校）校长拉比约瑟夫·布罗伊尔，他是一位有名的正统派坚定维护者，附近的人都称这个聚会所为"布罗伊尔聚会所"。穿戴自己祷告披巾的基辛格是位忠实会众，但他母亲开始感觉到他去聚会所更多是出于对他父亲的孝顺，而不是出于对自己信仰的忠诚。5

社交生活方面，基辛格开始与他的正统派出身渐行渐远。他参加了一个青年团体贝斯·席勒尔，基本上是改革派犹太人团体，成员多为巴伐利亚难民，在183街和圣尼古拉斯街的派拉蒙大厅聚会。

与基辛格在菲尔特就读同一所学校的亨利·吉特曼是贝斯·席勒尔的主席。"我们大多在周末聚会，男女都有，可以认识拥有同样背景的

---

① 1英亩≈4047平方米。

女孩。"虽然他们都来自德国，但是在贝斯·席勒大家都说英语。社区领导人，包括如雅各布·贾维茨这样的政客也经常是演讲的座上宾。众人既有机会联谊，也有机会同化。"每次开会有18~20个人，"库尔特·希尔伯曼回忆道，"我们有讨论会、读书会，有时晚上大家一起去看电影或听收音机。"[6]

除了约翰·萨克斯，基辛格的另一位密友是沃尔特·奥本海姆，奥本海姆有时也是基辛格的竞争对手。奥本海姆在菲尔特与基辛格在实科中学就读时就是同桌，两家人同样是在1938年夏逃离的，竟又在华盛顿高地成了邻居。奥本海姆品貌兼优，虽然才学不如基辛格，但是个天生的领导者。

他们八到十个人，包括基辛格，经常在星期六晚上在奥本海姆家聚会。有时一起去看电影或吃冰激凌。偶尔也与男女朋友到59街有乐队的查尔兹饭店大吃一顿。那里的基本消费是三美元，这对年轻的难民来说可不是小数目。所以在点菜时，他们个个精打细算，绝不超过基本消费。

有时基辛格到奥本海姆家，结果整晚竟是与奥本海姆的父亲攀谈。他父亲对政治感兴趣，是小罗斯福的死忠。"亨利自认是温德尔·威尔基派共和党人，虽然我们所有难民都是民主党，"沃尔特·奥本海姆回忆，"他常常跟我父亲争论到很晚。他总看些政治和历史的书，又十分赞同威尔基的想法，我也想不通为什么。"[7]

在异乡成长为青少年的基辛格与他在菲尔特时几乎一样不怎么外向。他那帮难民朋友尊敬他的心智与成熟，但他还是与他们有距离，缺乏安全感。"我们刚来的时候亨利似乎有点迷茫，有点不知所措，特别是在父亲事业飘忽不定的那段日子。"他弟弟沃尔特说。

对大多数贝斯·席勒的成员来说，伊迪丝·佩里茨的社交舞课是必修课，而此时的基辛格则最为尴尬。有一张1941年的相片，显示当时在华盛顿高地奥杜邦大厅举办的一场舞会中，身材矮小、戴眼镜的基辛格站在最后一排最边上。跳舞班都爱频频发奖，几乎人人都有获奖机会，但基辛格却从未得奖。

跳舞班上有个女孩叫安纳利斯·弗莱舍尔，她是从纽伦堡来的难民，她父亲原来从事制鞋业，生意很好，但后来被迫离开。她住在华盛顿高地北缘的艾尔伍德街。她一头黑发，爱笑，还有副至今仍为老朋友津津乐道的媲美拉娜·特纳的身段。别人眼中的她"有深度"，"不易亲近"，"人是不错，但不够热情"，这与对基辛格的评价如出一辙。

安纳利斯对文学和音乐特别感兴趣，会写诗，会拉大提琴，还具备做良好家庭主妇的所有才干：她和她妹妹的衣服都自己缝制，她也喜欢帮邻居照看小孩。她还帮忙照顾生理上因中风偏瘫、心理上因纳粹暴行受尽折磨的父亲。

安纳利斯与亨利很快成了情侣。他们一起参加贝斯·席勒尔的远足，但喜欢两人独处。虽然安纳利斯的家人对犹太教不那么执着——他们去的是保守派而非正统派聚会所，也不遵守犹太人的饮食戒规——但基辛格的家人还是对两人的交往感到高兴，特别是眼看着基辛格因此不那么内向了。

安纳利斯同时也与沃尔特·奥本海姆交往，后者显然比较世故，穿着也肯定讲究些。最终，安纳利斯做了个令她的朋友都吃惊的选择。她给奥本海姆写了一封长信，解释了她决定以后只与基辛格交往的原因。奥本海姆还记得，虽然该信措辞温和，但他一开始还是颇受打击。即便这样，他们仍然在同一个朋友圈里，周六晚间还是经常与其他人一起出入。[8]

走出去

虽然一直保留着巴伐利亚口音，但有一点亨利·基辛格却与他的朋友迥然不同：他比其他人更有方向感，更有野心，更一心想同化并在美国取得成功，其他人则安于在自己的德国犹太人的小圈子里过日子，不少人甚至在经商成功后还认同原来的族群，而不愿意与其移民生活方式脱钩。基辛格则不然，他更热衷于融入社会，善于掌握作为美国人特有的文化习性。

"如果说我同化得比别人快",基辛格事后解释道,"或许是因为我16岁就得工作,因此比别人更独立些。"在华盛顿中学学习了一年后,他改读夜校,白天则在西15街的利奥波德·阿谢尔毛刷厂上班,这是他母亲表亲家开设的剃须刷制造厂。工人在漂白刷子时得先蘸点酸液,再蘸水。基辛格戴上厚厚的橡胶手套,负责把毛刷上的酸液和水挤干净。他的起薪是每周11美元,后来升级为派送员,负责送货,周薪涨到30美元。"他工作时往往心不在焉,"据后来经营公司的艾伦·阿谢尔说,"他一有机会就看书或做些夜校的作业。"[9]

在华盛顿中学毕业后,基辛格很顺利地进入创立于1847年的免学费的纽约城市学院,其创校宗旨是让纽约禀赋优异的学生有机会接受高等教育。1940年,这个坐落于华盛顿高地140街的学府已有三万名学生,其中75%都是犹太人。对移民后代而言,这是迈入美国英才教育的第一步。费利克斯·弗兰克福特、伯纳德·巴鲁克和乔纳斯·索尔克(索尔克疫苗发明人)等都毕业于该校。

在纽约城市学院,基辛格依然念得很轻松,白天照常在毛刷厂干活。除了历史得了B,其他课程他都得了A。他开始攻读他父亲的专业——会计,但兴趣一般。"我在城市学院那会儿视野并不开阔,"他说,"我从未真正想过把会计师当成我的事业,但我以为会计工作应该不错。"[10]

他还是在寻找更能发挥自己能力的机会,往上爬,往外走。对想挣脱生活桎梏的男子来说,从军是个大好机会,再说他们的选择也不多。就在19岁生日刚过不久,基辛格的征召令就到了,1943年2月的一天,家人在时代广场附近的冰岛饭店为他举行了告别宴。次日,他就乘火车前往南卡罗来纳州的克洛夫特军营报到。在那儿,他生平第一次离开了德国犹太人的生活圈子。[11]

第 3 章

军旅生涯:"亨利先生"重返故里 1943—1947 年

> 当和平——战争得以避免的情况——是一个国家或一组国家的首要目标时,国际制度就端赖其中最残酷无情的国家如何行为而定了。
>
> ——基辛格 《重建的世界》,1957 年

大熔炉

在尘土满天飞的训练营,这个对基辛格来说比任何地方都陌生的所在,他加入美国籍,而仪式相当简单。1943 年 3 月,在南卡罗来纳州克洛夫特军营,部队例行地让移民新兵归化入籍。如基辛格给弟弟的信中所描述的,它与"推推蹭蹭、预防接种、点名、立正"一样稀松平常。[1]

在美国历史上,这大概是来自各个背景、各个社会阶层的人一起服兵役的最后一次。第二次世界大战的一个副作用就是,它是一股庞大的民主化力量,彻底改变了美国人的生活方式。美国向来都是一个流动社会,阶级地位也比较宽松,现在就更如此了。来自南卡罗来纳州和路易斯安那州小镇的士兵第一次看到像巴黎、柏林这样的大城市,这让这群在乡下长大的美国孩子成了见过世面的征服者。往小了说,军队也吸纳了来自纽伦堡和菲尔特的年轻难民,让他们在克洛夫特军营和克莱本军营受训,然后加入混编排上了战场,也让这些来自五湖四海的外国人适应了美国的文化习性。

对基辛格这样的孩子来说,参战使得他们获得公民权不仅是一项恩

赐，更是他们赢得的荣誉。参与了对美国的保卫，他们现在跟其他叫"温斯罗普"或"洛厄尔"的美国人一样，也觉得这是他们的民族、他们的国家、他们的家园。他们不再是外人了。

此外，军队也把像基辛格这样原来一心想通过夜校成为会计师的人挑了出来，给他们提供了新机会。"我所属的步兵师主要都是来自威斯康星、伊利诺伊和印第安纳的正宗美国中部男孩。"基辛格回忆，"我发现我很喜欢这些人。军队的一大成就就是它让我觉得自己是美国人。"正如与基辛格一起在陆军服役，后来又一起在政府任职的难民赫尔穆特·索南费尔特所说："军队让这个大熔炉熔得更快了。"[2]

虽然基辛格在基本训练期间仍然独来独往、安静、沉默，但依然机警，所以才安然度过了新兵苦训。他跟别人一样痛恨他的尉官（"我们简直恨透了他，很可能一点道理也没有"），但在写家信时还是对新生活充满兴奋之情。在基本训练接近尾声时，他给了弟弟沃尔特不少友情提示。他写道，参军时"得睁大眼睛，竖起耳朵，紧闭嘴巴"。下面这两段打字信对基辛格、对军队都是很好的写照。

> 永远靠中间站，因为教官挑毛病总是从边上开始。绝不要显露锋芒，人家不认识你就无法挑你的毛病。所以，按捺一下自己，别一个劲儿往前冲……
>
> 总会遇到人渣，不要跟这些人太友好。不要赌博。人潮中难免有职业骗子，他们不会对你心慈手软。不要借钱给别人，这不会给你带来好下场。想把你的钱要回来可不容易，真要回来，朋友也没了。别去妓院。我跟你一样喜欢女人，但我可不想触碰那些混迹在军营附近的肮脏、有性病的人。

最后，基辛格说了一段知心话——哥哥对弟弟常说的老话："你和我有时也不怎么合得来，但我猜你同我一样知道，在紧要关头，我们肯定会彼此鼎力相助。现在就是紧要关头！"[3]

军队的紧要关头还真的很奇妙。在不远处的克莱姆森镇，基辛格参加了一系列性向测验，由于得分高（全队最高分），被分派到陆军特种培训班受训。合格者——全国共有10万人——得以免受作战训练，改由政府出资送到大学念书。基辛格被分派到离华盛顿高地不到100英里的宾夕法尼亚州伊斯顿，在风景优美的拉法耶特学院读工程。

基辛格一向是块念书的料。他早就认为自己优于常人，如今果然得到了证实。即便在经过军队精挑细选的尖子里，他也是尖子里的尖子。他被挑出来给其他同学补课——各个科目的课，特别是微积分和物理。他越发醉心于学习了，甚至到了痴迷的地步。基辛格读起书来废寝忘食，就在凌乱的房间里吃点饼干，喝口可乐，还不时喃喃自语。

据基辛格的室友查尔斯·科伊尔说，他还常常与书辩论。"他哪里是读书，他是用眼睛、用手、用他在座椅里的扭动、嘟嘟囔囔的批评在啃书。本来歪歪斜斜地在看书，他突然会暴怒，用德国口音斥责作者的不是——'狗屁不通！'"

在拉法耶特的那个学年，他选了12门课，门门拿A，化学还拿了满分100分。"这家伙太聪明、太会念书了，让我们这帮挑选出来的高智商人都连连称奇，"科伊尔说，"他有时会到大家共用的客厅来。我们三四个人一起聊天，可能聊聊与性有关的话题。他就倚在沙发上看司汤达的《红与黑》之类的书，以资消遣。"基辛格仍然那么严肃，有一种德国人的沉稳。他的阅历比这些人丰富，也比他们成熟。

偶尔，也会有几个红脖子乡下人发表反犹言论，但基辛格有脱身之计。"他不会跟他们正面交锋，"科伊尔说，"对这些乡下孩子，亨利很有耐心，最终他们还都喜欢他了。"当时他还没有什么幽默感，但他开始发现讽刺、诙谐、自嘲往往能化解紧张关系。"有时他会取笑军队，取笑自己，有时也拿我们开心，"科伊尔回忆，"但他总是脸上带笑，那是典型的纽约式幽默。"[4]

周末，当基辛格能搭顺风车回家时，有时也会与父亲一起去聚会所。卡尔·埃达·耶苏伦聚会所的朋友还记得1943年他几次身着列兵制服、头戴犹太圆顶小帽参加安息日敬拜的情景。他已与宗教渐行渐远，之所以去聚会所，是为了取悦父亲。据他母亲回忆："出于对父亲的敬爱，亨利永远不会做令父亲伤心的事。"

美国踏入欧洲战场让特种训练班显得过于奢华，办不下去了。前线需要热血青年，也需要受过高等教育的青年。再说，也有人批判聪明人可以不上战场而去念书的精英主义观念。于是，1944年4月，军队就把这个班撤了。

如果士兵被选中接受军医训练，也可以不上战场。基辛格提出申请，倒不是因为他对医学真感兴趣，而是对当个作战步兵更不感兴趣。当时，基辛格对拿下军队十分重视的各项标准化测验已胜券在握，他果然成了就读拉法耶特医学院的25名最终入围者之一。

人称拉里的伦纳德·韦斯也在入围名单中。他曾经与基辛格一起在周末找顺风车回纽约，两对男女朋友也曾一起约会。韦斯和女友同基辛格和安纳利斯·弗莱舍尔还曾一起到大都会歌剧院观看《费加罗的婚礼》。当时这两名士兵在拉法耶特都是班上的佼佼者，韦斯认为基辛格比他聪明，但最终进了医学院的是韦斯。

基辛格声称他吃了某个标准化测验的亏。"通常我应付这些标准化测验毫无问题，"基辛格回忆，"但医学院测试那一天，我起晚了，没赶上吃早饭，测验开始后才匆匆赶到，每节试题花的时间太长。"

韦斯的印象则不然。五个入选者中韦斯是唯一的犹太人，其余几人的分数远低于基辛格，两人是南方浸信会教徒，两人是费城的天主教徒。"论相貌，基辛格比我更像犹太人，"韦斯说，"我又没有口音。面试时考官问我的宗教信仰，我说我信犹太教，考官说甄选时他们会考虑宗教组成的平衡。"无论如何，基辛格也没有太失望。1988年，韦斯的弟弟在美国运通公司董事会上做完自我介绍后，基辛格说："啊，对了，你哥哥就是当年救了我，没让我当医生的人。"[5]

保拉·基辛格后来称路易斯安那的克莱本军营为"那块沼泽地"，虽然那儿离河湾地块很远，位于该州北部亚历山大市附近尘土飞扬的农场。不管是不是沼泽地，基辛格跟其他2800名知识分子离开学府，乘坐一列火车回路易斯安那，成为第84步兵师17000名士兵中的一员，此时他并不高兴。

1944年燠热的盛夏，在经历一系列艰苦的例行训练后，基辛格一般总拨打对方付费的电话跟家人抱怨一番。他头一次想家了。"妈，我想趴在地上，爬回家去。"他说。

唯一比较有意思的事就是让他充当连队教育官。每星期，连里都安排100多名士兵可以不用操练打靶，而是聚在一起，非正式地谈谈这场战争和其他世界大事。基辛格经常担任主讲。"行军时，他的包里总带着《时代》周刊和报纸，"据同样被送到克莱本军营，基辛格在拉法耶特的室友查尔斯·科伊尔回忆，"亨利永远是最好的教官。他从来不提他在德国的童年，但显然他对纳粹的种种恶行十分了解。"[6]

弗里茨·克雷默

接下来基辛格脱颖而出的经历，简直比二流战争片还要离奇。基辛格这个连的士兵刚刚结束10英里的行军，正横七竖八地躺在被太阳晒得热乎乎的靶场草地上。突然，一辆吉普车疾驰而来，扬起一片尘土，车上走下来一位个子不高、35岁左右的德裔美军列兵，制服笔挺，一脸自信，戴着单片眼镜，挥舞着手杖从错愕的士兵身边匆匆走过。

"哪位是长官？"他大声问。略显惊恐的一位少校站了出来。这位列兵带着普鲁士口音连珠炮一般飞快地吼道："报告，我是将军派来的。我要跟你们连讲讲我们为什么要打这场仗。"

原来还半睡半醒的基辛格这下来劲了。这位潇洒的列兵站在吉普车上开讲了，底气十足，语调铿锵，从纳粹思想讲到为什么必须——也必然会——击垮希特勒。他双眼炯炯有神，有点张扬，颇具吸引力，演说极其震撼。他洋溢着自豪感，举止与众不同，这非但没让他看来怪异，反倒增添了他的魅力。听完列兵的演说后，基辛格做了一件从来没做过的事，给他写了一封表达崇拜的信。"亲爱的克雷默列兵，我昨天聆听了你的演讲。就该这么做。我能助您一臂之力吗？列兵基辛格。"[7]

弗里茨·古斯塔夫·安东·克雷默生于1908年，父亲是普鲁士的国家检察官，母亲家是制药业大亨，在威斯巴登附近拥有一座有35间房的庄园。他父母都反对希特勒，称其为"倒霉的波希米亚下士"。他母亲还在自己的庄园开设了孤儿院，收容基督教和犹太教儿童，纳粹掌权后依然如此。

克雷默大多数时间在国外度过，先是在英国求学，在伦敦经济学院拿了学位，后来在法兰克福歌德大学和罗马大学分获博士学位。1939年，战争爆发前夕，他在罗马为国联工作。因决心留在国外，他让妻子带着襁褓中的幼儿斯文回到威斯巴登与母亲道别，结果他们长达6年无法脱身。身无分文的弗里茨毅然决然来到美国，并志愿入伍。

军队也弄不清克雷默是谁，该怎么用这个人。在克莱本军营的一次例行训练中，给他分配的任务是在讲台上连珠炮似的用德语发号施令，以提升真实感。第84步兵师的司令员亚历山大·博林将军正好路过。"你干啥呢，小伙子？"他问，"报告，制造德国战场噪声。"克雷默答道。就这样，两人开始交谈，博林很赏识他，把他调到了总部。

当一车皮从特种训练班下岗的学生抵达时，克雷默向他的长官提出了一个请求："我们师里来了2800名知识分子，让我跟他们讲讲，否则他们是无法了解为什么到这儿来的。"基辛格和克雷默——一个是不怎么情愿的宗教难民，一个是骄傲的因政治而滞留他乡的侨民——这两位德国流亡人士，就这样于1944年5月在路易斯安那的靶场相遇了。[8]

次日送达的列兵基辛格表达崇拜的信引起了克雷默的兴趣。他喜欢这封信直截了当、言简意赅，后来他说，他还佩服信里没有拍马屁的话。其实，基辛格的马屁拍得恰到好处。"就该这么做。"几乎50年后，克雷默在华盛顿花园散步时，还在重复、回味这几个字。第二天，克雷默手里拿着信又回到了基辛格的那个营，吉普车轰然驾到，克雷默朝着略显惊恐的少校吼道："谁叫基辛格？"这可不是最后一次人们这么问。

基辛格与克雷默谈了20分钟。"你的政治思维非同一般。"克雷默说。据基辛格事后回忆："听到这话，连我也十分吃惊，我从来没这么想过。"[9]

回到总部后，克雷默跟长官说起了他刚刚见到的"小个子犹太难民"。"他看似什么都不知道，其实已经明白一切。"在克雷默的语汇里，这些可是赞美之词。他解释道，基辛格对历史"这支曲子"似乎有天生的乐感。

克雷默对他的眷顾可谓意义重大。其后三年，他把基辛格调离步兵连，让他充当博林将军的翻译，又举荐他担任联军拿下的德国城镇的行政官，逐步带领他加入反情报团的工作，介绍他出任校址设在德国的情报学校教官，后来又劝他去哈佛进修。经常有人把克雷默比喻为"发现基辛格的伯乐"。他总说："我不是发现基辛格的人！我是让基辛格发现自己的人！"声如雷鸣。

克雷默从基辛格身上看到自己保守主义的身影，也着力如此培养他。"亨利的历史知识和他对历史的尊重，使得他崇尚秩序，"克雷默说，"他的心灵本来就倾向保守，他理解国家有维持秩序的义务。"

两个人都喜欢说话，但都偏爱学术讨论而非知心交谈。两个人都喜欢被吹捧。"亨利，你天资绝顶聪颖，举世无双。"长者这么说，基辛格不以为意，照单全收。基辛格经常就历史的力量求教克雷默，对许多抽象概念进行探索。"他就像挤海绵那样对我的想法进行挤压。"克雷默回忆道。

两人的自我难免冲撞：多年后，当年提携他的良师担任了五角大楼顾问，基辛格就不太能忍受克雷默的长篇大论（这也可以理解）。克雷默也开始觉得基辛格野心太大，太沉浸在自我之中（或许这也可以理解）。克雷默长叹道："我慢慢观察到，这个对求知如饥似渴的人，也关注个人的事业前途。"

即便没有遇到克雷默，基辛格也不会就此默默无闻。但这位个性狂放的普鲁士人确实加速了他脱颖而出的过程，让一位缺乏安全感的难民认识到自己才智过人。他让21岁初出茅庐的基辛格受到一系列思想家和哲学家——斯宾格勒、康德、陀思妥耶夫斯基等——的熏陶，也启发他对自己的心灵进行深入探讨。自此，基辛格不再想当会计师了。数学已成过去，如今他迷上了历史。

克雷默还加强了基辛格对德国人的认同，坚持两人用德语交谈，让基辛格学习德国历史和哲学。在这个过程中，他也把自己根深蒂固的对共产主义的敌视传给了基辛格。他觉得，社会秩序的瓦解会给左翼或右翼独裁政权以危险的可乘之机。

对基辛格而言，跟随克雷默就像找到了一个新的父亲型人物。他似乎被克雷默的贵族气质和趾高气扬的神态——日后，他将同样在哈佛的良师威廉·埃利奥特身上捕捉到——吸引。克雷默有一种路德派教徒的神圣使命感，他是个愿意与历史势力对抗的行动者。他的性格恰恰给基辛格缺乏安全感提供了良方。基辛格学会了用克雷默的张扬，有时近乎克雷默的傲慢，来掩饰自己的不安全感。

克雷默的一个特质在基辛格身上倒见不到。克雷默鄙视金钱、权力、高位、知名度和世俗人眼中的成功。他没有野心，不是说他为人谦卑，绝对不是。但他认为如果他为搞好公关或谋求个人功成名就而行动，则有"功利主义"之嫌。多年后，在哈佛探望基辛格时，看到书架上摆列的名人签名照，他大不以为然。"你这是干什么？"克雷默怒斥道，"这样不对。"

这时，克雷默觉得他对基辛格早先的印象"错了"。但就在对后来的基辛格渐生反感的同时，昔日的爱怜和爱才之心却未曾减少。

> 他的动机或许比我原先想的要鄙俗些。在他做反情报工作时，有人就跟我说，他自我太强，很难相处。基辛格有一段困苦的青年岁月，我没有。我知道我是谁，他不知道。或许基辛格老早就渴望权力。他显然渴望得到肯定。不过，我记得当年的他是求知若渴、求真理若渴的一个人。他什么都想知道，不只想知道对他有用的东西。今天一如当年，他依旧是禀赋极其优异的人。上帝在赐人以禀赋时，通常挑挑拣拣十分谨慎，只是对待基辛格，他却倾其所有，格外钟爱。[10]

重返故里

第 84 步兵师奉命于 1944 年 9 月挺进欧洲，诺曼底登陆后参加战争反攻阶段的战事。列兵基辛格，编号32816775，被派往第335步兵团G连。他们乘坐的船只——美国海军斯特灵城堡号——从曼哈顿58号码头出发，这给了基辛格匆匆回趟家的机会。11月1日晚，他们穿越英吉利海峡。在船上，他们拿到了缺席选票，在罗斯福和杜威两人中任选其一。虽然此时基辛格已经21岁了，又是公民，但他却没有投票。

在G连领先出击后，第84步兵师于一周内抵达德国。11月9日，冒着猛烈炮火冲过比利时与德国的边界到亚琛附近，此时正值"水晶之夜"6周年。这6年里，基辛格有了一个新家园，在越过边界时，他认为自己是前来解放被奴役者的美国人，而不是重归故里的德国人。

他也不是来报仇雪恨的。他曾跟《纽约邮报》说："尽管家人不理解，但我觉得，如果歧视犹太人不对，那么歧视德国人也不对。我的意思是，你怎么能责怪整个民族呢？"虽然这趟回老家之行与他想象的不一样，但也是他对当年鄙视他的菲尔特海关人员所做预言的戏剧性兑现。

基辛格是一个人开着吉普车穿越边界的。经克雷默推荐，前一天，他才被G连挑出来奉命到师部报到。博林将军需要一位能讲德语的翻译兼驾驶员，克雷默建议启用基辛格。从此，基辛格就被调到了师情报部，后来又到了处理军事占领的反谍报部队。也因此，他从来没在作战中开过枪。

德国的最后一搏——阿登战役（突出部之役），始于1944年12月。第84步兵师及第九军的剩余部队都被逼退到比利时一侧。美国军队中的犹太难民的处境尤其危险：许多被俘士兵都被就地处决，而不是留为战俘。但当他的师被迫匆匆撤离比利时马尔什镇时，基辛格还是志愿参加了一个小分队，留下来迟滞敌军的进攻。

马尔什的情况十分混乱。美军进入小镇后才发现德国警察已在此埋伏，博林将军匆忙下令撤退。因为基辛格懂德语，让他留下来了解敌军的计划也有道理。"他当时很清楚一旦德国人拿下这个小镇，他绝无生机，"克雷默回忆，"基辛格毫不犹豫地那样做了，这需要很大的勇气。"基辛格说："在作战时，你根本不会想自己勇敢与否。"

1945年3月，第84步兵师又打回德国。他们拿下的第一座大城市是莱茵河港口城市克雷菲尔德，靠近荷兰边界，人口20万。城市满目疮痍，没有人清理垃圾，没有供水，没有燃气。反情报团的任务是恢复秩序。

军队效率再次得到彰显，团里竟然无人通晓德语，所有人只会法语。克雷默当时已是情报部门的士官长，受命处理占领区的民政事务，但他没同意，因为他正全身心投入自己的那套心理战：驾车沿前线喊话，劝德国人投降。克雷默告诉领导："我知道一位出色的年轻人，为什么不让亨利试试？"

就这样，只有列兵军阶、未经安全审查的基辛格成了克雷菲尔德市的行政长官。"我就靠德国人讲究秩序这一条。"基辛格回忆道。他下令凡负责煤气、水、电、交通、垃圾等市政职能者前来报到，然后把明显的纳粹分子剔除。这些人不难被发现，因为只有他们白白胖胖。在必要时，他再把纳粹当政前干事的人请回来。不到8天，民政治理即步入正轨。"确实不简单，"克雷默说，"而且他安排这些事的时候没有表现出一丝反感或一丝仇恨，唯一表现出来的就是他的办事老练。"

因此，基辛格被调到了反谍报部队，先是做驾驶员，因为当时没有别的岗位空缺，后来又出任军士长级别的反谍报人员。反谍报部队的主要任务就是在联军控制区内找出危险的纳粹分子和盖世太保。[11]

驻扎在汉诺威时，他再次利用德国人的民族性办事。他张贴广告，招募有"警务经验"的人。有位身强力壮的人前来应征，自称担任过国家警察。基辛格认为他做过普通警察，而不是令人谈虎色变的秘密警察。但他还是半开玩笑地问了一句："你干的是秘密警察吗？"此人很骄傲地说："对！"他还真是个盖世太保！于是基辛格逮捕了他。

接着，基辛格又利用了德国人服从的特点。"他问我怎样表示他有诚意改邪归正，于是我命令他把他的同事找出来。"基辛格回忆道，"我们就坐在吉普车里到处转，把他们一个个抓起来。令我吃惊的是，在我的印象里，盖世太保都是魔鬼，其实，大部分是愿意与我们合作的可怜的小官僚。"

基辛格也利用了德国人的自豪感，进一步完善反情报团经常用的招数。他对每一位纳粹嫌犯都说："我们知道你并不重要，只不过是个小人物。"直到嫌犯出于自豪，说出自己实际上是当地的纳粹高官。

基辛格并不以打击报复为乐。尽管纳粹让他的家人和犹太同胞受尽苦难，但他很快就不热衷于逮捕盖世太保了。"不久，抓捕盖世太保的事也不好办了，他们的老婆在一旁掉泪，孩子也依依不舍。于是我就派一名宪兵和我的'纳粹'一起在下萨克森州各地转。就这样，我抓的盖世太保比其他队友都多。"[12]

也因此，基辛格士官长赢得了铜星勋章。他第一个承认，他获颁勋章主要是机缘巧合，而不是因为他勇敢，而且这事也没有他某些不为人知的行动那么危险。但陆军的奖状却把他写得十分英勇："基辛格士官，带领反谍报小分队履行职责，不畏艰险，成功建立了一个深入平民生活每一阶段的告密者链条，最终查获并逮捕多名被确认从事间谍和破坏行动的敌方特务。"

"向我的青年时代告别"

1945年5月，联军战胜希特勒，基辛格也因此结束了这段军旅生涯。离他22岁生日还有几天，这个美国成人回到昔日那个德国孩童生活的地方——菲尔特、洛伊特斯豪森、纽伦堡和周边的乡镇。他重新踏上当年与朋友——海因茨·利翁和他父亲——一起走过的路，并察看战争创伤——物理与心理创伤。

除了基辛格的母亲，从来没有人认为他是多愁善感的人。回到菲尔特，他百感交集，在洋洋洒洒10页纸的手书家信里，他描述了回到老家勾起的旧时记忆和感受，全信用英文写就，读来像一篇短篇小说。

他的第一站是洛伊特斯豪森，巴伐利亚的一个小镇，也是他母亲家族贩牛发迹的地方。他看见山谷中在阳光照耀下闪闪发光的屋顶，惊叹它们看起来如此静谧祥和。

我站在山岗上俯瞰山谷，俯瞰这曾埋葬我一段青春岁月的山谷。

绿树依旧成荫,乳牛场依然矗立。我们就在公交车当年停留的地方停下吉普车。

有那么一会儿,我以为我看见了一位身材微胖、腰系围裙的女人和一位饱经风霜的蓄须老人(他的外祖父法尔克·斯特恩——就在基辛格一家逃离德国不久即因癌症病逝——和他死于纳粹集中营的妻子),再定睛一看,却只见街道和高塔。

我们开得很慢,缓缓地驶过在仇恨年代里生活、继而凋零的所有的人的鬼魂。我依稀看到了那在院落里踢足球的小男孩和常在窗前凝望他的老者。那些年的情景在我眼前一一显现,时间一度呈静止状态。仿佛我们的朋友依然活着,我们仍然年幼。

过去13年的仇恨和悚恐,这段回忆之路何其漫长、艰难,全是道不完的羞辱、说不尽的失望。13年太长了,无法一一回顾。我想到那些和善的老人,想到曾经在林子里漫步,想到当时的一切,想到如果一切没有发生。有那么一刻,山谷又因昔日人物的出现而充满生机,人一个没少,然后幻觉逐渐退去……我只得向外祖父母道别。

离开洛伊特斯豪森,基辛格驾车沿着围绕纽伦堡满目疮痍的山路,穿过他以往散步的森林,抵达菲尔特。从他们曾经住过的公寓二楼("房子似乎总会随着年代变小。"他写道),他望着窗外的石板路和公园,想到他曾经同海因茨·利翁和老利翁在此散步。"'你在看什么呢?'新住户问道。没什么,你永远也不会懂,我想。没什么,也就是看看我的朋友和他父亲,看看这么多年的残酷和十年的虚无。"

在他父亲当年任教的学校前,基辛格留下了一个影照。校内,一位德国官员正在处理行政事务。基辛格在信中如此描写当时的情景:"我们一起穿过走廊,我们走到哪儿,哪儿的人就立正。我们走到哪儿,往事就尾随而来。'为什么你来视察学校?'哈恩博士问道。'我是来还债的,还我欠父亲的债。'"

最后,他到了纽伦堡。他在信中称之为"后记"。他写道:

歌剧院、文化馆、火车站、邮局都被炸得只剩断壁残垣。我们站在山坡上俯瞰山谷，眼前的纽伦堡只留下躯壳。我想起利翁的父亲说过的话："有一天你会回到你的出生地，到时候往日的一切都将不复存在。"路上躺着一块残破的路牌，上面写着："距纽伦堡7公里，距菲尔特6公里。"

靠刀生活者必将亡于刀下。从山丘上俯瞰纽伦堡，我向我的青年时代告别。[13]

在访问菲尔特时，基辛格曾寻找他童年的旧友。其中，大部分已移居他乡，其余的人则葬身集中营。据镇上的人说，只有一人幸免于难——赫尔穆特·赖斯纳。他是基辛格在实科中学的同班同学，在体育俱乐部一起踢足球的玩伴。基辛格好不容易找到他，发现他待在菲尔特的一家非犹太人家中。

1941年，镇上相当富有的犹太人赖斯纳一家被火车送往集中营，最后到了离镇子约100英里之遥的北部小镇布痕瓦尔德。与该地其他5万名囚犯一样，赫尔穆特的父母和其他亲人都死于饥馑、医学实验或其他残酷虐待。当乔治·巴顿将军带领的第3军团于4月解放该集中营时，幸存者还有2万人，包括赫尔穆特。他辗转漂泊到菲尔特，寻找认识的人。

当基辛格在那家人的家中见到赖斯纳时，赖斯纳一眼就认出了基辛格。"他非常自然、热情、极富爱心。"赖斯纳回忆。为克制情绪，两人都未提及过往。赖斯纳说："他后来跟我说，如果我谈起过去伤心流泪，他也听不下去。"[14]

在随后几个月赖斯纳逐步康复期间，基辛格对他关照有加，确保他有足够的食物和钱。不到一年，赖斯纳就准备移民到长岛他姑姑那儿。基辛格给她写了一封长信，告诉她赖斯纳的近况。信中，他也透露了从大屠杀幸存者那里学到的功课。

我觉得有必要给你写信，因为我认为美国人对关在集中营的人有全然错误的印象……

集中营不仅是死亡工厂，也是实验场所。在这里，人们坚持着，挣扎求存，命悬一线，小小的错误随时都可以让人丢掉性命。人要有多大的信念和意志力，才能在这样污秽、压制、羞辱的环境中存活？知识分子、理想主义者、坚持高尚道德情操的人是没有机会的……一旦下决心要活下来，就必须穷尽办法，这是在美国安逸度日的人无法想象的。为了这个目的，他们可以罔顾一切惯常的价值观，无视通行的道德标准。只有靠谎言千方百计地弄到果腹的食物才可能活下来，弱者、老者根本无望。

然后，解放了。生还者淡出了人们关注的事物的一般范畴。他们深知回顾过去只会带来感伤，感伤就是软弱，软弱就意味着死亡。他们知道经历过集中营而活下来的人，在解放后求得生存并非难事。从此他们就同样专心致志地追求和平，有时也像在集中营里一样无视标准。他们尤其不需要别人的怜悯。怜悯令他们不安、烦躁……

如果你认为赫尔穆特必定意志消沉，可就大错特错了。赫尔穆特是个男子汉，他的经历比大多数人一辈子的经历还多……赫尔穆特需要自己的空间，不要处处被呵护。他要的是一种平凡的生活，自己奋斗出的生活。

赖斯纳最终有了自己奋斗出的生活，他在长岛创办了赖斯纳化学公司，住在新海德公园，生活安逸。

基辛格的信中的主题在他日后的职业生涯中一再重现：道德与现实观之间经常存在紧张关系，起码在他看来有这样的关系。他说，求存有时需要无视道德标准，而这是生活在"安逸"之中的人"无法想象的"。他经常把幸存的无情的现实主义者与"道德情操高尚"、面对残酷情况却全然无望的人做对比。后来，基辛格还不时将强调道德同软弱画等号。他对集中营受害者的描述，其实也是对自己的写照："他们看到过人性最恶毒的一面，谁还能怪罪他们猜疑心重？"[15]

占领者

本斯海姆的居民还记得，基辛格是开着从一家痱子粉公司的纳粹所有人那儿缴获的1938年白色奔驰车威风凛凛地进城的。驶过一溜中世纪房舍，穿过山腰上的村落中心，在税务处门前的小巷口停了下来。他两阶一跳奔上楼梯顶端，宣布："我是反情报团的亨利先生，这一层楼现在由我接管。"[16]

1945年6月，22岁的基辛格士官长受命接管一个新的反情报分队，负责在黑森山道区恢复秩序，并消灭危险的纳粹分子。他们的总部设在法兰克福以南30英里、菲尔特和纽伦堡以西110英里的本斯海姆，一个有17000人的寂静的造纸业小镇。在这块一度唾弃犹太人的土地上，基辛格这个犹太人如今成了统治者。"我有逮捕人的绝对权力，"他说，"我们反情报团的权力比军政府还大。"用克雷默的话说："他是本斯海姆的绝对统治者。"

然而，基辛格却避免对德国人表现出仇恨，避免任何肆意报复的行为。相反，对反情报人员——特别是当中的犹太人——发泄反德情绪者，他表现得挺生气。"我还记得有一次，有几位犹太难民翻译官对一对夫妇出言不逊，"一位陆军同事拉夫·法里斯说，"亨利质问他们：'你们在纳粹下生活过，也知道他们怎么辱骂人，怎么能转过身来跟他们一样辱骂这些人？'"

不仅如此，基辛格对自己是犹太人这件事尽量避而不谈。他不再去聚会所，绝口不提他的宗教信仰。虽然军队的同僚都知道他是基辛格，在他管辖下的德国人中，他则自称"亨利先生"，这个名字听起来不像犹太人，更像美国人。据他事后解释："我用'亨利先生'的名字，是因为我不想让德国人以为犹太人是回来报仇的。"[17]

基辛格有意无意间更像德国人了。尽管按规定，他不能与当地老百姓过往太密，但他还是找了一位德国贵族的妻子、一位美丽的金发女子为情妇。他驾驶着奔驰四下游走，成为当地足球比赛的常客。他搬到位于本斯海姆以北三英里的茨温根贝格，住进了他没收的一座现代化宫殿般的别墅。

"太气派了！"他先后在菲尔特和华盛顿高地交往的朋友，后来驻扎在海德堡的杰里·贝克霍弗不禁赞叹。贝克霍弗曾多次造访该处，也是基辛格当年宴会上的嘉宾。"他的那座别墅十分讲究，是20世纪30年代的现代化建筑风格。他的女友聪慧、貌美，他们的筵席绝对一流。你可以感觉到他十分享受权力给他带来的一切，虽然他从来不滥用权势。"

赖斯纳也经常到访，住在别墅调养身体，修复布痕瓦尔德多年对他的身体造成的伤害。一个周末，他们一起去了慕尼黑的跑马场，有一次还一起观看足球赛。

作为20多个城镇的摄政官，基辛格练就了娴熟的外交技巧。本斯海姆的市长是基辛格的座上宾。希特勒时代以前的警察局长也不例外，他曾帮助基辛格辨认并逮捕当地的纳粹高官，直到自己因为受贿被捕。"亨利是位杰出的外交家，"贝克霍弗说，"他跟德国官员处得很好，他们对他言听计从。很快，城镇恢复了秩序，区域内的纳粹分子均被清除。"[18]

卡尔·赫兹纳和他的亲人战前曾是保拉及其家人在洛伊特斯豪森的朋友。他们出身德国的名门望族，在纳粹时代是与斯特恩和基辛格一家始终坚持往来的少数非犹太人。基辛格在发现他们被诬告同情纳粹而遭美国指挥官查封财产时很吃惊。于是，他出面帮他们要回了住房，还帮他们筹集资金重新营业。他也特别照顾仍与儿子斯文住在家中别墅的弗里茨·克雷默的妻子。因为她不是德国公民，拿不到粮证，基辛格就每星期从本斯海姆给她寄食品包裹。[19]

在本斯海姆待了将近一年后，基辛格再次得到了克雷默的举荐。克雷默是欧洲指挥部情报学校的创始人之一，校址设在慕尼黑以南40英里的上阿默高——巴伐利亚阿尔卑斯山区风景如画的度假胜地。学校是为盟军军官所设，教他们如何识别纳粹分子，以及如何恢复德国的民政机构。当克雷默坚持招募一位只有高中学历的士官长担任教职时，指挥官大吃一惊。克雷默坚持己见，他说如果事实证明基辛格不够格当老师，他就会改派其去拾柴火。

基辛格在上阿默高执教 10 个月，一开始是参谋军士，后来是文职雇员，年薪高达 10000 美元。当时在那儿执教的还有日后担任基辛格国务院法律顾问的赫尔穆特·索南费尔特，以及后来哈佛大学知名的经济学家和院长亨利·罗索夫斯基。"虽然走出高中校门不久，但亨利却一副很有权威的样子，且威严十足。"上过他的德国准军事组织课的罗索夫斯基说，"他讲起课来信心十足，很有知识深度。"但教育部主任唐纳德·斯特朗上校则认为，基辛格失之高傲：他拒绝事先提交教学大纲，而且在军营中违反规定养宠物狗。"他是个问题人物。"斯特朗事后回忆。[20]

基辛格离开欧洲以前还得探望一个人。他的祖父——这位文质彬彬、睿智的长者戴维·基辛格——此时正住在儿子阿尔诺的家附近，同在斯德哥尔摩时尚区。基辛格是与他在黑森山道反情报团的挚友弗兰克·利未奇士官长这位方脸汉子一起，于 1946 年 12 月乘火车前去的。

阿尔诺叔叔，路易·基辛格的弟弟，过得很不错。"他现在生意兴隆，"基辛格在家信中写道，"不用说，他这个老板可一点儿也不安静，脾气也不那么好。"时年 86 岁高龄的戴维·基辛格也很精神。"他每晚跟一位 92 岁的'女孩'打纸牌，还坚称'女孩'就因为大他几岁，老是作弊欺负他。"

最令基辛格印象深刻的是，他的爷爷虽然有三个女儿死于集中营，但他对纳粹统治下发生的一切并未心存怨恨。在家书中，他赞扬爷爷能不怀仇恨，暗示他父亲或应效法，因为他父亲当时仍然对妹妹们的死无法释怀。

> 我每天都跟他谈好几个小时，不仅仅是因为我觉得有义务。爷爷仍然思维敏捷，看事全面，为人谦和，没有仇恨，不带偏见，与他交谈实乃乐事。他的幽默感丝毫未减。我多希望，亲爱的父亲，您也能见到他。他同其他失去女儿的父亲一样承受痛苦，但他却能节哀，虔心逆来顺受，真可作为所有人的楷模……我确信，就像他不折磨自己一样，他肯定也不希望您，亲爱的父亲，再折磨自己。[21]

"或许我已经有了一套防御机制"

基辛格曾说:"作为一个纳粹统治下的犹太人、逃亡美国的难民、军队里的列兵,这绝非一段能让你建立自信的经历。"他错了。军队不但帮助他美国化,还历练了他。他依然缺乏安全感,但因为经历了战争,掌握了指挥能力,他有了一个坚毅的外表,散发着自信。

自信而又欠缺安全感,虚荣而又脆弱,傲慢而又渴望被肯定:铸就基辛格青年时期复杂性格的这些特点,终其一生都没有改变。

"这是一段我被美国化的历程,"基辛格说,"这是我第一次脱离德国犹太人的环境,我在军队里获得了信心。"他不像以前那样觉得自己格格不入了,甚至还以为自己的口音都没了,直到他回来才发现并非如此。① 他弟弟沃尔特说:"我俩都是在服役期间找到了我们的路,知道如何往前走,才有了我们的今天。"[22]

军队给了他一个新的自我认同,同时也让基辛格丧失了部分以前的自我。他不再做礼拜,不再参加难民圈的活动。虽然世故成熟的他更深爱、敬重他的父母,但他与他们的距离却拉大了。"军队给我们打开了一个新世界,"沃尔特·基辛格说,"一个我们的父母无法分享和理解的世界。"[23]

其实,看上去是信心,有一部分却是一堵墙,失去纯真、好奇后形成的一堵墙。基辛格在回国后不久,给他为纪念结婚 25 周年而在魁北克卡恩饭店度假一星期的父母写信时,曾做过解释。"如果有时候我看似冷漠,请不要忘记,对我来说这场战争直到 1947 年 7 月才结束。"他写道,"有三年的时间,我被欺骗,我必须反击、争辩,结果败下阵来,或许我已经有了一套防御机制。"[24]

基辛格一辈子都在用这套防御机制。即便对熟悉他的人,他也保持距离以策安全。战争让他变得成熟,扩大了他的视野,也点燃了他的野心。战争同时也熄灭了这个胳膊下总夹本书的菲尔特男孩的学术纯真。

---

① 基辛格的德国口音一辈子也没改掉,可是仅比他小一岁的沃尔特却几乎一点儿德国口音都没有。当人们问他为什么他没了口音,他哥哥却做不到时,沃尔特·基辛格说:"因为我是听别人说话的基辛格。"

在他的心目中，纯真、幼稚、太在乎对美好道德的追求，都逐渐与脆弱甚至死亡画了等号。当他站在山丘上俯瞰纽伦堡时，的确是跟他的青年时代告别了。

1947年7月，基辛格启程自德返美，9年来这是第二次。他当时24岁，离家已有4年，在德国作为占领者生活了3年。

他给父母发了一封电报，告诉他们自己即将归国："今晚小灰将乘机抵达。""小灰"是他在巴黎宠物店橱窗里看中的一只科克猎犬，被他放在背包里带着在欧洲各地跑，如今更是形影不离。"电报里还详述了领取手续，"保拉·基辛格回忆，"当时路易正生病。清洁工刚刚开始给各屋的地板打蜡。我没车，只得坐地铁去机场取狗。装运狗的箱子里摆放着亨利的大衣，主人的气味可免其躁动。箱内还有一封信，信上说，这狗就吃汉堡和四季豆，于是我就喂它汉堡和四季豆。"[25]

就在基辛格离开德国之际，克雷默给了他最后一个忠告。"你得再念点儿书，"这位有双博士学位的普鲁士人说，"找一所好大学。有点身份地位的人是不上纽约城市学院的。"这话反映了克雷默是个精英主义者，虽然并不正确，但这与基辛格的新雄心壮志不谋而合。[26]

大多数学校此时秋季招生都已满额，但哈佛却对回国的退役军人特别照顾。时任校长詹姆斯·布莱恩特·柯南特正是《退伍军人权利法案》的重要推手，他还特别任命了一名外联顾问确保退役军人有机会进哈佛。

"为做好充分准备将来往文学方面发展，政治史是我的主要兴趣所在，我认为我必须接受人文科学教育。"基辛格在哈佛入学申请书中写道。他在自我介绍部分说"种族迫害迫使我们全家移民美国"，但未提及他的一些其他经历。在兴趣栏，他填的是"写作、古典音乐和现代文学"，最喜爱的运动是"网球和棒球"。在宗教一栏，他填的是"犹太教"。至于室友，他说希望能有一位来自"中西部"的室友，最好是23岁或更大一点。[27]

基辛格同时申请的大学还有哥伦比亚和普林斯顿。最后，他选择哈佛大学的原因很简单：虽然时间晚了，但哈佛却是唯一愿意让他下一学年立即入学的学校。哪知道哈佛最后让他在该校待了20年之久。

第 4 章

求学哈佛：志向远大的学生
1947—1955 年

> 每个人一生中总有一天会意识到，青年时代的无限可能如今已成为单一的现实。
>
> ——基辛格本科毕业论文的开场白，1949 年

"小灰"与学者

24 岁的基辛格于 1947 年秋季入学念大二。1950 届是哈佛大学有史以来人数最多的一届，1588 名毕业生中多半是退役军人，大学生总人数的 75% 也是退役军人。初出校门的高中生与比较成熟、急于继续人生旅途的退役士兵济济一堂。虽然这所全国历史最悠久的大学传统未改——每天早上还是会安排女佣整理床铺——但较过去民主多了。来自公立学校的毕业生占哈佛学生总人数的 50% 以上，这也是该校建校以来第一次。

就在美国对自己的世界领导地位依然感到陌生的时刻，哈佛已因它可以发挥的新作用而兴奋异常。在 1947 年的哈佛大学毕业典礼上，国务卿乔治·马歇尔宣告了美国针对被战争蹂躏的欧洲的复兴计划。当年秋天，当基辛格入学时，I.F. 史东与约瑟夫·艾尔索普正就"我们必须叫停俄罗斯吗？"展开辩论。卡内基基金会宣布要为哈佛出资成立苏联研究中心，这将是为协助美国走出孤立主义的众多"专项研究"之一。"在战后初期，哈佛显得特别活跃，"时任政府管理系教授的麦克乔治·邦迪回忆，"国际事务成了一门学科。哈佛认为，既然国家有了新

角色，哈佛也应该有。"[1]

基辛格搬进位于繁忙的剑桥奥本山街上的一栋灰色的砖楼宿舍——克拉弗利霍尔楼39室。该地离学校中心地带很近。他的两位室友分别是亚瑟·吉尔曼和爱德华·亨德尔，两人都是退役军人，也都是犹太人。

1947年，有共宗教信仰的哈佛犹太学生会成为室友。此时，战前充斥常春藤校园的反犹现象已然消退。哈佛犹太学生占比17%——比20世纪20年代校长劳伦斯·洛厄尔觉得必须限制犹太学生名额时低，但比战前几年高。就在基辛读大学期间，学校已不再强调接收犹太学生得"在可控范围内"，也停止了在申请住宿的犹太人名字旁边打个星号的做法。

詹姆斯·布莱恩·柯南特校长在战后扩张哈佛时，对反犹一事更是极力反对。"哈佛是张开双臂欢迎我们这些难民的。"基辛格在上阿默高美国陆军情报学校的同事、后来担任经济学教授和院长、哈佛理事会第一位犹太成员亨利·罗索夫斯基如是说。虽然有些系还存在歧视，但在政府管理系则最不明显，教政治理论并一度担任系主任的路易·哈茨教授就是犹太人。[2]

基辛格与室友不谈宗教。吉尔曼说："我们从来不谈我们的犹太背景。"但在夜晚闲聊时，基辛格坚决反对以色列立国。"他说这会异化阿拉伯人，并危及美国的利益。我觉得奇怪，纳粹德国难民怎么会有这样的观点。"住在楼下的赫伯特·恩格尔哈特说，"我的印象是，基辛格青年时代受反犹之害大概比童年的我在新泽西经历的少些。"

室友们都认为基辛格是个奋发向上、极度成熟的人。每天早上7点，他就起来开始忙课业。下午很晚他才回来，然后就坐在安乐椅上边读书边咬指甲，偶尔也会在看到作者逻辑有错时大叫几声。他每天必读《纽约时报》和《波士顿环球报》，但有意不看它们的社论。"他说他得形成自己的观点，"吉尔曼回忆，"而不是跟着编辑的观点走。"

小灰（这条被基辛格起错名字的狗其实是棕褐色的科克猎犬）也待在这个三人寝室里。哈佛对学生的管理已经宽松多了：女性可以来访，不再禁酒，几乎无所禁忌，除了枪与狗。"把小灰带在身边是我对哈佛的小小挑战。"基辛格日后如此解释。女佣举报基辛格在宿舍养小灰后，校方勒令他遵守校规，于是基辛格每天一早就借恩格尔哈特的车把小灰送到河对岸的狗舍，晚上再把它抱回来。周末他回纽约，有时也请求吉尔曼的母亲照看小灰。她儿子后来开玩笑说："她因此成了名人。"

虽自称对体育感兴趣，基辛格却没去看过任何一场哈佛比赛。他也从来不跟宿舍同学外出饮酒作乐。他没有参加任何俱乐部或社团，没有在刊物上发表文章，没有参加球队，没有参加任何学生活动。吉尔曼说："如果亨利愿意，他可以是个很可爱的人，但他偏偏喜欢独来独往。"

恩格尔哈特虽也勉强承认他有可爱的地方，但用词则更为严厉。"他成天严肃得要命，从来不追女孩子。他聪明睿智、认真细致，但念大学那会儿也看不出来。他没有判断力，对周遭的一切没有感觉，也不关心身边的人。他有点儿笨拙，不会与人相处，我猜他有点儿害羞。基本上他是一个普通人。"[3]

第一学期，基辛格选了政府管理、历史、数学、法语入门课，每一门都得了A。他还获准修了第五门课——化学，但不算学分。第二年他又选了一门算学分的化学课，拿了A，曾一度考虑主修化学。他征求了乔治·基斯加科夫斯基教授——化学家，之后还担任过总统的科学顾问——的意见。基斯加科夫斯基的答复是："你要问的话，就表示你不应该主修化学。"基辛格后来说，这是他这一辈子的幸运。"我还跟他开玩笑，如果他让我留下来做个中不溜的化学家，岂不可省去我多少年的麻烦。"

结果，基辛格选择主攻政府管理和哲学，部分原因是他被上一学期教他"立宪政府发展史"课的教授威廉·埃利奥特的风采吸引。由于他上一年成绩优异（全A），基辛格有资格选一位资深教授做他的导师。就这样，他碰到了人生中第二位敢想敢干的恩师，此人是政府管理系的大腕，他在南方人的心目中，就相当于弗里茨·克雷默在普鲁士人心目中一样，既是象征人物，又是嘲弄对象。[4]

威廉·埃利奥特

据恩格尔哈特回忆，基辛格在与埃利奥特第一次见面前既兴奋又紧张。他在抵达教授办公室时，埃利奥特正忙着写东西。"老天爷，"埃利奥特抬起头来叹道，"又来了一个指导对象。"他很快就把基辛格打发了。他开了一个书单，列出25本书，还跟基辛格说，如果写不出比较康德的《纯粹理性批判》与《实践理性批判》的论文就不要来见他。

恩格尔哈特和吉尔曼听说埃利奥特如此神气活现地奚落人都大笑不已，但基辛格却跑到图书馆把书借回来，堆放在垫得过分厚实的安乐椅旁边，开始读起书来。他每天苦读到凌晨2点。"我敢保证，他把所有的书都看完了。"恩格尔哈特说。他花了三个月的时间把论文写完，一天早上基辛格把论文送到埃利奥特的办公室后就离开了。

当天下午，宿舍的电话响起。埃利奥特叫他去一趟。这位教授大声说，还从来没有学生真的看完所有的书并写出这样条理分明的论文。[5]

"我同埃利奥特的关系与我同克雷默的关系相似，"基辛格事后说，"他俩都是个性张扬、不可一世的人物。"

与克雷默不同的是，威廉·埃利奥特的个头儿也"不可一世"。这位当年风头十足的范德比尔特大学橄榄球校队队员，身材魁梧，声音洪亮，眉毛浓密，一头冲冠的黑发，还有一张令人难忘的脸庞。他绰号"疯子比尔"，喜欢在哈佛的地下室搞斗鸡比赛。用斯坦利·霍夫曼教授的话说："这个人很张扬，非常张扬，无论是个性、自我，还是块头。"

他来自田纳西州的一个小镇，进了范德比尔特大学后对名为"亡命者"的南方文学运动的诗人、作家，如约翰·克罗·兰塞姆和艾伦·泰特非常倾慕。拿到罗兹奖学金后，他又接受过牛津辅导制教育制度的熏陶，可谓集运动员、诗人、学者于一身，风光无限。到哈佛后，他在系际棒球比赛中展现身手，经常发表华丽的诗章，喜爱高谈哲学理念，但往往激情胜于思考。

埃利奥特的最佳学术著作是成书于20世纪20年代的欧洲政治关系论述。此后，他就仰赖自己的名声和一定程度的狂妄气焰度日。亚瑟·施莱辛格教授说："他只剩下昔日的辉煌。"哈佛古典学教授约翰·芬利一度说埃利奥特是"有七个汽缸的皮尔斯箭头名牌老爷车"。

埃利奥特自称他唯一的遗憾就是未能在他热爱的公共服务业方面一

展所长。他俨然以南方参议员或国务卿自居,其实他从来也不是。"在他自命不凡、任性地对公职执着热爱的背后,其实隐藏着他的一种责任感,"1972年曾以《基辛格》为题写过一篇论文的哈佛学生戴维·兰道写道,"埃利奥特传授给基辛格的正是他的饥渴和执着。"[6]

1963年埃利奥特退休时,基辛格在致谢词时回顾:"星期天,我们曾多次在康科德漫步,他说唯一真正不可饶恕的罪就是把人当物加以利用。"有鉴于基辛格日后有利用人的癖好,他大概把这番话当成了学术分析而非个人信念。这其实是埃利奥特最欣赏的思想家、18世纪德国哲人康德的基本信念。这是康德的"绝对信条",或基本道德准则的组成部分。康德宣称:"只能将人,不论是自己还是他人作为目的对待,永远不能作为手段。"[7]

有了埃利奥特的关照,基辛格在大学时代,及日后寻求终身教职时都得到了极大帮助。"他对政治哲学有感觉,"埃利奥特说,"他不是看不到历史的波澜壮阔。"埃利奥特更多的是对基辛格的心思深度而不是典雅感到折服。在推荐他入选优等生荣誉学会时,埃利奥特这样写道:

> 我得说,过去5年来,即便在最优秀的学生中,我也从未遇到过像基辛格先生这样见解深邃且颇富哲思的学生。不过,他的心思尚欠优美,在系统周密性方面有条顿人的机械倾向。他偶尔容易冲动,这或许与他的难民出身有关。但总的来说,我认为他的心思非常平衡公正。[8]

在基辛格认埃利奥特做导师时,他也礼貌性地拜会了卡尔·弗里德里希教授,并为自己的选择做解释。弗里德里希和埃利奥特是政府管理系的两大台柱子,他们在个人与专业方面都是劲敌。他们都研究康德,特别是康德鲜为人知的政治论述"恒久和平"。除此以外,两人则截然不同:德国出生的清教徒弗里德里希是大陆传统派的缜密学者,长于钻研,不善创新,对埃利奥特直观想象、大而化之的治学作风、性格魅力的彰显和张扬的个性,他很看不上。

基辛格竟然在两大劲敌之间穿梭自如，这个本事也让他名噪一时。他能同时不得罪弗里德里希和埃利奥特显示他早已长袖善舞。"他竟然能与哈佛政府管理系两位死对头相处甚欢，"他的同学约翰·斯托辛格写道，"有位同学怅惘又欣羡地说'真不知道他是怎么做到的'。"[9]

不错，他能同时讨弗里德里希和埃利奥特这两人的喜欢——当时没有其他人能做到——在哈佛令不少人佩服，也令不少人反感，基辛格无论到哪儿似乎都注定了是一个毁誉参半的人物。1971年，就在基辛格成为世界级明星人物时，他突然飞到剑桥参加弗里德里希的退休宴，给了他一个惊喜。弗里德里希回忆："我们一起走到门廊处，他说了些恭维的话。他说他从我这儿学到的东西比从任何人那儿学到的都多。他特别会夸人，这也是他作为谈判者成功的原因之一。"[10]

在埃利奥特的指导下，基辛格专攻政府管理和哲学——直到他撞上了"关系逻辑"这门哲学课。哈佛的哲学课尚未被 W. V. 蒯因从过度的逻辑实证论中解救出来，而基辛格对这个题目又掌握得不好，他在大学本科毕业论文的附加论述中如此透露。这门课他最终拿了 B，这是他头一回拿这样的低分。基辛格改为主修政府管理，再也不上哲学课，也再也没拿过 B。

不过，基辛格成为哈佛本科生中的学界传奇也并不仅仅因为他成绩好。[11]

历史的意义

有 350 年校史的哈佛，已学会对本科生里偶然会出现智力超群却个性怪诞的同学见怪不怪。即便如此，亨利·基辛格的大四论文至今仍被校方叹为奇文。

首先，它篇幅惊人，有 383 页，就本科生论文篇幅而言，可谓空前，其实，也绝后，因为校方因此确立"基辛格规则"，将来任何巨作均不得超过此文的 1/3。他的论文范围也挺吓人，谈的竟然是"历史的意义"。

由于担心贪多嚼不烂，基辛格决定嚼他压根儿没吃的东西。他的论文辞藻浮夸、咬文嚼字、深奥难懂。再加上他决定集中谈三位格格不入的思想家：一边是大名鼎鼎的哲学巨人康德，另一边则是两位20世纪的历史分析家奥斯瓦尔德·斯宾格勒和阿诺德·汤因比。当然，笛卡儿和陀思妥耶夫斯基，黑格尔和休谟，苏格拉底和斯宾诺莎，激进经验主义者及其表亲——逻辑实证主义者都被扯了进来。最后，他似乎还嫌不够，又加了"诗词歌赋里的提示"一节，引述但丁、荷马、弥尔顿、维吉尔的作品。对这篇内容庞杂的论文感到头疼的人（包括阅稿人在内）唯一值得庆幸的是：为稍稍减轻读者的负担，他删去了已经成文的比较黑格尔和阿尔贝特·施韦泽——另一个奇怪组合——的部分。

这篇未发表的论文是有意思的哲学论述，也是一篇对基辛格本人饶有趣味的见证。其中的主题——道德、自由、革命、官僚、原创力——在基辛格一生中屡屡出现。对他以后名噪一时的学术傲慢，我们也能从中略有体会。比如，他在论文里说，"笛卡儿'我思故我在'之言其实没有必要"。这位未来的政治家为什么把追求和平视为并无更大意义的持续平衡术，由此也可初见端倪。[12]

为探究基辛格的思想，我们必须从他崇拜的四位欧洲人物说起：斯宾格勒，他的阴暗历史宿命论在情感上对基辛格影响很深，但在理智层面基辛格却无法接受；康德，基辛格完全接纳以他的道德自由理念作为政治哲学的基础；梅特涅，通过外交技巧的娴熟运用铸就了欧洲稳定平衡的干将；俾斯麦，通过创新同时兼保守主义者和革命者于一身的德国统一功臣。前两位是基辛格本科毕业论文的核心人物，后两位则是他作为博士生和初任教职时的探讨对象。[13]

"历史的意义"提出了一个最根本的哲学问题——宿命论与自由意志之争。对此，基辛格援引自己作为一个年轻人的个人经历。"每个人一生中总有一天会意识到，青年时代的无限可能如今已成为单一的现实，"论文伊始他这样说，"生命不再是为四围树木和山峦所召唤的广袤平原，我们逐渐看到，每个人穿越草原的旅程其实都沿着一定的路线，而不能另辟蹊径。"基辛格的目的是展示自由意志是可能的，"诗人的慨叹与哲学的困境均因渴望合理解释自由的经验与预设环境之间的关系而起"。

关于斯宾格勒的那一章，标题是"作为直觉的历史"，基辛格叙述了这位民族主义德国学者——他的《西方的没落》一书成于1918年——的见解。伟大文明都会经历青年期和成熟期，直到——基辛格如此诠释斯宾格勒——"一次次战争灾变使文明僵化、死亡"。所以，斯宾格勒将历史描绘成一场注定的权力斗争，"在连续不断的灾变动荡中，权力既是其表象，也是其唯一目标"。[14]

如果认为斯宾格勒的阴暗观点就是基辛格的观点可就错了，因为基辛格试图在他的论文里找到他比较能接受的历史意义。但因此而略过这位性格沉郁的德国难民对斯宾格勒的过分钟情也不对。基辛格的悲观种因于其孩提时代，因此，与主张天命论的传统美国大家相比，他自成一派。正如斯坦利·霍夫曼教授所说："郁郁寡欢时的亨利，就像斯宾格勒的幽灵与他相伴而行一样。"[15]

基辛格在论文中关于汤因比的一章里表示，这位1934年开始陆续出版12册《历史研究》的英国理论家，"试图用强调目的性来超越斯宾格勒的形而上限制"。换言之，历史并非预定，而人进行的精神斗争是有目的的。当某一文明衰败时，往往会在旧文明的遗址上树立起有更大价值的新文明。

汤因比却以失败告终，据基辛格说，这是因为他自称是从基督教框架来看待人类的进步，但他所依赖的经验思维却未给自由意志留下空间。这样的探究办法"其展示的深度学识往往掩盖了其使用方法的肤浅"。基辛格写道。[16]

基辛格辩称，人对自由的知识必须来自内在的直觉。他由此引出了主要著述成书于18世纪80年代的德国哲学家康德。基辛格的立论一开始就有问题，他强调因与果之间的关联性只存在于人们心中："因果关系只是表达了人心为了使一系列事件更易于理解而赋予它的一种模式。"他说这个理念来自康德，不错，康德同意此说，但真正的居功者（或承罪者）倒应该是英国的三位激进经验主义人士——洛克、贝克莱和休谟。还好，基辛格很快就从康德的经验实在论岔开了。基辛格决定，为了了解自由的本质，需要走到"更深层次的意义……而人只有从他的美学、神学，尤其是道德经验中，才能有如此深层次的领悟"。

在虔诚传统下长大的德国清教徒康德，对道德的理解带有神秘的宗教色彩。他并没有给基辛格提供满意的解答。基辛格写道："道德法规的升华经验让历史目的问题处于未决状态。"

接着，基辛格对历史决定论进行了朴实的描述："生命即痛苦，有诞生就有死亡。存在的命运就是瞬息即逝。"该如何面对这一问题？基辛格的结论是，唯有通过个人意志和"内在信念"，知道我们有自己的自由。他承认，"经历了布痕瓦尔德集中营和西伯利亚劳改营的这一代人不可能像他们的先祖那样乐观"，但他提出了自己新的历史信念，"自由的经验能使我们超越过去的痛苦和历史上的挫折"。

尽管最后基辛格还是支持了康德，但康德是否会支持基辛格则难说。基辛格从未全盘接受与康德有联系的欧式的自由主义、共和主义和理想主义。康德曾在"恒久和平"中呼吁成立一个"共和国联盟"，基于国际法相互合作。而基辛格则更倾心于强调国家利益和均势的欧洲保守主义。"基辛格年轻时对康德政治论述的欣赏本可以使他向威尔逊的美国利益与使命观靠拢，"彼得·迪克逊在研究基辛格的历史哲学时说，"但这位逃离迫害的移民却转向梅特涅和俾斯麦——强权政治的两大实践者。"[17]

对经常出没政府管理系大楼的研究生来说，基辛格论文的冗长和高调，有人叹服，也有人嘲笑。弗里德里希放话说，他看了150页之后就拒绝往下看了，此话随即不胫而走。但他的话恐怕也有水分，因为基辛格还是由于论文和成绩出众而拿到了约1%的学生才能拿到的最优生荣誉。

安纳利斯·弗莱舍尔·基辛格

基辛格入伍时，他的女友安纳利斯·弗莱舍尔一直断断续续地在纽约的亨特学院念书，并照顾生病的父亲，同时也逐渐摆脱了家庭严格的管束。基辛格决定推迟返美后，她有些失落，于是她跳出了华盛顿高地的小圈圈，去科罗拉多州科泉市待了一年，在一家酒店工作，旁听一些课，还爱上了滑雪。但基辛格回美就读哈佛时，她已经搬回家，并在曼哈顿找了一份簿记工作。

基辛格回来后第二年两人决定结婚。他当时基本上已经不信奉犹太教了，而她也开始参加"伦理修养会"——一个不分教派并且吸引了不少脱教犹太人的运动。然而，为了基辛格的父母，1949年2月6日他们还是举办了正统犹太教的结婚仪式。当时基辛格25岁，安纳利斯（婚后昵称"安妮"）23岁。

典礼在华盛顿高地基辛格家里举行，这一部分是因为安妮家里不符合犹太教规，部分也因为她父亲生病在家。礼成后众人前往附近一家餐馆就餐。宾客共有12人，全是家人。没有邀请朋友观礼，无论是菲尔特的、附近的，还是哈佛的友人，都没被邀请。曾为基辛格在菲尔特正统犹太教会堂主持受戒礼的拉比利奥·布雷斯劳尔坚持让安妮走一遍婚前沐浴仪式，虽然两位新人私下都很不情愿。[18]

新婚夫妻搬到阿灵顿高地的一个小公寓居住，基辛格买了一辆1947年的道奇，方便通勤。"安妮使他得以专注学习，"基辛格的弟弟沃尔特说，"他不习惯散漫随便的大学生活。同一群乳臭未干的私立预科学校毕业生一起住，我们两人都觉得很难适应。跟安妮结婚让他定下心来。"[19]

日子过得紧巴巴的。基辛格第二年的学费从400美元涨到525美元。幸亏他拿到了600美元的奖学金，用于补贴生活费和学费。另外，他还给埃利奥特教授当教学助理。安妮在郊区一家家具店当簿记员，还打些零工，帮丈夫念完了大学（包括帮他把长达383页的论文手稿打出来）。

1950年初，他向哈佛提出了入学第三年经费援助申请。[20] 其中包括如下内容（以美元计）：

收入	支出
妻子储蓄…………700	学费…………600
妻子工作收入……1100	医药费…………30
政府津贴…………1340	书籍费…………100
共计：3140	住房…………750
	伙食…………780

衣服·················150
汽车费···············250
保险·················100
娱乐·················120
杂项·················170
共计：3040[①]

基辛格考虑毕业后申请奖学金赴欧留学，但他个性呆板，已婚及犹太难民的出身都对他不利。他的指导老师在他大四的成绩单上写道："诺克斯奖学金一事——能干，但显然不甚符合诺克斯的个人品质要求，且已婚，已告知如申请批准希望不大。"基辛格也曾斟酌申请富布赖特或扶轮社奖学金，但最终决定留下来，申请攻读哈佛政府管理系博士。

"我一直努力尽可能扩展自己的研究领域，我以为政治生涯本身并非目的，而是普通文化模式的一种表现而已。"他在申请表附带的短文中写道。他还说，他打算研究在一个历史时期中文化与政治的关系。结束时，他这样描述自己的未来计划，似乎颇有先见之明："拿到学位后，我希望能留校任教或做研究，但也不排除担任公职的可能性。"[21]

国际研讨会

对基辛格而言，埃利奥特教授主要是提拔者，而不是知识层面的良师。他知道他的这个学生在思想方面已然青出于蓝，但这位不可一世的南方教授却似乎是哈佛同事中唯一未对此表示丝毫嫉妒之意的人，这确实难能可贵。相反，他还想方设法帮助这个刚刚出道的研究生——帮他找工作，挣点儿钱，在不怎么热情欢迎他的学术界奠定社会、政治基础。作为大学暑期班主任，埃利奥特在1951年帮基辛格策划了一个项目——哈佛国际研讨会——以后17年基辛格专注的领域。

---

① 总数应该是3050美元，基辛格加错了。

该项目每年暑期会邀请世界各地有前途的年轻领导者齐聚哈佛，他们大多并非来自学术界，而是担任选任职务、公务员或新闻专业的青年男女。基辛格亲自甄选与会人员，通常还会加上一位诗人或作家。这个想法立意甚佳：20世纪30年代末以后成年的欧洲人不像前几代人那样有机会探讨世界。美国成为西方联盟领导者后，国外的年轻领导人都渴望有机会趁夏天来见识一番。[22]

基辛格一面兴办他的新项目，一面广泛征求哈佛权势人物的意见，从而确保得到他们的支持。28岁的他正在学术官僚界筹建自己的权力基础。他甚至还可以赐人恩惠：因研讨会经费充裕，应邀前来讲课的教授的酬金十分可观。

无论是哈佛的教授，还是全国各地的大牌教授，都在基辛格网罗之列，他先是一番恭维，然后就问他们是否愿意不吝赐教。受基辛格盛情之邀前来讲学的从埃莉诺·罗斯福到南方诗人约翰·克罗·兰塞姆，从社会学戴维·里斯曼到劳工领袖沃尔特·鲁瑟，不一而足。

经费来自哈佛、福特基金会、洛克菲勒基金会和其他机构。基辛格花了不少时间筹集经费。从1953年开始，一个名叫"中东之友"的团体开始赞助，最终其赞助总数将近25万美元。后来发现，它原来是中情局的外围组织。一开始，基辛格还紧张了一番，恐怕自己的名誉受损。"中东之友"被揭发当天，他冲进办公室，怒不可遏，但很快，此事即不了了之。

1953年7月的一个早晨，邮局送来了一批发给40名外国参会者同样的信函。基辛格出于好奇打开了其中一封，里面尽是对美国军事政策的批评和禁核弹宣传。他给联邦调查局波士顿的办事处打了一个电话，调查局于是派员取证并提交了一份机密报告。此事并没有结果，只是探员报告的最后部分很值得玩味："基辛格自称极其赞同调查局的工作……将采取行动让基辛格成为本部门的密线。"虽然他从来没有为联邦调查局做过什么具体工作，但他确实是联邦调查局当地办事处偶尔约谈的哈佛联系人。[23]

国际研讨会项目的核心是政治课和人文课，社交联谊也在安排之列。

基辛格组织学员观看棒球赛，参观工厂，去海滩游玩，观看马克斯兄弟的节目（电视笑剧）和卓别林的电影等。

当时的基辛格刚开始培养他的幽默感，每年夏天学员们准备参加第一次鸡尾酒会前，他都要跟他们来一段轻松的谈话。20 世纪 50 年代中期的一位与会者回忆起基辛格当年的冷面幽默，基辛格说："美国有鸡尾酒会的传统，你们得了解这个传统，不要介意。如果你在鸡尾酒会上跟一个美国人攀谈超过 10 分钟，他们的表情就会变得心不在焉，有点神经质，开始往你左耳后面观望，没等你话说完就别过头去，因为他们必须确保给房间里的每个人都留下深刻印象，而你却误了他们的事。"

有些鸡尾酒会由基辛格本人出面主持，包括夏季结束时他和安妮举办的大型宴会。此外，还有一周两次招待学员的非正式餐会——远比他学年内的社交活动多。"我们把研讨会的小团体与美国客人凑到一起"，安妮·基辛格曾这样描述这些餐会，还说她一般都是准备烤鸡，但"为照顾那些因宗教原因不吃肉的客人，我们总有鸡蛋以备不时之需"。

基辛格可是发自肺腑地喜欢跟他的外国明星来往，他觉得这些人有趣、可爱，又构不成威胁。这个项目也给他提供了一个世界各地的联络网。"他制作了一个人名录，"托马斯·谢林教授说，"我不认为他毫无私心。他邀请来的人日后往往会转而邀请他，他有这个本事。"

1969 年项目结束前与会外国学员已有 600 人，其中许多人对掌权后的基辛格可谓作用非凡。例如，1953 届的日本人中曾根康弘、1954 届的法国人瓦勒里·吉斯卡尔·德斯坦、1957 届的以色列人伊加尔·阿隆、1958 届的土耳人比伦特·埃杰维特、1962 届的比利时人利奥·廷德曼斯和 1968 届的马来西亚人马哈蒂尔。其中有人当上了外交部长、报纸编辑和银行行长。即便在 20 世纪 90 年代从事私人顾问一职时，基辛格也常常跟其中某些人联系。[24]

《合流》

虽然基辛格还是一位刚开始写论文的研究生，但由于他是国际研讨会的主任，所以在外国政治家和新闻工作者中已颇具盛名。就在他的研究生同学还在闲谈学界如何争权夺利，想着自己在系里应如何周旋时，基辛格则对这些学术界内部的阴谋诡计不屑一顾。他总说，在学术界，"争夺之所以如此激烈，就是因为赌注太小"。

基辛格的眼界比他们高。他不追逐学术界的名利，一心想在世界舞台上的演员和决策人中打出名声。国际研讨会是个理想媒介，帮助他建立一个颇具影响力的联系网络。1952年，暑期项目开始后的一年，基辛格又搭建了另一个平台，一个看似严肃的期刊《合流》，并由此变成国际事务星系中蹿红的新星。

这个对外政策专论期刊订户不多，无甚广告价值，只办了6年就停刊了。但就在这6年里，基辛格作为主编还是讨好了不少知名投稿人。与国际研讨会一样，《合流》也变成他的个人权力基地，让他有机会与位高权重的政治家、教授和报人打交道。

"是我的主意，"基辛格日后在谈到《合流》杂志时说，"我弄到一本列有所有基金会地址的册子，开始跟它们写信要钱。"大部分经费——26000美元——来自洛克菲勒基金会，就因为他给其写了一封长信，历数这一项目的重要性。这笔钱让他每期可印5000余本，免费赠送给他想要打动的人。虽然每篇文章的稿费只有100美元，但他却发现，只要说是哈佛出的学术期刊——即便没什么人看——被约稿的名人也会受宠若惊。[25]

从这个期刊倒看不出基辛格的想法。他在第二期的编者按中宣布，对于来稿，编辑不会置评。"这并不是说我们没有观点，或对当今危机我们保持中立。"他写道，扬扬得意地用"我们"一词狠狠地打了中立主义者一拳。但他自己没有发声，既没有发表文章，也没有发表评论。

他邀请的撰稿人绝非泛泛之辈，他们之间倒也不见什么思想联系。撰稿人包括麦克乔治·邦迪、莱因霍尔德·尼布尔、约翰·克罗·兰塞姆、雷蒙·阿隆（三度来稿）、沃尔特·罗斯托、约翰·肯尼思·加尔布雷斯、奥斯卡·汉德林、汉娜·阿伦特、伊诺克·鲍威尔、亚瑟·施莱辛格、I.A.理查兹、悉尼·胡克、拉塞尔·柯克、西摩·马丁·李普塞特、切斯瓦夫·米沃什、汉斯·摩根索、保罗·尼采和丹尼斯·希利。基辛格亲自与每一个人联系。"当我见到一些撰稿人时，"他日后有些得意地说，"他们看到我这么年轻都吓了一跳。"

少数稿件被拒的人中就有威廉·巴克利，他应邀写一篇关于约瑟夫·麦卡锡追杀共产党人手法的文章，结果他竟极力为这位参议员辩护。基辛格承认他封杀此文有"怯懦"之嫌。"他的确令我的同事们反感，不过这也不构成不发表的理由。"为补救起见，基辛格开始每年邀请巴克利到国际研讨会讲学，最后两人还成了朋友。[26]

虽然期刊的内容堪称扎实，但《合流》杂志还是有它奇怪的地方，它看来更像基辛格和撰稿人相互自我标榜的工具，而并未真正为对外事务文献增色。它分量重，看起来也相当卓越，但除了基辛格免费赠阅名单上的人以外，却没有什么订阅者。

"我一直认为那是个幌子，"谢林教授说，"基辛格总是把成堆的杂志往柜子里放，因为他根本没有配送系统。他就是利用这本期刊，如同他利用暑期研讨会一样，建立联系，向他想见的人约稿，基本上就是为了让世界各地的大人物晓得他是谁。"[27]

基辛格的朋友、后来成为助理编辑的斯蒂芬·格劳巴德教授则不以为然。"它有配送系统，而且确实有一定的销量。"他说。此外，文章往往严肃、有意义，甚至有意思。不过，格劳巴德同意，基辛格确实借《合流》建立了显赫人物友人网。"期刊和研讨会都是他认识重要人物的敲门砖，"格劳巴德说，"他们并不是一般研究生能遇见的人物。"[28]

培养与重量级人物的关系，在办《合流》杂志和国际研讨会时展露无遗的这项精湛技艺，乃是基辛格一生的特长。他性格深处就有得到名人青睐的渴望，而他恰恰有能力做到。那不只是简单粗俗的攀龙附凤：他寻找这些头面人物部分也是因为他对探讨这些人的想法感兴趣。"我猜他们对我感兴趣，也欣赏我的智慧，"他说，"别的我也没有，既没有钱，也没有地位，所以我能交朋友肯定靠的是才智。"

何止才智，基辛格（和许多其他人一样）认为有权势、有感召力和有钱的人有一种无法抵抗的吸引力。他有一定的宠臣心态。在哈佛那些忙于取宠学术能人的同事中，基辛格的世界级野心也招致他们的讥笑和嫉妒，但因为他已在外界打出了名声，学府内裹着常春藤外衣的利剑倒也不容易伤到他。

卡斯尔雷与梅特涅

哈佛政府管理系的研究生普遍接受一点：原子弹已根本改变国际关系的性质。所以，大多数博士生的论文都与战后时期有关。"成长于原子时代，我们都觉得钻研这些新挑战是很自然的事。"20 世纪 50 年代早期的研究生约翰·斯托辛格如是说。不过，他还记得"我们当中有一个例外"。

其他研究生都知道亨利·基辛格就是大学毕业论文超长、成绩优异、总泡在怀德纳图书馆而不同别人厮混的人。有一天吃午饭时，基辛格跟斯托辛格和其他同事同桌。很快，他就开始谈论他的论文题材：19 世纪的两位政治家——奥地利的梅特涅亲王与英国的卡斯尔雷子爵——是如何在击败拿破仑后，缔造和平的欧洲平衡的。

桌上有人问他是否听说过原子弹。另外一个人语带揶揄地说也许他应该转到历史系。基辛格冷静地反驳道：广岛并未创造一个新世界，它只能说明人们还没有学到塑造一个稳定的均势的历史教训；因此，对维也纳会议，一个少数现代和会的成功案例进行探究岂不顺理成章？"就像他是在自说自话而不是在与他人交流一样，"斯托辛格说，"他给人一种严峻、遥远的感觉，但我们也觉察到他的确想要有一番大作为。"[29]

基辛格的博士论文——《重建的世界：梅特涅、卡斯尔雷与和平问题，1812—1822》——有点怪，还不只是因为它似乎没跟上时代。当时多数学者都认为，梅特涅亲王充其量就是个反动分子，是一心想要将保守主义的秩序强加给欧洲的反动分子，而卡斯尔雷子爵则是连自己在国内的地位都保不住的外交官。

但基辛格的论文在原子时代确有其现实意义。由于他担心苏联共产主义的挑战，所以他研究了一下 19 世纪初的"革命"国家——法国，这个置正当国际制度于不顾的国家——构成的威胁。他虽未挑明拿破仑的法国与斯大林的苏联之间的类比关系，但已经很清楚了。同样，1815年的英国——用基辛格的话说就是一个"岛国"——与1950年的美国也有不言而喻的类比关系。

基辛格展示了祈愿维护世界秩序的保守派政治家是如何学会通过巧妙的均势艺术与一个"革命"国家打交道的。他的现实政治哲学以及贯穿其仕途的保守主义世界观由此奠基。[30]

反映在基辛格论文中的保守现实政治，依据的是外交无法脱离力量与权势的原则，即现实主义者从卡尔·冯·克劳塞维茨到汉斯·摩根索学到的原则。但基辛格辩称，外交应该脱离对其他国家国内政策的道德及干预性关切，外交的首要目标就是追求稳定。当各国接受既有的世界秩序，当它们都根据其国家利益行事时，就会稳定；但当各国开始搞意识形态或道德讨伐战时，稳定就会受到威胁。"他追求的是没有道德说教的现实政治。"他在哈佛的同事斯坦利·霍夫曼说。[31]

在论文的第一页，基辛格就摆出了一个基本前提，界定了他一生事业的现实政治世界观。"一旦某一国家或一组国家以和平——此处指的是避免战争——为其首要目标，国际制度的存亡就完全取决于国际社会中最残酷无情的成员。"他写道。他说，一个更妥帖的目标应当是"基于均势的稳定"。

一个真正的欧式保守主义者的特点是，即便在他要维护的制度是压迫性制度时，他也会力求稳定。基辛格就属于这一类人。一天，斯托辛格问他，在追求非正义目的的合法国家与站在正义一边的革命国家之间如何选择时，基辛格的答复是对歌德一句名言的改述："如果要我在正义和混乱与非正义和秩序之间做一个选择，我将永远选择后者。"[32]

基辛格写道，当一位像拿破仑这样不接受国际秩序合法性的领导人出现时，就发生了"革命"情况。他说，这个时候谈判必定无效。[33]

就因为与一个"革命"国家谈判必然会有困难，基辛格觉得与苏联的峰会只会导致希望落空。他在1955年第一次在读者较多的《新共和》杂志发表《外交的局限性》一文中就说过，与共产党人举行峰会的唯一理由就是安抚盟国并赢取中立国家。日后，他又修正了自己的观点，认为可以让苏联（和中国）从国际制度正当性中得益而诱使它们离开其"革命"地位。[34]

基辛格的与革命国家谈判无用论在越战期间也适用。越南民主共和国和越南共产党是革命者，他们无意与美国做任何妥协。但是，基辛格却无视其革命言论，希望寻求一次外交交易——正好掉进了他在博士论文中警告过的陷阱。后来，他也承认，未能认清越南民主共和国的真实面目是一个错误。[35]

基辛格的论文之所以有意思，倒不是因为它的研究内容（就博士论文而言，即便是在政府管理领域，他做的初步研究也可以说极为贫乏），而是因为它让我们认识了基辛格是谁，他有什么信念。论文对梅特涅的描述与基辛格的自我认知（或批评者眼中的基辛格）的相似程度简直不可思议：

> 拿破仑说他是把政策与阴谋混为一谈的人。
> 他是个洛可可式的人物，复杂，心思细腻，全摆在面上，就像精雕细琢的棱镜。他的面相容清秀，但没有深度，他言辞绝妙，却缺乏根本的严肃性。
> 他有年轻时练就的近乎不经意的高超手段。
> 他魅力无限，风度翩翩，不露痕迹、不动声色地运用迂回曲折的外交手腕，因为他胸有成竹……
> 他长袖善舞，却不长于建设。受18世纪内阁外交学派训练的他喜欢运用策略，不喜欢正面冲突，他的理性主义经常让他误将用字严谨的宣言当成已成就的行动。
> 他狡猾，由于他对自己的信念十分确定，往往在手段的选择上太过灵活。[36]

"梅特涅并不是我心目中的英雄！"基辛格日后坚称。他也不是基辛格的历史前身。但无论如何，这些描述中的每一段都可以用来形容基辛格后来的这个或那个行动。基辛格对梅特涅性格的描述准确精湛，这说明他是了解梅特涅的缺点的。但这篇论文从骨子里还是肯定了梅特涅对繁复外交技巧的熟练掌握，以及他善于运用在不同谈判中的精密联系能力。

对卡斯尔雷和梅特涅的分析乃是为了给他真正的主题人物——统一德国并出任第一任首相的俾斯麦公爵——做铺垫。本来他的论文里是打算有一节专讲俾斯麦的，但到 1954 年 1 月，他的论文已经太长，时限也过了，不得不重新考虑还要不要这一节。"梅特涅那一部分写完了，"他在给父亲的信中说，"我打算继续写俾斯麦，但无法保证在 4 月前写完。不过，关于梅特涅的部分就可以满足学位要求了。"[37]

确实，基辛格的论文颇受好评。他在 5 月拿到了博士学位，三年以后霍顿·米夫林公司出版了《重建的世界》一书。对俾斯麦的评价就留待日后了。

一个研究生的生活与比拼

约翰·康韦在埃利奥特宿舍楼的套房是 20 世纪 50 年代初许多政府管理系研究生的聚会场所。基辛格也在这里发现了大学生活饶有趣味的一面，既能高谈阔论，又能促进友谊。名义上，这是哈佛最受尊敬的教授萨姆·比尔所开的"西方思潮与体制"课之下，社会科学 2（Social Sciences 2）助教们的定期聚会。在康韦房间里的讨论主题不一，主要看来人是谁，题目依热门而定。

哈佛的课一般每星期有三堂，另加小组讨论，也叫课节，由研究生负责。而社会科学 2 这个课节的负责人就是康韦。他在战争中失去了一条手臂，个性平易近人，是非正式讨论的天然催化剂。由于基辛格是优等生，很容易就拿到了比尔门下某一课节的助教职位，与其他博士生候选人一样，他也常到康韦的屋里聊天。

与埃利奥特教授一起开"英联邦"课的年轻教师亚当·乌拉姆有时候会去，后来成为基辛格密友的研究生克劳斯·爱泼斯坦也一样。偶尔，哈佛的年轻超级明星——没有博士学位却已拿到终身教职的麦克乔治·邦迪也会现身。[1]

比尔和蔼可亲，爱说也爱听，而且还是少有的说听兼长的人。他心思敏捷，兴趣广泛，是民主党自由派的死忠分子。但是在康韦的房间里，他并不以教授而是以与会者的身份参与讨论。"这是个很好的跨学科学习小组，"比尔回忆，"基辛格的贡献也弥足珍贵，因为他能直观地掌握一些重要的历史观念。"

当时在哈佛，人们对世界事务中观念的作用崇尚有加。比尔对西方思潮的切入方法就是为了反驳马克思主义的解释，他强调宗教的作用，探究清教徒革命和贝克特殉道案等。"基辛格从来不谈他个人的宗教信仰，"比尔说，"但他很愿意讨论宗教对历史的影响。"

比尔认为基辛格的世界观与他的背景有关。"德国难民对于观念或能影响世界有切身体会，他们知道'主义'这个概念是会有实际后果的，他们也了解什么东西能让德国这样的大国变得疯狂。"

比尔对基辛格的保守主义特别感兴趣。当时保守主义在美国几乎还没有成为一种思想运动，连这个词都是新的。基辛格用它涵盖19世纪反对革命动荡的欧洲思想家。

基辛格和康韦最喜欢谈论的题目之一就是欧洲保守主义与美国保守主义有没有关联，更确切地说，美国到底有没有真正的保守主义传统。"我们对此讨论得很多，有时在我的房间里，有时我去他在牛顿的家吃饭，就在那里谈，"康韦说，"安妮通常坐在那儿一言不发，她有些害羞。我们经常一谈就是几小时。"

社会科学2讲到的最后一个题目是纳粹在德国的崛起。对大多数题目，基辛格对自己的想法都相当投入，但谈到纳粹，他却异常冷静，就事论事做分析，从不流露自己的情绪。在康韦的房间里讨论如何就纳粹

---

[1] 乌拉姆后来当了教授，在哈佛偶尔也跟基辛格在学术上唱对台戏。爱泼斯坦英年早逝。邦迪年仅34岁就当了院长，被认为是可能接替詹姆斯·柯南特校长一职的人选。结果选了别人，这引起古典学教授约翰·芬利感叹"邦迪光芒不再"，但后来他还是成为肯尼迪总统的国家安全顾问。

时代的教学备课时，基辛格说结束第一次世界大战的《凡尔赛和约》是罪魁祸首。他说，和会的与会者不了解某些象征对文化的重要性。他们裁撤了德国的王子、大公及其他民族象征，留下了情绪真空。德国人是骄傲、有才华的，但他们的精神却一如瓦格纳的音乐那样激流涌荡。至于他个人掌握的纳粹心态的第一手材料，基辛格只字未提。

就在基辛格逐步树立自己的才智名声时，他也成了一些人恶搞的对象，这背后多少也有嫉妒心作祟，就跟他日后的遭遇一样。他喜欢跟有权势的人靠近，于是同学中就有人拿他的中名第一个字母 A 开玩笑，在背后管他叫 Henry Ass-Kissinger（亨利·马屁精基辛格），后来在外交界任职的赫伯特·斯皮罗还记得这段往事。"关于他的事我们听得太多了，都说他是个极度傲慢、狂妄自大的孬种。"斯坦利·霍夫曼教授说。

这一部分也是基辛格为人沉闷乏味所致。他给人的印象是他从来没有过童年，从某种意义上讲也确实如此。直到他在 20 世纪 60 年代学会自嘲，有了自己特有的幽默感之前，他一般都十分严肃。"我从来不记得他大笑或惹别人大笑过，起码他没有有意为之，"康韦说，"就因为他看起来傲慢，别人都反感。"

洛厄尔宿舍楼的台球厅里挂着基辛格的照片。一些年轻教员，包括亚当·乌拉姆，背着他把他的照片挂起来，在脸上画一个靶心。"亚当和其他人总拿基辛格开心，"比尔教授回忆，"我想还真有人对他的照片射过飞镖。"

专攻俄国历史的乌拉姆跟基辛格交情一直不错。但他也说，一开始他很受不了基辛格的傲慢。"他说起话来一副资深教授的模样，"乌拉姆回忆道，"他在跟你约见面时间时总是掐得很紧，好像他的时间已经排得相当满了，而不是比较随意的那种，即便他当时只不过是个研究生。"基辛格还有迟到 15 分钟的习惯，这个习惯他一辈子都没改，似乎总是在赶时间。[38]

除了敌意，当然还有钦佩。如同乌拉姆后来对基辛格的心智怀揣敬意一样，霍夫曼对他的感觉也很复杂。"我犯的错就是我看了他写的东西，而且还非常欣赏，"霍夫曼回忆，"我喜欢他的观念，他的表述方式，有短俏的警句，也有宏论。他分析事情总能抓住要害。"正如康韦所说："其实，他的确有他自认为的那样出色。"

哈佛政府管理系中彼此竞争最激烈的还有基辛格与兹比格涅夫·布热津斯基，布热津斯基最后没有拿到哈佛的终身教职。据布热津斯基回忆，是基辛格跟他争，但基辛格则说情况恰恰相反。或许两人都对。

1950年年中的一天，霍夫曼和布热津斯基坐在卡尔·弗里德里希的候客室等着见教授。只见基辛格很潇洒地直接就往弗里德里希的办公室走去，还朝布热津斯基望了望，有意刺激他。后来成为卡特总统国家安全事务助理的布热津斯基说，所谓两人的竞争都是别人事后回忆的夸大说辞。"其实我对亨利印象并不深。"他说。[39]

成为研究生后不久，基辛格就开始找可以让他涉足海外的项目。1951年，陆军作战研究局派他去韩国考察美国军队对当地平民生活的影响。他当时在对外事务这一块儿还比较生疏：他请了几位日本友人给他写介绍信，韩国人肯定不高兴。"我当时误以为请亚洲人写介绍信应该是个蛮不错的主意，"基辛格回忆，"我犯傻了，李承晚差点儿把我撵出国门。"

第二年夏天他去了德国。"无论你们对德国人的印象如何，他们的重建工作真是不可思议，"他在给父母的信中说，"巴伐利亚人还像原来那样爱喝酒，黑森州的人还是那么讨厌。"因为他的哈佛国际研讨会主任的身份，这位研二学生竟见到了杜塞尔多夫的几位德国实业界领军人物，并在克虏伯公司军工厂的餐厅接受专宴款待。"谁会想到有这一天呢？"他诙谐地对父母说。[40]

基辛格自认对哈佛价值不菲，在写完论文后就希望被选入该校的学者协会——一个极受宠信、推崇的学者团体，知名会员包括亚瑟·施莱辛格和麦克乔治·邦迪。结果他未能如愿，于是他转而希望快速拿到终身教职。他不想像别人那样熬个七八年，他告诉时任院长邦迪，他认为自己有资格提前一两年。对他这个赖皮要求，邦迪微微敷衍地笑了笑，拒绝了他。于是基辛格成了"讲师"，这种聘任不明说年限，离终身教职多远就不好说了。于是，他开始寻找其他发展机会。

第 5 章

纽约试水：建制派的门客
1947—1957 年

没有权力关系意识就无法掌握对外政策。

——基辛格 《核武器与外交政策》，1957 年

外交关系协会

一天，基辛格在哈佛校园巧遇亚瑟·施莱辛格，施莱辛格请他看一看他刚刚写完的有关核武器的论文。文中，施莱辛格攻击了"大规模反击"说——美国威胁在受到苏联常规或核打击时将进行无情核回应的官方战略。基辛格趁周末写了一篇评论，结果这位历史教授赞赏之余决定将其送给由纽约外交关系协会主办、颇负盛名的《外交事务》季刊发表。于是，基辛格第一篇有关国家安全政策的主要论文在 1955 年 4 月发表于该季刊。[1]

文中，基辛格辩称艾森豪威尔的大规模反击说已过时，并且非常危险，因为如今苏联已自造核弹。美国威胁全面应战已不足以吓阻苏联向世界边缘或"灰色地带"扩张。"随着苏联核力量渐增，与纽约、底特律或芝加哥被毁相值的地带将越来越少，"基辛格写道，"因此，一个'全部'或'全不'的军事政策将使外交陷于瘫痪。"基辛格主张应该有一个不同于大规模反击的选项——打局部"小规模战争"的能力。[2]

《外交事务》季刊上的这篇文章带来了两大结果。它给基辛格的美国应准备打"有限核战争"理论——肯尼迪政府"灵活反应"战略，以

及北约在欧洲部署中程核武器决定的学术理论前身——奠定了基础。此外，该文还帮助基辛格在外交关系协会找到一份工作，让他从默默无闻又没有终身教职的讲师一跃成为明星核战略家。

在把基辛格的文章送到《外交事务》杂志后，施莱辛格还把基辛格这个人也送去了。当时，杂志编辑汉密尔顿·菲施·阿姆斯特朗正在物色一名副手。阿姆斯特朗最终认为基辛格的文笔不如他的心思明晰，没让他做副手。但基辛格是否考虑担任协会新成立的分析核武器对外交政策影响的研究小组主任？主任需要在最后写一本书。

基辛格有些迫不及待。研究小组就像扩大版的哈佛国际研讨会：他将有机会见到纽约对外政策界的精英，并了解他们的想法，新兴核战略领域的顶级专家又能随请随到，最后人家还付钱让他写书。他在申请这份工作时，施莱辛格、邦迪、埃利奥特均应邀给他写了热情洋溢的介绍信。

同时，芝加哥大学要他（他已暂时同意），条件更好的宾州大学也要他。"金钱的尴尬，"他在1955年2月给母亲的信中说，"宾州大学给的钱多，但名声稍差。哈佛名声不错，给的钱却少。外交关系协会要请我写书。《外交事务》杂志什么也没给我。"[3]

他决定不去芝加哥，暂时离开哈佛到外交关系协会上班。清净的学术界到底没有灯红酒绿的曼哈顿有吸引力。

意识到教授生活无法满足他的雄心，基辛格的事业出现了重要转折。当他埋头从事外交关系协会的工作时，他意识到尽管哈佛是所清新高尚的学府，但相对于真正的世界权力中心它却像一潭闭塞的死水。在曼哈顿的这段时间更坚定了他想要在现实世界干一番事业的雄心，同时也给他提供了这一机会。他不会像他父亲和祖父那样一辈子做教师。

对基辛格这样善于取悦他人的人来说，在外交关系协会任职真是天赐良机，因为协会里尽是有权有势又急于找青年才俊随侍左右的领导人。

该协会是1921年由关心国际事务的曼哈顿商界及法律界精英创立的一个民间组织，是将近3000名既有人脉又热衷外交事务的人的清谈俱乐部。会员们在公园大道府邸的水晶灯和名人画像下，听演讲、聚餐、出席高官与来访世界领导人济济一堂的圆桌讨论会。

协会最受器重的活动就是研究小组，小组成员有十数人，均为名人才俊，他们花一年时间定期开会，深入探讨某一主题。每个小组有一名主任，通常都是学术界后起之秀。他们请基辛格带领的小组成立于1954年11月，专门探究"核武器与外交政策"。

该小组每月开一次会，从下午5点开到晚上10点，由戈登·迪安——原子能委员会前主席——主持。其成员均为对外政策大腕，如美国国务院前政策规划主任保罗·尼采；时任国务院政策规划主任罗伯特·鲍伊，此人日后成了基辛格在哈佛的对头；即将出任大通银行总裁兼协会会长的戴维·洛克菲勒；以及詹姆斯·加文少将，此人对核技术可以弥补美国军力不足的信念似乎颇为坚定。

尼采自从1954年1月在外交协会宴会上听到约翰·福斯特·杜勒斯宣讲大规模还击说之后即一再提出严厉批评。就在这个新研究小组第一次会议上，也就是基辛格到任几个月前，他就提出或许美国需要发展在小规模、地区性冲突——大家熟知的"有限战争"——中使用小型核武器的能力。尼采在第一次会议上就曾解释，除了常规战及全面核战争，"似乎还有一个选项，即在有限战争中使用战术性核装置"。[4]

这就是后来让基辛格成名的"有限核战争论"。

在1955年1月的会议上，尼采进一步阐述了他的想法，他提出的"信誉"论据与基辛格同年4月在《外交事务》杂志文章中所提论据类似。尼采说，随着莫斯科核能力的增强，美国威胁要对苏联侵略使用大规模核反击就越来越不可信了。尼采还说，比较现实的政策是"递增威慑"政策。[5]

在签订合同担任研究小组主任前，基辛格曾以来宾身份参加过1955年2月的会议的讨论，他还谈到在中南半岛地面战中使用核武器是否说得过去。4月基辛格就任后，他就起草了一份他希望小组探讨并表态的详细问题清单。

最初，基辛格不同意尼采关于核武器可以在"有限"或区域战争中使用的论点。他说："我并不特别同意这个假设。"但有十多年政府工作经验、年届五旬的尼采坚称，"一场可控范围内的有限核战争"是可能做到的。时年 31 岁的基辛格反驳道："一旦战争变成核战，再对其设定有效限制将非常困难。"[6]

尼采与基辛格之争也有个人原因。尼采出身名门，有点儿高傲，他的祖父是在美国内战结束后移民到此的德国富商，而他的妻舅不但是对外政策精英中的头号人物，也是捐出公园大道豪宅给外交关系协会的人。他觉得这位就这么唐突地接过主任一职的毛躁犹太难民太过自负，他不喜欢。"亨利给人的感觉是，在他亲自出马前，还从来没有人缜密思考过核武器与对外政策问题。"尼采后来说。[7]

到夏末，基辛格决定研究小组不再开全体会议。他把小组又分成几个小小组，变成就具体问题向他献策的专家组。他还说明，最后成书将是他的书，而不是研究小组的书。如此将研究小组从审议团体变成帮助主任写书的支持团体（少不了引起一些成员抱怨），这还是协会历史上唯一的一次。

基辛格从他的研究小组成员身上学到的最重要的功课与核武器无关。这些人全是圆滑世故的成功人士，是基辛格所渴望的将来能成为的人。有些人原来就家世显赫，但他们还是努力证明自己有天赋；其他人则靠自己闯荡起家。他们十分精通与权势人物的游说谈论艺术。基辛格观察他们之间的互动。他学到了如何影响他们，学到了他们如何用证据、用小插曲、用自我挖苦的故事支持自己的论点。别人的意见他并不照单全收，但他总是会认真听取，让他们觉得颇受重视。此外，他还着意完善搞好关系、培养关系的技巧。

就像他当年请权势人物给《合流》杂志撰稿，或到哈佛国际研讨会演讲一样，现在，他也邀请这些人给研究小组讲课。他给一系列政府要员写信，一番赞扬之后就询问是否有机会与他们讨论有关核战略的想法。

来宾中就有他的院长麦克乔治·邦迪，他于 12 月南下主持过一次讨论。当时，他与基辛格和尼采就北约战略有过一次很有意思的讨论。这还是第一次把有限核战的抽象理论与后来人们所熟知的灵活反应防御学说相关联的讨论。当尼采说到大规模核反击威胁或被认为是虚张声势时，邦迪答道："难道我们不能弄出一套'渐进使用武力'的概念吗？我们必须制定比较灵活的政策。"六年后担任国家安全事务助理的邦迪终于协助制定了这套灵活反应战略。

基辛格虽仍有些许保留，但最终还是同意了尼采的观点，即在可预见的未来，美国仍必须依赖核武器打一场有限战争。他的辩解是，如果相信使用核武器必然自动升级为一场全面战争，而因此陷于瘫痪，将是"极为危险的"。同尼采一样，他也同意渐进威慑——愿意使用战术核武器打有限战争——的概念。11月，基辛格告诉研究小组："美国面临的一个关键问题是提出一个渐进使用武力的学说。"[8]

核武器与外交政策

在1956年初研究小组最后一次会议上，成员在离开时纷纷祝基辛格好运。他的工作确实不容易：把他们讨论过的所有问题整理出来写成一本书。他窝在自己在东73街的曼哈顿寓所内，经春入夏，试图将众人拉拉杂杂的论点捋出头绪。他不耐烦地告诉安妮他需要专心，请她没有必要别打扰他，也别跟他说话。于是她尽可能不出声，当他在书房奋笔疾书时，她就乖乖地将餐盘轻轻放到门内。[9]

基辛格写成了一本450页的巨著——《核武器与外交政策》，力陈有限核战争学说，其中的观点经常被重重迷雾的行文笼罩。一如他的博士论文，一开始他还是重复他的现实主义信条：避免开战不能成为外交政策的首要目标，因为没有以武力威胁为后盾的外交根本起不了作用。艾森豪威尔宣称"除和平外，别无选择"，基辛格认为，这样说很危险。"现代武器威力惊人，人人都认为选战争是下下策，但拒绝冒任何风险就相当于给了苏联统治者一张空白支票"。[10]

美国决定自己面前只有两个选项，有限的常规战或全面核战，两者之间没有余地。这个决定"或将导致瘫痪，"基辛格写道，"而且对于意图通过蚕食办法打破这个战略平衡的苏联的模糊战略来说可谓正中下怀"。大规模反击说有一个基本缺陷，"我们的摧毁能力越大，使用它的确定性就越低",它的威慑作用也因此受损。再说,美国政策的基本假设是战争可能起始于一次突然袭击,这个假设也错了。"我们没有看到苏联侵略的首选办法——内部颠覆和有限战争,无法应对这些情况就成了我们的软肋。"

由此,基辛格的结论是美国必须发展在有限战争中使用核武器的能力。

反对此战略的人认为,忌讳使用核武器等于一道防火墙,可以阻止有限战争扩大到不可控的地步。大家不言而喻的理解是,如果任何一方在战争中"使用核武器",必将造成相互毁灭。模糊常规战与核战的界限是危险的,因为如此一来就没有了预防迅速升级的规则。

但基辛格仍然认为"有限核战争是我们最有效的战略"。基辛格说,美国排除了在小型或有限战争中使用核武器的选项,这等于给苏联提供了决定何时发动第一次核打击的机会。

不到几年时间,基辛格就对他所支持的有限核战争学说进行了修订,不过,主要还是出于如何制约战争的技术问题,而不是在战略层面有任何疑虑。"我还从来没碰到能告诉我这一切将如何发生且如何运作的军人。"他回忆说。

基辛格的那些概念并非原创,许多都来自研究小组的与会者,如尼采和加文将军。此外,钻研防卫问题的众多人中也有人探讨过核时代的有限战争概念,包括最知名的巴兹尔·利德尔·哈特和伯纳德·布罗迪。

但基辛格的书却对这个题目下的诸多观点做了最有力的综合评析,书很快就出名了。"别人也提出过类似的观点,"布罗迪事后没好气地说,"不过他的书出版的正是时候。"[11]

核明星

名不见经传的教授对防御政策细节的严肃论著很少能成为畅销书。令出版社和基辛格自己都意外的是1957年问世的《核武器与外交政策》竟然连续14个星期名列畅销书榜。哈珀兄弟出版公司印了7万册精装本,"每月一书俱乐部"也将其列为指定阅读图书。"我确信,它一定是自汤因比以来阅读人数最少的畅销书。"基辛格跟协会的一位专员说,他的自嘲性幽默展露无遗。他已开始用这个办法消除他的傲慢所招致的反感。

事实上,从此书的影响及因此掀起的风暴来看,读它的人还不少。有一张照片显示理查德·尼克松手上就拿着一本,而且他后来还写了张字条给基辛格,讨论某篇论述。本人政策遭质疑的杜勒斯也表示批评的意见很宝贵。氢弹之父爱德华·泰勒在《纽约时报书评》中对基辛格赞誉有加,他说:"在有限核战争中,一如任何有限战争,如果我们目的适中,外交到位,是可以避免大规模冲突的。"[12]

才出版几个星期,基辛格的书就引发了一场争辩,上了《纽约时报》的头版。"自艾森豪威尔总统上任以来,这还是第一次政府最高级别官员对'小'或'有限'战争理论表示感兴趣,"时任该报华盛顿分社记者拉塞尔·贝克写道,"这场辩论的主角并非与政府有关的人士,而是外交事务学者亨利·基辛格,是他最近出版的书引发了辩论。"《时代》周刊也有一篇长文称道他:"在五角大楼、国务院、白宫,顶级美国决策者都在对这本新书展开辩论,该书对美国战后与共产主义在外交与军事方面的斗争做了精辟、独立的分析。"[13]

但有一篇评论则丝毫没留情面。保罗·尼采在《记者》杂志撰文抨击基辛格,说他在不了解军事现实的论据基础的情况下竟侈谈理论。"有好几百处不是事实或逻辑存疑,就是不清楚。"尼采写道。

尼采的某些批评并不在点子上。他说基辛格的学说"主张在我们的原子垄断期打一场预防性的大战或一系列小型攻击战"。这是对基辛格论点的误读。尼采提出的其他意见则比较技术性,甚或有钻牛角尖之嫌。基辛格对核武器爆炸威力计算有误,尼采声称,"他用的是加强爆炸力的立方根,而不是立方根的平方",而据他说,后者才是正确的比例。所以,基辛格所建议的有限核战争中使用的弹药威力其实杀伤力极大。

不过,比较重要的是,尼采对基辛格的根本批评在于他未曾解释一场有限战争开打后如何继续其有限性。"如果限制要真能承受一场'小型'战争的巨大压力,"尼采写道,"看来我们所需要的就不只是一张关于人为限制的繁复图表了。"

基辛格一生中习惯于认真对敌。大多数情况下,他会像移民那样急于讨好他的批评者,得到他们的认可,并让他们改变看法。一个朋友曾说基辛格"有让每个人都喜欢他的强烈需要"。他对《记者》杂志编辑马克斯·阿斯科利就是这么做的:基辛格先是打电话抱怨尼采的书评,后来又努力并成功地与阿斯科利成了朋友,经常为那本杂志写稿。

基辛格与尼采的关系就比较复杂了。一开始他威胁要告尼采诽谤,但始终没有兑现。数月后,他在罗马附近彼尔德博格俱乐部开会时与尼采偶遇,他设法缓和两人的关系。基辛格说,《记者》杂志曾给他机会著文反驳,长短不拘。"我的反驳文章写到第147页,"尼采引述基辛格的话说,"后来我决定,如果需要这么长的反驳,肯定我的立场也有问题。"尼采说他不为所动。

基辛格努力取悦他的批评者并使他们改变立场的努力也有其消极面:有时反而让嫌隙持续发酵,达到疑神疑鬼的地步。与尼采的关系就是一例。此后30年,他俩的关系一直冷淡,而其后果也不容小觑。当基辛格得势时,尼采曾在他手下做过军控谈判人员,但很快就辞职了,并对基辛格的让步不以为然。后来,在是否需要在联邦德国部署短程导弹的问题上两人立场相左,在《麦克尼尔/莱勒新闻时间》进行了一场激烈辩论,两人之间的敌意表露无遗。

回顾两人就有限核战争的争论,基辛格说:"尼采想对这个题目下点功夫,也许也写一本书。他觉得我应该帮他的忙。我不愿做他的研究助理。两人为这件事闹得不愉快。他不应该写那篇书评。"[14]

纳尔逊·奥尔德里奇·洛克菲勒

在克莱本军营,他的知遇是弗里茨·克雷默。在哈佛,他的知遇是威廉·埃利奥特。1955年,基辛格找到了比他俩都更有权势、有影响力的知遇——纳尔逊·奥尔德里奇·洛克菲勒,标准石油大亨小约翰·洛克菲勒的儿子。此人精力充沛，很想有一番作为。

当时，洛克菲勒是艾森豪威尔总统的国际事务助理。洛克菲勒在华盛顿附近的匡蒂科陆战队基地汇集了一群学术专家讨论国家安全政策，基辛格就在这里与他相遇。"他进屋时一路拍肩，同时叫着每个人的名字，或他能记住的名字的近似音，像是很热络，但也很遥远。"基辛格后来回忆。专家们挨个儿发表政治意见，建议洛克菲勒如何完成某些外交政策目标。最后洛克菲勒脸上的笑容消失了："我想让你们告诉我的不是如何去做，我想让你们告诉我怎么做才对。"[15]

匡蒂科的会议开始了基辛格与洛克菲勒之间持续时间很长但并不般配的关系。洛克菲勒的母亲最喜欢的告诫是"永远跟你的上级站在一边"。与基辛格不同的是，洛克菲勒的世界地位已不容置疑，所以不在乎别人对他的挑战。那经常隐蔽在他随和的政客表象之后的雄心壮志，来自他自幼接受的庭训：随着他富贵出身而来的就是社会责任。

"他心智二流，认人却一流，"基辛格对洛克菲勒曾有此评价，"我心智一流，认人却只够三流。"

基辛格这两句话都说对了。洛克菲勒知道如何让别人感觉自己重要，如何营造友谊气氛，如何聆听他人的意见，如何婉转地表达自己的坦率意见。这些品质基辛格都比不上，但他尊重它们。

这两人在许多方面也迥然不同。洛克菲勒是位阳光的美国乐观主义者，基辛格则是性格沉郁、略带悲剧色彩的中欧人。洛克菲勒给人一种似乎是在掩盖孤寂冷漠的亲切感，他天生精力充沛、冲劲十足，即便面对一屋子友人，也会像在竞选活动冲刺阶段那样与人一一寒暄。基辛格则是知识型人物，容易受伤害，总是在寻找他人的肯定和喜爱。洛克菲勒每次引用他的名句"人与人之间的博爱，天父的慈爱"时确实是他的肺腑之言。对基辛格而言，这种虔诚的说辞似乎毫无意义。但据洛克菲勒的讲稿撰写人约瑟夫·珀西科说，"纳尔逊被基辛格的才华和自负吸引"，所以才与他成了最亲密的学识友人。[16]

主要由基辛格执笔的匡蒂科会议报告有一系列军事建议，除其他需要，还需要增加开支。艾森豪威尔犹豫了。由于这个原因以及他想为竞选州长铺路，洛克菲勒决定辞职，开辟了他又一个典型的高大上项目：旨在探讨国家面前"关键抉择"的特别研究项目。洛克菲勒财大心大，延请了一大批卓著的美国思想家，例如切斯特·鲍尔斯、亚瑟·伯恩斯、卢修斯·克莱将军、约翰·考尔斯、约翰·加德纳、西奥多·赫斯伯格神父、亨利·卢斯、查尔斯·珀西、戴维·萨尔诺夫和爱德华·泰勒。

1956年3月，外交关系协会的书已完成泰半，基辛格同意出任洛克菲勒的项目的主任，管理100多人，外加几个咨询小组。第一次会议在无线电城音乐厅有着许多镜子和伸展栏杆的舞蹈练习厅举行。当时只有32岁的基辛格开始给大家介绍了一下概念思想。他说，重要的是看到一个观念的总体，而不要纠缠细节。

基辛格这个主任有点可怕。他总是觉得别人怠慢了他，比方报告没有提交给他，而是给了他的助手等。"他把事情往心里去，弄得自己心情不好，都是些小事，像有没有派车到机场去接他，派的车是不是凯迪拉克之类的事，"洛克菲勒家族长期亲信奥斯卡·吕布豪森回忆说，"有些怠慢会令他在别人肩膀上饮泣……一会儿是赤诚相待，一会儿又工于心计。"[17]

基辛格对下属是有了名的脾气暴躁。他的不耐烦很有杀伤力：随口就说出"笨蛋""白痴"之类的字眼，当时他还没有掌握缓和脾气失控后果的法子，还不会偶尔写个道歉字条，拿自己幽默一番。

除了负责协调整个项目——结果是一本多达468页的书——基辛格还亲自为国际安全小组的讨论写报告。小组建议发展战术核武器，"每家每户建防空洞"以备有限核战争之需。"在必要时愿意从事核战是我们自由代价的一部分。"基辛格写道。

基辛格的这本国际安全报告以平装本方式单独发行，亨利·卢斯为它写了序，人们称此书是"对苏联人造卫星斯普特尼克号的回答"。当洛克菲勒在《今日美国》节目就此接受采访时，主持人戴维·卡罗维说观众可以向全国广播公司具名索要此书。"恐怕每本书还得奉送一辆8汽缸福特汽车吧。"广播公司的一位职员暗讽道。结果不然，两天之内就有25万人索要，这一优惠被迫叫停。[18]

1957年秋，洛克菲勒写了一封"亲爱的亨利"的短信送基辛格重返哈佛，信中极力赞扬"他为国家及自由世界的未来安全"所做的贡献。另外，还随信附上一张500美元的支票"略表敬意"。"也是为了感谢安妮始终如一的支持。也许趁她还在纽约，她可以给你们的新居添点儿什么。"

直到在1968年底加盟尼克松团队之前，基辛格一直是洛克菲勒的兼职顾问。他的报酬——均由洛克菲勒亲自给付——按每年工作时间计算。比如，1958年他的薪酬是3000美元，1960年则是1.2万美元。[①]较多的是1964年的1.8万美元和1968年的2万美元，即洛克菲勒尝试竞选总统的那两年。

"数目并不大，"基辛格日后坚称，"是根据我必须放弃的学术酬金计算的。"但这个数目也不算小，特别是如果再加上1969年他转入政府部门工作时洛克菲勒给他的一笔5万美元的离职赠金。[19]

[①] 基辛格1960年的1.2万美元薪酬相当于1990年的4.5万美元，再加上通货膨胀因素，基辛格1964年得到的薪酬则相当于1990年的约6.6万美元。

第 6 章

重返哈佛：教授　1957—1968 年

> 俾斯麦并未说谎——肯定有自我意识才算说谎——而是他能捕捉到任何环境中最细微的波动，并据此精密微调相关措施以保证胜出。
>
> ——基辛格 《白色革命家》，1968 年

国际事务中心

亲爱的鲍勃：

　　本周初我曾与亨利·基辛格谈话并建议他跟你联系……我发现他对于是否重返一年前对他并不全然友好的系里工作还拿不定主意，我给他打了点儿气。很明显，整个政府管理系是热情欢迎他回来的（一致投票通过），我希望他不会对过往的经历太在意。最近，我看了他今年在《外交事务》杂志上发表的主要文章，十分精彩，我确信他就是我们要的人。我答应聘他为讲师，为期三至四年，起薪为 8500 美元。

麦克乔治·邦迪谨上
1957 年 4 月 25 日

　　邦迪当时是哈佛大学文理学院院长。他写信的对象鲍勃则是罗伯特·鲍伊，此人曾在法学院执教三年，时任杜勒斯主管的国务院政策规划主任。他正打算离开政府机构到哈佛成立一个新研究所——国际事务中心。邦迪希望由基辛格出任副所长，这可让这位世家子弟出身、温文

尔雅的法学教授犯了难，最终鲍伊还是给了基辛格这个职位。[1]

基辛格接受了，除了这个头衔，他还同意在哈佛当"讲师"。这个职位等级不明，也非终身职。倒是经常用来绕过得熬八年的助理教授后才能被考虑升等这条路。邦迪本人就是在做了两年政府管理系讲师后获得终身教职的，而基辛格理解，他自己的路也应与此类似。他的想法没错。

有鲍伊和基辛格掌门，国际事务中心（一开始用的字母缩写为 CIA，后来觉得欠妥而改用 CFIA）成立时各方寄予厚望，但始终未能一展所长。中心虽然囊括了不少研究人才，但一直没找到合适的定位，未能打开局面。原因之一就是鲍伊与基辛格两人处不好，彼此敌意甚深。

鲍伊曾协助杜勒斯制定"大规模反击"学说，而基辛格却正因攻击此说而成名。鲍伊还力主成立后来的"多边部队"（MLF），就是由不同北约盟国出兵组建并配备核武器的联合部队。这个想法被基辛格批判得一文不值，远超纯学术意见分歧的批评程度。

不错，基辛格与鲍伊的不和与学术意见分歧几乎无关。两人就是合不来，而且越来越不喜欢对方。"有一段时间，两人几乎不说话，"托马斯·谢林教授说，"他俩的办公室相邻，两人的秘书共用一个前厅。有时，他俩出来以前还会先跟秘书打探对方是否在场。"

基辛格对鲍伊的不满似乎到了无中生有的地步。开完一次专门讨论应当给什么人研究经费的会议后，基辛格非常激动地把当时的助理教授莫顿·霍尔珀林拉到一边。"刚才开会你看到了没有？"基辛格问。与基辛格一样在场的霍尔珀林说："不就是鲍伊就新研究员人选提了些意见吗？""不！"基辛格答道，"鲍伊就是在有意让我难堪。"鲍伊力挺的候选人，基辛格解释道，曾对他的有关核武器的那本书写过差评。后来担任过基辛格白宫助理，日后又经常批判他的霍尔珀林发现，他怎么解释基辛格都不信。出于审慎，他没说，如果凡批评过基辛格的书的学者都不能入围，肯定会大大限制人选范围。[2]

基辛格对国际事务中心不冷不热的态度令鲍伊不满。哈佛特地容许两人在 1957—1958 学年不授课，好让中心起步。可基辛格大部分时间却待在纽约，忙于洛克菲勒的项目。这让鲍伊非常不悦。让中心起步需要做大量的工作，所以他才需要一个帮手，而基辛格似乎是在借着他与中心的关系搞自我推销。鲍伊觉得基辛格在募款方面也未尽力，反而帮了倒忙。鲍伊找卡内基基金会提供经费，据鲍伊日后指控，结果基辛格却将部分资金变成给他个人的研究经费。

中心曾一度决定要出一本有关德国与西欧的文集。基辛格是负责欧洲区研究的，理应由他编辑此书并作序。所有参与项目的人都写了有关章节，基辛格不但没写，也没发挥编辑作用。最后中心只得付钱并将文章退回。基辛格日后称，是文章不够好，不能付印。

虽然鲍伊自称是基辛格的受害者，曾与两人共事过的同事却认为两人同样在乎地盘，同样小心眼儿，主要差别在于鲍伊的才华比基辛格略逊一筹。斯坦利·霍夫曼和其他几位教授曾向鲍伊抱怨，说中心对欧洲的关注不够。基辛格表示他有同感，鲍伊为此大为震怒，说此人"不值得信任"。他后来还说基辛格预备成立一个单独的欧洲中心，有意挖他的墙脚。霍夫曼与劳伦斯·怀利教授对这件事的记忆不尽相同。两人都记得鲍伊非常敏感，他在听说有人建议成立欧洲研究项目时很不高兴。成为自主中心是后来的事。

"我想我们两人都做得有不当之处。"回顾他与鲍伊之间的过节时，基辛格如是说。"我不太同意他把中心当成层级分明的军事机构看待，他觉得我就是他的副手。"邦迪同意。"基辛格可以充当拳王洛奇或尼克松的副手，"他事后解释道，"可是他不知道如何给一位同事当副手。"[3]

加上还得忙洛克菲勒那边的工作，基辛格有点招架不住了。1958年3月，他给母亲写了一封信，对她生日那天自己未能到场庆贺表示歉意。"我跟这个不怀好意的疯子鲍伊进行了一场疯狂角力，这令我身心俱疲，"他解释道，"接着以慈悲为怀的疯人洛克菲勒又急着让我看他的文章，结果花的时间比看自己的东西还多……我在纳尔逊的纽约住所待了三天。虽然他与夫人都很好，但目前我但愿他们都暂时别来烦扰我。"[4]

终身教职

在哈佛，对终身教职这个金牌的角逐一向激烈，尤以20世纪50年代政府管理系为甚。当时竞争讲席教授一职的有基辛格、布热津斯基、塞缪尔·亨廷顿、斯坦利·霍夫曼以及一帮并不逊色的人。

在这场角逐中，基辛格并未因为人过分低调而处于不利地位。他已经在名利场崭露头角，重返校园时又有不言而喻的资望，他肯定会获得终身教职，另外他还给人一种感觉，有他这样一位终身教授是哈佛的荣幸。然而，据亨利·罗索夫斯基回忆："基辛格拿到终身教职也并非那么顺畅。"[5]

基辛格的学术著作看似斐然，却流于演绎他人著作而并非依赖大量的第一手研究。比如，他关于梅特涅和卡斯尔雷的论文基本材料都来自怀德纳图书馆的二手资料，而不是藏于大英博物馆档案室里的原始文件。此外，与他的良师埃利奥特一样，大家也觉得基辛格对华盛顿过于着迷，大概不会安于与世无争的学界，干一辈子。最后，就得说到他的为人了：即便用哈佛的标准，他也称得上高傲自大、不可一世。

政府管理系有二十多个讲席教授职位。一旦空缺，就会任命一个遴选委员会从世界各地寻找最合适的人选。在哈佛等候终身教职的年轻学者有一定的优先权。最终入围者的学术论文都会印发给系里的教授过目。在哈佛教授俱乐部二楼图书馆的餐会上，大家会聚在一起对人选逐个评议。

"关于基辛格的这一仗打得很精彩，"时任系主任萨姆·比尔回忆，"有一天，他给我打了一个电话，说他担心我们好像有点儿疏远了。他希望跟我共进午餐澄清一下。我不认为他是想左右我，但我想他是对自己能否拿到终身教职有些担心。"

后来与基辛格成了朋友的亚当·乌拉姆承认，当年他是反对基辛格派的带头人。乌拉姆说："我对他还是有怀疑的。我强烈反对给一个一只脚踏在政界船上的人终身教职。我以为应该凭借学术成就而不是政策制定影响力来甄选。"乌拉姆与许多教员一样，对基辛格有关核武器的那本书特别有意见，觉得拿它证明学术成就不妥。乌拉姆热情朴实，他也受不了基辛格的"傲气凌人和强硬个性"。但他最后还是对自己的反对立场感到遗憾。"回过头来看，我觉得他很有学者之风。他成了我的同事又有了幽默感以后，我对他的看法也变了。"[6]

最终，基辛格绕了个圈子才拿到终身教职。邦迪作为学院院长，从福特基金会在政府管理系争取到了两个新的"半"讲座，专给将有一半时间从事其他工作的教授。其中一半给同时在国际研究中心和政府管理系任职的人，这是邦迪为基辛格量身定制的机会。另一半则给了斯坦利·霍夫曼。经过邦迪这番苦心安排，1959年7月，基辛格与霍夫曼都拿到了终身教职及副教授的头衔。三年后，基辛格晋升为教授。

基辛格主要开的课是"国际关系原则"，被他后天的幽默和魅力吸引，班上的本科生有200余人。他从拿破仑讲起，经过梅特涅和俾斯麦，最后则来一段关于军控目前趋势的分析。他给学生开出的书单长达16页，这事一下子就传开了。他讲课时除了精辟的分析，还不时穿插他认识的名人的一些小故事，颇有显摆的意味。"基辛格在讲台上来回踱步，一会儿赞扬梅特涅，一会儿非难肯尼迪，同时不忘给自己戴个高帽儿，因为他给我们一团糟的对外政策所滋生的恶果找到了解决办法。"1963年版的学生办报《机密导报》——评价本科生课程的出版物——如是报道。[7]

每堂课一开始是一段提问时间，有点像就当日时事开的新闻发布会。军控问题、峰会、U-2事件等不一而足，学生们都急于想听听他讽刺性或犀利的评论。虽然有人觉得他分明是在炫耀，是浪费时间，但大多数人却以为这样的安排很有启发性。

经常的话题之一是片面裁军运动，20世纪50年代晚期，这在哈佛最为热门。如人们所料，基辛格持反对意见，但他却乐于与同学辩论，拉人加入自己的阵营。他日后做国务卿与报界打交道时展现的魅力、风趣和辩才就是在这里练就的。

基辛格成了哈佛学生宿舍昆西楼的董事。他与楼里的学生每星期在餐厅有一次午餐会，通常还会带外宾或其他贵宾出席。"即便在年轻的时候，他也相当出众，"戴维·里斯曼教授回忆，"他不会在桌上与人闲聊。他是主持人，由他和他的来宾打头阵，接着就是讨论。"[8]

1958年，基辛格通过一场小小不然的权力之争，拿下了哈佛防务研究方案，这是个有一些外部资金支持的方案，下设研究生级别的课程和相关的独立研究项目。与当年暑期国际研讨会一样，基辛格也利用这个防务研究方案从华盛顿邀请潜在的赞助人讲学。他的几乎每一节防务政策课都有名人到访，他们讲完就由基辛格礼貌地提问。他甚至独具慧眼，能找到某些尚未成名的人：密歇根州的一位众议员杰拉尔德·福特就是较早一批应邀的讲课嘉宾之一。那时，他还是不为人知的国防预算小组委员会共和党议员，他的愉快经历使得他决定几年后再次到访。[9]

基辛格也用同样的办法教与别人合开的西欧研讨会。这个约有20个研究生的研讨会的另外两名老师是哈佛巨匠劳伦斯·怀利和斯坦利·霍夫曼。基辛格从洛克菲勒兄弟基金会弄到了一年8000美元的经费，作为请嘉宾的演讲费。"基辛格于是通过邀请，组建了一个由欧洲权势人物及未来权势人物组成的网络，"怀利回忆道，"基辛格这么年轻就在世界上如此举足轻重，其他人总会有点儿嫉妒。"

对于别人的嫉妒，基辛格也都看在眼里，他本来就是个敏感的人，很容易因为有意或无意的轻忽怠慢而愠怒。再加上，他往往对他认为才智不如他的人——当然，绝大多数人都属于这一类别——看不上眼，所以他的心情总在傲慢与缺乏安全感之间打转，有时两种心情会同时存在。

基辛格有时也对同事使坏。日后在政界及新闻界都成就非凡的莱斯利·盖尔布当年也是哈佛学子。"他是我的学术英雄。"盖尔布回忆。他是20世纪60年代早期的博士生，他给基辛格打算写的书找材料。当他自己打算写一本书，分析不同对外政策路线时，他也找基辛格谈过，基辛格还表示支持。

有一天，盖尔布告诉他有好消息了，哈泼斯出版社要跟自己签出版合同了。据盖尔布回忆，当时基辛格看起来很高兴，也为他骄傲。一星期后，盖尔布却接到出版社转来的基辛格写给哈泼斯主编卡斯·坎菲尔德的信。基辛格在信里指责坎菲尔德竟然找"我的一位前助手"写我曾经跟哈泼斯谈过的一本书，他坚持让哈泼斯采取"纠正"措施。

盖尔布看完信后十分恼怒，甚至气得发抖。他多次去电，基辛格却拒绝接听。最后他给基辛格写了封短信，说明两个人的书应该是井水不犯河水，不会冲突。"你不是还支持过我吗？"盖尔布提醒他。基辛格回信说："我知道你会做出正确的选择。"

对基辛格怀有敬畏之心的盖尔布后来还是决定放弃著书计划。结果是，基辛格也一直找不出时间写他说他要写的书。虽然两人后来重修旧好，但盖尔布此后认定基辛格是"典型的威权背景产物——对待同僚心术不正，对待下属颐指气使，对待上级毕恭毕敬"。[10]

不过，许多认识基辛格的人还是对他很敬佩的，尽管不无保留，但还是由衷敬佩。如果他想讨好某人，他真就是可亲可爱、睿智幽默的人。极尽谄媚能事之后，他还跟你私底下透露其他同事的种种不是，借此与你套近乎。更重要的是，一旦他跟你谈想法，谈立场，他就会拿出他学术钻研的看家本领，把他的才华、创意和口才全部亮出。

他也以一个奇怪的方式暴露了他急需别人肯定的弱点。他特别在乎得到他崇拜的人对他的学术肯定。他有时的确无情、傲慢，但对他认为值得交的朋友，他却相当殷勤。他一心想争取他的知识文化界对手做朋友，这说明他一方面满怀热忱，另一方面也有挥之不去的不安全感。[11]

他的不安全感也表现在他对朋友反倒比对敌人更在意，有时还在意到了牵肠挂肚的地步。当兰德公司的军控专家威廉·考夫曼对《核武器与外交政策》一书著文猛烈抨击后，基辛格央求汤姆·谢林教授安排他造访兰德公司。"亨利迫切想让考夫曼改变观点。"谢林回忆道。

有时，他又对他的敌人疑神疑鬼。几年后，他参加了一个军控团造访波恩，基辛格觉得谢林和兰德的人似乎有意冷落他。"他愤愤不平地写了封信，指责我与兰德公司的人一起在背后取笑他。"谢林说，"这封信根本无中生有。我把信退给他，告诉他还是把它扔了吧，免得以后让自己难堪。"[12]

基辛格的自我感加上他说一不二的性格更让人觉得他盛气凌人。他手上忙的永远是极度重要的事，对细枝末节的事，比如，在走廊里跟人聊上两句或在课业上指导学生，他都颇不耐烦。他指导的学生跟他约见

15分钟得在几个星期之前约定，到时候得在门外等候将近一小时，见面还让学生们觉得耽误了他处理更重要事情的宝贵时间。

"这个人的自我感太强了。"怀利教授说。"太自命不凡了。"谢林说。"比所有我见过的人都傲慢、虚荣。"这是霍夫曼对他的第一印象。但他们又渐渐不那么坚持了，有点五味杂陈。他到底还是位值得敬重的、才华不容否认的朋友。尽管他的个性不招人喜欢，起码也算是个人物。[13]

家庭生活

在拿到终身教职前，基辛格和妻子住在剑桥弗罗斯特街的一栋小楼里，他们最好的朋友克劳斯和伊丽莎白·爱泼斯坦就住在隔壁。克劳斯也是研究政治学的，跟基辛格一样有见解，很专注，但没有一般人所谓的野心。"我们经常一起出去玩儿，一起吃饭，就我们四人，如果加上基辛格的狗就是五个。"伊丽莎白回忆。[14]

爱泼斯坦在家庭经济基础稳定前就开始生孩子颇令基辛格意外。直到他可以确定拿到终身教职后——除了薪水，还外加每年给洛克菲勒工作的8000美元——他和安妮才开始准备生孩子。老大伊丽莎白出生于1959年3月，她的弟弟戴维比她小两岁。

虽然基辛格已经不去犹太聚会所，安妮也只是去"伦理修养会"，并不信教，但戴维还是于出生后不久就在一次正式犹太仪式上接受了割礼。那年的犹太赎罪节，基辛格在给父母的信中回忆了他们一起度过的艰难岁月，抒发了自己的感触。"在戴维接受割礼的这一天，我们还都能健康地聚在一起，带着几分自豪回顾过去的磨难。我深知几乎今日我的一切都得归功我的家庭的精神传承，让我们得以甘苦与共。我多希望我的祖父和外祖父不只是精神上能参加这个盛典，实际也能到场。"[15]

当时，基辛格一家已经搬到贝尔蒙山附近殖民风格的白色三居室建筑。安妮——有好几年，她都把自己的名字拼写成Anne，以为这样更讲究——是个一丝不苟的家庭主妇，煮饭、洒扫都有德国人的效率。她说，随着丈夫身份的变化，她必须如此。每星期总有两三次要宴请宾客，通常规模不大，宾客八到十人不等。中间有基辛格比较喜欢的学生，特别是在暑期研讨会期间，外加一两位同事，但偶尔也会有到访的外国领导人或像纳尔逊·洛克菲勒这样尊贵的客人。

有些客人安妮不知如何应对，往往就躲在厨房里。有一位教授记得曾看见她站在餐厅门口听别人议论，好像她不敢进去似的。"基辛格是个典型的德国丈夫，"玛丽安·施莱辛格——施莱辛格的前妻——说，"他就把安妮当个家庭主妇对待，她在桌上的言论他向来不注意。"

然而，安妮还是很以丈夫的成就为傲的，特别搞了好几本剪贴簿，搜集有关他的报道。她还整理了一份长达400人的圣诞卡寄送名单，多数都是她丈夫的重要友人。因为每张卡都要写几句亲切的问候语，所以她常常从10月就开始写。

但几乎是无可避免的，两人还是渐行渐远了。基辛格在他们的车库上方加盖了一间个人书房，经常躲到那儿。有一次，他带一个朋友看他的房间，安妮走进去打算和他们一起喝点儿什么，基辛格疾言厉色地让她离开，说那是他的房间。他们的朋友认为，他那一应俱全的书房就是他要逐步甩开安妮的迹象，可他却说由于他越发需要自己的空间，这样的设计才使得这个家得以维系。无论如何，他们之间的距离拉大了，两人能谈的话也少了。虽然他特别宠他那两个孩子，但留给妻子的时间却少之又少。"亨利和安妮就是无法生活在同一个屋檐下的两个人。"一位朋友如是说。

安妮虽然为人低调，但却有相当高的文化素养。她喜欢音乐、艺术，只要周围的人不让她觉得不自在，她也可以与大家谈笑风生。但随着基辛格交往的圈子越来越讲究，他就开始觉得安妮有点儿不够格了。他觉得她的风格与洛克菲勒或肯尼迪圈子里的人不搭。"她丈夫觉得这个妻子与他不够般配，"一位认识他们两人的波士顿精神病医生说，"她不够光艳夺目。"[16]

在安妮来看，是亨利无法适应她所渴望的舒适、井井有条的家庭生活。她要的是一个丈夫，不是政治家。

1962年底，两人在一起完成了欧洲和亚洲之行后决定分居。基辛格一度住在灯塔山的公寓里，后来又搬到剑桥。1964年8月，两人在内华达州雷诺办理了离婚手续。

离婚令双方都难过，但并未因此成了冤家。两人关系还不错，还经常聊聊孩子，安妮偶尔还会请基辛格过来吃饭。她几乎从来不说基辛格的不是，在朋友面前也如此。基辛格成名后，她还维护他的名声，有一次甚至安排他到自己的朋友面前讲话。后来，她与布兰迪斯大学一位杰出的、为人诚恳的化学教授索尔·科恩结了婚。

虽然他婚姻关系的解除并不是因为他有了别的女人，但基辛格在与安妮逐渐疏远的时候也开始过得潇洒了。他买了一盏太阳灯，一部梅赛德斯，开始减肥，注重穿着。一次，谢林告诉他在伦敦机场接应基辛格的朋友如何识别他："他胖嘟嘟的、不太开心的样子、苍白、略有病态。"他的朋友竟然没找到基辛格。直到此时谢林才意识到基辛格不一样了，他开始注重外表了。[17]

发明军控

从20世纪50年代末到80年代的30年间，"军备控制"的理论与追求一直是国际关系最重要的议题。对阈值和投掷（发射）重量的晦涩谈判是衡量东西方关系的温度计，也是峰会成败的关键。

情况并不向来如此。就在1946年异想天开试图通过联合国控制原子弹的努力失败后，像伯纳德·布罗迪这样的专家才开始探讨各种核战略。但直到美国和苏联都能生产一系列核导弹后，军控的神学和技术才成为学术钻研的新领域。

军控学说的酝酿始于剑桥，在那里政治学家与原子科学家一起开会，谈论核时代带来的细微变化。这些会议又衍生出一个非正式讨论圈，也就是后来的哈佛-麻省理工学院军控小组。其成员先后主导了六届政府的军控思维：杰罗姆·韦斯纳、乔治·基斯加科夫斯基、罗伯特·鲍伊、保罗·多提、汤姆·谢林、西德尼·德雷尔、艾伯特·沃尔塞特、亚瑟·施莱辛格、马歇尔·舒尔曼等。在基辛格前往纽约写《核武器与外交政策》一书前,他也曾应邀参加过这类讨论。

1989年,基辛格在一次私人会议上说,在美苏关系中不再强调军控作用的时候终于到来了。在介绍自己的资历时,他说:"我是最先提出军控概念的知识团体一分子。"这个笼统的提法有一定的真实性。基辛格后来说,哈佛-麻省理工学院小组"为后来的军控思维奠定了基础"。[18]

小组通常在星期天早上在哈佛广场北边的国际事务中心办公室开会。开会并非闲聊:与会者都要准备具体建议,以书面形式提出,在讨论中力陈己见,目的是找到一个可行的稳定概念以及评估均势的各种妥善办法。

小组有"自由派"或"鸽派"倾向,因为多数成员都赞成尽可能裁军,支持建立导弹防御系统,认可禁止核试验条约,并反对制造战略轰炸机。比较保守的基辛格对所有这些想法都持怀疑态度。

由于太痴迷军控,他把学术论著都暂停了——包括关于俾斯麦的书——主要为《外交事务》杂志撰写了一系列政策批判文章。大多数都对艾森豪威尔政府有些批评。比如,当总统暂停核试验,并要求与苏联谈判禁止试验条约时,基辛格主张"我们只应同意作为普遍裁军协议——包含常规(非核)武器——部分的全面禁试"。

当时的一个热门话题就是北约盟国是否会同意美国在西欧部署中程核导弹。既然基辛格相信美国需要准备在一场有限的区域性战争中使用战术核武器,在西欧的部署就是逻辑上的必然。在1958年《外交事务》杂志的一篇文章中,基辛格曾表示支持在欧洲部署导弹的想法。他写道:"这是欧洲能对其未来有一定影响力的唯一途径。"结果,这样的部署成了北约政策的一部分,并一直延续到20世纪80年代末(当里根与戈尔巴乔夫于1987年达成协议,从欧洲撤走这些导弹时,基辛格是反对的)。[19]

在他加紧对对外政策的钻研时,也在打造不常在年轻教授身上见到的知名度。1958年他的一篇有关西方联盟的文章上了《纽约时报》,随文还登载了他的照片,文章的标题是"拒绝导弹基地或危及欧洲未来"。而《时代》周刊也用了半页的篇幅谈论他的禁试文章,称基辛格"刚毅"，并大力支持他"当心禁试"的言论。[20]

《选择的必要》

基辛格出版了一本新书，其基础就是他关于外交和军控的几篇文章，而出版时间正值肯尼迪于1960年当选的几周后，时间上并不完全是巧合。《选择的必要》是一本宣言，议题广泛，它对基辛格思想首次做了全面阐述。虽然它重述了过去文章里的论点，但却是一个对外政策路线的整体——如果新总统有意从剑桥寻找一些新想法，它也可以说是一本应聘申请。[21]

一本书前面的致谢部分通常并非由衷之言，基辛格可以说是把这个艺术发挥到了极致。一开始他就说，这本书是由国际事务中心"赞助"出版的，并赞扬中心主任罗伯特·鲍伊的"深刻评论"。其实，就是这本书导致这两个死对头的最后决裂，基辛格也因此丢了中心副主任的职位。鲍伊坚持由国际事务中心出版此书，但遭到基辛格的拒绝。他那本关于核武器的书是由外交关系协会出的，这就意味该书成为畅销书后他拿不到版税。所以他决定新书由哈泼斯出版，只不过在致谢中加了一句毫无意义的国际事务中心"赞助"出版的话。"他俩因为这事儿吵得不可开交，"据谢林教授回忆，"每个人都到我的办公室来回踱步，述说对方如何差劲。"基辛格也感谢了1958—1959年的外交关系协会研究小组，虽然他的书引用小组作品极少，最后，他还感谢他"耐心、阳光的"妻子安妮。

该书本身读起来像是民主党人的宣言。"我们的生存边缘已经狭窄到危险的地步。"基辛格在批判艾森豪威尔年代时说。与肯尼迪一样，他对导弹差距提出警告。由于两党对外交政策"太过一致"，人们对艾森豪威尔的道路质疑得不够。就像他在写竞选演说一般，基辛格宣称："如果这种趋势延续下去，自由的未来必定暗淡。"他又说："如果我们果敢坚定地行动起来，趋势仍可扭转。"[22]

基辛格在书中重新探讨了"有限"战争——未达到全面战争水平

的区域冲突——的问题。有些前提假设跟他的第一本书一样。"随着全面战争的后果日益可怕，对它的依赖也日益显得荒谬。"他写道。所以，当面临有限挑战时，如苏联对柏林的威胁，美国需要能够做出有限回应的威胁。"一个国家若担心对任何规模的侵略进行抵抗都可能引发全面战争，而不愿冒有限战争的风险"，他辩称，"那么到决断时刻，它除了投降，别无选择。"

但隐藏在这个分析之下的却是连芭蕾舞制作人达基列夫都看得眼花缭乱的单脚尖旋转：基辛格在打有限战争时应否包括使用核武器选项的立场出现了大反转。过去，他曾因持肯定态度而名噪一时，他认为美国确实需要具备有限核战争的能力。"几年前，本人确实提倡过核战略。"基辛格承认。他在不提及自己的情况下又说："若干发展导致了观点的改变。"

他之所以改变看法，并不是因为他看到有限核战争理论或道义上有何缺陷，而是因为实际问题。"要军方对'有限核战争'提供清楚描述，几乎是不可能的事。"他写道。基辛格在介绍他经过修订的理论时说，区分常规力量与核力量，就给有限战争的升级提供了一道防火墙："大家对常规武器与核武器之间的分界线比较熟悉，因此也比较易于维护。"

即便他推翻了自己以前的立场——小规模核武器可以在打有限战争中发挥作用——他也主张美国发展小规模核武器，以制止苏联使用它们。此外，美国在打有限战争时不应承诺"不首先使用核武器"。"如果让侵略者误以为放弃核武器即意味接受常规力量战败的决定，"基辛格写道，"就可能反而鼓励侵略。"[23]

这些听起来像是与现实世界不怎么相关的奥秘神学，其实不然。自20世纪60年代到80年代泰半，北约的学说几乎就是建立在基辛格——与其他人——所主张的政策之上。使用战术核武器以制止苏联入侵的能力也得到了发展。虽然不时承受压力，但北约从未采纳"不首先使用"政策。而无论是在学说，还是在现实层面，有限战争——包括在越南和全球各个角落的有限战争——都维持在非核级别。

俾斯麦

基辛格关于梅特涅和卡斯尔雷的博士论文本来是想为俾斯麦公爵的研究打头阵的。俾斯麦于1862年就任普鲁士首相并于其后统一了德国。但最终,基辛格花了13年时间才完成有关俾斯麦的文章,1968年在《代达罗斯》学术期刊上发表。虽然该文鲜为人知,但它或最具启迪作用,倒不是让我们看清楚了俾斯麦,而是让我们更了解基辛格和他的现实主义世界观。

俾斯麦的才华,基辛格就像他的门徒一样有权威地写道,在于他有能力用"相互牵制"的办法制约对立势力。因为他给德国树立的目标与欧洲当时的秩序不符,俾斯麦是位革命者;但又因为他相信国家应该有威权、有纪律,他是个保守派,是白色而非红色的革命家。

驱动俾斯麦取得权力的主要是他的自我,而不是他想奉行某种哲学。"或许只有极少数有名的政治家是被爱国主义驱动的,"这位铁血宰相曾在给朋友的信中如是说,"更多的是出于野心,渴望发号施令、为人所景仰、成名成家。"后来有人说这话也适用于基辛格,似乎不无道理。

同样,俾斯麦对真理的态度,也有批评家认为与基辛格不谋而合。基辛格认为,"俾斯麦性格的最根本事实"是"他无法理解"他个人意志与野心之外的任何道德标准:

> 因此,他无法接受任何对手的诚意,这也是他能应形势需要迅速调整的原因。俾斯麦并未说谎——肯定有自我意识才算说谎——而是他能捕捉任何环境中最细微的波动,并据此精密微调相关措施以保证胜出。[24]

基辛格后来表示,把他与俾斯麦做过多比较是不对的,他只不过是这位铁血宰相的学生,而非信徒。然而,基辛格后来偏好现实政治以及他对均势外交的感触,都显示他对俾斯麦的欣赏并不只限于学术范畴。"俾斯麦呼吁外交政策不能基于情感,而应基于对实力的评估。"基辛格写道。这后来也成为基辛格的圭臬之一。

第 7 章

行走在权力边缘：肯尼迪、约翰逊和洛克菲勒　1961—1968 年

> 政治是在可能性范围内的艺术，在相对性范围内的科学。
>
> ——奥托·冯·俾斯麦，1815 年 9 月 29 日

卡梅洛特①的外围

虽然基辛格是冷战保守派，是洛克菲勒的家臣，但他却是登记在册的民主党人，而且在 1960 年肯尼迪与尼克松的选战中投了民主党的票。他认识肯尼迪始自 1958 年，当时的演说撰稿人泰德·索伦森请他加入一个学术顾问小组，与这位年轻的参议员在波士顿不定期会面。此外，肯尼迪也是哈佛政府管理系"巡访委员会"——基本上属于仪式性组织——成员，所以他会与校内终身职教授保持接触。在社会关系方面，基辛格与肯尼迪最欣赏的历史学家亚瑟·施莱辛格也是朋友。

有了这几层关系，加上他又曾著文批评艾森豪威尔为政不力，使得基辛格在新政府内谋得官职的机会大增。但他又不太愿意完全脱离哈佛，并切断与洛克菲勒薪资不菲的酬佣关系，除非等待他的是位高权重的官职。

结果他的希望落空了。迪安·腊斯克曾就国务院一个不明确的中级职位探过他的口风。更有希望的是肯尼迪曾在 2 月初请基辛格到了白宫

---

① 传说中英国亚瑟王的王宫所在。——译者注

一趟，赞扬他的新书（基辛格怀疑他只看了《纽约客》的书评，而并未阅读全书），并邀请他在新任国家安全事务助理——他的前院长——麦克乔治·邦迪之下任职。基辛格事后说，邦迪似乎并不同意"总统的意见，不认为急需再增加一位与他本人在学术上齐名的教授到白宫任职"。[1]

从哈佛开始，一直到整个越战期间，邦迪与基辛格的关系都不是特别融洽。在《白宫岁月》一书中，基辛格对邦迪的刻画相当尖锐。"我敬佩他的才华，即便他往往将其才华用于那些时髦却无其内涵的想法。"他们之所以处不好，主要还是因两人风格与阶级的差别而起。基辛格说："他对我往往除客气之外，还夹杂着上层波士顿人针对——新英格兰人眼中的——非我族类者下意识高高在上的姿态，以及过分强烈的个人风格。"再后来，基辛格称对邦迪的看法已不如以前强烈，"我在《白宫岁月》里对他的描述有点言过其实"。[2]

邦迪最后给了基辛格一个兼职顾问职位。虽然失望，但他还是接受了。1961年到1968年，他一直处在权力边缘，就像一个把鼻子紧贴在玻璃上的外人。在这几年里，他继续在哈佛当教授，教课之余还办暑期研讨会。但在他以顾问身份围着肯尼迪、林登·约翰逊和洛克菲勒在外围转圈时，他的心却在华盛顿。

兼职顾问这种工作安排不可避免地会带来问题，这从"亲爱的麦克"信中便可一览无余。基辛格在信中说到他什么时候有空。"3月13日和14日，周一和周二上午我可以来华盛顿。如果就我们昨天谈论的文章，你希望在那之前再过一遍，我也可以于3月10日和11日周五和周六过来，但请于8日前告知。4月2日那一周的大部分时间我都有空。"[3]

像克雷默和埃利奥特这样个性张扬的人，对基辛格的阿谀奉承是有承受力的。他的本事碰到尼克松也行得通，因为逢迎拍马可以缓解尼克松灰暗的不安全感。但碰到邦迪这样有清教徒的矜持又有格罗顿[①]的机智的人就不行了。可是，基辛格还是想试一试。他在2月的一封信的结尾加了几行字："这项任务固然重要，可以再次与你合作实属乐事，此

[①] 格罗顿，Groton，马萨诸塞州一所圣公会教派办的高校。——译者注

应不在话下。"当得知邦迪在猪湾事件失败后一度考虑辞职时，基辛格去信给他打气："重任仍有待完成。倘若你的友人和仰慕者知道你会继续在其中发挥主要甚至领导作用，他们肯定会放心。"[4]

在他应聘为顾问后不到一个月，基辛格便写信给邦迪，问自己是否应该与"跟追了我好多天的记者见面"。邦迪的礼貌答复不无损意："我想不到你要见记者的理由。"他也想不到基辛格要多见总统的理由。他知道肯尼迪觉得基辛格有才华，但也有点累人，而且对其每每坚持凡事都必须着眼长远战略有点听不进去。[5]

于是，基辛格开始找亚瑟·施莱辛格帮忙进总统办公室。"邦迪基本上堵了他的路，"日后施莱辛格说，"每当亨利有了有意思的想法，我就帮他绕过邦迪，带他进来见肯尼迪。"但不久，总统受不了了。他把施莱辛格叫过去，对他说："你知道，我认为亨利的某些话颇有见地，但我认为他还是得通过邦迪汇报，否则事情就不好办了。"[6]

到5月，邦迪对基辛格突袭式地到华盛顿来一两天，然后就对其他助理全职工作弄出来的项目批评再三而受不了了。"邦迪很快就感觉到，"施莱辛格回忆，"亨利这种隔三岔五地来评头论足不但没有什么帮助，反而挺烦人。"他跟基辛格明说了。颇感委屈的基辛格写了一封两页的长信，说自己了解"我这个夏天不应该再到华盛顿来了"。[7]

然而，就在基辛格准备在1961年夏天闷在他的国际研讨会时，人家又需要他的专长了。柏林这个老问题又发作了。自1958年以来，苏联就威胁切断西方到西柏林的通道。应肯尼迪的要求，前国务卿艾奇逊拟了一份政策文件，把这个问题说成对西方意志的严峻考验。艾奇逊说，如果赫鲁晓夫走到切断西柏林通道这一步，美国应将军队直接开上德国的公路。

尽管基辛格持强硬派观点，但他还是对艾奇逊置外交途径于不顾的做法略感不安。他发现无论是在会上，还是在备忘录里，他都是跟温和派人士，如国家安全委员会助理卡尔·凯森、国务院的亚伯兰·蔡斯及亚瑟·施莱辛格，站在一边。这是在东西方军事问题上他少有的与鸽派为伍的情况。

7月初的一个星期五，施莱辛格看到总统拿着艾奇逊的备忘录，在没有相反意见平衡的情况下，即将前往海恩尼斯港，不禁担心了起来。他在白宫餐厅与基辛格和蔡斯讨论了一下，一个小时以后又把他们叫到办公室，起草了一份反对艾奇逊观点的备忘录。

蔡斯和基辛格边踱步边口述，施莱辛格点燃了一支雪茄，打出了一份包含5个论点的文件，赶在肯尼迪的直升机飞往科德角前完工。他们在攻击艾奇逊好战立场时写道："必须详述我们准备打一场核战的原因。"基辛格在另一份给邦迪的备忘录里强调，不应误以为拒绝谈判就表示立场坚定。[8]

（基辛格有意不得罪艾奇逊。大约就在这个时候，他给艾奇逊写了一封信："那天餐会上几乎每个人对无形的东西的讨论竟如此草率简略，缺乏理解，多亏你在，才避免了一场大灾难。"几年之后，他还继续灌迷汤。"几周前在巴黎，我跟一位在你之后约见戴高乐的人谈话，"基辛格写道，"他说戴高乐告诉他，'那人是一条汉子！'……对仰慕你的人来说，这当然一点儿也不奇怪。"）[9]

柏林危机具体而微地体现了基辛格一直谈论的两难局面：美国在打常规战还是全面核战之外并无其他选择。肯尼迪带到海恩尼斯港的文件除了施莱辛格-基辛格-蔡斯的柏林备忘录，还有一份基辛格解释需要中程导弹供有限核战之用的文章。[10]

美国也是根据基辛格这篇文章对形势重新评估后，才决定建立"灵活反应"能力的。"你也许需要与［国防部长］麦克纳马拉商量，以便迅速审视情况，并在必要时下达新指令。"邦迪将基辛格的文章转呈肯尼迪时，在附加字条上如是说，"简而言之，按照目前的计划，我们等于是要一次亮出所有家底。另外，其设计也会使灵活运用更加困难。"

肯尼迪同意。他在7月25日关于柏林危机的演讲中说，要"用所需的不同级别的力量来应对不同级别的侵略压力"。他还说："我们打算在羞辱或全面核行动之外找到更多选择。"[11]

基辛格的对外政策的切入办法是先看美国想要的长期结果，再决定如何处理具体问题。在8月11日给邦迪的备忘录中，他解释道："为了做出选择，我们或许应该明确考虑我们在中欧到底想要什么。比如，我们设想中的欧洲在1965年应该是什么样的。"[12]

总统一般没有从长计议的时间条件。就在基辛格写备忘录的三天后，柏林墙一夜之间拔地而起，改变了危机的性质。基辛格认为肯尼迪的反应太低调。他赞成威胁对抗，看看苏联愿意承担什么风险，同时也让德国人确信美国会认真对待他们的安全问题。

结果，柏林墙反而起了消除柏林危机的作用：美国与其他西方国家保留了它们进出各自控制区的自由，来自东边的难民潮也止住了。随着危机在1961年秋逐渐消散，基辛格在白宫的最后影响也自此消失。10月，他收拾干净桌上的东西。邦迪给他写了一封敷衍的感谢信，信中还加了一句，白宫决定不对外发布他离职的消息。[13]

政策分歧也是基辛格问题的一部分：他认为肯尼迪"承担一切重任"的说法太过天真，毕竟美国的力量有限。但基辛格未能久留的主要原因是他与肯尼迪或其周边的人格格不入。他是瓦格纳剧中的人物，却想在卡梅洛特演个角色。"亨利与总统的风格不同，"卡尔·凯森回忆，"他比较浮夸、啰唆。如果总统不喜欢你，你就没有啰唆的本钱。而我从没听人说亨利这个人讨喜。"[14]

基辛格也觉得这段经历有些懊恼。"他是从外面往里看，"蔡斯后来说，"所以他觉得不是滋味。"他知道与肯尼迪最亲密的助理——衣着光鲜、油腔滑调、伶牙俐齿的这群人——经常在背后拿他开玩笑；连邦迪也开始相当传神地模仿基辛格厚重的德国口音和肯尼迪翻白眼的神情了。

"我花了不少精力提出的意见无人采纳，通过我与肯尼迪总统少有的接触，我将自己的钻研成果倾囊相授，但他好像并不怎么感兴趣，即便感兴趣好像也不能有所作为。"基辛格后来表示。他学到的教训之一是，与其做一个告诉总统不能做什么的人，还不如做告诉他能做什么的人，或起码告诉他有哪些较好的选项。[15]

虽然他还是刚出道的教授，在政府里也只担任过中级顾问，没什么了不起的建树，但基辛格已练就到哪里都引人瞩目的功夫，俨然像个重量级人物。因此，即便只是以美国新闻署一个来宾——而并非政府代表——的身份于那年1月造访以色列、印度、巴基斯坦，他也引起了不少争议。

在以色列，基辛格表示苏联向埃及运送武器之举带有挑衅性，于是就出现了"纳赛尔被认为制造了危机"的头条新闻。

在发自孟买给父亲的信中，基辛格抱怨"在这里，大家的情绪都十分激动，即便一段无心之言，也可能被放大到耸人听闻的地步"。他在信里也表示了对父亲的生日祝愿，这展示了他感性的一面。"我见过世上的许多伟人，或未来的伟人，"他在叙述访问行程后写道，"对您的人品的钦佩却从未消减，反而与日俱增。我知道您是我行事为人的榜样。"[16]

徘徊

1962年夏，基辛格重回哈佛全职任教。不再受白宫合同制约，他继续给《外交事务》《记者》等出版物以保守派立场撰写对美国政策的评论文章，大多数都与面对苏联威胁美国及其盟国必须坚定不移有关。"他人在江湖的时候，特别忧国忧民。"邦迪回忆道。[17]

他再次开始斟酌在打有限战争时美国是否应准备使用核武器的问题，这原来是他第一本书的主题，但在第二本书里又被部分撤回了。在1962年7月《外交事务》杂志刊登的题为"欧洲防御的未决问题"一文中，他主张不能仰仗北约承担应对苏联常规武器所需的大量开支。基辛格说："另一个选择就是更多地依赖战术核武器。"

战术武器指的是适合在战场使用的短程武器，有别于能横跨洲际的远程战略武器。基辛格现在觉得这种区分可以帮助解决一个老问题，即如何为不会立即升级为无限战争的有限核战争制定一套学说。他在1962年的文章里是赞成依赖战术核武器的，后者很容易与为全面战争所设计的战略武器区别开来。"最有效的以有限方式使用核武器的方法，似乎是为止战而使用战术核武器，"他写道，"有人取笑有限核战争必须满足的规则其繁复程度不亚于'昆斯伯里侯爵规则'①……但取笑战术核武器概念的人也应该解释他们有何变通建议。"

找到这个立场后，基辛格就不再动摇了。即便在20世纪80年代末，他也反对匆忙淘汰欧洲的战术核武器，他还警告，不应"继续给美国赖以制止苏联侵略的武器污名化"。这些武器一直留到苏联对欧洲威胁瓦解，1991年9月，布什总统宣布淘汰美国部署在欧洲的导弹计划。[18]

基辛格在20世纪60年代初的论著多数是在分析西方联盟内存在的紧张关系。1964年3月，他把这些文章整理出来，在外交关系协会作了一系列演讲，次年出版了《问题重重的伙伴关系》一书。该书的主题是攻击罗伯特·鲍伊的构想，即成立一个由北约成员联合控制的多国部队。基辛格如此不以为然，反映了他对欧洲人是否为可信赖的军事伙伴——特别是在核问题上——的长期不信任。在他的职业生涯中，他自始至终都怀疑多数西欧政府是否有坚持强硬反苏防御政策的骨气。[19]

在这段时间里，基辛格正不断完善支撑他外交路线的现实政治哲学。其主要信念之一就是，一个国家的影响力取决于全世界对它的权力及其是否愿意使用权力的观感。正如他于1962年在《记者》杂志分析古巴导弹危机时所说：即便有人认为让苏联保留其在古巴的导弹，也不会有什么军事危险，美国还是不能退让，因为那将让对手"更加有恃无恐"，让盟国"灰心失望"，并伤及自身"信誉"。在针对越南问题的辩论中，他也沿用同样的推理方式。[20]

1964年初，基辛格搬进波士顿灯塔街的一个单身公寓。他从来不是好色之徒，即便在20世纪60年代晚期着意打造这个形象时也不是。但他开始经常跟女人打情骂俏、嬉笑。有一次，一个朋友说想给他介绍一位"非常标致且身材高挑"的女士，基辛格答道："我的自尊心可以应付。"

那年，他也开始涉足政治，特别是他的新金主洛克菲勒的总统竞选活动，洛克菲勒与巴里·戈德华特争夺共和党党内提名，结果败下阵来。

---

① "昆斯伯里侯爵规则"是一套拳击比赛规则。——译者注

基辛格多半时候是在外围走动，从波士顿请人转送讲稿，看到自己的文章被候选人的幕僚改写又忍不住抱怨。但洛克菲勒不但有收集毕加索作品的渴望和品位，对人才也同样急于收揽。他喜欢有基辛格在左右，还邀请他一起出席共和党在旧金山的大会。

基辛格的任务之一是担任洛克菲勒与政纲委员会之间的特使。总抓此事的是一位年轻却颇有影响力的威斯康星州众议员梅尔文·莱尔德。他觉得基辛格严肃自大的模样十分有趣，但还是决定找他负责起草外交政策大纲的艰巨任务，"既要过得了戈德华特和洛克菲勒这一关，也得让委员会内的伯奇社①成员满意"。基辛格做到了。[21]

在共和党大会上，基辛格遇到一位30岁、瘦高、白人新教徒模样的女士——南希·莎伦·马金尼斯，她是洛克菲勒的志愿研究助理。两人在洛克菲勒曼哈顿的办公室曾有数面之缘，但直到在旧金山竞选人员办公室再次相遇，基辛格才注意到她。他们同意当晚在会议大厅见面。之后十年，他的朋友都知道，虽然公众不知道，他俩经常出双入对。

此时的基辛格已自认为共和党人，起码是洛克菲勒派的共和党人。不过，那一帮出现在旧金山牛宫体育馆眼睛冒火的群众却让他不自在。当戈德华特那伙人对洛克菲勒喝倒彩时，州长也不甘示弱，一度还对群众的下流手势还以颜色。基辛格第一次见识到美国民粹激情的喧嚣场景，震惊之余，那年11月他毫不犹豫地投了约翰逊一票。

但见识了戈德华特这帮人的冲动表现后，基辛格后来还是设法取悦、讨好共和党的民粹右翼，只是其手法十分笨拙，一直也未奏效。即便在他更向鹰派靠拢后，保守派运动仍对他心存忌讳。1964年那批群众之所以对洛克菲勒发嘘声不只是受意识形态驱使，也因为他们有反精英派的仇恨情绪。基辛格一直没弄明白，保守派活跃分子不只是对他的政策难以接受，还憎恶他的风格，甚至背景。他们可以接受跟他们一样有民粹情绪的尼克松，但永远接受不了一位靠洛克菲勒提拔、面向欧洲的哈佛教授。

---

① 伯齐社是一个反共团体。——译者注

陷入泥淖的第一步

20世纪60年代初，基辛格并没有怎么注意越南。他还真认为该冲突并非源自当地的内战或反殖民斗争，而是北越在苏联支持下试图从军事上征服南越这个主权国家。"我同意当时的一般看法。"他事后写道。

一开始，他对美国的介入持怀疑态度。当肯尼迪总统派16000名"顾问"前往南越时，基辛格问时任国务院规划主任沃尔特·罗斯托，法国用了10倍的人力都失败了，为什么美国认为派这个数目的人前去就能成功。"罗斯托就开始打官腔，这是官员被讨厌的外行人逼问时惯用的挡箭牌。"基辛格回忆道。罗斯托说："法国人不懂游击战。"《纽约时报》记者詹姆斯·赖斯顿在专栏中批评肯尼迪的决定，基辛格打电话给他表示同意其观点。[22]

但像往常一样，基辛格的看法复杂得很，而且他还看他的谈论对象而决定对各个因素的着色浓淡，或着意强调某些因素。对他知识界的朋友，他强调对美国日渐被卷入越南的疑虑。对政府官员，他又说他赞成对共产党进攻采取坚定立场。

当约翰逊决定派作战部队前往时，基辛格在1965年3月和4月给邦迪写了两封信，表示支持。"我认为总统在演讲中概述的越南方案很正确，坚定而又不失灵活。"基辛格写道。邦迪回信道："很高兴知道你对当前大事的支持，恐怕在我们的哈佛朋友当中你会觉得有点孤单。"[23]

1965年10月，亨利·卡伯特·洛奇大使请他以高级顾问的身份访问越南，自此开始了他与越南的十年纠缠。他花了两个星期与阮文绍及其他领导人见面，征求将军们的意见，与宗教界领袖及学生谈话，还上各地走了一圈。"我们有警卫人员随行，"他在给父母的信中说，"你们不用担心。"

这一趟让基辛格对美国的战术大失所望，但对美国在越南的政策目标就另当别论了。他在听取第一次军事简报时问了一个基本问题："5年或10年后的终极目标是什么？"他在日记中写道："没有人能告诉我，即便在最有利的假设都能成立的情况下……这场战争该如何结束。"

他意识到，美国别无选择，只得支持一个无能而又腐败的政府。在柬埔寨和老挝都有共产党的庇护所，所以全面军事胜利无从谈起，而对北越的轰炸"足以动员世界舆论反美，而其力度和决心却不足以起决定性作用"。可是，他又觉得撤军必将伤及美国的信誉。[24]

就在访问快结束时，基辛格被卷入一场争议。这件事不仅暴露了他对事物的敏感度，也暴露了他对越南问题的看法。在使馆新闻官巴里·佐西安的要求下，他出席了有8名记者在座的午宴，事先说好了谈话不得发表。偏偏《洛杉矶时报》的记者杰克·福伊西来晚了，没听到事前约定协议，他的报道次日即发表在《洛杉矶时报》和《华盛顿邮报》头版。"白宫最近的几位特使都说南越政府当前的领导人几乎个个缺乏政治磨炼且心怀鬼胎，"福伊西写道，"据悉这是知名政治学家亨利·基辛格教授及华盛顿律师克拉克·克利福德的调查结果。"

总统大怒。克利福德给他写了一封短函，称自己并未出席午宴；新闻秘书比尔·莫耶斯则发表声明，称基辛格是唯一的消息来源，而他与白宫无关。这下该轮到基辛格大怒了。他大力反扑，以后每逢不利新闻报道出现时他都是这个反应。

基辛格极力否认他表露过福伊西所叙述的想法——极力有余，诚意不足。"我怀疑在午宴上我说过三句话。"基辛格在给邦迪的两页手书里说。所谓基辛格的意见"何止是歪曲，根本是捏造"。对莫耶斯的声明他则十分惊讶，他说，声明伤害了他的信誉，最后还说"必须纠正以示公允"。一天以后仍余怒未消，他给白宫发了封电报，说自己"对美国政策因此遭到的损害无法释怀"。在给克利福德的三页信里，他说："我一心想帮忙……却落得如此下场，实在令人唏嘘。"最后，他还跟合众社否认他是福伊西的消息来源。

但据佐西安说，福伊西对基辛格言论的报道无误。"亨利说了不少话，而且对西贡领导人的看法极为悲观，说这些领导人没有群众支持，又贪腐。"佐西安回忆，"我得说，福伊西的报道准确。亨利的悲观失望也没错。"[25]

邦迪是有了名的从来不让情绪干扰思考的人，他认为基辛格的过激反应要比他可能说过的话还糟糕。他请他哥哥，时任远东事务助理国务卿威廉·邦迪，劝基辛格冷静些。"他情绪激动，我并不怪他，"邦迪写道，"但我想他应该知道，对这件事其他人现在都不追究了。"

虽然他口头上否认，但其实基辛格一如报道所言，还是悲观的，就在他否认福伊西报道的真实性的同一封信里，他就跟邦迪坦白了。"越南的情况比我此行之前所想的还要不妙。"他写道。特别令人担忧的是"西贡政府不堪一击"。不过，他还是对越战表示支持："虽然越南的情况比军方的报道要更糟，但我还是相信我们的政策基本上是对的。"[26]

1965年12月，就在他回美国几周后，基辛格还在哥伦比亚广播公司电视台上，通过卫星，与言词极具煽动性的英国工党党员迈克尔·富特连同两名牛津大学学生，进行了一场辩论。基辛格这边也有两名哈佛学生助阵，但两人最终都变成知名的自由派：罗伯特·施勒姆，后来做了乔治·麦戈文的演说撰稿人；劳伦斯·特赖布，后来做了哈佛的法理学教授。基辛格宣称："我们之所以介入越南，是因为我们想让那里的老百姓有选择自己政府的自由。"就在同一个月，有190名学术界人士联名上书，支持约翰逊的战争行为，个中除基辛格外，还有他的哈佛同事莫顿·霍尔珀林、萨姆·比尔等。[27]

1966年7月再访越南时，基辛格回到他听说其中80%的老百姓数月前已被"招安"（被政府控制）的一个省份。省长说，从他上次造访至今招安工作已取得"长足进展"。据基辛格回忆："我问他多大部分人已被招安，他很自豪地说70%！"10月，三度访问时，他从一位南越村民那里了解到，80%的人交税是交给越共的。事后，基辛格问一位美国顾问："怎么还能说整个村子基本上都招安了呢？"顾问的回答是："越共不敢进村，老百姓交税都靠邮寄。"基辛格的怀疑更深了，但或许还不够深。[28]

对美国的战术，基辛格还是觉得靠不住。在圣莫尼卡对兰德公司的专家介绍情况时，他批评约翰逊政府把自己的政策与阮文绍政府的存活绑在一起，日后基辛格也犯了同样的错误。在哈佛商学院参加一个题为"从管理问题的角度看越南"——这个名称有点自欺欺人——的研讨会时，有人问基辛格怎么看"飞地理论",即美国应集中在越南全境建立几个非常安全的据点。他以揶揄的口吻答道:"噢,对了,就是那个主张我们再弄三个柏林,再加两个关塔那摩的理论。"29

1966年8月为《展望》杂志评析越战时,他一上来就提出两个前提。"撤退则后果不堪设想,"他写道,"而谈判则不可避免。"与国务卿腊斯克不同的是,他不认为有军事上大获全胜的可能。但仍觉得美国应当继续打,目的是获取足够的领土加强谈判实力。

在基辛格的世界里,美国放弃任何承诺都是危险之举,即便在所牵涉的地球某一角落成败与否并不涉及美国重大安全利益。如果一个"三流共产党农民国家"能打败美国,他在《展望》杂志文中写道,那就会"强化"各地美国对手的实力,让盟国"泄气","折损"美国的世界"信誉",还会让其他国家考虑是否应改而效忠苏联。在轮到他执掌大权时,对信誉的强调也成了他的政策支柱。30

1967年宾州谈判

1967年6月在巴黎开会时,基辛格与一位法国微生物学家赫伯特·马科维奇聊起越南。马科维奇说他有个朋友雷蒙德·奥布瑞克与1946年在巴黎附近流亡的越南革命家胡志明相熟。马科维奇建议,美国或可借奥布瑞克为秘密谈判渠道。

基辛格的第一次秘密外交活动就此开始,也可以说这是他与北越打交道历尽波折的一场洗礼。基辛格这次谈判的代号是"宾州",他的谈判倡议也导致美国立场——河内要满足什么条件才能让美国叫停对北越的轰炸——的重大改变。

基辛格说服了国务卿腊斯克同意由这两个法国人居间牵线。于是,马科维奇和奥布瑞克就去了河内,7月24日他们见了胡志明及总理范文同。北越重述了其长期以来的立场:如果美国"无条件"停止轰炸,谈判即可展开。

基辛格将这一消息转告华盛顿后,一段经仔细推敲的信息也以约翰逊总统的名义拟就，将由马科维奇和奥布瑞克转送河内。信息里说，"如果能立即导致富有成效的讨论"，如果北越"不利用"暂停轰炸这段时间向南越增兵，美国就停止轰炸。这还是美国第一次没有坚持必须先正式同意谈判，然后才停止轰炸。

就在马科维奇和奥布瑞克在巴黎等候北越的回音时，基辛格就在巴黎、华盛顿和哈佛的教职之间来回奔波。"我为哈里曼州长匆匆去了趟欧洲，"基辛格写信告诉父母，"从那以后我一星期都得跑华盛顿两三次。同时，洛克菲勒的要求也增加了，下个周末我还得去底特律见罗姆尼（州长乔治·罗姆尼打算角逐共和党总统提名）。国际研讨会办得很顺利，我们请到了查尔斯·珀西和亨利·洛奇。"

到9月10日，北越的巴黎代表终于告诉马科维奇，北越政府拒绝了美方提议，美国的轰炸必须"一定并无条件停止"，然后才能讨论谈判事宜。基辛格于是给北越在巴黎的代表匆忙递送了一系列信息，坚称美国并未就停止轰炸提出具体条件，只不过希望看到接下来的谈判将"富有成效"的迹象。河内仍不为所动。

到10月初，双方似乎就僵在一个词义的纠缠上：美方关于轰炸停止后将很快开始谈判的"假设"是否构成一个"条件"。基辛格不断修改他从剑桥送给马科维奇简短信件中的措辞，努力解释这个"假设"并不是什么"先决条件"。[31]

这就是基辛格日后外交模式的一个例子：他调停争端的办法就是找到一个措辞来巧妙掩盖分歧。在这里，他设法找到一个写法，把停止轰炸与谈判的连接听起来不像一个条件。后来到战争末期，他又设法就非军事区和南越主权寻找能让河内与西贡有不同解读的模糊字样。有时，这样的文字游戏能奏效，但通常反而遭到各方诟病，说他想两边讨好，结果却置重大分歧于不顾。

10月中的一个周末，基辛格在他的哈佛同事保罗·多提于佛蒙特州的农场做客时被白宫总机找到。电话是林登·约翰逊打来的，基辛格示意多提可在分机上听两人谈话。总统嘟囔他对"宾州"谈判抱有严重怀疑。基辛格力劝他再对美国立场换一个说法。约翰逊勉强同意了。"就这一次,"他向基辛格吼道,"再不行我就到剑桥把你阉了。"基辛格有点受不了约翰逊的粗暴态度,但这可远比总统不时叫他"施莱辛格教授"好多了。[32]

在到巴黎提出新计划前,基辛格去了趟白宫,在周三晚与约翰逊总统及腊斯克会面。参加这次长达两小时讨论的还有沃尔特·罗斯托、麦克纳马拉、尼古拉斯·卡岑巴赫、亚伯·福塔斯及克拉克·克利福德。

腊斯克持怀疑态度,他说北越没有显示灵活性。基辛格则说有迹象显示其"渴望持续接触"。他还说,如果华盛顿愿意搞"一个轰炸暂停方案,最好还是通过这个渠道"。

约翰逊不为所动:"我知道如果他们轰炸华盛顿,炸我们的桥梁、铁路和公路,我肯定愿意通过中间人尝试讨论限制轰炸的可能性。他(胡志明)不用付任何代价。说到底,如今他只是通过他的领事与两位科学家谈,这两人再与一位美国公民谈,就换得他在河内有避难所了。"

卡岑巴赫不同意,主张暂停轰炸,给谈判一个机会。此时已逐渐变成鸽派的麦克纳马拉则更赞成停止轰炸,因为他认为反正轰炸也无效。"我相信我可以毫无悬念地说,轰炸河内、海防港根本不会影响对南方的补给。"国防部长说。"我估计,如果停止轰炸,谈判很快就能开始。"邦迪表示同意。

但后来很快就接管国防部的克利福德却坚持鹰派路线:基辛格渠道未见进展,应当关闭,而"暂停轰炸会使和平的可能性更加遥远"。晚上9点半总统宣布会议结束时说,他不想再有新姿态。"没有任何迹象显示他们愿意谈判。"约翰逊说。基辛格应如是转告马科维奇及奥布瑞克。[33]

虽然"宾州"渠道瓦解了,暂停轰炸的新办法却变成了美国的官方立场。几周后,共产党发动了开战以来的最大攻势,至1968年初的新春达到极致。春节攻势让许多美国人震惊之余起而反战,也促使约翰逊退出总统选举。攻势结束后才又恢复暂停轰炸的讨论。基辛格因为赢得了约翰逊政府在巴黎的头号谈判人员的信任,因此对谈判进展十分了解,这在与尼克松建立关系上还是起了作用。

1968年6月,基辛格参加了一个关于越南的学界讨论会,请来的讲员都属鸽派：汉斯·摩根索、亚瑟·施莱辛格、斯坦利·霍夫曼和丹尼尔·埃尔斯伯格。春节攻势后基辛格就比较郁闷。他仍然认为北越是中国的傀儡，其实它们是与苏联结盟的。但他的主要观点是这里牵涉的领土并不是大问题。"即便北京拿下越南，就均势而言，也远没有北京获得核武器那么重要。"他说。

考虑再三后基辛格发现，美国顶多争取到一段"够长的时间"。华盛顿应设法让在越南的军事介入谈判有一个"光荣的结束"。在讨论会上他如是说，还说至于应由谁统治南越，则可推迟到此事不再涉及美国信誉问题之后再说。[34]

1968年的洛克菲勒

洛克菲勒在1964年因挑战戈德华特而得罪了党内右翼后，决定1968年自己按兵不动，转而支持乔治·罗姆尼击败尼克松获得共和党提名。他甚至还让基辛格帮罗姆尼。可惜罗姆尼的竞选搞得一塌糊涂，加上候选人自己承认在越南问题上被"洗脑"，结果初选还没开始他就退出了。

于是到了3月，大家又都回过头来关注洛克菲勒的动向。听到全国各地共和党人邀请他出马，并征得他们支持他的承诺后，洛克菲勒在纽约希尔顿酒店大宴会厅召开了一个大型记者招待会，出乎每个人的预料，他说他"再次明确重申我不是候选人"。

第二天，他又开始动摇了。

4月，当十几名纽约州长最亲近的顾问聚集在他位于曼哈顿西55街的办公室开秘密会议时，他们面临的就是这么一种情况。他的演说撰稿人约瑟夫·珀西科记得，在他们等待洛克菲勒到达前，这群自命不凡的人你一言我一语，都想让别人听自己的。

有人问基辛格："如果洛克菲勒决定参选，你能给他多少时间？""比纳尔逊希望的要少。"基辛格答道。

珀西科说，果真如此，或许应当找当时在哥伦比亚大学教书的布热津斯基当高级顾问。

"此人深度不够。"基辛格回呛。珀西科当时的印象是基辛格当即决定匀出更多时间助选。[35]

4月的那次会议后，洛克菲勒最终决定参与1968年的角逐，但是他前几个月的犹豫不决已使他赶超尼克松基本无望。

就在洛克菲勒做决定的时候，《纽约时报》刊载了一篇文章，描述他身边的幕僚。文章说，洛克菲勒的大学室友、当时在纽约做律师的奥斯卡·吕布豪森将出任调研主任，基辛格和另一位内部顾问都得向他汇报。"我相信你一定了解，奥斯卡，"基辛格在电话里说，"以我的身份，我是不可能向工作人员汇报的。我将直接向纳尔逊汇报。"吕布豪森并没有坚持己见。可是在基辛格拒绝在雇人问题上与他配合时，他着实生气了。

"亨利老是与跟他平起平坐的人闹别扭，"吕布豪森回忆，"他在有权势的人面前很谦逊，却觉得跟他地位相若的人是威胁。"

大家都觉得基辛格有才，但不容易相处。有一次，他从哈佛送了一篇外交政策讲稿，洛克菲勒的撰稿人正在捋顺他夹杂其中的德文词句，基辛格向洛克菲勒的助理休·莫罗去电抱怨："纳尔逊买毕加索的作品时，不会再请四位油漆工改进他的画吧？"自此，撰稿人即自称油漆工。[36]

竞选时的争夺战之一就是基辛格与主要撰稿人埃米特·约翰·休斯关于越南之争。休斯是鸽派，他不断把洛克菲勒往撤军那边推。基辛格驳斥休斯的观点，坚持美国不能放弃承诺。

当时，因越战问题，各方立场已出现两极分化，大家纷纷要求政客表态，究竟是赞成，还是反对。洛克菲勒的立场却比较模糊，报界也一再这么说。他在5月1日竞选活动正式开始那天，在费城世界事务协会对这个题目发表了重要讲话。

声音是洛克菲勒的，想法却是主要拟草人基辛格的。讲话说，越战"没有军事解决之道"。美国的努力有一个错误的前提，以为对领土的控制是重要因素。其结果就是战争的"美国化"。我们的目的应当是建立安全的地方政府，把战争还给南越人。

讲话里的另外一个题目同样重要，却经常被忽视：呼吁对中国制定新的政策。尼克松后来说想到突破中国是他的主意，也有道理。但基辛格在成为尼克松幕僚前就探讨过这个想法，他认为这是他新均势框架的一部分，对这一点尼克松还是比他慢了一步。

"帮助或鼓励一个如此伟大的国家自我孤立"不会有什么好处，基辛格给洛克菲勒撰写的讲话里这样说。"在与中国和苏联的微妙三角中，我们能最终改善我们与它们的关系，在我们测试它们双方的和平意愿时。"这正是基辛格三年后出现在北京震惊世界所拉开的三角外交序幕的背后思想。[37]

经休斯和基辛格多次辩论后，洛克菲勒在7月13日的一次演讲中说明了他的新越南立场。他建议分批撤退，以期在6个月内结束战争。约瑟夫·珀西科的任务就是把基辛格的草稿整理成一篇演说。同时他又把自己的一些鸽派意见偷偷塞了进去，比如，"我担保，我们以后再也不会处于为承诺找理由的境地"。就在他坐在自己的桌前时，忽然听到一个嘟囔的声音抱怨地追问："是谁改写了我的东西？"基辛格直直地望着珀西科，接着又笑了起来。"改得好。我也不记得你删掉了什么内容。"说完他就走开了。"那是基辛格的小小表演，"珀西科后来说，"为讲求效果而精心设计的表演。"[38]

洛克菲勒自己虽然家境优越，对美国聒噪民主的荣光却表示理解并有感情。基辛格则不然，在他的职业生涯中，他对民众激情十分警惕，对政治干预外交更嗤之以鼻。虽然在洛克菲勒气派豪华的竞选专机上他也沉醉于彼此之间的情谊，但他从来都不真正喜爱政界的喧嚣。

到了要去迈阿密海滩共和党大会时，洛克菲勒的幕僚已经对基辛格受不了了，故意把他安排在枫丹白露酒店与洛克菲勒及主要幕僚不同的楼层，一方面也是有意逗他。基辛格大怒。他的尊严遭到了冒犯，他坚持要搬到离候选人尽可能近的房间（最后也搬成了）。"亨利又不高兴了！"这话成了洛克菲勒周围的人经常无奈的叹息。据吕布豪森回忆，每当基辛格使性子闹情绪时，"纳尔逊总是耸耸肩，叹一口气，并不往心里去"。

在共和党大会上，洛克菲勒等人反正也豁出去了，就派基辛格去与艾奥瓦代表团交流。"这对我来说还是个新鲜事，"他跟当时的一位记者说，"我从来没遇到过搞交易的政客。我没试着像他们那样说话，只说我知道的东西。"艾奥瓦的代表们几乎一面倒支持尼克松。

基辛格在大会上的主要任务是就越南问题在共和党政纲中搞出一个妥协纲要。原先的文稿是由鹰派参议员埃弗雷特·德克森起草的，而洛克菲勒已经逐步向鸽派靠拢。虽然他没有获得足够提名的票数，但他还是有权影响政纲。

基辛格开始找新的语言，设法用尼克松的竞选说辞阐明洛克菲勒的观点，说明需要通过谈判解决问题，这样才能获得双方阵营的认可。洛克菲勒这边有些人怀疑基辛格是不是确如吕布豪森后来所说，是"想迂回"地讨好尼克松的人。[39]

他一度在酒店会见了尼克松的外交政策顾问——年仅 32 岁的理查德·艾伦，与他交换了信息。在大厅谈了几分钟后，基辛格上楼请示洛克菲勒的意见。艾伦在等基辛格回来的时候看到大厅另一头的专栏作家罗伯特·诺瓦克。基辛格从电梯里一出来，艾伦就上演了一场戏，他大声叫基辛格的名字，就像他突然碰到多年未见的老友一般，然后把他带出酒店，到树丛后面才跟基辛格交换了文稿。他的原意是不想让记者以为他们在搞什么交易。可是艾伦奇怪的举动却令基辛格不解。他觉得这个一脸稚气、阳光的保守派有点儿不对劲儿。[40]

基辛格是洛克菲勒幕僚中对他最热烈拥护的一位，完全没有学界人士一般愿意与他保持距离的想法。他常常批评尼克松"浅薄"，对外交政策的"误解到了危险的地步"。"没有人像亨利那样同意我对尼克松的蔑视，"吕布豪森回忆道，"他觉得尼克松没有真材实料，是个恶人。"基辛格还有一本关于尼克松的新闻剪报的"黑集子"，帮助竞选团队对他展开攻击。其中章节的标题有"诡计多端的迪克症候群""失败者的形象"等。

等尼克松终于获得提名，基辛格难掩自己的失望。就在大会唱名表决的第二天，纽约无线电电台的主持人卡斯珀·西特伦对他进行了一次长访。"我不是共和党人。"显然非常沮丧的基辛格说,"我自认是无党无派的。但我深深感到洛克菲勒是当前唯一能够让我们国家团结起来的人。"他还说,他对尼克松"有严重疑虑"。

伦敦《星期日泰晤士报》的专栏作家亨利·布兰登那个星期打电话来慨叹尼克松的众多缺点。"基辛格不仅肯定了我所有的恐惧和疑虑,"布兰登回忆道,"而且他语气肯定,让我的感觉更强烈。"在跟埃米特·休斯谈起尼克松时,基辛格是这么评价他的:"毋庸置疑,此人是个大麻烦。现在,共和党就是个大麻烦。好在他选不上,否则全国都得遭殃。"大会以后他还跟好多朋友说:"这个人没有资格当总统。"

然而,政府易手到底隐藏着诱人的机会。基辛格已临时同意去牛津万灵学院当访问学者。拖到他不能再拖,暑假末他终于告诉万灵学院他还是想留在美国。他说,看情况吧,或许第二年他会愿意过去。[41]

第 8 章

天造地设的搭档：基辛格和尼克松 1968 年

新秩序简直是为一位天才量身定制的，此人建议用相互牵制的办法制约国内外的对立势力。

——基辛格对俾斯麦的描述 《白色革命家》，1968 年

两边押宝

1968 年共和党大会后不久，理查德·艾伦打电话给基辛格，请他加入尼克松的外交政策顾问团。基辛格迟疑了几天，然后回绝了。他表示，最好还是私下出招，不要抛头露面。"如果在幕后工作，我能帮你更大的忙。"他说。

基辛格在尼克松对阵休伯特·汉弗莱时确实在幕后帮了忙，虽然日后人们对这一帮忙的性质有争议。巴黎和谈已进入关键阶段，到约翰逊就在大选前 6 天的 10 月 31 日宣布暂停对北越轰炸时达到最高峰。基辛格向尼克松竞选团队传递了轰炸可能会暂停的警告。他还暗示他知道谈判内情，这一点与他的鬼祟性格相吻合。问题是他是否确实知晓巴黎和谈的个中秘密，并擅自将其通报给尼克松阵营。

西莫·赫许《权力的代价》一书，主要依据理查德·艾伦的指控，给基辛格加上了这一强有力的罪名。艾伦告诉赫许的故事，后来在接受本书采访时又有进一步描述，他是这样说的：9 月的一个早上，他正在尼克松曼哈顿的全国竞选总部办公室里办公，突然接到基辛格主动来电。

他声称基辛格问,如果他能提供巴黎和谈的内部信息,竞选团队会不会感兴趣。基辛格说自己在代表团里有熟人,而且他自己过几天也会过去。

艾伦欣然同意,并将这一重大情报利好转告约翰·米切尔和哈利·霍尔德曼(鲍勃)——尼克松的竞选团队主席和幕僚长。"我成了亨利·基辛格追逐权力的仆从。"艾伦日后叹道。

艾伦说,他后来起码收到过四通电话,都是基辛格为秘密起见用对方付费方式打来的。有一次来电两人还用德语聊了一会儿,更增加了神秘气氛。艾伦亲自到尼克松第五大道的寓所,向他通报基辛格处传来的信息,并将历次电话内容以书面形式照知尼克松和米切尔。这些备忘录,与其他敏感备忘录一样,都不是写给尼克松,而是给"D.C."的,以备日后否认。这两个字母指的是哥伦比亚特区,但外人很可能误以为是给尼克松的日程安排秘书德怀特·查宾的。艾伦跟米切尔强调对基辛格介入要绝对保密的重要性。[1]

艾伦这番话与尼克松在自己的回忆录中的表述相吻合。9月初,他写道,从米切尔处他得知基辛格愿意帮忙,于是打开了"一个高度不寻常的渠道"。"我告诉霍尔德曼,应当继续由米切尔与基辛格联络,而且我们应该按照他的意愿对此全面保密。"尼克松写道。基辛格"十分慎重",尼克松说,而且他没有透露巴黎和谈的任何机密细节。但他确实在他认为会出现动静时提出警告,尼克松因此也对他关于越战的演讲做了些修改。[2]

当赫许出书时,基辛格斥其为"滑头的谎言",但他并未否认他为尼克松竞选团队提供咨询意见。在他自己的回忆录里,他只是轻描淡写地说:"好几位尼克松的说客,包括自封的说客,给我打电话,咨询我的意见。我说明了我的立场,我只对具体外交政策问题作答,但我不会提供一般意见,也不会主动提建议。这与我对汉弗莱幕僚的询问的回应是一样的。"[3]

事实究竟是什么?

正如艾伦所说,事情的开端是9月初,基辛格来电表示愿意提供巴黎和谈内情。几天后的9月17日,他乘坐法兰西岛号邮轮抵达法国。

基辛格传 108

邮轮的乘客中有丹尼尔·戴维森——时任哈里曼巴黎谈判代表团成员的一位年轻律师——的母亲，戴维森在1967年"宾州"谈判过程中与基辛格成了朋友。戴维森曾表示，他到勒阿弗尔港接母亲时可顺便将基辛格捎上，但基辛格用船上的电话告诉他，他对犹太母亲太了解了，还是让他们母子单独相处为好，自己可以坐火车。

当时，戴维森对基辛格佩服得五体投地。"我对亨利太着迷了，就像着了魔一样，"他日后回忆说，"他聪明、幽默，而且有一股神秘劲儿，让你不自觉地站在他那一边。"两人于巴黎常在戴维森最喜欢的穹顶餐厅吃饭，席间也谈起会谈的进展。导致暂停轰炸的建议还没有提上台面，对于可能的谈判突破点戴维森也不知情，但对于情况的可能发展，他确曾没有忌讳地抒发过自己的看法。

戴维森对基辛格十分看不上尼克松印象深刻。"一周我有六天支持休伯特，"他告诉戴维森，"但到第七天我又觉得两人都很糟糕。"但无论谁当选，基辛格透露，他很可能会被赋予重任，不是国务院政策规划负责人，就是五角大楼国际安全事务负责人。要是成了，他希望戴维森能到他那儿工作。戴维森同意了。

基辛格在巴黎那两天还见了理查德·霍尔布鲁克——哈里曼的另一位年轻助理。"根据指示，亨利是唯一我们可以讨论谈判情况的政府外人士，"霍尔布鲁克回忆道，"我们信得过他。尼克松竞选团队在美国谈判代表团中有秘密消息来源，这一说法并不为过。"

哈里曼刚从华盛顿回来，而在华盛顿曾讨论过该如何打破巴黎僵局。但9月中，对暂停轰炸的具体细节尚未谈判，所以基辛格根本无从泄密。这是为写书对此事做过一番调研的时任亚洲事务助理国务卿威廉·邦迪的了解。基辛格巴黎之行顶多只能获得一种感觉，觉得美方急于在11月大选前弄成一个暂停轰炸协议。[4]

基辛格从巴黎回来就给米切尔去电，警示他"即将发生大事"。因此，尼克松决定改变战略，他集中火力攻击汉弗莱"将战争当政治游戏"。几天后，霍尔德曼在给尼克松的备忘录里透露了基辛格通过米切尔提供的更多情报。"我们的消息来源觉得约翰逊在10月中会下令暂停轰炸的可能性很大。"

10月9日，巴黎传来利好消息：河内第一次表露愿意做出让步以换取轰炸暂停。共产党人的这一新态度被飞速传达给了华盛顿，两天后，大家都获悉了谈判出现转机的消息。

当时基辛格已返回剑桥，此时他收到戴维森的重要来电。这次越洋电话让基辛格了解到突破已迫在眉睫。他同艾伦和米切尔商谈，米切尔将基辛格的评估写了一个备忘录交给尼克松，内中他说"事情可能比我们想象的还要大"。就在约翰逊宣布暂停轰炸前，基辛格给艾伦打电话，提前几小时就拉响了警报。"我有重要消息。"他告诉艾伦。在巴黎的美国代表团已经"开香槟酒了"。

当然，这些都不是什么爆炸性消息。尼克松本人也说基辛格的报告"模糊得令人难受"，并曾因此怀疑过他的动机，但尼克松很快就打消了他对基辛格的怀疑。"最让我觉得此人可信的因素就是他费尽周折对自己的身份保密。"尼克松日后写道，这透露了尼克松对他两面三刀的巧妙手法是肯定的。

其实，尼克松对越南谈判情况有更好的消息来源，而且是基辛格根本不知道的。尼克松的助理布赖斯·哈洛在白宫有位好朋友，此人经常为尼克松通风报信。另外，尼克松与越南大使裴艳有接触，他还通过陈香梅暗示阮文绍总统不要急于达成协议。

基辛格做的并不是真正的间谍工作，而是一种希望居间传话、讲故事意愿的流露。他暴露了谈判信息，但更多的是暴露了自己的性格，让我们看到他有与人分享秘密以讨好对方的倾向。1972年1月，尼克松和霍尔德曼在筹备下一届选举时就担心，一旦基辛格离任，他会不会因此透露关于他们的重大秘密。据霍尔德曼的笔记，尼克松说："别忘了，1968年他到我们这儿是带着故事来的。"[5]

与此同时，基辛格也给汉弗莱团队以愿意与他们一同站队的印象。早在基辛格为洛克菲勒服务的年代，泰德·范戴克就曾到访。"他们还拿出他们搜集的厚厚的尼克松的档案，"他回忆，"我印象深刻。"档案中有几千条关于尼克松的剪报和演讲信息，除了汇编整理，还附索引，那是只有洛克菲勒的研究人员才花得起的工夫。

同年夏末，基辛格与孩子们在玛莎葡萄园度假一周，哈佛同事塞缪尔·亨廷顿教授在那里也有一个房子。坐在西蒂斯伯里海滩上，基辛格表示可以把洛克菲勒团队搜集的尼克松档案给亨廷顿——汉弗莱的外交政策顾问。"这份礼可不轻，"亨廷顿教授后来表示，"因为我们没有那个财力。"

范戴克和亨廷顿都追着基辛格要他信守承诺，还找了布热津斯基帮忙。"听着，我痛恨尼克松多年了。"他对布热津斯基说。但每一次他总能找到在那个时间点上没法获取档案的理由。汉弗莱团队最终知道他是不打算兑现承诺了。

范戴克还说，他曾看到在竞选的最后阶段，双方差距缩小时基辛格给汉弗莱的一封信，除表示敬意外，还说如果他当选，基辛格愿意效力。基辛格对这个指控极力否认。"这分明是说谎！"他说。事实上，这封信从未现身，汉弗莱的档案里也找不到，也没有任何其他人记得看过这封信。

没有多少人注意到布热津斯基曾挖苦过基辛格。那是1977年，汉弗莱已罹患癌症不久人世，众人在参议院活动室为他举办了一场致敬仪式，正好两人都在场。布热津斯基对汉弗莱说："我此生最难得的机会就是在1968年为您的竞选服务。"然后他指着基辛格对听众说："我要公开感谢基辛格博士在那次竞选中提供的协助。"

汉弗莱还是对基辛格敬佩有加，他后来说他会请基辛格担任国家安全顾问。"如果我当选，我会让基辛格做我的助手。"这位参议员在1973年表示，"这家伙实力惊人——专业、能干，还有处变不惊的本事。我还喜欢他是个开心的人。"这位声音洪亮的参议员可能是唯一说基辛格有处变不惊本事的人。[6]

日后基辛格承认对于1968年的选举，他立场不明朗，或许让双方都觉得他站在他们那边。"我不能否认在尼克松获得提名时我说过不少尼克松的坏话，其中大部分，人家说是我说的，我确实说过。"他说，"但最后，虽然不情愿，我还是投了他一票。"[7]

尼克松当选后，格洛丽亚·斯坦纳姆在《纽约》杂志著文称："新的尼克松与旧的尼克松还是同一个人。"令她吃惊的是，她竟然因此接到了基辛格的电话，对她赞扬了一番。于是他们开始谈论那些前往皮埃尔酒店希望在新政府谋得一官半职的人。基辛格说，他去华盛顿的唯一可能就是洛克菲勒在那里获得要职，并邀他前往。

但他还告诉斯坦纳姆，他还在研究一个理论层面的问题，就是万一尼克松开口，他是该去呢还是不该去。通过内部工作让情况不那么糟是不是更好的选项？斯坦纳姆请他给《纽约》杂志写篇"究竟该不该合作"的文章。他在博士论文中曾谈过这个问题。"合作而不失气节，协助而不忘身份，"他如此描述梅特涅与拿破仑的合作，"对一个人的道德勇气还有比这更甚的考验吗？"

基辛格后来终于发现，不忘身份要比不失气节容易得多，但他最终没有在《纽约》杂志对这个问题进行抽象探讨。几天后，斯坦纳姆又接到基辛格的电话。"你猜猜看？"他说。[8]

工作机会来了

在整个1968年为尼克松竞选团队的交易和骑墙交易中，基辛格从来没有与尼克松直接说过话。他只在1967年克莱尔·布斯·卢斯第五大道寓所的圣诞鸡尾酒会上见过尼克松一面。

克莱尔是不久前才去世的《时代》周刊-《生活》杂志巨头亨利·卢斯的遗孀，自己又是剧作家，是康涅狄格州的众议员，做过驻意大利大使，还是绝非等闲的权力掮客。"我知道，如果亨利能与尼克松攀谈一小时，"她回忆道，"这两人肯定会非常合得来。"

基辛格先到，有点坐立不安，正准备离开时尼克松到了。卢斯立即把两人带进书斋。这场会晤稍显生硬，寒暄也不太自然。基辛格当时对闲聊还是觉得别扭，而尼克松则一辈子也没有习惯。他们在一起的5分钟，多半都是尼克松赞扬基辛格的《核武器与外交政策》一书。基辛格后来说，他发现尼克松要比他预期的"更有想法"。[9]

就是因为基辛格愿意暗地提供巴黎和谈的信息,尼克松才开始特别注意这个人。"到了竞选的最后阶段,基辛格给我们提供暂停轰炸的消息,我才更注意到他的知识面和影响力。"尼克松说。

有一次在竞选途中,尼克松向约瑟夫·克拉夫特透露,他考虑让基辛格做国家安全事务助理。这位专栏作家把这话传给了基辛格,他"立即变得像一只受惊的兔子",克拉夫特回忆。"你可千万不可以告诉其他人。"基辛格恳求克拉夫特。那天,基辛格给这个专栏作家从华盛顿机场、纽约和波士顿打了好几个电话,最后到了剑桥的家还补了一个。"请千万别再提这件事。"基辛格再三央求,"请绝对保密。"[10]

大力推荐基辛格的人中就有曾于 1960 年做过尼克松竞选搭档,后来出任驻南越大使的亨利·卡伯特·洛奇。洛奇在哈佛就认识基辛格,对他的聪明才智和对全球战略的掌握十分佩服。选举后,洛奇就找到尼克松,打算向他推荐基辛格担任国家安全事务助理。他说完话,发现尼克松已经有此想法了。

也巧,当尼克松在第五街皮埃尔酒店设置的过渡总部给基辛格打电话时,他正在几条街以外,西 54 街的洛克菲勒曼哈顿寓所与洛克菲勒共进午餐。那是 11 月 22 日,一个周五,洛克菲勒正与最亲近的顾问商量如果他们找他,什么样的职位他可以接受。就在那面赤色弧形墙壁上挂的图卢兹·罗特列克的名画下,有几位顾问说他应该继续做他的州长,什么职位也不接受。但基辛格则很想随洛克菲勒到华盛顿去,所以他说如果是内阁成员,洛克菲勒就应该去,最好是国防部长。

但当尼克松的日程安排秘书德怀特·查宾从皮埃尔酒店来电时,被叫去接电话的却是基辛格,而且要他周一早上去见当选总统。洛克菲勒住宅的讨论"就像什么事也没有发生一样"又继续下去了,据基辛格回忆,"午宴上任何人都没法设想,来电的目的是要在新政府里给我一个重要职位"。[11]

在 11 月 25 日上午会见时,基辛格发现尼克松虽然故作轻松,但却难以掩盖他的紧张。"他的举止有点心不在焉,跟他说的话连不上,就像说话和行动的是两个不同的人。"基辛格后来写道。但当选总统的话却带着点诡异、沉重的语调，原来个中大有文章。

尼克松说，他决定要由白宫主导外交政策。国务院得靠边站，也不用把那些职业外交官当回事，就像他们当年对待他这位副总统时那样。当年，艾森豪威尔总统只能在"他们"准备好的选项里挑某个决定，甚至在约翰·福斯特·杜勒斯领导下，国务院也仍然是"他们的"国务院。

后来，在重述尼克松说需要从国务院官僚手中夺权的长篇谩骂时，基辛格总喜欢在故事结尾时笑笑，然后说："我同意。"他告诉尼克松，他应当在白宫建立一个强有力的国家安全委员会班子，从国务院那里夺回制定政策选项的权力。

两人由此契合。就这样，一边是学识渊博的德国难民，另一边是想干一番大事的加州一个小地方杂货铺老板的儿子，他们长谈了三个小时，谈到了权力，也谈到了需要抢夺决策权。但到谈话结束时，尼克松还是暴露了他不善与人亲密交往，总是担心被拒的心理。他暗示，他希望基辛格到他的政府任职，但并未说得太具体。基辛格也含糊表示他有兴趣，又说他或许可以在洛克菲勒手下做事。

在会晤结束时，尼克松把助理霍尔德曼叫了进来，告诉他需要与基辛格的哈佛办公室弄一条直接电话线。霍尔德曼在一个黄色的记事本上记下了这个奇怪的要求，但后来什么也没做。基辛格及时赶回剑桥，教了一堂下午4点的防务研讨会的课。[12]

第二天，基辛格（在他普通的办公室电话上）连续接到两个电话：第一个是洛克菲勒打来的，说尼克松跟他说他最好还是继续做州长，不用加入他的内阁；另一个是米切尔打来的，请他次日再到皮埃尔酒店去一趟。

"关于总统国家安全事务助理的职位，你的决定是什么？"基辛格一到，米切尔就边抽烟斗边问。

"我不知道你们让我担任这个职位啊！"基辛格答道。

"噢，老天爷，他又搞砸了。"米切尔缓步走到走廊尽头跟老板商量，然后把基辛格叫来正式给他这个职位。尼克松为这个人选还简短面试了另外三人——宾州大学的罗伯特·施特劳斯-休普和威廉·金特纳，以及立顿的总裁罗伊·阿什，但基辛格是他唯一一认真考虑的对象。

他想要这个工作，又担心同僚——洛克菲勒竞选团队及哈佛的同事——的反应。他试图消除别人对他投入敌人阵营的反感，先征求他们的意见，然后诱导他们同意。他对尼克松说，除非他能得到他的朋友和哈佛同事的道义支持，否则他是起不了作用的。他后来说："这个判断已被证明有误。"尼克松无疑也对于让哈佛的教授做他的人格担保心存疑虑，于是给了他在杜克大学念书时就认识的几个教授的名字。[13]

在征求哈佛同事的意见时，他面对的大多是死不悔改的痛恨尼克松派，于是他就从他们的偏见着手。在描述他与尼克松在皮埃尔的会晤时，他说，尼克松就像一片空白，缺乏威严，说起话来不能一气呵成，总在中间犹豫停顿。有一个朋友还记得基辛格"一再重复尼克松的举止腼腆，没有大家之风"。如果他同意任职，基辛格透露，最难的就是让尼克松有使命感和信心，扶植他别扭的个性。

麦克乔治·邦迪原先建议基辛格去要国务院政策规划主任一职，却不想他竟然可能接替自己的老工作。他建议基辛格别去。"不完完全全相信总统本人，是没法做这份工作的，"他说，"而你怎么可能信得过尼克松呢？"克雷默也说他应当婉拒："右派将来一定会骂你是'丢了东南亚的犹太人'，左派则说你是他们大业的叛徒。"

除了这些情况，他的朋友和同事，尽管难掩自身的嫉妒，还是劝他去。基辛格认为，这些人的意见"也夹杂着希望自己朝中有人"的考虑。在普林斯顿大学由卡尔·凯森主持的一次会议上，基辛格把好几位朋友和老相识叫到场边，征求他们的意见，并得到他们的祝福。"他开始做我们的工作。"凯森说。其实是相互都在做工作。当天消息不胫而走后，有人就专门奉承一番，说他该去。

洛克菲勒团队则有被背叛的感觉。当奥斯卡·吕布豪森听说基辛格获得了这个工作机会时，正与其他顾问聚集在州长办公室。"我们都大吃一惊，"他回忆，"都感觉他像个娼妓。"要不，就是变色龙。基辛格如此反复无常让洛克菲勒的一些幕僚把一首流行歌曲"*I Wonder Who's Kissing Her Now?*"（《我不知道而今亲吻她的到底是谁》）的歌名改为

"I Wonder Who's Kissinger Now?（《我不知道而今的基辛格到底是谁》）"。

州长本人则似乎很高兴，他唯一感到失望的是基辛格竟然胆敢让尼克松等他的答复。"你应该赶快去电表示同意，"洛克菲勒说，"你无权如此对待总统。"

洛克菲勒不但没有表示反感，还给了基辛格一笔数目可观的离职礼金，用于孩子的教育，以减少因从事公职而承受的财务损失。他在给"亲爱的亨利"的短笺中写道："为表示友谊和对你为人民工作的感谢，我正安排给你一笔50000美元的礼金。"（这相当于1990年的17万美元。）基辛格在白宫法律顾问认定不违法后接受了这份厚礼，更从此留下了他欠洛克菲勒的事业债和人情债。[14]

11月29日周五临近傍晚，基辛格给德怀特·查宾去电表示同意。周一上午，这位45岁的哈佛教授与当选总统一起走上皮埃尔酒店宴会大厅的讲台。

就在那里，尼克松欲自国务院和其他内阁部门夺权，让白宫幕僚执掌大权的计划又多了一个掩护层：计划中的转变将在暗中进行，甚至使用欺瞒手法。"基辛格博士十分清楚不能让自己成为总统与国务卿或国防部长之间的一道墙。"尼克松对报界如是说。尼克松保证，基辛格将负责处理长期规划，不会过问战术或遂行（具体操作），他还说："我打算有一位强有力的国务卿。"这里头没有一句真话。

尼克松这番违心之论早早显露了他未来行事的诡秘、隐蔽倾向，而基辛格愿意与他配合又早早暴露了他确实愿意配合。轮到他上台时他说，尼克松所言恰恰反映了他的想法。

这种瞒天过海的做法有一阵子还真没被看穿。《纽约时报》曾有社论赞扬基辛格的任命，说他"打算由各个部门遂行各自的业务……所以不可能引发他会在安排信息流程时让自己的意见占上风的怀疑"。12月12日，尼克松与新上任阁员会面时，他就请基辛格谈谈他对越南的看法。基辛格有些犹豫，他说他以为自己的工作是转达选项而不是提意见。专栏作家罗兰·埃文斯和罗伯特·诺瓦克当即以此为例，说尼克松打算"只让其幕僚搜集情报，而让内阁各部提供一切重大政策意见"。[15]

基辛格传

此时，基辛格的任命博得了广泛支持。《华盛顿邮报》表示对此"喜闻乐见"，《纽约时报》的詹姆斯·赖斯顿则表示"放心"，还说知道基辛格攻读博士时"受教于"麦克乔治·邦迪而深感鼓舞（基辛格对这次及此后经常的错误报道只有感叹美国记者愚不可及而生闷气了）。曾在国防部任职的哈佛法学教授亚当·亚穆林斯基宣称："知道有基辛格在，大家晚上都能睡得更安稳些。"自 1954 年应邀去哈佛研讨会讲学后，就一直与基辛格维持友好关系的威廉·巴克利给他写了一封信，说："自南丁格尔之后，还没有见到哪一个公共人物如此得到各方赞誉。"[16]

看似格格不入的这一对

喜欢说自己行动果敢、出人意料的尼克松，经常强调他与基辛格很不一样。"看似不可能走到一起的两个人，"他回忆，"一个是加州惠蒂尔杂货铺老板的儿子，一个是希特勒统治下的德国难民；一个来自政界，一个来自学界。"

其实，不是表面上的差异，而是内在的雷同，使得两人间产生了灰暗的黏合剂。当他们都取得了向往已久的权力后，却仍甩不掉不安全感，这一点两人在彼此身上都能看到。

两人都是现实政治的践行者，而这种现实政治又是冷酷的现实主义与追逐权力的政治才干的结合体，借用基辛格对俾斯麦的描述，它是"不受道德规范束缚的"。他们相信，正如基辛格在写到他所研究的 19 世纪人物时所说："外交政策不能基于情感，而应基于对实力的评估。"

一次，与果尔达·梅厄谈话时，尼克松把一段名言改成了权力游戏，他说："在国际事务上我的座右铭是'人施于己者，己亦施于人'。"此时，基辛格补上一句："外加百分之十还施于人。"说到行事为人，基辛格或尼克松在堵漏或绕过国务院方面都不认为道德考量有多重要。

基辛格在评论俾斯麦时说，他"知道如何用相互牵制的办法制约国内外对立势力"。同样，尼克松和基辛格都是相互牵制方面的高手。两人都生性多疑，行事隐蔽，对其他人的动机总往坏处想，还乐于见到假想敌互斗。由于喜欢在背后谈论他人是非，只要有共同的敌人彼此就可以宣泄愤懑，就是盟友。就像基辛格对俾斯麦的评语一样，"他无法接受任何对手的诚意"，尼克松和基辛格也一样，对任何质疑者，他们总认为对方动机不良。[17]

"基辛格和尼克松都有一定程度的妄想症，"最善于观察的基辛格最亲近的助手劳伦斯·伊格尔伯格说，"这导致他们也会彼此担心，但同时也因此能联手对付共同假想敌。他们的外交政策走的是神秘路线。"[18]

加之，两人不太合群，也如此自认，故喜欢神神秘秘、遮遮掩掩。由于不愿意与人分享信息或功劳，他们在与下属或同事谈话时往往躲躲闪闪。

同样，两人都喜欢出其不意地让对手大吃一惊。比如关于越南、军控和中国的谈判，他们事先并未与国务院好好协调，而是暗箱操作，然后突然宣布劲爆新闻。

让两人的雷同之处更发挥到极致的是基辛格变色龙般的本领，让你在人群里找不到他。他们不断加强彼此的偏见，在一起的时间太多，基辛格与尼克松很快就变成一起对付官僚和充满敌意世界的难兄难弟。[19]

但真正让两人不离不弃的原因，还是他们对外交有癖好、有感情并且有感觉。两人在一起的大多时间都像是在开一次二人研讨会，他们纵观世事，探讨解决之道。有了基辛格的铺垫，尼克松成为第一位访问莫斯科和北京的美国总统，而且在同一年。基辛格曾说，要探寻外交政策就必须不断思考个中所有联系，连早上剃胡子的时间也不能中断思考。尼克松尽管在剃胡子和搞外交方面都不能算是顶级行家，却是在剃胡子时也不忘外交的少数人之一。

虽然两人有很多共同点，但两人性格却有一大差异，令两人千差万别：基辛格对他周围的世界认知敏锐，也知道自己在其中的作用；尼克松则不然。

这个差异表现在许多方面。基辛格对所有人的批评意见都十分在意，而尼克松则像电影《梦里乾坤》里的梦想家沃尔特·米蒂一样，假装丝毫不受别人意见影响。基辛格拼命想收买敌人，讨好那些批评他的人；

尼克松则想着如何扳回一局。基辛格喜欢与别人互动；尼克松则唯恐避之不及。基辛格生气时，生的是当事人的气；尼克松则不愿对抗，避免跟人打交道，闷声盘算复仇大计。

当挑战出现时，基辛格即开始思考，几乎到了废寝忘食的地步；尼克松则与之拉开距离到了不可思议的地步。基辛格心思缜密，不放过细节；尼克松连所面临问题的实质都持超然态度。基辛格有超强的分辨力，能立即洞察问题的核心；尼克松则靠直觉，往往对一个问题来回折腾数小时，衡量利弊。

对基辛格和尼克松最有观察力的比较可参见国务院老将、后出任卡内基基金会主任的托马斯·休斯在1973年的一次演讲：

> 两人都行事隐秘，不可救药，但基辛格似乎乐在其中。两人都厌恶官僚，但尼克松选择避而不见。两人都故弄玄虚，但基辛格经常让人觉得有道理。两人都极度反对意识形态，但尼克松却不时重落窠臼。两人都紧抓权力不肯放手，但基辛格会安抚。两人都善于权术，但尼克松更透明。两人都过分强调忠诚，但批评者与基辛格的关系都还好。两人都喜欢神秘，但又并非永远言行一致。两人都猜疑心重，但基辛格并不因此不与人交往。两人都并不以实话实说见称，但基辛格却更善于表达。两人都不追捧第一修正案，报界却对基辛格痴迷有加。[20]

尼克松在第一任内每年2月都会给西奥多·罗斯福总统的女儿爱丽丝·罗斯福·朗沃斯在白宫楼上办一个温馨的生日宴。这位以言辞犀利著称的华盛顿圈内人——她的客厅的沙发上有一个靠枕，其上绣有"不会说客套话的人，请你坐到我身边来"——来头不小，既是乔治敦社交名流，又是华盛顿建制派名人，两者都是尼克松最痛恨而又不得不巴结的群体。通常宴会只有6人：尼克松夫妇、朗沃斯夫人、基辛格、专栏作家约瑟夫·艾索普及其夫人苏珊·玛丽。"尼克松经常叫亨利表演，"艾索普夫人说，"而他就往后一靠，面带自豪的微笑，好像亨利是他的至宝一般。"每出现一个新话题，尼克松就会倾身对他的宴会嘉宾说："朗沃斯夫人，我想你一定很想知道亨利对这个问题的看法。"[21]

这就是尼克松最初对基辛格的态度：自豪，或许不无叹服，就像一个不受待见的孩子有了值得炫耀的东西，使得别人对他另眼相看时的那种带着愤懑的欣喜。

有基辛格随侍左右更令尼克松高兴的是，他原来是自己羡慕的洛克菲勒的人。"如果有人曾给洛克菲勒做过事，尼克松就有觊觎之心，他假设这个人曾经给要什么有什么的人做过事，那肯定有真本事。"霍尔德曼说。尼克松从来没有肯尼迪般的魅力，能不费力地吸引学术名流簇拥在身边，也没有洛克菲勒收买人心的财力。如今贵为总统，他竟然夺得洛克菲勒皇冠上的宝石。演说撰稿人威廉·萨菲尔说："他有点喜不自胜。"[22]

此外，基辛格与建制派无甚关联也是尼克松喜欢基辛格的原因：不错，东海岸的外交政策精英接纳他，但他的出身及秉性都决定了他不可能真正成为圈内人，而他也看不上构成建制派共识的传统智慧。比如，基辛格没有麦克乔治·邦迪那样显赫的家世，他并不是出身建制派世家，与约翰·麦克洛伊或腊斯克不同，他永远也不会被全盘接纳。他在职场生涯中对麦克洛伊、戴维·布鲁斯及后来的赛勒斯·万斯均以礼相待。但私下里，他却觉得自己比这些人略高一筹。

尼克松屡遭外交政策精英冷落，甚至在20世纪60年代他于曼哈顿做国际律师时也不例外，对他来说，基辛格可谓最佳人选：可以笼络，但不用引诱；他看不上那批精英，而不是精英看不上他。尼克松幻想自己不在乎这帮高高在上的人对他的看法。有了基辛格这样的得力助手，他的幻想更有真实性了。

但尼克松很快就对基辛格的怪异性格和野心开始担心。"我信不过亨利，但我能用他。"在就任之初他对基辛格的一个对手如是说。尼克松曾对一开始担任副国务卿的埃利奥特·理查森说："注意亨利！看他在搞什么！"

对基辛格性格上互相冲突的两个极端——一方面缺乏安全感，老是疑神疑鬼，另一方面又妄自尊大——尼克松特别难以接受。虽然他喜欢煽动竞争，但却厌恶处理竞争。因此，基辛格与国务卿威廉·罗杰斯的竞争很快就闹得不可开交，原来还高高兴兴作壁上观的尼克松后来也受不了了。[23]

基辛格与乔治敦那帮媒体精英的来往也让尼克松不快。有几个晚上，尼克松会把约翰·康纳利、艾尔·黑格或霍尔德曼叫到他的办公室，然后拿基辛格可能的所在开玩笑。"我猜亨利正在跟乔治敦那帮人待着。"他说，然后就会闷闷不乐一阵子。"他经常拿这事儿开玩笑，"康纳利回忆道，"其实他心里很不是滋味。"尼克松（并非毫无根据）怀疑基辛格肯定是在跟宴会宾客吹嘘自己的成就，和他是如何顶住了疯狂总统的危险本能等。基辛格在这些社交场合的谈话，经过添油加醋，总会传出来，这进一步加深了尼克松的猜疑。[24]

尼克松在位五年半，他对基辛格的景仰也逐渐因嫉妒和怀疑他不忠而受影响。他们之间本来就没有个人感情的关系基础，原来是爱恨交织，后来就越来越恨了。就在总统对基辛格越发倚重时，对他的反感和不满也与日俱增。

本来两人就在许多方面格格不入，彼此也没有多少好感：基辛格和尼克松是一对欢喜冤家。是像富兰克林·罗斯福和哈里·霍普金斯、伍德罗·威尔逊和爱德华·豪斯上校的关系吗？不然，因为在后两者的情况中，助理都更听从总统。

也许最好的比较对象是基辛格研究生论文所描写的关系：梅特涅和奥地利弗朗西斯一世皇帝。1809年，梅特涅出任外交大臣时，奥地利人因与拿破仑战争落败而灰心丧气，用基辛格的话说，"政府丧失了生气，没有了自信，知道自己受诸多限制，却不知道自己的大方向"。1968年底的美国也与之相差无几，不但没有了战胜越南的意志，也失去了自信，不认为自己还能在世界上发挥什么值得称道的作用。

弗朗西斯一世要比尼克松更迂腐、固执、守旧、多疑。但同尼克松一样，他让警察跟踪监视自己的政敌，勤于阅读这些监视报告。基辛格对后来尼克松阴暗决心的态度，颇有几分像他对弗朗西斯一世的描述：

"沉郁、猜疑、抱残守缺、迂腐，他经历过太多动乱，以为只要死守就是道德价值的体现。"

弗朗西斯一世和梅特涅都相信他们在国内缺乏一致意见，无法实施公开透明的外交政策，只有靠尔虞我诈等手法。历经打击的这位皇帝对其子民的意志力及忠心已不存幻想。梅特涅则是通过钻研思考得出同样的结论。这一点同样适用于尼克松和基辛格。他们对1969年处境的理解与基辛格对1809年的历史人物的描绘差别不大："因奥地利的政策无法得益于民意的启发，只能靠外交的坚毅和巧妙实现其目标。"[25]

1970年夏天的一个周六下午，基辛格和尼克松都在圣克利门蒂。总统建议与他的好友比比·瑞波佐一起开车到约巴林达去看看他出生的那所小房子。到了那里，往日种种情怀涌上心头，为保护自己的隐私，他勒令两部特工和记者车辆离场，就留下他、基辛格、瑞波佐和一名特工驾驶。全然放松的尼克松谈到早年的经历，还说起最终走上政途的机缘巧合。

据基辛格日后回忆，"他谈话的主线是这一切都是巧合"。可是，基辛格看到的却是一个缺乏安全感的人对他是谁、对他的出身的不肯定。"尼克松给自己定了一个超越一般人能力的目标，让自己彻底改头换面，"基辛格后来写道，"但是老天也因为他如此胆大包天，让他付出了沉重的代价。第一个代价是他从此没有了安全感。最终，他也像希腊人那样知道对一个人最终极的惩罚就是让他完完全全实现愿望。"[26]

基辛格的前几位伯乐——克雷默、埃利奥特、洛克菲勒——都是大人物，威风凛凛，相貌堂堂。但基辛格前往皮埃尔酒店所看到的尼克松却相貌平平，缺乏刚毅，不够威严。基辛格觉得他像詹姆斯·瑟伯小说中的人物沃尔特·米蒂，生活在自己的幻想世界里，满以为自己是英雄，"每日自己招惹的是是非非全部被丰富的想象力变得绚丽夺目"。

基辛格还发现尼克松有几分腼腆，怕见生人，不愿意当面解释扫兴的决定。"一言以蔽之，他是个孤独的人。"基辛格如此对朋友说。尼克松经常一个人躲在办公室，瘫坐在椅子上，在一本黄色记事本上做笔记。连续数小时甚至数日不见外人，只允许极少几位助理跟他一起思考事情。

"他是个怪人，不怎么可爱的人，"基辛格有一次在一个外交宴会上，不知道话筒还开着，说漏了嘴，"他不喜欢人多的场面。我弄不懂为什么他会涉足政坛。"[27]

尼克松让他周边的人互相猜忌，这也不足为奇。对本来就容易疑神疑鬼的基辛格来说，反应就更为敏锐。基辛格就任不久即让他的助理或秘书一起听他与总统的谈话（以及其他通话），他安装了一个"死键"，让对方不会察觉电话被监听。事后，助理们会将对话整理成备忘录。

每当总统打来特别奇怪的或是瘆人的电话，或要不是喝醉了就是情绪失控时来电，基辛格就会从办公室出来，问刚才做记录的人是谁。然后他翻翻白眼抱怨道："你信吗？刚才那'疯子'说的话你听见了吗？"当总统的话冗长而又不知所云，基辛格就会打手势要某位助理拿起听筒，共享这难以置信的一幕。

基辛格对尼克松的种种抱怨一直不为人所知。他给他两个诨名——"我们那醉鬼朋友""没脑筋的人"。"如果随总统的意思，我们每星期都会有一场核战争！"基辛格经常与助理私下抱怨。曾与基辛格在哈佛和尼克松政府共事的丹尼尔·帕特里克·莫伊尼汉有一次如此说基辛格："他总觉得没有任何人应该比他更亲近总统，也不应该有任何人比他更看不上总统。"[28]

但就在他贬低尼克松的同时，他还不时赞扬他的勇气。"真是太了不起了！"他有时会说。"基辛格经常在真出现危机时赞扬尼克松的果敢，甚至对我们这些幕僚这么说，即便他也同时抱怨尼克松性格古怪。"前助理温斯顿·洛德回忆。基辛格坚持，每当遇到危机，尼克松总能顶住外界的压力，采取果敢、有力的行动。据基辛格描述，那是一种"没有愉快成分、绝处逢生的勇气"，也带有"横竖我碰过的东西总是不会大获成功的宿命心态"色彩。

基辛格对尼克松果敢的赞美有点言不由衷。尼克松是做过一些艰难的决定，但他任内所碰到的大多数危急时刻，他都远远未表现出无畏风范，基辛格也知道。在准备入侵柬埔寨时，尼克松与他的酒友瑞波佐到戴维营去。当他打电话给基辛格时，他已经咬字不清，尽吐脏话。以后几天，他乘坐"红杉号"游艇，醉醺醺地游览波托马克河，突访五角大楼，还跟随从一早去逛了林肯纪念堂。1972年4月在海防港布雷后，基辛格秘访莫斯科，这期间尼克松和瑞波佐去了戴维营，发了一封接一封故作姿态的电报。另外，在1972年对河内进行圣诞轰炸及1973年10月中东战争后发出核警戒时，尼克松都置身事外。[29]

朝臣天性

基辛格作为难民，作为一个被排挤的聪明人，本来就缺乏安全感，却又满怀雄心壮志，于是他学会了如何寻得权势人物的赏识。他有手段，会逗笑，会表现，偶尔也令人叹服。但更重要的是，起码在应付像尼克松这样的奇怪之人时，基辛格也学会了逢迎拍马。

即便他在背后贬损尼克松，当面他还是一脸巴结。就任一个月后访问欧洲，尼克松"急切想听人说自己表现得如何棒"，基辛格回忆，他就满足了他的这个愿望。同一个月，他与苏联大使阿纳托利·多勃雷宁第一次会见，尼克松四次把基辛格叫到办公室，听他说自己如何应变得当，基辛格再一次满足了他的愿望。

再一次接见多勃雷宁后，基辛格激赏地说："太好了！还从来没有哪位总统像您这样把事情讲得如此清楚。"大约就在这个时候，基辛格第一次见到帕特·尼克松。他告诉她，他十分佩服她的丈夫，说他善于厘清问题，又能当机立断。她皱起了眉头。"你还没看穿他吗？"她问。

基辛格的逢迎拍马还有给尼克松的字条为证。例如，在1971年4月尼克松发表越南讲话前，基辛格给他写了一张纸条："不论结果如何，各地自由人士都将感激您。面对危机，您沉着应对；面对压力，您坚定不移。是您稳住了民心民情。为您服务让我获益良多。忠仆，H。"这个便笺和其他便笺上的恭维话极尽谄媚之能事，几乎能让人忘记他对尼克松"沉着应对"的叙述实非发自内心。[30]

每当基辛格与总统对话，整个人的神态都会改变。当时担任尼克松国际经济助理的彼得·彼得森说，基辛格造访他在乔治敦的家时总是对尼克松贬低再三。突然，红线那头来电话了。"噢，是，总统先生！"只见基辛格一遍又一遍地说。据彼得森回忆："他对身边的人聊起尼克松的态度与他当着尼克松的面的态度，真是判若两人。"亨利·布兰登也记得基辛格在他家接到总统电话时的模样："他变得毕恭毕敬，完全不一样了。"[31]

就跟基辛格许多其他性格特点一样，他对自己低眉顺眼的表现完全知晓，不时还自我嘲讽一番。他经常讲起尼克松回到他在戴维营的房间里，声称："这回我的得分是126。"

基辛格就会说："您的高尔夫球技进步了，总统先生。"尼克松听了反而抱怨起来："我说的是保龄球。"有一回，基辛格与总统的专线响起，而正好有一位记者在场，基辛格对记者调侃道："如果我接电话时双膝跪地，你可别有什么误会。"

在前往得州农场向前总统约翰逊汇报结束后，约翰逊的夫人开车送基辛格回到空军基地。在车上，她问他对退休后总统的精神面貌有何感想。据基辛格自己回忆，他说当时他就嘟囔了什么"退休后的恬静"之类的话，不想她差点儿把车开到土路上去。"我想阿谀奉承的话好歹得有点事实根据，不能太不靠谱。"这是他自己的话。[32]

尼克松的白宫录音带被解禁后，对基辛格更为不利，因为我们能看到他甚至在尼克松口出狂言时还一味讨好，当时在场的人都能做证。1982年，基辛格在洛杉矶的比弗利威尔谢酒店巧遇约翰·埃利希曼。"迟早那些录音带都会被解禁，到时候咱俩都将沦为笑柄。"基辛格对尼克松国内事务顾问如此说。埃利希曼心想，就说你自己吧。"他天生就那副谄媚的德行，"埃利希曼说，"那溜须拍马的本事一流。每当尼克松胡言乱语，我一般就哼唧一声，眼珠朝天花板转一下，基辛格则急匆匆凑上去，'是的，总统先生，您的分析绝对正确，鞭辟入里'。这让我直发毛。"[33]

尤有甚者，尼克松有时像是故意说些过分的话，特别是关于犹太人的言论，就等基辛格表示异议，可是基辛格从来没有。有一回，尼克松来电，又开始对犹太人和黑人骂骂咧咧，当时温斯顿·洛德正按了死键在另一条线上监听。"你为什么不反驳他？"洛德事后问。基辛格对他的助理说："光是在重大的事情上跟他打仗，就已经够我头痛了，他对犹太人和黑人的态度轮不到我担心。"

尼克松对犹太人恣意谩骂，眼看基辛格不自在地挪动双腿，又不敢说他的不是，他似乎有一种恶毒的快感。"尼克松大谈犹太叛徒，"埃利希曼回忆，"他还逗基辛格，'你说是不是，亨利？你同意吗？'亨利就说，'总统先生，有这样的犹太人，也有那样的犹太人'。"有时，基辛格还要他的犹太助理保持低姿态，以免加深尼克松的偏见。"尼克松跟加州许多中下层被迫背井离乡的人一样存有偏见。"日后基辛格这样解释总统的排犹心态。[34]

基辛格的第二任夫人南希，出于夫妻情义对他可谓全心全意、呵护有加，连她也对基辛格愿意对总统的偏见视而不见不以为然。一回，就在她初次见到尼克松不久，他开始攻击洛克菲勒。基辛格并没有抗议，而是嘟囔着"对，对"，很不自在地想改变话题。曾在洛克菲勒手下工作过，并对他极度敬佩的南希，为此很难过。"我差点儿要开口，"她事后回忆，"亨利会意了，他眉毛耸起，示意我别说话。"

当被问起此事时，尼克松却坚持基辛格一向十分忠于洛克菲勒。"他知道洛克菲勒与我曾是多年的竞争对手，"尼克松说，"如果他想讨好我，他完全可以时不时地在我面前批评洛克菲勒。"[35]

事后，基辛格在为自己的行为辩解时说，质疑尼克松无济于事，"还几乎是自杀行为"。"尼克松对你好不好取决于你是否能跟风，去追捧这个疑神疑鬼的硬汉，"他说，"报界对他阴谋计算，建制派对他充满敌意，乔治敦那帮人恶言恶语，尼克松哪一次谈话都少不了这些，你要是不同意就会被排挤到圈外。"再说，基辛格称，对尼克松的"过激"言论，跟风要比质疑容易，因为他说归说，但几乎从来不付诸行动。

尼克松之所以如此复杂，原因之一是他的性格有许多互相矛盾的层面。例如，霍尔德曼就把他比作石英："有几面光鲜亮丽，有几面阴暗神秘……有几面平滑光润，有几面粗糙锋利。"他还说，每一面还都会因光线折射的角度而变化。

威廉·萨菲尔——尼克松的演说撰稿人，后来就他的第一任期曾写过一本精彩绝伦的回忆录——则用分层蛋糕比喻他。最外面一层糖霜是给大家看的他,"严峻、威严、得体";第二层是"开明的政客";下面是"一个过度好勇斗狠者";再下面还有"仇恨者""现实主义者""甘冒风险的勇敢者""孤独者"等层次。[36]

同样,基辛格也看到尼克松是相互冲突特性的混合体。"在同一个人身上,各种性格缠斗,都想占上风,"他后来说,"一方面他有理想,善思考,慷慨大度;另一方面,他睚眦必报,心胸狭窄,感情用事。他有时爱沉思、达观、坚忍,有时又鲁莽、冲动、捉摸不定。"基辛格认为,尼克松的无情野心来自他多重人格的"巨大斗争"。"多数人成熟后都只有一个中心主体,但尼克松却有好几个,所以他永远无法平静。"

因为尼克松是个多面人——既有光明面,也有阴暗面——基辛格后来就说,他们在位时的一些不光彩行为,如窃听、羞辱国务院和其他小小不然的弄虚作假,都是受尼克松指使。他自己辩称,他顶多也就是尼克松的一个帮凶。但正因为尼克松有好几面,他的辩词也可以反过来说:如果基辛格愿意,他应该是可以像其他白宫助理一样,让尼克松展示他善良的一面。他要是果真这么做了,政策的施行是不是会更公开、更诚实?所以,基辛格越顺着尼克松不就越加强了他的阴暗面吗?

或许会有一点小差别,但是有没有基辛格在身边,尼克松终究还是尼克松。尼克松周围有不少人——包括国务卿威廉·罗杰斯——都是公开透明、实话实说的人,但总统很快就让他们靠边站,转而重用比较喜欢拐弯抹角的人。

基辛格很快就学到,要想把事情办成就必须对尼克松的各种偏见唯唯诺诺。"如果你跟他的奇谈怪论唱反调,"埃利希曼说,"他就把你'宰'了,既不见你,也不回复你的备忘录。"对尼克松阴暗言论表示异议的人,如顾问赫布·克莱因、罗伯特·芬奇很快就不见了。"挑战尼克松或坚决抵制他的偏见都是毫不理性的做法。"曾当过尼克松新闻助理的戴安·索耶说,"他立即就会将你冷处理。你如果真要做事,就必须在关系上灵活一点。"[37]

所以,基辛格就成了助长尼克松阴暗面的帮凶,跟着他一起对别人

第8章　天造地设的搭档:基辛格和尼克松　1968年　　127

说长道短，吹捧他，也从来不让他难堪。尼克松老笑那些光明磊落的人没有骨气，缺乏勇气。他喜欢凶狠的人，从巴顿将军到康纳利，再到科尔森。愿意在说话时语气强硬、对冷酷无情拍掌叫好，这是与尼克松成为难兄难弟，一起应对一个充满敌意的世界的最佳办法。[38]

尼克松的阴暗面是不是也感染了基辛格？如果总统是开放透明、简单率性、实话实说的君子，有变色龙本领的基辛格是不是也会跟他一样？"如果是给洛克菲勒做事，情况可就大不一样了。"上任一年后，他与几位助手一块在一家法国餐馆吃饭时不禁这样感叹。

或许会有一点儿小差别。但是，基辛格自己也有埋藏得很深的阴暗面，疑神疑鬼，缺乏安全感，做事遮遮掩掩。他在哈佛罗伯特·鲍伊之下做事的时候就耍过阴谋诡计。即便是在为人坦荡、慷慨大度的洛克菲勒下面做事时，他也老跟假想敌争夺地盘。后来，最不拐弯抹角的总统杰拉尔德·福特就任，基辛格仍不免多次卷入无谓的官僚斗争。

尼克松渴望被吹捧，而基辛格又愿意配合，从而造就了两人的复杂关系，当然，基辛格还是与瑞波佐或罗伯特·阿普拉纳尔普这帮社交密友不同。说实在的，他与尼克松从来没有成为朋友。"当然，亨利与我并无私交。"尼克松日后跟戴维·弗罗斯特说，加上"当然"一词是尼克松很巧妙地暗示根本不可能。尼克松又说："我们共事，但并无私交。不是敌人，也不是朋友。"[39]

即便如此，基辛格还是很快就成了尼克松最喜欢的谈话对象、最喜欢在他左右的人。与这么一个复杂、充满矛盾的人接近，就意味着自己的权力更大了。

不到一年的时间，基辛格和尼克松每天谈话就达五六次，面谈或通电话，有时一谈就是几小时。早上例行简报完了之后，有时尼克松会让他在椭圆形办公室多留两小时。下午，还常常把他叫到行政办公大楼的办公室。

尼克松喜欢天南海北的讨论。他会从各个方面看问题，表态，再绕回来，又有不同表态。这个习惯在水门事件中也害了他。录音带里他似乎建议某些做法，如给那几个夜贼封口费，其实那是他天南海北探讨的老习惯。他这个习惯也让基辛格在制定外交政策战术时有极大的空间。

基辛格不去跟尼克松纠缠他不经大脑的命令，他知道对它们置之不理就行，一如当年霍尔德曼不理睬尼克松要求与哈佛的基辛格办公室设立专线一样。"这是尼克松对助手的要求，他们应当负责把他并不想要执行的命令过滤掉，"基辛格日后说，"一般来说，总统下达的命令的多寡正好与他严肃与否成反比。"[40]

静悄悄的政变

为了解1968年12月基辛格策划的大胆夺权——他的助理罗杰·莫里斯称之为皮埃尔酒店政变——我们必须事先说明这是他听命于尼克松之举。虽然在任命基辛格之初，尼克松说"我打算有一位强有力的国务卿"，但其实恰恰相反。"从我就任之初，"他后来也比较坦率，"我就打算由白宫指导外交政策。"

要做到这一点就需要改变决策结构，削弱国务院和国防部的传统职权，把控制权集中到西楼，更具体地说，就是集中到尼克松和基辛格手上。

因为视政府官僚为敌，尼克松决心建立一支朝臣队伍，唯其马首是瞻，即类似于拜占廷系统的安排——宫廷侍卫可以让掌管内阁的贵族玩不转。他想"把自己与内阁及其官僚隔离起来"，霍尔德曼回忆。内阁尽是来自小城的扶轮社式的人物，不那么自信。而白宫则不然，不是学术界少数族裔强硬派（基辛格、莫伊尼汉、亚瑟·伯恩斯），就是忠心的普鲁士走卒（霍尔德曼、埃利希曼）。

林登·约翰逊的性格与孤僻的尼克松恰恰相反，他喜欢与人联系，喜欢从官僚那里深挖情况。他的办公桌特别大，上面有一大排通往各个部门的电话，每部电话还有好几个按钮。"我需要找谁，按一下即可。任何人，即便是哪个机构的某个小人物。"他在访问了尼克松办公室后跟他的助理说。这位新总统吃惊地发现，"只有一部电话"，上带三个按钮。他的声音都提高了："就这么多！三个按钮！三个钮还都是通德国人的。"

尼克松还特别在意功劳的归属，他觉得他大半辈子都只能做无名英雄。他认为唯一扭转乾坤的办法就是由白宫负责一切重大政策。

所以，在他们头一次在皮埃尔酒店见面时，他就跟基辛格透露他打算加强国家安全顾问的作用，并由他总抓权力更集中的决策结构。[41]

基辛格跟他可谓一拍即合。他也想抓控制权，这是他发自内心的欲望：他觉得他要比新任国务卿威廉·罗杰斯更有资格处理外交政策。他的感觉并没有错。而对他并不尊敬的人，他不会心慈手软，这是他个性使然。还有一个因素，就是基辛格的虚荣心：他的自我不容许他以屈从同事的意见或突显他人的作为为乐。

此外，正如威廉·萨菲尔所说："搞阴谋是他的第二天性，这是他根本不用考虑就会干的事。"在"拜占廷朝廷"内，基辛格风光无限。"他的作用之所以变得这么大，"尼克松日后表示，"是因为他是个内斗高手。他喜欢权力，这是好事，也知道如何运用权力。"[42]

必须说明的是，从官僚那里夺取特权也有其正当理由，这事也确实该做。到1969年，美国的国家安全官僚已经没有信心，没有创新力了。他们在越南问题上犯了美国外交政策史上最严重的错误，误判了一场民族革命的实力，也误解了美国的国家利益和意愿。他们基本上忽视了那个十年最重要的地缘政治事件：中国和苏联的决裂。即便在苏联大量积累核武器时，他们也弄不出一套条理清晰的军控战略，只会在机构间不时相互倾轧。尽管发生了六日战争，但他们也始终未能对美国的中东政策进行根本的重新审视。

这些问题基本上是因为原有的系统一味强调谨慎而忽视创新，导致了脑力运行不畅。挑战主流正宗路线不会得到奖励。清晰的思考，连简单的陈述句，都被认为具有危险性。对任何问题制定政策则费时耗日，需要与涉及国务院、五角大楼、中情局以及十多个大大小小的机构的利益关系方的负责官员来回磋商。最后弄出的结果往往是极缓慢的改变、包裹在隐晦措辞下的模糊结论，而且一旦官僚取得了共识再行讨论则阻力无穷。[43]

尼克松想重新审视一系列问题，这一点是值得赞扬的。与基辛格一样，他也觉得绕过官僚要比与他们正面交锋容易。

他们选择从附属国家安全委员会（国安会）的人员安排为切入点。有鉴于罗斯福做决定时往往让某些部门蒙在鼓里，杜鲁门政府为杜绝这一现象于1947年成立了国安会。其成员，即国安会"主要部门"，包括总统、副总统、国务卿、国防部长以及其他总统所指定的官员（如中情局局长）。

1953年，一位波士顿银行家理查德·卡特勒建议艾森豪威尔总统指派一名"国家安全事务特别助理"统管国安会幕僚，并管理提交给总统选项的流通环节。艾森豪威尔接受了他的建议，并指派卡特勒担任这一职位。此外，他还任命安德鲁·古德帕斯特将军担任"参谋秘书"，负责处理国安会日常事务。

在肯尼迪和约翰逊政府期间，参谋秘书和特别助理合二为一。担任这一位高权重总统顾问及国家安全各部门协调员的分别是麦克乔治·邦迪和沃尔特·罗斯托。

这导致了一个奇怪的转变，国安会本身的重要性逐渐式微。肯尼迪又成立了许多特设委员会，在白宫开会并处理各类问题，约翰逊则每周二与国安会主要部门人员共进午餐，非正式商讨事宜。可是国安会幕僚的重要性却增加了。原来是一名特别助理，后改称国家安全顾问[1]，而且此人最终也有了自己的小官僚团队，可以分析政策，制定战术，并为总统服务，而国安会其他各部门往往并不知情。

这恰恰是尼克松和基辛格想要的。尼克松在担任副总统期间，对艾森豪威尔总是鼓励国安会主要部门先达成共识然后再交由他拍板的做法颇不认同。尼克松是想利用国安会幕僚确保不同意见直接汇总到白宫。想法不错，但肯定会因为尼克松的另一要求——尽可能把权力从国务院和国防部官僚手中转移出来——而黯然失色。

---

[1] 基辛格将自己的职称从"特别助理"提升为"国家安全事务总统副手"，他也是第一个经常使用"国家安全顾问"这个非正式职称的人。

就在基辛格筹备这一人员安排时，他飞到剑桥，在12月16日上了最后一堂周一下午的防务政策研讨会的课。正好，那天他请来的客座讲师是莫顿·霍尔珀林，他曾在20世纪60年代在哈佛担任初级教授及基辛格助教。1966年当他意识到无法在哈佛取得终身教职后，他就去国防部外交政策部门的国际安全事务办公室工作了。

当时29岁的霍尔珀林在基辛格的研讨会上讲的是一个比较乐观的题目——"越南后的亚洲安全"（前一年，尼克松在《外交事务》杂志也曾撰文谈论过同一题目，但与其不同的是霍尔珀林并未谈及美国打开中国通道的可能性）。基辛格擦了擦眼镜，咬了咬指甲盖，开始提问。下课时，学生纷纷起立鼓掌欢送基辛格。"我觉得特别受用。"他说。

事后，他请霍尔珀林写一个备忘录，谈论系统分析办法如何在国安会幕僚身上使用。霍尔珀林在到皮埃尔酒店后提议由自己协助制定一套具体的、基辛格心中所想的决策系统，他认为这样比较有用。霍尔珀林眼见围绕约翰逊周二午餐会的意见流通并不顺畅，所以觉得迫使那帮谨小慎微的官僚直接提出选项是一个好主意。

霍尔珀林建议对国安会系统做两个巧妙却又事关重大的改变。第一，取消高级别部门间小组——该小组由副国务卿牵头，负责审查送交国安会正式会议的各个选项及建议。取而代之的将是由国家安全顾问主持的审查小组。如此一来，基辛格就有权核可由国务院或其他官僚机构送交总统的任何文件，同时也保证了他可以有效控制国安会会议议程。

霍尔珀林的另一个建议是赋予国家安全顾问要求提供国家安全研究备忘录（国安备忘录）的权力。而国安备忘录将决定国务院、国防部及其他部门该做什么，什么时候做。这些指令变成基辛格用以决定哪些政策应重新审视的关键手段。同时也让他得以在有国务院介入的情况下秘密进行谈判，因为他只需要指示国务院就他正私下谈判的题目提供国安备忘录即可。"我因此得以在不透露目的的情况下利用官僚体制。"他日后解释道。

基辛格将霍尔珀林的建议交给了他的新助理，一位职业外交官劳伦斯·伊格尔伯格，请他将其改写为基辛格给尼克松的备忘录。不过别将这件事告诉霍尔珀林,他神神秘秘地告诫伊格尔伯格。基辛格不知道,消息往往会来回打转。伊格尔伯格对这份要由他来改写的文件背景不清楚,所以径直去找霍尔珀林问个究竟。伊格尔伯格说他手里已经有了这份文件,只是这事不能对外说,他问霍尔珀林可否帮忙把它变成一个备忘录。霍尔珀林很愿意帮忙,但两人对基辛格的保密游戏还是觉得好笑。[44]

为确保计划得以通过,基辛格找了一位得力盟友——安德鲁·古德帕斯特将军,即艾森豪威尔时期国安会的参谋秘书。自 1955 年两人在洛克菲勒匡蒂科研究小组相识后,基辛格就一直着力培养两人的关系,有一次还带他去曼哈顿 21 俱乐部吃午饭,这给这位腰杆挺拔的西点军校毕业生留下了深刻印象。

古德帕斯特同意应该由国家安全顾问掌管关键委员会,这种结构与艾森豪威尔时期的安排类似。"国防部不喜欢听命于国务院,"他这么想,"我深信——亨利似乎也同意——议程的控制权应交给白宫的人。"

尼克松于是把他的国务卿人选威廉·罗杰斯和国防部长人选梅尔文·莱尔德叫到比斯坎湾,准备于 12 月 18 日周六讨论基辛格的计划。一如他以往的作风,他已于前一天批准了该计划,只是没告诉他们。讨论之后,他又批准了一遍。

当晚,基辛格举行了他首次非正式记者吹风会。他穿着一件与他凝重神色不相符的大花运动衫,在牙买加客栈与一小撮记者进餐,表示希望"牢牢控制决策过程"。第二天,《纽约时报》当即报道尼克松"显然打算提高国安会的声望并扩大其作用"。

如尼克松的大多数决定一样,它并非最终决定。对这些明显的官僚动作经常不在意的罗杰斯似乎并不担心基辛格的计划会影响国务院的权力。"搞这么多委员会到底有什么意思?"他问。

但看到下面的人鸡飞狗跳,他很快也发现事态不妙。打头阵的是矢志维护外交部门特权的副国务卿亚历克西斯·约翰逊。约翰逊后来说:"一开始我们就看出来,基辛格极度缺乏安全感,而且在他整个白宫岁月都有这个心结,以为国务院和外交部门决心拖他的后腿。"1 月 6 日,就在尼克松批准这个新结构一个多星期后，约翰逊与罗杰斯一起到皮埃尔酒店基辛格的办公室跟他谈事情。

第二天，基辛格给尼克松写了一个很长的备忘录，说这个问题是对他的领导力的考验，并恳请他一劳永逸地解决问题。可是，尼克松最不喜欢要与人正面交锋才能使决议硬性通过的做法。"突然，尼克松就好几天没了人影。"基辛格回忆道。

直到尼克松躲在比斯坎湾起草就职演说时问题才得以解决。他通过霍尔德曼传话：尼克松正签署命令执行基辛格的计划，反对者当请辞。[45]

新的国家安全架构让外交策略得以奉行大胆新路线，集秘密、出其不意、战术手段于一身。但这不利于各部门及民众对主要政策协商一致，也不利于从体制层面制约一个冲动冒进的总统。

第 9 章

越战风云：秘密抉择，秘密轰炸

> 无论揶揄"信誉"或"威望"这两个词语多么时兴，它们都并非空洞之词，其他国家只有在它们可以仰赖我们的坚持时才会配合我们的行动。
>
> ——基辛格 《外交事务》杂志，1969 年 1 月

新的一天

1969 年 1 月 20 日，当理查德·米尔豪斯·尼克松在这个严寒的就职日站在国会大厦台阶上时，基辛格注意到尼克松的晨礼服的裤腿有点儿短，跟他的其他所有西装裤一样。"他的下巴抬起，一副不服输的模样，"基辛格后来写道，"然而，他看起来又有一点儿不确定。"沿宾夕法尼亚大道，多拨抗议人群喊道："胡，胡，胡志明，越共一定赢。"而在市内各个办公室，工作人员正按基辛格的指示，将国安决定备忘录 NSDM 1 号、NSDM 2 号、NSDM 3 号——将大权集中在国家安全顾问手中的三份文件——放在主要官员的桌上。

那天下午，当尼克松和罗杰斯在白宫前面有暖气的看台上观看就职游行时，基辛格正在起草将发给所有美国驻外使节的第一封电报，日后他还将给他们发送数以千计的电报。最终，他将建立自己的秘密通信渠道。但他忽然意识到，在当时，他还必须通过国务院的渠道。于是，他走过草坪到了罗杰斯所在的检阅台，罗杰斯仍然那么友好，带着微笑给这位面容严肃、辛勤工作的总统助理签了名。

基辛格回到自己的办公室，又为尼克松给重要国家的政府首脑写了一些私人信件，包括勃列日涅夫、戴高乐等。"尼克松知道，也的确如此，

如果要国务院去做，他们得花四周时间，把他想说的话改来改去，直到改得一团糟。"霍尔珀林回忆。所以，国务院根本不知道有这些信。信是直接交给华盛顿各个使馆的，它们也成了尼克松和基辛格背着罗杰斯保有的第一个官方机密。[1]

尼克松继承了美国外交政策的四大偏差。

第一，考虑欠周的越战，弄得自己既打不赢又撤不走。已经有3.1万美国人在距离华盛顿近万里的战争中丧命。美国之所以被卷入，是因为它把北越的行动看成中苏扩张主义的表现。但到1969年，人们已经能清楚看到，这是对越南共产党独立的民族主义的误读，也是对中苏关系的误读。在美国，战争的伤痛已经引发新孤立主义情绪。在这十年之初，肯尼迪总统曾发誓不惜一切代价确保世界各地自由，而今却不得不调整心态，接受自己的局限性。

第二，对拥有世界五分之一人口的中国采取视而不见的鸵鸟政策。美国认为是铁板一块的共产主义威胁概念已然过时。从1960年开始，中国即已展开对苏联"修正主义"的批判。苏联从中国撤回了他们的援建专家，并停止了所有经济援助项目；昔日的边界之争再次被点燃。美国面临的既是挑战，也是机遇，它可以玩一场平衡与操控游戏。但已然固化的对华态度使尼克松的前任很难看到，面对中苏分裂，美国其实有机可乘。

第三，不断升级的美苏军备竞赛对双方的国家利益并无助益。古往今来的历史显示，一个国家军备增加，其全球影响力也必随之上升。但20世纪60年代却出现了核时代的极大讽刺：军力的飞跃已使得各方军事力量的递增意义不大。此外，美苏军备的大致对等也意味，遏制政策的主要支撑——美国的核威胁——已经不再可信。经过20年的核军备竞赛，是时候迈入一个新纪元了——超级大国关系改由复杂深奥的军控程序界定。

第四，突显了美国的无能的中东僵局。1967年六日战争后，华盛顿对阿拉伯国家的影响力逐渐下降，莫斯科的影响力却渐增。特别是埃及和叙利亚，它们几乎成了苏联的附庸国。这种情况对美国利益无益，最终也对以色列或该地区的和平事业无益。[2]

于是，尼克松和基辛格开始处理这四大偏差，有时凌乱无序，有时整齐漂亮。但他们的行事方式较过去则相对新颖，越来越倚重欺骗、保密及暗度陈仓的办法，从而绕过国会、民众甚至内阁内部的不同意见。

越南选项

当尼克松和基辛格就任时，美国向南越已派遣 53.6 万名军人。每周约有 200 名美国军人丧生。美国纳税人花在战争上的钱每年约有 300 亿美元（相当于 1990 年的 1000 亿美元），却见不到隧道尽头的希望之光。1968 年 12 月初，即将卸任的国防部长克拉克·克利福德宣布："美国并无削减军事力量的计划。"同一个月稍晚，他又说："因作战需要，我们将增加而不是减少兵力。"

河内的共产党人认为整个越南是一个国家，正如 1954 年《日内瓦协定》所称，而如今出现两个政府只不过是外部人士——首先是法国人，后来是美国人——强加的暂时异常现象。而华盛顿则认为这场战争是北边的共产党邻国对南越主权国家的入侵。美国从冷战的角度解读这场战争，认为需要防止共产党占上风，就像著名的五角大楼文件所说："不让南越落入中国之手。"[3]

虽然后来尼克松的行动似乎与之相背，但他知道美国的军事解决办法是行不通的。"这场战争没法打赢，"他曾经在 1968 年 3 月对他的演说撰稿人理查德·惠伦这么说，"但我们当然不能这么说。其实，似乎还得反着说，为的就是争取一些讨价还价的筹码。"

联邦调查局局长埃德加·胡佛到皮埃尔酒店汇报林登·约翰逊在椭圆形办公室所使用的录音设备后，尼克松告诉霍尔德曼："我不会最后落得像 LBJ（约翰逊）一样，整日躲在白宫，不敢上街。我会停止这场战争，快快停止。"他命令将录音设备拆除。直到 1971 年战事扩大到柬埔寨，他才下令安装自己的窃听设备。[4]

就在基辛格的任命宣布不久，《外交事务》杂志就大张旗鼓地发表了基辛格关于越南问题看法的文章。《华盛顿邮报》赞扬此文是"一改过去荒诞论调与偏见的出色分析"。专栏作家约瑟夫·克拉夫特则说该文体现了"深度思考，除掌握细节，更洞悉了解决之道"。

文章一开始就对美国的战略提出了严厉批评："我们竟然忽略了游击战的基本原则，即游击队只要没输就是赢，而常规军队没有赢就是输。"春节攻势之后，已经很清楚，这场战争是赢不了的，或者用基辛格比较谨慎的话说，美国"已不可能在美国人民政治上可以接受的时间长度和军力水平内实现其目标"。

但是，基辛格说，美国也不可能简单地减少损失、撤退。他说，原因是美国必须维护自己的"信誉"。这个论点其实是他思考越南问题的中心，也是他职业生涯每遇到全球斗争时的中心考虑。

虽然美国卷入越南问题首先就不明智，但基辛格辩称，现在就撤肯定对美国在世界各地的威望有损：

> 承诺派兵50万就说明了越南问题的重要性。现在牵涉的问题是美国的保证可信与否。无论揶揄"信誉"或"威望"这两个词多么时兴，它们都并非空洞之词，其他国家只有在它们可以仰赖我们的坚持时才会配合我们的行动……世界上很多地方——中东、欧洲、拉美，甚至日本——的稳定都有赖于美国的保证可信与否。[5]

基辛格对信誉的强调是他个人现实政治风格的一贯特点。这个概念有一定的道理。在全世界摸索着进入核时代时，传统的展示国力的方法——控制更多领土，打造新联盟，壮大武库——已渐渐失去意义。核国家加强其全球影响力的主要办法，就是增加其承诺的信誉。力量所依赖的就是他人的观感——他人对一个国家意志力及其威胁的可信度怎么看——而不是军事威力。

就南越而言，基辛格的"信誉说"的前提——如果美国撤军，世界各地的人民就会对它少一分敬意——就有问题。其实，明知无效而继续纠缠，反而使美国浪费了它在世界上影响力的真正来源——它的道德权威、它的崇高目的感、它作为一个合理且理性的角色的名声，也浪费了它的信誉。

"为什么不撤？"尼克松在就职一个月后访问巴黎时，戴高乐在一次简短的对话中问基辛格。

"突然撤退可能会给我们带来信誉问题。"基辛格答道。

"在哪里？"戴高乐问。

基辛格提到中东。"多奇怪，"刚刚才让法国从阿尔及利亚乱局中脱身的戴高乐说，"就是在中东我还觉得你们的敌人有信誉问题呢。"

基辛格的信誉说有一个没有直接道出的重要推论。如果维护信誉是主要目标，美国就没有必要无限期地"拯救南越"。它只需要确保在美国撤退和南越崩溃之间有一个"体面的时段"即可。要打这一仗的其他理由——林登·约翰逊最喜欢的多米诺骨牌理论——则强调即便在印度支那丛林地带，也需要出于对美国国家利益考虑击败共产党。但据基辛格的朋友和敌人说，基辛格并不同意这个论点。1968年，他曾多次在私下谈话和研讨会上表示，美国政策的适当目标是在美国撤军和共产党拿下越南之间有一个两三年的"体面的时段"。[6]

为找到能维护美国信誉的谈判方案，基辛格在《外交事务》杂志撰文，建议把军事问题同政治问题分开。华盛顿应与河内直接谈军事问题，如自南越撤军及战俘遣返问题。西贡则应与民族解放阵线谈政治问题，如南越最终应该有什么样的政府，组建联合政府的可能性等。"如果我们过度参与南越的内部安排，"他写道，"我们一定会陷入错综复杂的困境。"

这个建议的问题在于，共产党人并不愿意在实现政治目标前停止军事斗争。基辛格自己后来也说："他们坚持了40年并不是为了妥协。"他们之所以坚持，是为了推翻西贡政权；所以，美国建议军事解决应与谁统治南方分隔开来的想法显然完全不对路。就像河内共产党机关报所说："问题的军事层面与政治层面是分不开的，因为越战的基本原因是美国将一个傀儡政府强加在南越人民头上。"[7]

丹尼尔·埃尔斯伯格与国安备忘录 NSSM-1 号文件

上任不久，基辛格就给他的老同事、偶尔也批评他的亨利·罗恩打了电话，此人是专门为政府进行军事问题研究的智库的总裁，该智库就是圣莫尼卡的兰德公司。基辛格曾多次出席兰德公司召开的关于越南的研讨会，他知道那里的人对美国政策持坚定的怀疑态度。基辛格打算问罗恩有没有变通办法，而且想雇用兰德的一批分析人员探讨这些变通办法并解析各种选项。

经罗恩挑选，牵头团队的是不搭配的两个人，起码事后看来确实不搭配：丹尼尔·埃尔斯伯格，兰德首席越南专家，后来因泄露五角大楼文件而成了左派的英雄；弗莱德·依克莱，兰德社会科学部门负责人，后来当过里根的顾问，是右派的英雄。埃尔斯伯格早在20世纪50年代末就认识了基辛格，在基辛格的防务政策研讨会讲过学，并在他于60年代中期造访越南时给他提供过咨询意见。60年代早期，依克莱曾在哈佛于基辛格手下做研究助理。1968年圣诞节那一天，这两个人与罗恩一起飞到纽约，在皮埃尔酒店与基辛格见面，几人就报告讨论了4天。

他们的从未公开发表的报告共列出了7个选项。极端的一边是"军事升级，旨在取得谈判胜利"。这个选项下的军事活动包括："在柬埔寨采取空中及地面行动"，"对北越，包括河内的不设限轰炸"，以及"对海防港布雷"。选项一的目标是"摧毁北越支持叛乱的意志及能力"。

极端的另一边则是"单方面撤出所有美军"。在讨论这一选项时，大家首先承认"美国政府内没有人会支持此主张"。它要比被民主党党员大会认为过分鸽派而遭拒的"和平政纲"走得更远，连埃尔斯伯格都不赞成。但他们还是探讨了它有无可取之处。首先从"这个仗赢不了"，因此"应该减少损失"的前提谈起。至于信誉问题，"其他国家会接受我们这么做，因为我们兑现了承诺，在人力和物力方面都做了大量投资，接受现实正显示了我们的智慧"。

讨论第一天，单方面撤军的选项就被排除了。"亨利说它没有可能性，对这一文件没有帮助，而且会令尼克松不悦。"依克莱事后回忆。

结果，最鸽派的选项就变成了选项六："在寻求妥协解决方案时尽可能地减少美国的存在。"这个想法需要征得西贡的"首肯"，同意在加强南越军队接手能力的同时，美国定期撤军直到1971年底将兵力减至10万。

两个极端中间还有其他选择,但没有一个选择是建议美国可以同时基于两个最极端的选择,即一方面军事升级,一方面定期撤军,来制定政策。那个圣诞节,两位专家一定觉得这样做十分荒谬。埃尔斯伯格和依克莱后来都说,想通过不设限轰炸及入侵柬埔寨试图迫使河内屈服,同时又单方面大量撤军,这是相互矛盾的政策。[8]

美国政策之所以变得五花八门,威胁、阵发性轰炸、铁了心撤军,原因之一就是尼克松所谓的"疯子理论"。1968年大选时,他和霍尔德曼在加州雾蒙蒙的海边散步时,尼克松开始解释解决越南问题的关键在于让河内畏惧美国的威胁。"我管它叫疯子理论,鲍勃。我要让北越相信我为了终止战争已经到了什么事都能干出来的地步。我们就跟他们透透口风:'老天,你知道尼克松天天就念叨共产主义。他只要生气,谁也挡不住他,他的手就放在核弹的按钮上。'两天之内胡志明就会到巴黎求和。"

"亨利还真信这个疯子理论,"霍尔德曼说,"他急于让苏联以为总统任何时候都可能决定来硬的。"据尼克松后来解释,起码在他看来,这就是红脸白脸游戏:基辛格扮演一个有理性的人,由他放话说他不太能控制这位生性好战的总统。

基辛格哲学的根本思想——这也符合现实主义政治传统——就是外交必须有武力威胁作为支撑。"基辛格有一个非常强的思想信念,即以暴力威胁为权力工具既有效又合法。"丹尼尔·埃尔斯伯格于1973年接受《滚石》杂志詹恩·温纳专访时说。譬如,在巴解组织和约旦1970年战争期间,国务卿罗杰斯认为为便利外交工作的开展,美国应保证不使用武力。基辛格则说,恰恰相反,只有在威胁继续存在的情况下,外交才可能发挥作用。[9]

兰德报告说,美国政府内部对一些基本事实存在分歧。所以,埃尔斯伯格建议基辛格向相关部门提出一系列问题,要它们独立作答,然后再比较答案的差异。基辛格觉得这个想法不错,部分也因为如此一来官僚机构就有的忙了,这样他才有制定政策的余地。后来做了基辛格助手的克雷默的儿子斯文表示反对埃尔斯伯格的问题要领。"斯文,你完全正确，但你没明白我的意思，"基辛格答道，"我有意让这群官僚忙上一年，这样我就能为新总统赢得时间。"[10]

于是，就职典礼那天，长达6页、涵盖28个主题的56个问题的文件，就作为国安备忘录NSSM-1号文件发送给各单位了。从2月到3月，就在各部门的答复陆续送达时，埃尔斯伯格作为基辛格的顾问，秘密地帮他收集整理。

国安备忘录NSSM-1号文件并未解答任何问题，但确实让基辛格看到了各官僚部门间的分歧究竟在哪里。"多米诺骨牌理论"是否正确，即越南沦陷将导致附近地区出现一系列革命？中央情报局认为可能性不大，国防部长办公室也认同，但陆军、海军、空军的情报单位则支持多米诺骨牌理论。在国务院内，情报局觉得这个理论有夸大之嫌，但东亚局却表示同意。

B-52战略轰炸机打击是否有效？军方认为有效，中情局和国务院则不同意。中情局甚至说，有"相当证据"显示，轰炸使得河内更容易"动员老百姓支持共产党作战"。关于敌人通过柬埔寨的供应线有多重要这一关键问题（特别对考虑是否轰炸或入侵柬埔寨的人来说是关键问题），各方答复显示，美国军方及西贡使馆认为非常重要，"而中情局则表示强烈不同意"。

一般来说，军方和西贡使馆对多数问题都比较乐观，都说战争进行得相当顺利。中情局、五角大楼文职人员以及大多数国务院部门则都比较悲观。[11]

基辛格相信他能很快达成和平解决方案。"给我们6个月，"他跟一群抗议的贵格会信徒说，"如果到时候我们还是没有结束战争，你们可以再来，并拆毁白宫的围墙。"

在他手下工作的年轻知识分子都相信他。"我还是头一次对美国的越南政策感到满意。"那年春天莫顿·霍尔珀林对埃尔斯伯格说。回顾当时，于第二年美国入侵柬埔寨后辞去基辛格助理职务的年轻外交部门官员安东尼·莱克说："我相信亨利真心认为自己可以通过谈判结束战争，且宜早不宜迟。"[12]

但基辛格又不愿采纳迅速撤军的主张。"这场战争历经两任政府，涉及 5 个联盟国家，已造成 3.1 万人死亡，我们怎么能像转换电视频道那样说走就走。"他日后写道。[13]

于是，基辛格走上了长达 4 年的谈判解决之道。一开始，美国有两大要求：北越军队必须从南方撤走，阮文绍政府除非通过自由选举不得罢黜。河内的要求恰恰相反：美国必须单方面撤军，而且必须废黜"美国傀儡"阮文绍。到 1972 年底，美国就不再坚持第一点了，而河内在坚持了两年之久后，也在第二点上做了让步。

关联

尼克松相信，如同他在 1968 年竞选时所说，苏联才是我们找到的解决越南问题的"关键"。基辛格却有点怀疑，他发表在《外交事务》杂志上的一篇文章就曾警告不能过分依赖克里姆林宫。他觉得，1969 年还没有足够能激励莫斯科帮助美国抽身的条件。再说，国安备忘录 NSSM-1 号文件少有的一致意见之一就是河内已越来越独立于莫斯科和北京。

然而，基辛格还是很快采纳了一个类似于尼克松的论点，那就是越南和平之路必须途经莫斯科。也由此引导出了基辛格所谓的"关联说"：美国对苏联各方面——无论是贸易、军控，还是越南等——的政策都应相互关联。

粗略地说，这就意味要使用贸易或军备协议做谈判杠杆迫使苏联在越南问题上帮忙。细致一点说，关联是确保政策反映现实的一个办法。比如，如果美苏之间因像越南这样的区域战争而紧张关系加剧，那么要想在军控方面有较大进展就不切实际。在肯定了这些关联后，华盛顿就可以建立一个理论上可以使莫斯科对帮忙解决越南问题感兴趣的奖惩框架。

关联恰恰是能发挥基辛格脑力强项的政策，因为他正是一个能在十分遥远的事情之间找到关系和动机纽带的人。这种思考方式是一个概念感极强，又有些阴谋论倾向的人与生俱来的，他就像蜘蛛能感知到蜘蛛网内的任何动静一样，对关联十分敏感。

尼克松能接受关联说，而基辛格也在就职当天对国安会做了一个介绍。那天的讨论主题是苏联表示愿意尽快开始限制战略武器谈判（限武谈判）。尼克松清楚地表示，除非美国感觉苏联愿意在越南问题上帮忙，否则他不愿意敲定重启军控谈判的时间。

多数美国人没怎么听说过梅特涅，他们对"关联说"这个概念不太能够接受。美国的官僚体制基本上是各行其是，一组人管贸易，一组人管中东，另一组人管军控或东南亚。大家都是以务实态度解决问题的人。在受过法律培训的团队的带领下，美国人喜欢就事论事处理问题，而不习惯把问题作为一个大框架下的小元素对待。

马上就有人批评关联说阻碍了军控，并成了与莫斯科改善关系的障碍。尽管就在几个月前苏联入侵了捷克斯洛伐克，但美国的舆论界领袖仍急于见到东西方关系的解冻。外交关系协会某研究小组还说及早签署军备协议是"当务之急"。另一个极负盛名的小组也说改善贸易实属"要务"。2月《纽约时报》的社论更是对关联说点名批判，它说："东西方之间的政治问题不容易解决，但战略军备问题解决的时机却已成熟。"《华盛顿邮报》也唱和："尼克松不应再拖延，迅速就导弹谈判采取行动……军控问题的价值和迫切性与政治问题状况完全是两码事。"

国务院内部也出现了反对关联说的声音。国务卿罗杰斯力主尽早开启限武谈判，而尼克松又不愿意与他起正面冲突。于是，基辛格起草了一封信，强调了关联原则，尼克松签署后即散发给政府各部门的高官。信上说："应当让苏联领导人了解，他们不可能在某一个领域因合作得益，而同时在别的领域因紧张局势或对抗占便宜。"[14]

此时，基辛格心生一计，他派曾任约翰逊巴黎谈判员、说话轻声细语的民主党政治家赛勒斯·万斯秘密前往莫斯科，提出一个关于越南和军控的一揽子交易。国务院对此并不知情。其实这是他的一石数鸟之举。往小里说，可以从罗杰斯和国务院手中把越南和军控谈判进程的控制权拿过来。另外也可以敲定关联说：万斯只有在苏联同意加速越南和谈的情况下才能得到开始军控谈判的授权。

更重要的是，万斯之行的目的是试探基辛格最佳战争结束法的理论——在强硬威胁支撑下亮出自己的底线——是否行得通。美方将提出自己能接受的最宽大的和平方案：立即停火，美国与北越部队双双撤军，并提出一个政治解决方案，包括容许民族解放阵线参与南方治理。这远远超出了美国当时的立场，即反对民族解放阵线发挥作用，北越部队开始撤退后才同意停火。和平方案的另一面则是威胁：如果河内方面不同意，美方将采取强硬军事措施，同时苏美关系也将趋冷。

万斯之行无功而返。基辛格向苏联驻美大使阿纳托利·多勃雷宁介绍这一计划时相当戏剧化，甚至给他看了尼克松的谈话要点手稿副本，但以后一直未见多勃雷宁有何反应。

关联说，起码最粗略、最简单形式的关联说自此一蹶不振。1969年，基辛格曾不下10次请多勃雷宁转请莫斯科在越南问题上合作。每一次，多勃雷宁都躲躲闪闪。多年后，苏联官员，包括美国问题专家乔治·阿尔巴托夫，都坚称美国高估了莫斯科对河内的影响力。

6月，虽然一直没有等到关于越南提议以及万斯之行的任何答复，但美国还是宣布愿开始限武谈判。三年后，限武协议在莫斯科的一片欢乐气氛中签署——虽然北越刚刚发动自春节攻势以来最凌厉的进攻。此时情况的发展其实正与关联说相反：华盛顿生怕（而非威胁）军控峰会会因越南战事加剧而受牵连。最讽刺的是，美国因其在越南的持续介入，最后反而维护了面和心不和的莫斯科、北京和河内的国际共产主义大团结。[15]

欧洲插曲，1969年2月

对尼克松来说，作为总统最风光的特权就是旅行。日常的烦心事，如处理争端、执行不受欢迎的决定等，都可以暂时搁下，而所到之处盛大的欢迎仪式足以让最没有安全感的领导人也觉得他享受的礼遇确实实至名归。尼克松在2026天的总统任期内，国际旅行里程高达147686英里，远超其他任何总统，或许也超过历史上其他任何领导人。

就任一个月，尼克松即前往欧洲访问。表面理由是在与苏联谈判前先同盟国磋商。此外，他也想让人觉得他并未过于纠结越南问题。对基辛格来说，回到他青年时期所处的大陆，因缺乏远见而让昔日的辉煌如今不再的大陆，更突显了他的新身份。[16]

此行的重点是拜见法国总统戴高乐，他对北约联盟的独立态度曾激怒肯尼迪和约翰逊政府。在前往欧洲的飞机上，尼克松翻阅了《问题重重的伙伴关系》一书，基辛格在书中曾为戴高乐辩护。飞机在奥利机场降落时，尼克松从机窗看见在舷梯尽头将军高大的身影，严寒的2月的晚间，他竟然没穿大衣。下飞机以前，尼克松也脱下了自己的大衣。

戴高乐力主向中国打开大门。"我不觉得我们应该孤立他们，让他们生闷气。"他说。尼克松的态度模棱两可。立即开放会令亚洲盟国感到不安，但长期而言则不无道理。"十年后中国大幅取得核进展时，我们就别无选择了。"尼克松说。戴高乐答道："最好在你不得不这么做之前就承认中国。"一粒种子就此埋下。

关于越南问题，戴高乐是以一个过来人的身份说话的，而且他有过两次经历：一次在越南，另一次在阿尔及利亚。除了在鸡尾酒会闲谈时曾对基辛格的"信誉"一说表示异议，他还向尼克松建议美国干脆撤军，并制定一个时间表。他还提议与北越直接谈判，或许可在巴黎秘密进行，尼克松表示感兴趣。

令戴高乐最感兴趣的话题是苏联。当时正好有个可供利用的大好机会：克里姆林宫对中国的疑心越来越重了。"他们考虑的是可能会与中国起冲突，"他说，"而且他们知道不可能同时与西方为敌。因此，我相信他们最终可能会与西方修好。"他后来用了一个成为尼克松-基辛格政策特征的词："追求'缓和'是明智之举，如果你没有做好打仗的准备，就该准备媾和。"[17]

对基辛格而言，欧洲之行的意义不在此行的实质内容，更多的是有机会为自己的作用定位。他上任已一月有余，但仍未与总统建立私人关系。他们主要是靠备忘录和形式化的会议交流。由于他打算从官僚手中夺权，所以此行大部分时间他都在努力树立自己的威信。

他试图让国安会的幕僚出面准备各个简报，但他的助理莫顿·霍尔珀林认为这样做不妥，等于是对国务院职责的直接攻击。结果，国务院的简报材料晚了不说，内容不是拼凑的废话，就是错话。前几任政府的反戴高乐情绪至今未改。"我们不得不把它们扔了，重新准备新材料。"霍尔珀林回忆。基辛格毫不留情，一五一十地将这一切都汇报给了总统。

到底谁可以跟总统登上空军一号，谁该跟新闻记者和比较不重要的随行人员挤在后面的"动物园飞机"，为此也颇有一番争夺。虽然基辛格挤上了空军一号，但负责安排此事的霍尔德曼还故意逗他，说弄不好他会被挤下去。基辛格认为这一点儿也不好笑。

在去的路上，基辛格惊愕地发现，随行人员下飞机时得按礼宾顺序，前往接待会也是如此，所以他无法待在尼克松身边。更糟糕的是，他虽然级别上与霍尔德曼一样，但按字母顺序的话，他要排在后面。"我告诉他我要走在他前面，把他吓坏了，"霍尔德曼回忆，"他说这会极大地影响他与外国官员的交往。"霍尔德曼听完笑了，于是让基辛格走在前面。

基辛格又把他的焦躁情绪发泄在他的挚友赫尔穆特·索南费尔特身上。他是基辛格在上阿默高陆军情报学校的老同事，后来以欧洲和苏联问题专家的身份加入基辛格团队。索南费尔特被基辛格从空军一号上赶了下来，理由是"我想机上不应该有太多犹太人"。

他之所以这么傲慢地对待索南费尔特，部分也是因为两人的爱恨竞争，但也反映出基辛格希望自己是唯一与总统有直接接触的外交政策幕僚。他们在访问波恩时，德国官员出其不意地要求尼克松向德国议会讲话，当时索南费尔特正坐在基辛格旁边。"你最好赶快给这个疯子写几个谈话要点，否则他到时候说什么就只有天知道了。"基辛格跟一旁的索南费尔特耳语。于是，后者用黄色记事本草草写了三页东西，交由基辛格传给了尼克松。索南费尔特有点儿闷闷不乐，因为在伦敦时，尼克松曾误以为他是当地官员，还问他天气怎么样。所以，他特意在议会讲话结束后走到尼克松面前说："我希望我给您写的谈话要点您觉得没问题。"基辛格听见这话大怒："见鬼了，赫尔，你老是想接近总统，离远点儿！"[18]

在比利时停留时，官员们安排了一场会，只准备了四把椅子，他们假设首相和外长将与他们对等的尼克松和罗杰斯会谈。"他们的礼宾并没有为总统助理安排座位。"基辛格回忆。见基辛格无意退往另一个房间，他们只好又加了一把椅子，另外也临时拉上一位比利时官员，以维持数目上的对等。

这一趟旅行对基辛格的助益不小。头一天晚上，总统就打电话叫他去其在克拉里奇酒店的套房。尼克松流露出少有的愉悦。他想睡，可睡不着。喝了酒，人又兴奋，又劳累，时间又晚了，他咬字已不太清楚。"尼克松就想听人家夸他表现多好。"基辛格回忆道。

当晚在克拉里奇发生的事情以后数月多次再现，这也成了两人奇怪关系的纽带。"他再三要我重述当日他的突出表现。"基辛格回忆，基辛格也不厌其烦地照办了。当晚的一切开始了两人长达5年多的动荡的伙伴关系。尼克松在决定辞职的前一天深夜，再次叫基辛格到他的房间，历数他在世界事务中的突出作用，基辛格再次发现安慰尼克松的简单办法就是从命，让他当晚得以入眠。[19]

秘密轰炸柬埔寨，1969年3月

柬埔寨的面积只有越南的一半，人口也只有越南的十分之一，数百年来屡遭这个有扩张野心的邻国的欺凌。自1941年起，该国领导人一直是诺罗敦·西哈努克亲王，他对自己的音乐和电影艺术造诣都颇感自豪。29年来他凭借灵活的手段和巧妙的平衡艺术维护了国家的独立。

他平衡术的一部分就是允许北越在柬埔寨与南越边境设立庇护所，其供应则来自北起老挝、南至西哈努克港的胡志明小道。美国即便在轰炸北越及老挝境内的供应线时，对在柬埔寨境内的共产党基地基本上也是不动的。

甚至在就任前，尼克松就开始重新审视这一政策了。1月8日，当过渡团队还在皮埃尔酒店办公时，他就给基辛格写了一个条子："我要一份精准报告，说明敌人在柬埔寨有什么，我们对那里的集结有没有进行摧毁。我想，对柬埔寨政策的明确改变或应属第一要务之列。"

到2月，美国官员已对北越沿边界渗透到庇护所的速度感到警觉，于是尼克松多方征求意见。但大家都反对恢复对北越的轰炸，或做任何可能激发舆情的事。"我们谁都无法承受恢复轰炸必然引发的国内激烈反应。"基辛格日后说。[20]

参谋长联席会议主席厄尔·惠勒将军是最支持对柬埔寨境内越南共产党庇护所轰炸的人之一。2月9日，他收到美军越南司令克雷顿·艾布拉姆斯将军的一封秘密电报，这封电报对他的论点提供了进一步支持。电报提到南越共产党神秘办公室的所在地，也就是传说中的北越和越共协调作战的丛林总部。

"根据摄像侦察和一名越共逃兵提供的情报，我们对南越共产党中央办公室在353基地有确凿的证据。"艾布拉姆斯的电报如是说。他指的是坐落在柬埔寨境内一个叫"鱼钩"的边境庇护所营地，在西贡西北约75英里处。"我们所有经图像解读查证的情报令我们可以锁定中央办公室。"他建议出动B-52轰炸机在一小时内集中执行60次任务，并说："如果目标方框标示准确，则几乎不可能造成柬埔寨平民死亡。"[21]

艾布拉姆斯获悉他的要求正等待"最高权威当局"的审议，而且特别强调需要保密。"最高当局希望此事尽可能不外传。"当时，代表"最高权威当局"行事的是基辛格。他为艾布拉姆斯从西贡派来的两名上校安排了一个早餐吹风会。莱尔德、惠勒和其他军界高官都在座。就因为这个安排，"早餐"就成了应急方案的代号。

基辛格和莱尔德都说，没有挑衅就对柬埔寨庇护所轰炸的做法在政治上不明智。2月22日，尼克松在访欧的前一天表示同意，他自己也松了一口气，因为这样他的欧洲之行就不会被这个有争议的军事行动破坏。[22]

就在同一天，挑衅开始了：北越发动了全面攻势，第一个星期就使美军死亡人数翻了一倍多（达453人）。基辛格大怒，河内没等新政府表态就发动了进攻。

基辛格为尼克松在椭圆形办公室安排了一次军情汇报会。总统怒不可遏。"他所有的本能都要他以暴力回应河内的大不敬。"基辛格回忆。

往往觉得事情总是冲着他来的尼克松事后在回忆这次攻势时说，这分明是"故意试探，就是想掂量掂量我的反应"。但当时他也就是让基辛格给多勃雷宁大使打个电话，大骂苏联人，想借莫斯科之力解救美国于危难，不过再次无果而终。

去布鲁塞尔的路上，尼克松突然下了狠心：他命令尽快轰炸鱼钩庇护所。基辛格迅速致电军事助理亚历山大·黑格上校，让他立即赶往布鲁塞尔商定细节。黑格又找了在国防部负责规划的战略空军司令部官员雷·西顿上校。黑格素以绝不放弃特权著称，他取消了原先打算从纽约乘坐商用飞机的计划，改令军用喷气式飞机将两人送到布鲁塞尔。

在那儿，他们与基辛格在停留于布鲁塞尔机场的空军一号上见了面。他们匆匆设想了各种可能的军事和外交方案。他们决定将不对外宣布轰炸事宜，但如果柬埔寨提出抗议，他们就承认。西顿记得基辛格当时再三强调必须对行动保密。他告诉西顿，这次使命执行时无须通过战略空军司令部正常汇报系统。他甚至建议连B-52飞行员都不需要知道他们的目标在柬埔寨境内。西顿认为这样做不切实际，最后也说服了基辛格，但同意想个办法让重大轰炸行动不通过正常系统汇报。

尼克松没有加入讨论，基辛格日后说，之所以没有，是因为"不想引起注意"。对一次重大行动保密——主要是对美国人民而不是敌人保密，因为敌人很快就会知道——所产生的第一个影响：进行规划时总统并未完全参与。也没有人告诉同在一架飞机上的国务卿罗杰斯。尼克松一直等到他和随行人员抵达伦敦，才向罗杰斯"隐晦地透露了想法，但没给细节"。黑格回到华盛顿即向国防部长莱尔德做了汇报。

莱尔德支持这项计划，但对如此强调保密感到不解和不安。他去电表示反对，他说轰炸行动不可能保密，一定要这么做肯定会有不良后果。他说，如果炸掉他们的中央办公室和庇护所有道理，完全可以公开说明理由。

他们对轰炸一个中立国领土所涉道义问题从来没有进行过辩论。一般都认为既然北越侵犯柬埔寨边界在先，美国这么做自然并无不可。尼克松已向内阁表示他没有纠缠道德问题细节的耐心。美国政策正向着一个不熟悉的领域滑行：使用军力时不考虑道义与国际法。

最后一刻，尼克松开始担心自己在欧洲访问期间开始的这场大轰炸行动，觉得这确实有点儿尴尬。所以，行动推迟了，但事情又出现了奇怪转折：一份电报通过国务院四处漏风的渠道发送给了驻西贡大使埃尔斯沃斯·邦克，称所有关于轰炸柬埔寨的讨论都已暂停。但经由秘密军事系统，一条秘密信息又发给了艾布拉姆斯将军，让他忽略发给邦克的信息。他应当着手制定应急规划。[23]

3月的前两周，尼克松的顾问们来回献计。听了基辛格的建议后，尼克松签发了轰炸庇护所的命令；听了罗杰斯的意见后，他又打退堂鼓。3月15日周六，北越炮轰西贡，这还是1968年10月暂停轰炸以来的第一次。那一天下午3点30分刚过，基辛格与总统的专线电话铃声响起。尼克松铁了心，他下令立即轰炸柬埔寨鱼钩地区的共产党庇护所。

基辛格对尼克松情绪高涨时的谈话风格已逐渐熟悉。语句短促、不连贯，并再三警告凡有异议者一律开革。他大声说完自己的决定后就会挂断电话，然后再打回来，做进一步指示。"到无法收回成命时再通知国务院。"他说完挂了电话。几分钟以后，他来电又说："这是一道死命令。"[24]

第二天下午，尼克松与莱尔德、罗杰斯及惠勒在椭圆形办公室开会，如12月在比斯坎湾讨论国安会新结构的会议一样，与会者并不知道尼克松已经做了决定。"典型的尼克松做派，"基辛格日后写道，"他觉得有必要假装他的决定仍有讨论的余地。因此，接着就是好几个小时令他兴致索然的讨论，这更让他认为应该把那些顽固分子挡在门外。"

在基辛格写给尼克松的力主轰炸的私人备忘录中，他说最大的风险莫过于柬埔寨和苏联的强烈抗议，舆论哗然，以及北越的军事报复。但正如基辛格曾写的希腊神话人物复仇女神一样，她对其惩罚对象最可怕的惩罚就是遂其所愿。基辛格没有料到还有这样的可能性：轰炸行动一直未被公开，柬埔寨和北越也未做出任何反应。

这一情况所造成的意想不到的后果，如果不是真发生了，任谁都会觉得太过荒谬：就因为没有人抗议，轰炸一直秘密进行了一年多；因为害怕泄密，不仅采取了严密的安全防范措施，还对白宫助理进行窃听；

一年以后，庇护所依然屹立不倒，那个神出鬼没的南越共产党办公室亦然；后来，这些都成了爆炸性新闻。[25]

尼克松授权对鱼钩庇护所开展秘密轰炸的决定是由惠勒将军用电报传达的，电报上写着："执行早餐行动。"电报于3月17日下午到达关岛的安德森空军基地。当晚，60架B-52轰炸机飞越似乎总在附近游走的苏联"渔船"，历经5小时抵达越南。夜空晴朗，轰炸机进入越南空域后就由美国地面空管人员指导航向。空管人员结束倒计时，炸弹即陆续朝着2英里长、0.5英里宽的地面目标方框落下。3月18日清晨，越战中头一次，B-52的轰炸目标方框中有48个是在柬埔寨境内。

基辛格正在西楼地下室的办公室与莫顿·霍尔珀林谈话，亚历山大·黑格拿着一张纸走进来。基辛格面带微笑解释道，美国飞机刚刚袭击了北越在柬埔寨的基地。据报，起码有73次二次爆炸，其中有的威力是正常爆炸的5倍，这表明炸弹命中要害，炸了燃油或军火库。他要求霍尔珀林绝对保密。[26]

有几个人却得到了远没有这么乐观的轰炸报告。自1967年，美国的绿色贝雷帽（美国陆军特种部队）就经常秘密潜入柬埔寨，行动代号是"丹尼尔·布恩"。他们两人一组，身着越共"睡衣"，不带身份证明，与10名左右当地雇佣兵同行。3月18日早上，"丹尼尔·布恩"的指挥官从西贡赶来，派了一小组人前往柬埔寨的353基地，也就是他报称美国B-52刚刚炸过的地方。小组指挥官伦道夫·哈里森中尉后来回忆，要他们去是为了抓生还的共产党。"他们肯定还没缓过神来，"指挥官向他们保证，"你们唯一要做的就是走过去搀扶他们上直升机。"

于是，两个美国人和11名当地人被运往目标区附近的一块空地。"他们还没等躲到树丛中就遭到了伏击，"哈里森事后回忆，"我想有两三人生还，其他人连尸体都没运回来。"尽管有二次爆炸的夸大报道，共产党的"总部"仍未被歼灭。"对该地的北越人来说，那效果就像你拿根棍子捅了一个像篮球那么大的蜂窝，"哈里森后来说，"他们很生气。"当问及B-52的作用时，他说："我对B-52的热情在这之后稍微冷却了一点。"[27]

但轰炸挑起了尼克松和基辛格的热情。原先几经周折终于做出的决定是歼灭据说是坐落在鱼钩地区的南越共产党中央办公室，这是一次秘密突袭。但突袭既未完成任务，也未引发抗议，于是，尼克松授权进一步袭击柬埔寨的其他庇护所——一切依然保密。继"早餐行动"后，又有中餐、小吃、晚宴、甜点行动，等所有的餐名都用完了，最后加一个晚餐。基辛格后来说，这些代号"缺乏品位"。整个计划又名"菜单"。

西顿上校在与基辛格和黑格商量后，设计了一个复杂办法为轰炸行动保密。通过正常国防部渠道发送的是一批假报告，载有真正目标的材料则另外秘密保存。"我问为什么我们要做假报告，"驻越南战略空军司令部的哈尔·奈特少校于1973年告诉参议院调查组，"他们告诉我，为了政治理由必须如此。"

空军司令和其他高官对突袭完全不知情，连国务院都被蒙在鼓里。少数国会议员对起初的袭击知情，但此事从未正式征求过国会的意见，或向其坦承行动范围，对此，基辛格曾在事后表示过遗憾。甚至在1971年，也就是秘密轰炸方案已结束一年，柬埔寨已陷入公开战争很久之后，参院军事委员会举行了一次关于轰炸目标的闭门听证会，军官们还声称："1969年全年，B-52没有对柬埔寨进行过任何轰炸。"[28]

秘密轰炸持续了14个月，一直到1970年5月。美国B-52共执行任务3875架次，向越南边界地区的6个基地投了108823吨炸弹。计划坚持了这么长时间即证明，原先说一次袭击即可摧毁共产党总部之说不足信。同时也使得轰炸是为回应未经挑衅的共产党攻势的理由站不住脚；再说，那次攻势与每年春季的攻势一样，2月开始，5月雨季时结束。"菜单"轰炸行动最后停止并不是因为它成功，而是因为它不成功：庇护所和那飘忽不定的共产党中央办公室仍然是一大威胁，于是尼克松决定对柬埔寨展开全面地面军事行动。[29]

但军方对此次行动还很满意。在共产党发动攻势之初，美军每周死亡人数曾翻倍到450人，轰炸开始后即减至250人，后来又进一步减半。参谋长联席会议主席厄尔·惠勒还把这当个好事汇报，说轰炸导致越南共产党在柬埔寨的"人员和供应都更趋分散"。[30]

对惠勒好的事却不一定对柬埔寨的西哈努克亲王也是好事。他曾以走钢丝的平衡技巧，使他的国家不至于像越南和老挝那样被战争撕裂。当地的游击队运动，在1969年参与者也只有四五千人。虽然北越破坏了柬埔寨的中立，但其营地并未扰乱柬埔寨农民和渔民的生活。但当美国轰炸导致共产党营地分散到更大地区时，这个微妙平衡就维持不住了。轰炸或许并非柬埔寨一年后陷入混乱的主要原因，但它确实给西哈努克的平衡工作帮了倒忙。[31]

基辛格和其他官员后来辩称轰炸属合法行为，因为西哈努克亲王并不反对。不错，他于1969年7月炸弹还在往下扔的时候就恢复了与美国的关系。"如果西哈努克邀请我们攻打北越基地，"基辛格前助理彼得·罗德曼说，"那我们就是在维护而不是破坏柬埔寨的中立。"

基辛格后来说，对轰炸必须保密，是不想让西哈努克处于不得不谴责——或许同意——美国针对北越庇护所的行动的尴尬境地。"保密的原因是，一旦公开宣布，无疑将是对柬埔寨政府的不必要打击，从而迫使它要求我们停止行动。"[32]

这看似不无道理，但其实，华盛顿也有理由担心事情会朝另一个方向发展，即西哈努克支持美国的袭击。若果真如此，美国政府的处境就更尴尬了：公然采取行动把战争扩大到另一个东南亚国家。到时候国内的激愤情绪也是尼克松和基辛格不愿见到的。

尽管将"照顾西哈努克微妙处境"作为保密理由，但这个分量还是远远比不上基辛格自身考虑的分量。政府之所以一心想对轰炸柬埔寨一事保密，主要是担心美国的反应，不只是西哈努克的反应。如果只是为了西哈努克，哪里需要如此大费周章——搞两本账、监听、记录作假、误导国会的证词、绕过国会、鬼话连篇。

基辛格曾在他的回忆录里写过一段最言不由衷的话，他说，如果宣布了轰炸计划，该计划"肯定会得到美国民众的支持"。错了！就像一年以后入侵柬埔寨一样，宣布轰炸一定会引发暴力抗议。征得国会和民众的支持是美国体制的传统，但要做到并不容易。

尼克松在他的回忆录里的陈述还比较诚实。在讲完西哈努克处境微妙后，他说："另外一个要保密的理由是国内反战抗议问题。"但在民主国家，国内抗议并不能成为对重大军事行动保密的理由。[33]

保密的决定反映了参与人的风格。连与基辛格长期紧密共事的同事、经常替他辩护的劳伦斯·伊格尔伯格，也觉得他的前上司做这个决定与其性格特点有关。"从参与决定的人来看，主要就是基辛格、尼克松，一定程度上也包括黑格，肯定是要守密的，"他说，"换成其他人，如洛克菲勒、福特，情况就不一样了。"[34]

国防部长莱尔德是轰炸的支持者，他坚持认为"我们应该狠打对方"。他同时也认为"保密则愚蠢至极"。基辛格对两个报告渠道的要求是由尼克松直接下令的，为的就是绕开莱尔德的反对。"不管亨利跟我怎么说，"莱尔德后来说，"我都拒绝授权对轰炸的具体地点做假报告。我拒发电文，于是尼克松和基辛格就将电文发给邦克（大使）转交艾布拉姆斯。"

尼克松和基辛格的保密使足智多谋的莱尔德在国会山庄赢得了几个朋友。"我没跟白宫打招呼，就将此事告诉了几位议员，如杰拉尔德·福特、乔治·马洪、孟德尔·里弗斯、爱德华·赫伯特。"他事后说，"我赢得了他们的信任，因为在尼克松和基辛格骗他们的时候，我告诉了他们真相。"[35]

怪异的是，原来的保密决定也没料到会发展到后来那么严重的程度。从一开始，计划里就包括一些应对报界提问的回答："发言人将肯定 B-52 确实在柬埔寨边界附近执行了例行任务，但声明他并不清楚细节，将做进一步了解。"如果柬埔寨正式抗议："在对柬埔寨的抗议进行答复后，华盛顿会告知报界我们已道歉并愿意赔偿。"

但随着计划进一步实施，蒙骗手法也日趋复杂，保密变得比轰炸本身更重要了。很快，基辛格和尼克松对定期轰炸行动的成果不再关注，而更关注保密需要了。[36]

1969 年 4 月 EC-121 被击落

在接受 1968 年提名时，尼克松指责约翰逊政府当年在应对朝鲜扣留普韦布洛号（海军侦察船）事件时表现不力。"当人们对美国的敬意一落千丈，朝鲜竟敢在公海上扣押美国海军的船只时，就是需要新领导班子的时候了。"他宣布。4月14日周一夜晚，尼克松表现果敢的时机到来了，朝鲜喷气式飞机击落了一架未携带武器的美国EC-121电子侦察机，机上载有31名机组人员，而且当时飞机是在离朝鲜海岸线90英里的国际水域上空飞行。

这个危机导致政府内部第一次出现明显分裂，一边是尼克松和基辛格领导的鹰派，一边是罗杰斯、莱尔德和中情局局长理查德·赫尔姆斯。危机也成为基辛格和尼克松所相信的权力与信誉哲学的一次考验。

从一开始，基辛格就主张还击，莫顿·霍尔珀林与其他国安会的高层人物也一样。国务院则反对，他们建议美国不出席那个星期稍晚要举行的停战委员会会议，以此表示不悦。莱尔德和国防部反对采取可能对越南战事分散注意力的军事步骤，同时，他们还取消了美国在该区的所有侦察飞行。[37]

国安会全体会议直到周三，约事发后整整两天才召开。大家就扣押一只朝鲜商船的建议逐渐形成了共识。唯一的问题是：朝鲜在海上没有船只，这种情况几乎都有一年了。据报由朝鲜所有但悬挂荷兰旗的船只在某处游弋。尼克松一再追问，但也没人知道它的确切位置。

基辛格开始力主对朝鲜喷气战机所属空军基地进行"无菌"打击。莱尔德和他的军事顾问忍不住嘲笑，这种假想永远在空谈家而不是军人当中流行，以为空袭真的可以像外科手术那样精准或无菌。他们反对。国务院也反对。副国务卿亚历克西斯·约翰逊一直问，朝鲜怎么知道这是还击而不是一场全面战争的开始？[38]

基辛格的立场甚至在政治上遭到了反对。在国安会会议后，他问霍尔德曼和埃利希曼，还击会在国内引起什么反应。"什么样的还击？"埃利希曼问。

"摧毁朝鲜军机的起飞基地。"基辛格说。

"好，"埃利希曼答道，"如果他们又打落我们几架飞机呢？"

"情况可能就会升级。"

"升到什么程度？"

"嗯，"基辛格说，"可能升到核战的程度。"

这可不是玩笑话题，特别是对埃利希曼而言，因为他已经感觉到基辛格总让他想到战争狂人奇爱博士。很快，白宫到处都传言基辛格建议或可考虑核选项。[39]

对官僚们如此拿不起放不下，灰心之余的基辛格告诉霍尔珀林，他们得给总统写一个备忘录。"我们正在写呢。"霍尔珀林说。基辛格答道："不，我指的是严肃的备忘录。你们现在起草的是入档用的。"最后霍尔珀林就写了两份备忘录，一个是官方的，一个是私下的。霍尔珀林不知道的是，伊格尔伯格也奉命起草了一份。[40]

第二天，尼克松决定不进行军事还击。他找了两个比较温和的选项：为侦察飞机派遣武装护航，同时调遣两艘航母在日本海游弋。直到此时，白宫才发现国防部已取消所有该地区的侦察飞行。国防部告诉基辛格，恢复需要时间，特别是如果要有护航。

基辛格找莱尔德理论，据国防部长的一位助理描述："气得他来回踱步。"他指责国防部"篡夺了总统职权"。基辛格花了四个星期给莱尔德拼命写备忘录，要他再次恢复侦察飞行，但直到5月8日飞行才恢复。他曾在学术论著中讲到官僚体系会如何抵制行政部门的决定，而如今这一切却在他的眼前发生了。

两艘航母悬挂着国旗威风凛凛地航行在日本海，后面跟随着电视制作团队，甚至还有一艘软皮飞船。但因政府未宣布要朝鲜做什么（其实它从未在这个问题上做过决定）——道歉？赔偿？认错？——这番列队游行没有发挥任何作用。[41]

在尼克松宣布了他的温和应对方式后，基辛格见到尼克松时还坚持，没有还击有损美国信誉。而强硬反应则更能加强尼克松的"疯子理论"。"如果我们还击，"基辛格说，"他们会说：'这个人发疯了，我们还是跟他和解吧。'"

可是，罗杰斯、莱尔德、赫尔姆斯继续反对军事还击，基辛格最后接受了这个一致意见。"我们发现，再坚持会造成政府分裂，可能还会有阁员请辞，"尼克松事后回忆，"代价太大了。"

做了决定以后，尼克松对基辛格大骂莱尔德和罗杰斯太没有骨气。他发誓会让他俩走人，以后但凡遇到危机，他再也不会征求他们的意见了。基辛格回忆："这个结果使尼克松更加认定，他闭门自行决策的做法是对的。"

还有一个结果：因为愿意取悦上级，基辛格将尼克松对这些不够好战的顾问的愤怒记在心上。他意识到，自己的强硬态度已经拉近了他与总统的距离。[42]

国安会这个机制的第一场考验即以失败告终，而且还败得很惨。它并未提出任何可用选项，或确立清晰的目标，加之它动作迟缓，从而错过了采取果断行动的机会。甚至它从来没弄明白朝鲜的攻击究竟是有意挑衅，还是孤立的越轨行为。截获的情报显示是后者，但国安会从未就此进行充分讨论。

于是，基辛格开始抓紧他对危机管理的控制权。他成立了一个名为"华盛顿特别行动小组"的新机构，并由他主持。其他成员包括国务院和国防部及其他机构的二把手。未来若出现危机，小组将制定战略并指明方向，一切均在基辛格的掌控之中。

基辛格的强硬路线主要是受如下观点指引：事关美国信誉，软弱会助长未来的挑战。他在回忆录里谈论 EC-121 事件，谈论从这个事件中吸取的教训："自己犹豫不决就会鼓励对手坚持立场，甚或给赌注加码。"他强调，不做反应会让美国的对手更为嚣张。

虽然这在理论上说得通，但没有任何迹象显示它在 EC-121 被击落事件中得到了验证。美国什么也没做——没有还击，连军刀都没怎么晃动。朝鲜也并没有给赌注加码。

尼克松对朝鲜行动唯一的严肃军事回应是再次下令对柬埔寨境内的北越庇护所进行轰炸。这种奇怪的联系似乎以为，对越南共产党的秘密攻击能惩罚并吓阻朝鲜。[43]

基辛格传

第10章

基辛格的白宫帝国：大老板的权威及其行事风格

> 分工越来越细、越来越官僚化的社会的一个奇怪现象就是，在争取出人头地的过程中受到追捧的品质较之出人头地以后所需要的品质少得多。
>
> ——基辛格 《选择的必要》，1960年

副手人选

基辛格在被任命后的第二天，遇见了他在哈佛的老同事亚瑟·施莱辛格。施莱辛格问："你打算如何应付理查德·艾伦这个副手？""亚瑟，"基辛格答道，"我打算像邦迪对待我那样对待他，一年之内他一定会走人。"

艾伦是一个长着一张娃娃脸的保守派，他曾帮助基辛格加入尼克松阵营，后来又在竞选期间充当越南和谈内部情报的秘密联络人。尼克松已任命艾伦为副国家安全事务助理，一开始，基辛格对他十分讨好，请艾伦陪自己的父母去皮埃尔酒店的记者会，基辛格的任命就是在这里宣布的。艾伦很高兴地这么做了。[1]

但就在新团队上任前，基辛格就已开始让艾伦靠边站了。他在背后称艾伦为"沙盘右派"成员，结果被罗兰·埃文斯和罗伯特·诺瓦克在一篇专栏文章中揭露并严厉批判："无法想象基辛格还会重用艾伦。"基辛格原来答应艾伦在白宫西楼自己的办公室旁边给他一个办公室，后来

又说对街行政办公大楼三楼有一个更大的套间更合适。后来，他开始把艾伦的名字从与总统会面的应邀名单中删去。"艾伦上哪儿去了？"尼克松经常问，基辛格总是嘟囔说他没空什么的。很快，总统就注意不到他缺席的事了。

同时，基辛格又交给艾伦海量的无意义工作：改写整个美国战略目标计划，重审世界各地的美军基地需要。8月，艾伦就辞职不干了。[2]

尼克松让基辛格有选择最佳专业幕僚的自由，而且还不在乎他们的政治立场，基辛格为此十分自豪。"你得记着，我也不支持这个人。"基辛格在网罗曾担任约翰逊国安会幕僚的外交部门官员罗杰·莫里斯时对他这样说尼克松。尼克松身边的一群老将曾试图出面阻挠，但都被基辛格击退了。"起码有两次，"基辛格说，"霍尔德曼以安全为由对我的选择提出异议，结果发现他反对主要是因为我举荐的人有自由派倾向，或较喜欢与记者聊天而已。我两次都驳回了霍尔德曼的意见。"[3]

他讲的这两个人选就是莫顿·霍尔珀林和赫尔穆特·索南费尔特。两人都是很想有一番作为的知识分子，后来又都成为最可能取代基辛格副手艾伦的候选人。

霍尔珀林日后成了政府最尖锐的批评者。但在1969年初，据罗杰·莫里斯说，他是"在西楼地下室转悠的比较喜欢抓权、比较有心计的官僚之一"。他同时也相当聪明，心思强大敏锐，观察灵巧全面。他的专长在官僚体系的结构方面：他曾就此发表过学术论文，在协助基辛格建立国安会新结构时更将自己的理论付诸实践，后来穿梭于基辛格在白宫地下室的办公室与行政办公大楼的国安会幕僚办公室之间，更是日日与此为伍。

基辛格，一如尼克松，是个多面人，至于以什么面孔呈现则往往看他跟什么人在一起。霍尔珀林就利用自己的学术钻研取悦基辛格。他像模范研究生一样，不仅思维敏捷，也酷爱学界政治。

虽然他并不比索南费尔特更有野心，对自己的追求他倒也不太忌讳。"莫顿不断给基辛格施压，让自己担任他的副手，让别人都通过他提报告。"时任系统分析师的劳伦斯·林恩说，"这颇伤了一些人的心。"[4]

"霍尔珀林想当副手,所以经常等候在亨利的门外。"赫尔穆特·索南费尔特回忆道。其实,索南费尔特也一样。基辛格还特别开玩笑,说他一走出办公室几乎就会"偶遇"索南费尔特。

如果说霍尔珀林像模范研究生,索南费尔特则有基辛格欣赏的欧洲知识分子的哲人作风。他们是有同样传统背景的同胞、同伴,两人间既有竞争,又有无形的纽带系襻,不喜欢但又尊敬对方。"两人每次碰到一起就不免紧张,"劳伦斯·林恩说,"他与亨利太像了,不可能没有竞争。两人都有野心,爱虚荣,疑神疑鬼。"

索南费尔特往往站在行政办公大楼的窗前注视白宫的西楼进口。如果看见苏联大使多勃雷宁或任何隶属于他职权范围内的人物出现,他立即就会离开办公室参加基辛格那儿的会议。"亨利都快被他逼疯了,"伊格尔伯格回忆,"两人的竞争有爱也有恨,特别是哈尔(赫尔穆特)这方面。"

争夺的主要原因是索南费尔特不愿意被视为基辛格的幕僚,他认为自己是可以独立约见总统的官员。"从第一天开始,我就感觉亨利要与我一争高下,"索南费尔特回忆,"特别是在与尼克松打交道这方面。"与过去的国家安全事务助理不同,基辛格不让他的幕僚独立约见总统、报界或外交官。索南费尔特说:"这彰显了他的不安全感。"

有一次,总统要主持一个午宴,宴请圣母大学校长,而基辛格的助理却发现无法把这个活动安排进基辛格的日程中,他们知道可以找索南费尔特出面。就在活动前,索南费尔特正在和基辛格开会,伊格尔伯格开了个玩笑,他走进会议室,给了索南费尔特一个备忘录,说:"哈尔,这是有关你与总统午餐的事。"基辛格按惯例,扭过头来看了一下内容。难掩不悦,他走出会议室,坚持修改自己的活动安排。最后是他而不是索南费尔特参加了午宴。另一次,他的助理想出了让基辛格审查并核认活动日程表的办法。方法很简单,就把拟议日程表放到标志索南费尔特的卷宗里,放在基辛格容易看到的地方。果然,他总会拿起来翻看。

基辛格每每以给索南费尔特带来小小的羞辱为乐。一次,在白宫典礼拍团体照时,他叱喝索南费尔特:"你不行,哈尔,你不够重要。""小摩擦开始累积，"索南费尔特说，"等我意识到他那么敏感后，我就开始逗他，假装我真要为接近总统的事向他挑战。"接着，索南费尔特略带伤感地说："我越是忠心，他就越发觉到那是我的弱点，更用歪门邪道对付我。"

尽管他们个人间有这么多摩擦，但基辛格还是对索南费尔特的分析才干十分敬佩。基辛格曾多次找他了解苏联的用心，征求他对各项政策的意见。

对索南费尔特来说，奇怪的倒不是他未能在基辛格手下一展所长，而是他竟然待了下来。多年后，基辛格转到国务院工作，他把索南费尔特也带到了国务院。一次，联邦德国总理维利·勃兰特的直升机抵达安德鲁斯空军基地，基辛格和他的发言人罗伯特·麦克洛斯基在场迎接。跟在总理后面的是一张熟悉的面孔。"为什么索南费尔特会跟勃兰特在一起？"麦克洛斯基问道。基辛格回答："为什么有索南费尔特存在？"[5]

就在霍尔珀林和索南费尔特两人为争基辛格副手一职而互相厮杀之际，一个外部人选正静观其变，此人就是能保护基辛格不受右翼攻击的亚历山大·黑格上校。他对尼克松的强硬路线矢志不渝，已逐渐发展到忠诚比思考、创新或对外交政策细节的了解都重要的地步。

1947年西点军校毕业纪念册上黑格的照片下面有一段话："信念坚定，志向更高，对士兵同僚有深度了解，这一切将能助推亚历山大这辆战车直达高峰。"他在那一届310人中名列第214。他出身于费城一个爱尔兰天主教的工薪家庭，父亲死于癌症，是由坚毅而有见识的母亲带大的。1967年，他在越南做步兵营营长时，曾负责摧毁西贡附近怀疑给越共提供庇护所的南越宁静村落槟朔。后来他因在柬埔寨边界附近指挥一个旅，进行了一次持续了两日的激战，表现英勇而获得授勋，并在战场晋升为上校。但他日后直到四星上将的升迁则只能归功于他在白宫办公桌后面的英勇。

基辛格在寻找军事助理时，约瑟夫·卡利法诺和罗伯特·麦克纳马拉因在五角大楼工作时认识了担任参谋的黑格而向基辛格举荐此人。基辛格过去的提携人克雷默也建议他试试黑格，他后来还说黑格是"我的另一大发现"。当时黑格正在西点军校担任军官学员大队副大队长,他训练学员操练步伐时要求他们肘关节锁死,手指在第二关节处保持弯曲,他因此闻名(也被许多年轻人憎恨)。

与聚集在隔壁行政办公大楼负责实质事务的国安会助理不同,黑格和伊格尔伯格,作为基辛格个人的军职和文职助理,就在白宫西楼地下室基辛格的办公室外面办公。很快,黑格就开始处理最敏感的材料和秘密了。

黑格能够像军士长一样口吐粗语,又能够像将军一样饮酒周旋,不久就在基辛格的幕僚中颇得人缘。他与野心勃勃的霍尔珀林和坐立不安的索南费尔特不同,他在学术上构不成威胁,也从不擅自对他们的报告或建议表达意见。但他却有本事在基辛格制造的乱哄哄的紧张气氛中让办公室的工作进行得井井有条。"我喜欢亚历山大,"与他意识形态并不一致的安东尼·莱克说,"他有条不紊,言出必行,体恤他人,能稳定军心。"

基辛格发脾气,黑格可以忍受;就因为他是军旅出身,所以面对上级的无理谩骂他可以挺直腰板不以为忤。当怒气冲冲的基辛格走了,黑格就会给其他幕僚把刚才那一幕戏重演一遍,先演暴跳如雷的基辛格,再演他自己——一个唯命是从的僵硬木偶。"也只有习惯了受这种气的人才能待得住。"曾短期担任吃力不讨好的日程安排秘书的科尔曼·希克斯说。

当其他人受了基辛格的气,黑格就会出面安慰。"就像他义无反顾地站在你这边。"罗杰·莫里斯说。他扮演红脸,显得白脸老板既失控,又难缠。这个技巧基辛格也很拿手,因为在对待尼克松时他也扮演同样的角色。"从这个意义上说,黑格是用了我的办法来对付我。"基辛格日后说。

黑格也想当基辛格的副手,他还有一个优点,即不在意加班加点地干活。基辛格一般晚上 8 点离开,去参加晚宴或其他应酬,留下一大堆工作给黑格。等基辛格再回办公室看时,就发现工作都做完了,秘密仍被严守。黑格的工作有好几方面。他是与联邦调查局长胡佛及其他怀疑基辛格不够强硬的人之间来往的特使。他还教基辛格如何利用特权，如安排军用飞机周末回纽约。他甚至还是为基辛格第一个白宫晚宴租用白领带、白燕尾服，并到他的寓所帮他穿戴整齐的人。

很快，黑格又多了一项基辛格交付给他的任务，即总管联邦调查局对其他国安会幕僚家中电话进行窃听的秘密方案（见第 11 章）。霍尔珀林和索南费尔特就是该窃听方案的头两个受害者。如此一来，三人中究竟谁能胜出成为基辛格副手已无悬念。

黑格胜出还有一个原因：基辛格确信，黑格永远不可能威胁他与尼克松之间的关系。基辛格觉得黑格是个比较粗心大意的人，不善于战略思考，而且信守权威层级。对于黑格的心思基辛格没有看错，但他不久就发现自己在判断黑格的野心和忠诚方面偏差严重。[6]

基辛格的行事风格

上任几个月后的一天，基辛格刚刚开完会，按照惯例他嚷嚷着要找他的个人助理。有人向他指了指接待室的沙发，那儿躺着因过度劳累病倒正等待就医的劳伦斯·伊格尔伯格。"可是我需要他！"基辛格吼道。不顾伊格尔伯格的状况，他一边转悠，一边发号施令，抱怨工作完不成。当时在场的黑格后来还为那些没赶上这场戏的幕僚惟妙惟肖地讲述了此事的点点滴滴。[7]

胖乎乎的伊格尔伯格是个十分诙谐风趣的外交部门官员，在所有幕僚中他的任务最为艰巨：做基辛格的私人助理就意味着基辛格所有的事，从洗衣到文件往来，你都要负责。身体恢复后，他被调到布鲁塞尔担任北约外交官，这个职位比以前平静多了。安东尼·莱克接替他做了不到一年，后来接任的是温斯顿·洛德。

基辛格手下其他职员的变动速度也同样相当快。1969 年初加入国安会的 28 名助理，到 9 月就走了 10 人，包括伊格尔伯格、霍尔珀林、丹尼尔·戴维森、斯珀吉翁·基尼、理查德·穆斯、理查德·斯奈德。到 1971 年夏，原来 28 人中只剩下了 7 人。[8]

部分原因是基辛格把僚属当喽啰使唤，而不像对待外交政策专业人士。在就职当天下午的第一次会议上，他就告诉大家不得在白宫餐厅用餐，虽然他们经常要加班到很晚。只有内部事务工作人员能在餐厅用餐。他推说这是霍尔德曼的决定，但霍尔德曼后来表示这是基辛格的决定，因为他不想让他手下的人与白宫搞政治的人拉帮结派。

结束会议时，基辛格说："最重要的是你们所有人得立即切断与报界的联系。"他还先发制人地坦率表示："这届政府要走漏任何消息都应由我走漏。"

基辛格也停止了允许最高层工作人员直接与总统讨论其专职领域问题的做法。其实，除极少数情况，连让他们一起会见总统他都不允许。"这反映了他又好胜又缺乏安全感。"温斯顿·洛德说。因为能见到总统，大家会觉得兴奋，即便工时长，做牛做马也值得，见不到总统自然有损团队士气。

基辛格发现霍尔珀林在第一次国安会前曾跟中情局局长理查德·赫尔姆斯例行地过了一遍会议议程。他对霍尔珀林说的话没有意见，但令他不高兴的是他下面的人竟然私自决定与一个内阁成员交谈。基辛格于是通过黑格传话："幕僚不可与要员谈话。"

基辛格虽然忙得团团转，但却拒绝放权或安排好他的日程，他的办公室就成了瓶颈。"头一年，那里就像摩洛哥妓院一样，众人都在门外排队等着接见，一等就是几小时。"索南费尔特说。无论做什么，基辛格都会晚到十分钟，连白宫幕僚会议也不例外。高官纷纷抱怨，觉得自己像上研讨会课的大学生在苦等教授。

有些会，如与美国军备谈判团队开的会，经常在最后一分钟才被取消。好不容易基辛格来了，才开了几分钟的会，就有秘书进来打断会议，他得出去接个电话，等半小时左右他才回来，这把大家气得够呛。

基辛格的管理作风是处处设防，不公开透明，神神秘秘，缺乏包容。"他不喜欢大型会议，因为他不愿别人拉帮结派对付他，"索南费尔特说，"他会私下告诉你一些东西，说说别人的不是，用这个办法拉拢人。"

这经常并不是他经过深思熟虑的策略，而是他的个性使然，他生性

如此。"他有把最不起眼的小事都赋予神秘色彩的本事，"伊格尔伯格说，"有时就像个青少年。"⁹

无论是助理，还是同事，基辛格跟他们都是私下单线联系，这样也给他们一种亲切感。他会让人觉得他只相信他们几个，只有他们才了解他打算透露的敏感信息。"亨利曾跟我说，我是国务院唯一有概念化思考能力的人。"埃利奥特·理查森说。"亨利说我是唯一一个他不能左右的新闻记者。"亨利·布兰登说。

这一切极具迷惑性。"我从来没有见过像他这样有强大吸引力的人，"参谋长联席会议成员、海军上将埃尔莫·朱姆沃尔特回忆，"他不仅有魅力、诙谐，还让我觉得他是专程为征求我的意见和协助而来的。"

在他找朱姆沃尔特帮忙绕过莱尔德的一次私下会议后，基辛格告诉这位海军上将他十分荣幸能与他来往："你是参谋长联席会议中唯一的知识分子，唯一有宽广视角的人。"朱姆沃尔特刚走，基辛格转身就跟工作人员埋怨："我最受不了的就是知识分子型的海军上将。"

政府里有这么多人等着别人来灌迷汤，基辛格逢迎拍马的本事正可一展所长。他曾多次把这个本事用在埃尔斯伯格身上。1968年大选后两人参加一个兰德研讨会，基辛格说："关于越南，我从埃尔斯伯格那里所学到的比从别人处学到的都多。"两年后，当埃尔斯伯格到圣克利门蒂探访基辛格时，他又来奉承："关于讨价还价，我从埃尔斯伯格那里学到的比从别人处学到的都多。"在政治光谱的另一端，他也对政府中同属鹰派的对手康纳利极尽谄媚之能事。"他老跟我说我怎么怎么聪明，总统怎么信赖我，"康纳利后来说，"他还真会来事，我心知肚明，因为我在那方面也有不少经验。"¹⁰

不过，基辛格的魅力也有负面效应：就因为他要拉拢和讨好各种各样的人，不可避免地赢得了两面派的名声。由于是私下秘密地与人来往，他总能让自己的答复更接近对方之所想。但他却没想清楚，他的幕僚也好，朋友也好，都十分热衷于交流基辛格对他们说了什么。

自由派历史学家亚瑟·施莱辛格和保守派报人威廉·巴克利过去经常去华盛顿，与基辛格见面。"我回家后总会对妻子说我很高兴，尼克松政府里幸好有他。"施莱辛格说,"直到有一天,我听说巴克利跟我一样,跟亨利共进午餐,回去跟妻子说这个人真行。我这才意识到有点儿不对劲儿。"

巴克利在保守运动中的朋友曾警告他基辛格这个人两面三刀。"基辛格可以跟六个人见面,每个人都聪明绝顶、有学问、有知识、有经验,但观点各异,他有本事让每个人都相信基辛格的真正立场就跟他们的一样。"美国新闻署负责人弗兰克·莎士比亚回忆道。曾任副总统阿格纽幕僚长的戴维·基恩说:"对自由派他有一套话术,对保守派也有一套话术,而且他总要你保密,'我现在要说的可是绝密信息',然后跟你胡说一通,对别人说的又完全相反。"[11]

基辛格想两边讨好,最明显的事例就数越南问题,他的做法令尼克松和他的忠实信徒怒不可遏。"我们知道在椭圆形办公室里,基辛格是'鹰派中的鹰派',"霍尔德曼回忆,"但到晚上,神奇变化就发生了。根据送到尼克松手上的报告,与他的自由派朋友推杯换盏之际,好战的基辛格就突然变成了鸽派。"[12]

基辛格的作风也开始在国会山庄引发问题,因为在那儿,交流情况、互换情报是权力游戏的一部分。"基辛格经常把比尔·富布赖特和约翰·斯坦尼斯的会谈紧挨着排,而且都说些他们想听的话,"基辛格的国会联络官、后来做过海军部长的约翰·雷曼说,"但会山庄的人是会交谈的,特别是下面的工作人员,他跟富布赖特说的话不到一天就传到斯坦尼斯那儿了,于是他们开始把亨利当作棋子。"当然,基辛格为了给自己的政策争取最大的共识,这个目标本身无可厚非,但是他争取支持的政治光谱太宽了,最终伤及了自己的信誉。"你不可能同时让富布赖特与斯坦尼斯、凯瑟琳·格雷厄姆与杰西·赫尔姆斯都相信你私底下与他们是哥们儿。"雷曼说。

交换基辛格的不实之言很快就成了华盛顿人茶余饭后的谈资。雷曼说他就听到基辛格叫军备谈判代表杰拉尔德·史密斯提议在两个而不是四个地点配备反弹道导弹,基辛格挂了电话,紧接着在接听国防部长莱尔德另一条线上的电话时说:"我同意需要有四个地点,但那死鬼杰拉尔德老是让步。"[13]

当然，在与不同派别打交道时，基辛格也并不总是直接撒谎。这样做粗暴不说，也容易惹上麻烦。一旦有人质疑，他总能指出他曾经说明过两者之间的细微差别，或他的话没说清楚，导致别人以为他同意。"如果你有个录音机，"尼克松的演说撰稿人、不怎么喜欢基辛格的雷·普莱斯说，"你就会发现，亨利对富布赖特说的与对斯坦尼斯说的并没有什么不同，只不过是包装各异。"[14]

基辛格可以随着环境颜色的微妙变化而变化，他就像有这个本能似的。与保守派在一起，谈起尼克松的动机，他看起来就一脸坚毅，甚至有喝彩的味道。跟自由派在一起，说起同一个话题，他就会拼命搓手，一副纠结模样。但对两派人，他都摆出全神贯注，一边听一边点头的样子，然后就喃喃自语，说那些站在另一边的人是"笨蛋""疯子"，再问些友好问题，也希望对方态度友好。他会一再告诉对方他很了解对方的担忧。这些人在离开时都以为自己关心的问题也是他关心的，对别人的这个印象他从不纠正。"到底是我的交谈方认为我与他们对话就代表我同意他们的看法，还是我以模棱两可的话误导了他们，由于时间久远，现已无从查证，"基辛格后来写道，"或许两种可能都有。"

基辛格的管理风格则以脾气火暴著称。有的人性子急，发脾气是他们受挫后的发泄，发完脾气，一切都过去了；有的人则比较闷，自己郁闷，久而久之积怨就深了。基辛格却是两种脾气兼而有之。"为什么我就这么倒霉碰上了这么无能的人！"手里拿着工作人员的备忘录，他怒吼着把东西扔在地上，还在上面踩踏一番。"如果他生气时就踩一脚，那你没事儿。"一位助理说，"如果他两只脚都离地了，你可就麻烦了。"

基辛格对无心的错误还比较能忍受，最受不了的是思路混乱和不动脑子敷衍了事。有一次，温斯顿·洛德关于老挝的报告出了一个差错，舆论为此哗然，黑格态度冷淡，一脸不屑，这使得洛德难过得吐了，但基辛格却像"直布罗陀的磐石"般稳稳地站在他这边。洛德回忆，无论是在私下，还是公开场合，基辛格都维护了他。

对女性，基辛格的态度要温和些，所以每当时间安排上出了问题，助理都设法找最漂亮的秘书跟他说。黛安·索耶当尼克松的助理新闻秘书时，她负责文稿的校对工作。有一次，基辛格在军控问题的背景会议上说他已经完成了（wrapped up）谈判，结果索耶发送的新闻稿变成他已经搞砸了（crapped up）谈判，后面这个说法国务院有些人肯定是同意的。据索耶回忆："基辛格怒气冲冲地从走廊进了新闻室，看见我在那儿发抖。我不断认错道歉，他怒视了我一会儿最终也没把气出在我头上。"当然，因为他后来还跟索耶交往过一阵子，要换成索南费尔特或黑格，是不是也能这么过关就不得而知了。

到后来，他的幕僚也知道不用把他发脾气当回事了。有一回，他站在办公室外面呵斥，连一个抬头的人也没有。最后他叫道："我生气了！我非常生气！没人注意吗？"他的老秘书克莉丝汀·维克转过头来对他说："我们知道你在生气。等你平静下来用正常的语调说话，我们就会注意你。"[15]

对基辛格的脾气起软化作用，同时也减少了他的傲慢的是他的幽默感。按本性他是个严肃的人，但他也学到了，在适当的时候开开自己的玩笑还是很有用的，既可消除别人的嫉妒，又可以让他看着没那么高傲。"你可以看到他越来越风趣，就好像他是在有意掌握这门技巧以减少别人对他的反感，"在哈佛就认识基辛格的报人亨利·布兰登说，"他够聪明，知道需要用幽默压低自己的气焰，而他的成就也绝非等闲。"

基辛格的大部分自嘲都是笑自己的傲慢。"有人说我是必不可少的人，是创造奇迹的人，"有一次他说，"我知道，因为我自己说过的话我是不会忘的。"在和以色列及埃及的外交官第一次于华盛顿会面时，基辛格的开场白是："自我在凡尔赛宫镜厅独自进餐以来，再也没有面对过如此尊贵的观众。"

他时不时地会一方面自嘲，一方面又自我吹捧一番。他去参加以色列大使西姆哈·迪尼茨儿子的受诫礼时，已经是国务卿了。有人问他，这与他40年前自己的受诫礼有什么不同。"里宾特洛甫（纳粹德国外长）没有参加我的受诫礼。"基辛格答道。

他也拿自己的脾气开玩笑。有一次，在有了一间更宽敞的办公室后他抱怨道，每次生气都得走老远才能走到门口把门推开，以至于他有时都忘了自己生的是什么气。"因为英文是我的第二语言，"他曾说，"我不知道'疯子'和'傻子'原来不是爱称。"甚至他与别人的地盘争夺也是他揶揄的素材。"国务院每个人都想背后给我来一刀，但威廉·邦迪是例外，"他很早就这么抱怨，"他仍然是位谦谦君子，想在我胸前来一刀。"

有一次，威廉·萨菲尔到基辛格办公室给总统撰稿，发现办公室被翻了个底朝天，每个人都在找一张总结了一个秘密军控新建议的纸条。基辛格这边不断发出世界末日的警告，秘书翻找纸篓，黑格还领着一帮人到处找。"我现在没法跟你忙演说，先得找到那个5分钟前还在我手里的纸条，"基辛格对萨菲尔嘟囔，"如果现在找不到，我的伟大的幕僚们就会把它群发给这个鬼官僚体系里的所有人。"

"放心吧，亨利，"萨菲尔说，"肯定能找到。"

"我刚才把整个政府中最敏感、写有最高机密的纸条弄丢了，"基辛格望着萨菲尔，一脸的难以置信，"我觉得这事儿应该比瘫坐在我的沙发上说什么'肯定能找到'更紧急些吧。"

不过，还是找到了，骚乱终于平息，幕僚"又开始在这个碉堡里如往常一般忙碌起来"。萨菲尔后来在他的回忆录里说，基辛格的助理们"迁就亨利，饶恕他的脾气，忍受他的辱骂，没日没夜地苦干，因为他们知道当他们在重大事情上说'不'的时候，亨利都会停下来慎重思考他们的意见"[16]。

不错，凡经受得住他的暴脾气和暴君作风的助理都发现，他可算得上华盛顿的稀奇人物，因为他奖励的是独立思考而不是唯唯诺诺。基辛格的不安全感很容易被触动，他知识上的傲慢有时也很难承受。但他喜欢接受关于实质内容的挑战，也的确享受实实在在的分析性辩论。因此，到了要做重大决定时，他不是像尼克松那样把自己关进密室，而是征求幕僚中最善于思考的人的意见，这让他们觉得，起码有那么一个短暂时刻，为他做事是值得的。

这种心智上的刺激和挑战，再加上基辛格的才华和魅力，让他赢得了他那帮苦干的助手的忠心，忍受他严以律人的个性。其结果是，他能让华盛顿的智力高手施展才华。一次，他给了温斯顿·洛德一个任务，写一篇关于1970年对柬埔寨战争的三万字报告。就在交付总统的前一天，基辛格阅罢就把报告摔在地上，说报告"毫无价值"。洛德彻夜不眠，重写报告。第二天，基辛格对新报告的评语是"好极了"。洛德事后说，其实改动不多，但这是基辛格逼他以最严格的标准要求自己的做法。罗杰·莫里斯记得有一次基辛格半夜给他打电话："我看了你的初稿。乙上，离甲下就一步之遥了。"

有一个为人津津乐道的关于基辛格的故事，跟他的老教授埃利奥特的故事差不多，讲的是洛德撰写了多日的一份报告。他将初稿给基辛格过目后，只见上面写了一行字："这难道是你的最佳作品吗？"洛德于是重写并润饰了一番，又交了上去；不想拿回来还是看到基辛格问了同样的问题。再次改写一遍，却问题依旧，这下洛德脾气上来了："该死的，的确，这就是我的最佳作品。"基辛格答道："好，那么我猜这回我可以读一下了。"[17]

无论好坏，官僚体系中没有第二个人对他的僚属和他自己有如此严苛的要求，或对每一份报告如此地要求完美。

威廉·皮尔斯·罗杰斯

换一种情况，基辛格可能会与威廉·罗杰斯相处得不错，因为一般来说，他对身份显赫但不构成威胁的白人盎格鲁-撒克逊新教徒绅士还是比较殷勤的。在与外交关系协会里和蔼可亲的成员，或颇有身份的老派政治家如戴维·布鲁斯、埃尔斯沃思·邦克、赛勒斯·万斯交往时，基辛格往往魅力十足；但对那些与他有地盘之争的人，如哈佛的罗伯特·鲍伊、国务院的威廉·罗杰斯，他的态度就不一样了。

罗杰斯与尼克松是老朋友，虽然称不上是密友。他们相识于20世纪40年代，当时国会议员尼克松正猎捕共产党人，而罗杰斯则担任参议院调查委员会法律顾问。尼克松于1952年竞选副总统时就邀请罗杰斯同行。竞选经费危机发生时，罗杰斯就在尼克松身边，也是出主意让尼克松发表挽救了其政治生涯的"跳棋"演说[①]的人。

尼克松在竞选总统和加州州长连续失利后，来到曼哈顿当律师，他曾遭到共和党精英的排斥——不邀请他来家或参加他们的俱乐部。罗杰斯是少数仍然善待他的人。一天晚上，罗杰斯和妻子阿黛尔带尼克松和帕特到21俱乐部去。那天每个人都有点儿醉，但都很愉快。帕特特别开心：她高兴的是能远离政治，和真正的朋友在一起。

但即便在当时，尼克松和罗杰斯两人间也还是有距离的。他们都在争取同样的国际大公司做自己的客户，当尼克松想拉走德瑞福斯基金未果后，两人曾数月断绝来往。更重要的理由是罗杰斯和蔼之中有一丝高傲，面对尼克松有屈尊降贵的意思。他似乎认为，同时也让尼克松感觉到，尼克松无论是在社交上，还是在专业上，都比不上他。[18]

尼克松的国务卿首选人物是时任康宁玻璃公司总裁的退休外交官罗伯特·墨菲。尼克松跟他谈了谈，被他拒绝了。尼克松还考虑前任宾州州长威廉·斯克兰顿，对方的回话是不感兴趣。最后，尼克松决定找罗杰斯，他觉得此人忠诚，容易相处，又是受过良好法学训练的谈判人员。罗杰斯缺乏外交政策经验也并非缺点，搞不好还是优点：尼克松正想由白宫主掌外交。[19]

约翰·埃利希曼认为尼克松之所以选择罗杰斯乃出于一种阴暗的想降服对方的心理需要。他们从来也不是什么好朋友，埃利希曼说，因为"尼克松嫉妒并讨厌罗杰斯"。罗杰斯有一定的社会地位，与世无争，相貌英俊，风度翩翩，而且妻子聪慧。"我总觉得尼克松就是要他入阁做自己的下属，甚至这样或许可以羞辱羞辱他。"埃利希曼说。基辛格也觉得此说不无道理。"他被任命为国务卿，起码有一部分是因为他的老朋友想对调一下扮演的角色。"基辛格后来说。

问题就在于罗杰斯不怎么合作。"他看不起尼克松，一想到给其做事心里就不是滋味，这正合了基辛格的意。"埃利奥特·理查森说。理

[①] 他人送给尼克松的一只黑白颜色的狗的名字，因与黑白色跳棋相仿故名。——译者注

查森在尼克松政府任内的第一个工作是担任罗杰斯的副手。

此外，罗杰斯还坚持，如果有政策他不同意，那么只有与尼克松面谈后他才会执行命令。尼克松签字的信也不管用：罗杰斯认为（他没想错）总统签发的信都是出于基辛格及其幕僚之手。[20]

因为尼克松反感正面交锋和直接下令，于是开始设法绕过罗杰斯，在他背后施行政策。基辛格正求之不得。

罗杰斯没有争取到外交政策决定权，因为他对它知之甚少，更不愿在这上面下功夫。"基辛格之所以胜出，是因为罗杰斯不愿思考战略问题，"理查森说，"他有律师的毛病，总是看个案，而没能从战略角度看问题。"

罗杰斯也没有与基辛格较量的激情。虽然他做过《华盛顿邮报》驻纽约的律师，但从来不觉得有必要跟报界见面，或与纽约市舆论界精英建立关系。罗杰斯还一心向他的幕僚保证他与总统是朋友，这是关键，所以没有必要为国安会新结构争吵。"比尔（威廉）是很放松的人，会享受生活，是个与世无争的人物。"康纳利说。

罗杰斯这样的世界观也与基辛格和尼克松格格不入。"我不同意我们输掉了或赢得了什么国家这样的棋盘理论，"他在一次访问中说，"我主张美国应发挥与其性格和能力相匹配的自然作用。"[21]

起初，基辛格和罗杰斯曾试图定期开会，但罗杰斯并不认为基辛格与他的官位同等，而基辛格也不认为罗杰斯与他智力同等。"罗杰斯太放不下身段，而我在知识上又比较傲慢，我们两人都缺乏安全感，因此放着一条可以免去不少没有必要的痛苦的路不走。"基辛格日后说。

结果，罗杰斯的副手理查森反而成了定期与基辛格共进早餐（在国务院吃鸡蛋）和中餐（在白宫吃大厨特制沙拉）的人。这也是强有力的权宜联盟。两人都恃才傲物、野心勃勃，但两个人就像哈佛同班同学一样，都隐藏得很好，把这一切都升华为对四周那一群傻蛋的尖锐嘲讽和不怀善意的评论。[22]

基辛格对罗杰斯的蔑视到该年夏天就已经达到失控的状态，言谈中经常对罗杰斯肆意贬损，这好像成了他的自动反应。当尼克松的演说撰稿人或其他助理去戴维营时，只要基辛格在，他们总觉得基辛格无法停止对罗杰斯源源不断的恶意批评，说他怎么懒、怎么笨、怎么无能。

尼克松对基辛格的恶毒中伤并未劝阻。他喜欢有点竞争、有点不和，只要别发展到要他出面解决的地步。1969年3月，他第一次（也是最后一次）与国安会幕僚见面。他颇有感触地说，跟国务院那帮"没用的人"打交道肯定不容易。

但尼克松经常邀请罗杰斯到白宫楼上用餐，有时还是偕同夫人的四人亲密晚宴，与罗杰斯进行社交往来，但他从未如此对待过基辛格（以后也没有），基辛格也因此十分不爽。那些晚上，基辛格就会在办公室加班，在房间里来回踱步，嘴里喃喃自语，担心罗杰斯又会向尼克松的脑袋里灌输一些"白痴念头"。随着时间的推移，基辛格会不时地让特勤人员了解罗杰斯夫妇是不是还没走。"每当罗杰斯在白宫内有晚宴，亨利就想不开，生闷气，"霍尔德曼回忆，"他就像得了妄想症一样，情绪激动地说，他想不明白为什么总统要跟罗杰斯谈话。他一边踱步一边对我说罗杰斯一定会跟总统说这说那，而这些话又多没道理。"

"我对亨利与比尔（威廉）互相攻讦也很难过，"有一天尼克松对萨菲尔说，"两人的过节由来已久。亨利觉得比尔深度不够，比尔觉得亨利是个权力狂。"然后，总统笑了笑，点出了问题所在。"从某种意义上说，"他说，"两人都对。"[23]

梅尔文·莱尔德

基辛格与国防部长莱尔德的争夺可就有意思得多了，而且两人更称得上势均力敌。莱尔德有一个天生的漫画家梦寐以求的形似子弹的脑袋，外人都误以为他是政府内的鹰派。其实，成功带领军队从越南稳步撤退的是他，未能成功阻挡大多轰炸-埋雷-入侵建议的也是他。他得意地捍卫了自己作为国防部长的特权，在与基辛格的多次对阵中成了基辛格不可小觑的对手。"亨利有一肚子坏主意，"莱尔德说，"可是我知道如何以其人之道还治其人之身。"

莱尔德政治触角（及野心）敏锐，因为他积累了6年在州议会以及16年在国会的工作经验。他曾是国防预算拨款小组委员会的资深共和党成员，所以与罗杰斯不同，他对国防领域了如指掌。搞阴谋诡计他与基辛格不相上下，加上他还有昔日的国会同事为他保驾护航。

下面这个事例正好说明莱尔德的风格。白宫决定把陆军曾占用的夏威夷的靠海的一块地移交给公园管理局。基辛格警告埃利希曼首先必须堵住莱尔德的退路。如果直接下令那是自杀，就事论事进行辩论也起不了什么作用。埃利希曼觉得哪里需要如此大费周章，所以他就给莱尔德写了一封信，由总统具名，说这块地得移交。"莱尔德觉得他们的手段太笨拙，于是他就拿出斗牛士对付冲刺的牛的办法。"基辛格回忆。他假装接受命令，宣称一旦国会批下经费他将立即遵命，接着他就找他的老友、众议院拨款委员会主席乔治·马洪通过立法，规定这块地将用于接待陆军贵宾。"有时候你就得用这一类手法显示你不是那么好说话的人。"莱尔德后来解释。[24]

基辛格觉得莱尔德这"乐呵呵的无赖"十分有趣，也佩服他在官场斗争中无论胜败都不失大将风度的做法。但对手就是对手，背着莱尔德，基辛格也曾无情指摘，但显然他还是觉得两人经常性的对峙，恼火归恼火，挑战的成分还是多一些。"莱尔德的招数花样百出，绝不亚于尼克松，"基辛格后来写道，"但他在支着儿时有魄力，还有令人惊讶的善意，而尼克松的招数背后则是他冷酷的决心和内心的怨恨。"

莱尔德的立场是，根据宪法他有制定防务政策的权力，所以他不会听命于一位总统助理。罗杰斯对于外交政策的看法肯定与他一样，但莱尔德知道该怎么做，加上他在国会又有一帮死党，能保护他不受打击报复。有时候，他会与参谋长联席会议成员一起去白宫开会，继而生动表态，支持他们的观点，过一会儿又把基辛格叫到一旁，笑着说自己其实同意他的保留意见，完了又去找众议员马洪和爱德华·赫伯特敲定自己的真实立场。"莱尔德与基辛格是棋逢对手，"继莱尔德之后主管五角大楼，同样也是基辛格对手的詹姆斯·施莱辛格说，"两人同样诡计多端，但莱尔德还有中西部政客玩弄权术的本能。"

基辛格在1971年本打算用国安会的防务方案审查会议来控制五角大楼的预算，莱尔德虚与委蛇。他把原预定要在3月开的会推迟到4月。然后他提交了好几份故意写得不清不楚的报告，基辛格不得不让幕僚重写。本来打算在7月开会厘清头绪，到最后一分钟莱尔德又说会议得推迟到8月。同时，他提交了三个不同的拟议预算版本：一个给了国安会幕僚，一个给了参谋长联席会议，还有一个给了他的两个众议员朋友马洪和赫伯特。这时，基辛格终于放弃了。"这家伙真是政府里最狡诈的人。"就在莱尔德终遂其愿离开之际，尼克松眨了眨眼说。据当时在场看好戏的中情局局长理查德·赫尔姆斯说："基辛格似乎对他的对手赢得这番赞誉有点儿嫉妒。"[25]

在访问梵蒂冈时，基辛格设法不让莱尔德与总统一起谒见教皇。但碰到像莱尔德这样足智多谋的政界操盘手，这肯定是白费心机。尼克松原定在造访结束时从圣彼得广场乘坐军用直升机飞往在地中海的一艘航空母舰。莱尔德于是比尼克松提前一小时亲自与直升机一起抵达广场。教皇邀请他进到屋内。教皇又是怎么知道他来了的呢？"我猜他知道，"莱尔德笑着回忆，"因为他肯定看到了我的直升机降落在他的窗外。"

当基辛格与总统一行抵达时，看见莱尔德在里面等候，嘴里还叼着一根雪茄，基辛格大吃一惊，也不太高兴。总统问他来干什么，莱尔德含糊地说他是来找直升机的。"他找直升机怎么会找到梵蒂冈来呢？"基辛格后来问。莱尔德显然是打算与总统一行谒见教皇，于是基辛格请他好歹把雪茄收好。就在教皇致欢迎词时，莱尔德的口袋往外冒出了几缕青烟。莱尔德先是轻轻拍打试图灭了口袋里的烟，后来不得不重拍起来。有的观众不知道国防部长是在避免自焚，还以为他是在鼓掌，于是也谨慎跟进。梵蒂冈官员和瑞士警卫，到底是经过了几个世纪朝圣者怪诞行径的历练，对这场骚动视而不见。[26]

在有意走漏风声方面，莱尔德也同基辛格一样是高手，他经常打电话给基辛格，佯装对有关报道表示愤慨。如果有的消息直接泄露太敏感，莱尔德会告知与他定期通气的五六个国会领导人，最终这些消息不出几天就会泄露出去。

1970年入侵柬埔寨，莱尔德当时是反对的，事后也是他走漏风声给《纽约时报》的，说他已下令参谋长联席会议在未得到国防部长办公室同意前不得再给基辛格更多的军事选项。而且，每次自越南撤军的决定他都事先走漏消息，一部分是不让白宫政治上得分，一部分也是确保撤军会稳步进行。"我必须走漏撤军人数，以保证亨利不会推翻前议。"他后来解释。[27]

虽然基辛格勉强忍受了莱尔德在官场上耍弄权术，但是对走漏消息却十分在意。所以他试图不让莱尔德获悉情报，就像他让罗杰斯靠边站一样。"我们整天忙着确保梅尔文·莱尔德被蒙在鼓里。"基辛格的一位助理劳伦斯·林恩说。[28]

基辛格却从来不知道，他还是失败了，而且是惨败。莱尔德对官僚体系如此驾轻就熟，是因为他有眼线帮他打探白宫，特别是基辛格的一举一动。莱尔德后来也承认："我有消息来源，而且还是非常好的来源，所以我完全清楚谁做了什么。"

当莱尔德答应就任国防部长时，他让尼克松写了一封信，允许他可以在关键职位上用自己的人。他最关心的倒不是助理部长之类的职务，他做的第一件事就是任命"自己人"海军中将诺埃尔·盖勒负责国家安全局，这是对世界各地的卫星和其他通信进行电子拦截的超级保密间谍机构。莱尔德在任命盖勒时就对他说，还是忠于自己为好，这样盖勒就能拿到第四颗星。

莱尔德获得了忠心。"国安局把基辛格通过秘密渠道发送的每一份信息的副本都给了我，当然我也很小心不让他发现，"莱尔德后来说，"有时候也必须这么做，他们玩，你也得玩。"

莱尔德甚至掌握了基辛格的最高等级的机密：与北越在巴黎的秘密和谈。"亨利每去一次，河内的谈判人员就会从巴黎发送很完备的报告，尽是亨利的丑态。"莱尔德说。这些电报很快就送到莱尔德的桌上，尽管基辛格费尽心机确保国防部和国务院都不知道正在进行谈判。

有时候中情局对某些问题掌握的消息比他多，莱尔德也有办法拿到中情局的所有海外往来电报。总部坐落在兰利市的中情局的工作人员不知道，他们的兄弟单位国安局在决定窃听谁的时候并不挑剔。

1972年9月，也就是国防部长莱尔德离任后几个月，盖勒被晋升为四星海军上将。

也正是因为基辛格不相信中情局的秘密渠道，莱尔德有了可乘之机。当基辛格想绕过国务院时，他就用军事电报网络。为协调秘密打开中国通道的有关信息——此事是以巴基斯坦为中介做的安排——他通过驻卡拉奇的美国海军武官建立了一个安全渠道。同样，当基辛格对柏林的未来进行秘密谈判时，他通过驻法兰克福的海军武官设计了一套非常复杂的联系办法。这两个安排都使得莱尔德和海军部长埃尔默·朱姆沃尔特对事态的每一步都了如指掌，而中情局和国务院对此却一无所知。

连基辛格的秘密旅行——到北京或到巴黎谈判——对于莱尔德都不是秘密。"我命令管理白宫飞机的特殊空中任务组必须随时通知我。"莱尔德后来说。

此外，美国陆军通信兵团也给莱尔德提供了大多数海外白宫谈话的秘密报告。当时，白宫有两套电话系统：由陆军通信兵团管理的白宫通信局，文职人员管理的白宫总机。陆军通信兵团更先进，理论上也更安全。所以他们通常用来接通尼克松和基辛格与世界各地的电话及进行联系，包括从空军一号打出的电话；另外每当尼克松出行时，也是由他们做出通信安排。比如，1969年陆军通信兵团在比斯坎湾的通信设备上就花了30.7万美元，而在大礁——尼克松友人罗伯特·阿普拉纳尔普所拥有的私人岛屿——的一套系统又花了16.1万美元。[29]

基辛格同样不知道的是，他让秘书窃听并抄录他与别人的通话的做法，也让军方多了一个追踪他的办法。"一个海军助理帮着基辛格的幕僚一起监听电话，并将其转录成文稿。"前海军部长朱姆沃尔特说，"那就意味着我有自己的间谍，能知道谁对谁说了什么。特别是黑格和基辛格，每个人都在另一人远行时去见总统，挖苦一下对方。"[30]

1971年底，基辛格幕僚中一个海军文书士官为参谋长联席会议充当间谍的丑闻被曝光。这个军事间谍网，虽看似胆大妄为，但与莱尔德能获得的官场对手的情报网相比，真是小巫见大巫。莱尔德以其人之道

基辛格传

还治其人之身，挫败了尼克松和基辛格，这更说明了他们行事诡秘的另一个缺点：他们永远不确定还有多少人知道这些秘密。

基辛格的权力日增

尼克松不久就觉得，国安会全体人员会议太麻烦了。每讨论一个议题，碰到罗杰斯和莱尔德反对，他就得亲自处理，再说有些事又必须先在部内商量，这样费时耗力不说，还会走漏风声。1969年6月的一个早上，他在每日与霍尔德曼私下的例行会议上，决定把酝酿了5个月之久的想法正式化：把基辛格的地位提升到国务卿和国防部长之上。以后，大多外交政策事项将不再在国安会全体会议上审议，而将由基辛格和尼克松两人决定。

"国安会会议改为每两周或每月开一次，"霍尔德曼对两人的谈话如此记录，"更多的事情交由总统私下与基辛格讨论处理。"谈到后来，尼克松在再次回到这个问题上时就更激动了。从今以后，他对霍尔德曼说，有事情就让基辛格直接找总统谈，而不是将事情列入国安会全体会议的议程。这样一来，他们就可以在没有罗杰斯和莱尔德的情况下做决定了。"这是死命令！"尼克松加了一句，为加重语气他常常这么说。[31]

这正如基辛格所愿。从一开始只要可能，他就想与尼克松私下制定外交政策。第一次国安会会议谈的是越南问题选项，他让霍尔珀林准备了一个两页的封面备忘录，对国务院和国防部提出的计划做了一个简要介绍。前面附有一个小方块供尼克松草签用。基辛格看后跟霍尔珀林说："很好，现在你得告诉他怎么办。"霍尔珀林有些惊讶，因为他总听基辛格说国安会幕僚只负责呈送选项。摘要文件及基辛格的建议行动又变成了不能让国务院和政府其他部门知道的另一个秘密。[32]

最初还真以为尼克松会如其所言放权给内阁成员的报界，很快就发现了权力出现了转移。基辛格才就任总统国家安全事务助理三个月就上了《时代》周刊的封面。"在华盛顿，不少人已然怀疑基辛格将篡夺传统上赋予国务院和国防部的权力，"该杂志写道，"他不是以谦虚著称的人。"《纽约时报》也同样报道基辛格"正接管尼克松政府中协调外交政策的责任，过去这是交付国务卿的职责"[33]。

就这样，召开国安会会议变成了走形式。尼克松宣布开会，并说明会议主题，然后就请基辛格提出要谈的问题。各机构的立场文件随即分发给每个参会者，但只有尼克松和基辛格有摘要和建议页。"奉命在国安会议举行前就起草总统决定草案真是一段令人难以置信的经历。"工作人员威廉·海兰德回忆。

基辛格的幕僚还给尼克松准备"谈话要点"，即事先预料莱尔德或罗杰斯会说什么，并给总统准备好抵挡他们反对意见的说辞。尼克松就小心翼翼地照着讲稿走，并按顺序在每个方格中签字确认。[34]

基辛格对各部门的权力的主要来源就在于他是国安会高级审查小组的主席，这是决定哪些问题应在什么时候送交总统的小组。但他很快又成立了一系列其他委员会，都由他做主席，好让他对某些具体问题有更好的控制。它们包括：

第一，华盛顿特别行动小组，成立于朝鲜击落EC-121飞机事件后，专门处理突发事件和危机；

第二，核查组，成立于1969年7月，原来是为了分析美国情报是否能核查不同的军控建议的遵守情况，但不久即负责管理所有裁军谈判；

第三，防务方案审查委员会，审议武器及其他军事需要的经费要求；

第四，越南问题特别研究小组，成立于1969年9月，协调关于战争的军事和外交政策；

第五，"40委员会"，一个旧的小组的新名称，负责授权中情局和其他机构的隐蔽行动。

国安会作用的加强也反映在经费上，沃尔特·罗斯托在1968年的预算是70万美元；1971年基辛格的预算是220万美元；人员也几乎翻了一番，共有46位助理，105位行政人员。[35]

在华盛顿，权力的来源之一就是能直接获得信息，不需要通过渠道。

基辛格一直不太喜欢中情局局长理查德·赫尔姆斯——有意远离官场阴谋的世家子——所以他命令中情局多送些未经处理的材料而不只是评估和结论给国安会。"这就扭曲了我们写情况评估的方法,特别是关于苏联的评估,"赫尔姆斯说,"除情况评估,还得加上大量数据,让基辛格能下自己的结论。"

基辛格也开始直接插手军事问题。1969年初,他打电话给负责海上行动的朱姆沃尔特海军上将,了解一个非洲问题。国防部长莱尔德很不高兴。基辛格坚持凡事关军事就应该通过他,他说,作为总统代表,他有权直接询问军方。几周后,当朱姆沃尔特与基辛格在社交场合相遇时,这位海军将领表示他同意莱尔德的意见,即他也不赞成不按指挥系统办事。但基辛格坚持己见,他觉得这事同时牵涉权力和原则,他坚持他有权直接与参谋长联席会议所有成员接触。"从那以后,"朱姆沃尔特说,"每一次我们有事相聚,他都说那是'非会议。'"基辛格不知道,朱姆沃尔特一直在向莱尔德汇报全部情况。[36]

应该说明的是,基辛格想要控制外交政策并非完全没有道理。在他统领整个官僚体系后,原来充斥国务院和国防部的一些陈旧思想得以被消除。

例如,1969年夏,他下令对化学和生物武器做一个研究,对于这些武器在战略上还有什么作用,他抱有疑虑,而且的确好像没有人好好考虑过这个问题。他要求研究人员提出一系列可行的选项,这样就保证了把取消这一武器方案列入考虑范围,即便只是作为陪衬军方比较赞成的政策的一个极端选项。

不承想,提出的报告通篇语焉不详,基辛格为之震怒:"这个报告我根本没法看。"但他看到了这里面的机会。他让幕僚把文字加以修饰整理,使选项更清楚。尼克松在决定放弃首先使用化学武器,并拆除生物武器生产设施时,强调了这次审查过程的新颖性,而且认为做得很好。[37]

到第一个夏天结束时,基辛格和尼克松已不再通过备忘录而是通过长时间漫谈来交流意见了。尼克松每天早上先看一遍世界大事,有时提出宏伟的战略概念,有时议论各个领导人和人物的长短,顺便还批评一

第10章 基辛格的白宫帝国:大老板的权威及其行事风格　　181

下国务院或讲一些官场是非。基辛格就像带有几分敬畏之心的老师，赞扬尼克松的观察，补充一点自己的见解，指出国务院种种言而无信、愚蠢至极的行为。霍尔德曼开始因基辛格与总统独处的时间太长而不悦，但他知道他们的老板就喜欢这类对话：私密、诡秘，有国家大事，也有鸡毛蒜皮的个人恩怨。

背后渠道

美国外交有一条基本规则，所有与外国政府的官方接触都通过国务院渠道，连总统特使进行的谈判，如亨利·霍普金斯代表富兰克林·罗斯福进行的谈判，也不例外。这一安排的好处也正是它的坏处：所有相关机构都可以贡献自己的所长，提出自己的异议，外交倡议必须遵循既定政策，所有的信息（包括保密级别特高的信息）都通过官僚程序送交几十位分析人员、部门首长以及被认为需要知情的外交官。

这样的程序，尼克松或基辛格不喜欢也并不奇怪，因为他们设想的外交政策牵涉秘密手段、戏剧性的出人意料的发展，而且希望最后得到夸赞的是白宫（指的是尼克松和基辛格），而不是国务院。于是为绕过国务院，一套复杂的、出于基辛格之手的"背后渠道"系统应运而生。其中心系统，即与莫斯科的秘密谈判通道，又简称"渠道"。

在叙述这个过程的发展时，基辛格后来写道："尼克松逐渐地把敏感的谈判挪到白宫，便于他直接督导，日后也能说这一切是自己的功劳，也借此避免他厌恶的官场争吵或不作为。"这句话没错。但如果把句中的尼克松换成基辛格，这话也没错，随着时间的推移，可能还更准确。这两人如果没有另一方的积极怂恿，是不可能绕开国务院建立背后渠道的，但基辛格在其中的作用可能更大。"我肯定是鼓励这么做的，"基辛格后来也承认，"如同绝大部分高级官员一样，我有强烈的个人观点，也没有拒绝将其变为主流观点的机会。"

在学术界时，基辛格就赞成绕开惯常的决策渠道。1968年春，几乎是他在政府任职一年以前，在加州大学，他就曾讨论过在做关键决定时,需要让官僚阶层"在一无所知的情况下努力工作"。他的解释是：

> 做决定时只能有少数人参与,原因之一是,当官僚体系庞大笨重,而且内部士气严重低落时,他们可能以粗暴的手段,如向报界或国会委员会走漏消息,来反对某一不受欢迎的决定。因此唯一能保密的办法就是把所有理论上负责执行决定的人都排除在决策过程之外。

他的基本假设是,未经公众审视的决定要比经公开讨论后的决定好。但即便接受了他的假设,看到他把让国会委员会或报纸读者知情说成是"粗暴的手段",我们还是很难不对他蔑视民主感到吃惊。[38]

才上任几周,基辛格就开始与苏联建立背后渠道。在苏联大使馆的一次宴会上,一位官员找到他说,多勃雷宁大使患了感冒正在楼上的公寓休息,希望基辛格能上去与他见个面。多勃雷宁世故的热情已在华盛顿社交界颇负盛名,寒暄之后他就建议彼此免去姓氏以名字相称。谈论了一会儿两国改善关系错失了多少"良机"后,多勃雷宁要求与尼克松见面,呈递一封苏联领导人的来函。

基辛格后来说尼克松不想让罗杰斯参加会见,但据尼克松回忆,是基辛格不想让罗杰斯参加。无疑,两人都对。无论如何,告知罗杰斯总统与苏联大使的第一次会面将由基辛格而不是他陪同——这也是违反外交程序的一次突破——这项吃力不讨好的工作就落到了霍尔德曼身上。他的日记显示尼克松说这是基辛格的决定,霍尔德曼在告知罗杰斯时也如是说。

在会上,尼克松告诉多勃雷宁,任何敏感问题他都应该与基辛格私下讨论而不是与国务院谈。"基辛格建议我们在多勃雷宁与他之间建立一个私密渠道,"尼克松回忆,"我同意了。"

"渠道就这样正式建立了。"基辛格说。后来,多勃雷宁通常一周来访一次,他会走鲜为人知的白宫东楼的一道门,与基辛格就在富兰克林·罗斯福总统当年策划战争谋略的地图室见面。

专业外交官对这种新运作方式也需要花一段时间才能调适过来。雅各布·比姆之所以被任命为美驻莫斯科大使，是因为他是尼克松因政场失意而在各地奔波期间唯一对尼克松比较礼遇的外交界官员。尼克松和基辛格请他起草一封信给苏联总理阿列克谢·柯西金，并对此保密。他这么做了，但也很自然地给国务卿罗杰斯写了一个报告。结果引起了轩然大波：罗杰斯因决定给苏联领导人写信的会议竟然不让他参加而不快（可以理解），而基辛格也生气，因为比姆违背了会议的"私下会谈"性质。[39]

每一次使用背后渠道，或许都可以说是创新式外交所必需的。但在仔细审视这许许多多的幕后运作后——基辛格没让国务院知晓的重大秘密谈判多达十余起——显而易见，其背后也有不那么高尚的动机存在。

其结果之一是官员们因此没有了灵活、重新审视既定政策或提出折中办法的动因。一旦他们怀疑基辛格自己在秘密行动，他们可能就决定维持原状，以自己部门的意见为意见。

后来基辛格曾为自己广泛使用背后渠道做过辩护。由此也可见他的理由是不断在变的。首先，他怪罪尼克松。"就因为总统既不相信他的内阁，又不愿意直接给他们下令，才有了建立例外程序的必要。"他事后写道。基辛格也责怪罗杰斯，以及官僚机构里反抗总统政策的每一个人。他辩称，如果要通过常规渠道决策，官僚系统本身的惰性就会扼杀创新路径（也不无道理）。

背后渠道获得了短期成功。"这条路比较怪诞，人事成本也不小，"基辛格写道，"但历史也必须记载它成就颇丰的基本事实。"背后渠道的成就有：限制战略武器协议，对中国开放，柏林协定，莫斯科峰会，最后还与越南缔结了和平条约。但背着国务院搞秘密谈判也并没有令限制战略武器谈判成果更牢靠、对中国开放更顺利或越南问题的解决更迅速。[40]

无论是否只为目的即可不择手段，背后渠道让美国的外交政策都更趋复杂：苏联成了拉一个渠道打另一个渠道的个中高手，北越也因为美国使用秘密渠道成瘾而在公共外交战中获胜。

此外，依赖背后渠道也浪费了基辛格的幕僚的时间和原创力。温斯顿·洛德要为许多汇报文件提交不同的版本就是一例。"如果我对某一次会议写了一份备忘录，但又因为其他部门应该对其中一些事并不知情，因而得提供不同版本，我就得花上三倍的时间，"他后来说，"就像你得准备两三本账一样。"

这种安排也让幕僚丢失了道德感。"政府里有些事是需要保密，"安东尼·莱克说，"但亨利做得太过头了，从保密变成了欺骗。"在巴黎就越南问题进行和谈时，莱克得向总统详尽地有时是冗长地汇报基辛格做了些什么。在交给戴维·布鲁斯以前得先删掉某些段落，给其他官员的则又是经层层"消毒"的版本。"其中知晓和欺瞒的程度就像莫扎特的歌剧一样复杂，"莱克说，"我辞职的理由之一就是我发现我总在起草误导性的备忘录。"[41]

基辛格和尼克松更依赖背后渠道并不是出于对国家安全利益的考虑，更多的是两人的个性使然。两人都喜欢对事情秘而不宣，喜欢独享荣誉，同时以喜欢离群独处表示自己是文人雅士。他们都不会因别人的成就而高兴，两人也都不认为他们可以从专业外交官或国会议员那儿学到什么。他们也不相信，公众的投入及看似乱糟糟的民主辩论能引导他们做出更加明智的决定。"他们对外交政策管理设计了一种诡秘对应策略，"劳伦斯·伊格尔伯格说，"他们设法不让其他任何人了解全貌，连用欺骗手法也在所不惜。"

也不能排除虚荣心在这里的作用。"苏联渠道基本上就是为了满足基辛格的自我及自视甚高而设置的，如果我能直话直说，"苏联的资深美国问题专家乔治·阿尔巴托夫说，"或许也是为了多勃雷宁的自我。"回顾往事，基辛格也承认他自己很难判断"不怎么高尚的虚荣心和权力之争在其中起了多大作用"。有一点他是承认的，"要说完全没有，那也不可能"。[42]

"应付亨利委员会"

基辛格死咬着罗杰斯不放，尼克松开始有点儿受不了了。基辛格上任后的第一个夏天，他们前往圣克利门蒂，就在他能经常去尼克松住处的露台，下午两人还一起在太平洋游泳的得宠时刻，基辛格还是见到人就絮絮叨叨诉说罗杰斯的不是。"总统都急了，"霍尔德曼回忆，"他叫我们成立一个'应付亨利委员会'来应对。"

霍尔德曼的会议笔记反映了尼克松的心情："基辛格又开始攻击罗杰斯……每天不下两三次……坚称罗杰斯想找他的麻烦……他（尼克松）不胜其扰。"

于是霍尔德曼、埃利希曼和约翰·米切尔邀请基辛格到米切尔租住的平房一起谈谈。"尼克松希望比较放松、非正式的气氛能让亨利平静下来，"埃利希曼回忆，"也许他觉得我们这个小小的委员会能成为常设的亨利用来吐槽的共振板，从而减少对他的折磨。"

基辛格却是带着一张打印好的宣言来的。第一点，除非"白宫"（意指基辛格）同意讲话内容，否则罗杰斯不得发表演说。第二点，基辛格有权不经过国务卿，直接与罗杰斯的副手及助理打交道……等他把单子念完，他就开始列举罗杰斯所谓的无能表现（经常也确有其事）。"此人对自由世界的和平是绝对的危险。"基辛格一边对他们说，一边摇头，一脸严肃。

米切尔点点头，吸了几口烟，答应找罗杰斯谈谈，但并没有结果。于是，基辛格与罗杰斯之间的不和继续发酵。

到1971年1月，他们的矛盾再度升级。"我可能立即就回哈佛。"基辛格在与霍尔德曼和埃利希曼进行的晨会上（他晚到了）就宣布。这两人一脸错愕地望着他。"罗杰斯给埃及外长写了一封信。"基辛格解释。

由于国务卿与他国外长通信应该属于合理正常活动，加上中东又是尼克松给罗杰斯保留的少数责任领域之一，为这个事勃然大怒似乎是生气的人的不是。但霍尔德曼却让基辛格准备一份清单，在上面列出他的不满，说过几天他们可以一起讨论。

基辛格找了黑格和几个手下弄出了一大本东西，标题是"白宫-国务院关系"。其中一篇德国官员的报告尤其令基辛格火冒三丈，报告援引国务院使者的话："基辛格不到德国是因为他唯恐一天不在总统身旁就会丧失影响力。"基辛格颤抖地指着它说："你能信吗？太荒唐了！"

然后，基辛格就拿着这份材料，带着怒气去了椭圆形办公室，尼克松不胜其扰。总统要霍尔德曼召开"应付亨利委员会"。他们在霍尔德曼办公室开了会，基辛格又拿出一份打印好的最后通牒。列举出的要求有："必须停止对基辛格直接或间接的攻击……所有有政策影响的电报——包括中东——必须通过（基辛格）审查……所有与多勃雷宁的接触必须经过审查。"大家再次点头，表示同情，但委员会也知道，他们除了能让总统不要花太多时间听他的抱怨，并不能做什么。[43]

等《纽约时报》头版连续几天专题报道此事后情况更趋恶化，头一天的标题是"国务院决策权衰微"，第二天的标题是"基辛格位居枢纽"。罗杰斯请白宫出面支持他，霍尔德曼找萨菲尔写了一个声明，否认报道的主要内容。

"如果不把罗杰斯打下去，我就走！"萨菲尔找到基辛格谈起写声明的事时，基辛格毫无笑意决绝地说。萨菲尔看见基辛格发小脾气总是一笑置之，这时候就想法子让气氛轻松一点。基辛格怒气逐渐消了，决定不走了。"你和霍尔德曼都以为我没当真，但我真是这么想的！"黑格站在角落里，频频点头。指着《纽约时报》关于联邦德国政策争端的报道，基辛格又开始就国务院使者对德国官员贬损他一事骂将起来。

"你好一点儿了吗？"萨菲尔问。

"没有！"基辛格说，又继续骂。最后他宣布，如果萨菲尔写一篇力挺国务院的声明他就辞职。"如果你以牺牲我为代价支持国务院，那我就不干了。"最后，霍尔德曼决定采取最安全的做法，也就是不发表任何声明。

几天后萨菲尔回来协助起草国情咨文时，基辛格仍余怒未消："你们都以为我是开玩笑，但我是真打算辞职。"

"如果你真辞职了，亨利，"萨菲尔说，"就再也没有美女给你打电话了，因为你的吸引力全部来自你离权力非常近。"

"或许你说的没错，萨菲尔。"基辛格说，他即便在气头上也听得进幽默风趣的话。权力，就像他自己常说的，是最好的春药。"那我牺牲可大了。"[44]

对"应付亨利委员会"来说,与罗杰斯的不和是他们要不断面对的事。一年之后又爆发了,再后来一年亦如是。"就像阿拉伯人和以色列人一样,"基辛格曾这么抱怨过,"我打赢了所有的仗,他却赢得了战争。他只需要击败我一次。"直到1973年,尼克松终于发现:要让基辛格留在政府而同时又要他钦佩国务卿只有一个办法,就是由他自己担任国务卿。所以在打赢所有的仗之后,基辛格最终赢得了战争。[45]

第 11 章

耳边的秘密：办公室窃听器，死键，其他装置

> 梅特涅迂回曲折的外交手腕反映的是一个根本必然：自由与权威不可分，自由是秩序的一个属性。
>
> ——基辛格 《重建的世界》，1957 年

国家安全窃听，1969 年 5 月

每当尼克松到佛罗里达探望他的朋友比比·瑞波佐时，他的幕僚通常都住在几条街之外的比斯坎湾酒店别墅内。5 月 9 日星期五的早上，即他们上任约 4 个月后，基辛格和其他几位助理正坐在游泳池边吃早饭、看报。突然，基辛格站起来开始挥动手中的《纽约时报》。"太过分了！"他走到霍尔德曼面前，指着头版右下方的一篇报道大声叫道。基辛格坚持，此事必须立即上报总统。

"事情就是这么开始的，"霍尔德曼回忆，"就因为亨利生气。"[1]

"美国 B-52 战略轰炸机空袭了柬埔寨境内北越和南越越共的多个弹药库。"报道一开始就这么说。发稿人是《纽约时报》的一个锲而不舍的五角大楼记者威廉·比彻。奇怪的是这篇文章没有多少人注意。其他报纸均未转载，国会议员没有抗议，也没有人示威。虽然四年以后当细节和欺瞒的程度全面曝光时，秘密轰炸引起了轩然大波，可在那个星期五几乎没有人把它当回事儿。

除了比斯坎湾的两个人。"亨利非常恼怒，"理查德·尼克松回

忆，"我后来也生气了。"那天上午基辛格冲进总统的住房时"非常激动"——来回踱步，跺脚，呼吸急促，这令尼克松十分震惊。"我们得采取行动！"基辛格说，"我们必须击垮这些人！"

基辛格试图怪罪国务院或国防部走漏了消息，甚至还打了一个电话给梅尔文·莱尔德，此人当时正在燃树俱乐部打高尔夫。"你这孬种，"基辛格说，"我知道是你走漏的消息，你得跟总统解释。"莱尔德挂断了基辛格的电话。

尼克松对该怪谁却有不同想法。他跟基辛格说，应当"仔细并客观地看看"他自己国安会的幕僚。

这个指控刺痛了基辛格，也让他害怕：没有什么比怀疑他手下的人走漏消息更能迅速损害他跟总统刚刚建立起来的关系了。所以他要向尼克松和他的普鲁士幕僚们证明，他比任何人都更热衷于对严守秘密言出必行。

基辛格立即致电在华盛顿的联邦调查局局长埃德加·胡佛。比彻的报道"伤害极大"，基辛格说，据胡佛对来电的笔记记载，白宫要联邦调查局"花大力气找到该消息的来源"。11点刚过，基辛格又来电，说还需要调查比彻的一篇关于军备谈判及两篇关于朝鲜击落EC-121事件的报道。两小时以后，基辛格再次来电，要求谨慎处理调查一事"以免外人知晓"。胡佛答应照办，他说他已决定不让特工直接找比彻追问消息来源，将从其他记者那里找答案。[2]

基辛格知道，胡佛已经怀疑莫顿·霍尔珀林，而且曾反对对他的任命。胡佛在一个备忘录里竟然还记录说霍尔珀林"有哈佛式……的意见，认为美国领导人在对越南的承诺上犯了错"［提到Harvard（哈佛）时，胡佛还习惯性地有意把它小写为harvard］。因为这段话也适用于自己，所以当时基辛格没理他。

尼克松让基辛格全权负责招聘自己的幕僚，只要是人才，不考虑政治上忠于谁，基辛格也真的这么做了。但是经胡佛的电话的引领，尼克松开始对有霍尔珀林这样的人在左右感到不太安心了。"这些人只会给我们带来麻烦。"他告诉基辛格。

"不，总统先生，他们是专业人士，"基辛格回答，"他们诚信敬业。"

多年后在重述这段谈话时，尼克松还是会很快地闪过一丝苦笑，并摇头。他说，他相信基辛格决定在国安会任用鸽派和民主党人是他日后碰到那么多麻烦的原因。窃听、水管工班组、到处疑神疑鬼的气氛——尼克松后来认为，如果当年雇用的是更忠心的保守派幕僚，也许就不会埋下令他日后垮台的种子。[3]

当尼克松和胡佛在比彻的报道出现的那天上午再次对霍尔珀林进行质疑时，基辛格决定他没办法再用此人了。其实，并没有证据显示霍尔珀林泄露了机密，或犯了比不喜欢尼克松更了不得的罪过。但是在人人相互猜疑的气氛下，也因为他为了生存开始逐渐采取的强硬作风，基辛格认为霍尔珀林已经成了自己的负担。

正巧，那个星期五霍尔珀林就在比斯坎湾帮助基辛格起草尼克松的一篇关于越南的重要演讲。当天下午两人在游泳池里游泳时，基辛格转过头来对他说："咱们去散散步吧。"就在他们穿着泳衣沿着海岸线漫步时，这两位哈佛同事讨论了胡佛和其他人对霍尔珀林的指控。霍尔珀林指出自己不可能是比彻文章的消息来源，因为他并不知道柬埔寨轰炸的细节。

基辛格说他相信霍尔珀林的话，但他提了个建议。何不试试暂时不让霍尔珀林获得机密材料，这样如果再有消息走漏，他就可以证明不是霍尔珀林了。基辛格说的话似乎很有道理，而且态度也十分平和，以至于霍尔珀林不知道自己正被送上断头台。

两人抵达比斯坎湾酒店时，霍尔德曼和约翰·米切尔正在一间小屋里开幕僚会。基辛格信步走进房间，给他们介绍了一下霍尔珀林。据霍尔珀林后来说，那是他第一次见到司法部长。[4]

就在霍尔珀林被带往海边漫步时，一个名叫詹姆斯·加夫尼的联邦调查局驻华盛顿特工即前往切萨皮克和波托马克电话公司的总部。他身上带的一张索引卡上写着 469-7818，这是贝塞斯达郊区石径路 8215 号——莫顿及妻子艾娜·霍尔珀林和三个孩子住处的电话号码。除此之外，加夫尼什么都不需要，不需要法院命令，不需要司法部长信函。他告诉电话公司那头的线人,情况紧急。

加夫尼特工从欧内斯特·贝尔特手中得到了这个电话号码,贝尔特在联邦调查局主管国家安全窃听工作已有 20 年了。他想,这个任务肯定特殊,因为是白宫直接下达的命令,而且安全级别很高,连正常的报告程序都省略了。贝尔特后来告诉记者戴维·怀斯,他以为"一定是什么地方有个庞大的间谍网"。

当天下午稍晚,霍尔珀林家的电话就与联邦调查局在宾州大道和 12 街交口处的外勤办公室的欧内斯特·贝尔特的总机接上了。起码有一个联邦调查局职员戴着耳机不间断地监听,手边还有笔记本和录音机。

基辛格从海边回来后又给胡佛打了个电话,胡佛说他的特工发现比彻"经常出入"五角大楼新闻室(既然他是《纽约时报》驻五角大楼记者,这一点儿也不奇怪)。胡佛还说:"一直有人怀疑泄密与这个霍尔珀林有关。"在他的笔记里,这位世故的联邦调查局局长从来不直说窃听。但他却记下了基辛格的誓言:"如果找到此人,无论在哪里,都非把他毁了不可。"

基辛格刻意迎合胡佛的偏见,这些狠话日后曝光时颇令他尴尬。在 1974 年的一次参议院听证会上,基辛格略带心虚地为自己辩解:"我的印象是胡佛对我也有些怀疑,所以我跟他说话时大概是有意想表示我对危险是有提防的。"

霍尔珀林从海边回来后也打了一个电话。下午 6:30,他的妻子艾娜接了电话。欧内斯特·贝尔特桌前新的红灯第一次亮起,夫妻间的对话被他们的政府录了音。[5]

霍尔珀林的电话被窃听后,贝尔特和他手下的人听到了一段让他们都感到吃惊的话。8 月,当霍尔珀林告诉基辛格他打算辞职时,基辛格由衷难过,难过到给霍尔珀林家里打了一个电话,不知道他是不管还是忘了有人监听电话,那是个周六下午,基辛格极力慰留。据联邦调查局窃听简要记录报告:"基辛格强烈表示霍尔珀林的'处境确实不容易,我手下有些人做得很差'。基辛格要霍尔珀林知道,霍尔珀林的工作'绝对是所有幕僚当中最有创意的',他不愿意就这样轻易地让霍尔珀林走。"霍尔珀林不为所动，该年9月，他还是辞职了，但他家里的电话还继续被窃听了21个月。[6]

基辛格从比斯坎湾给胡佛打电话还讨论了另外三个潜在的泄密来源：基辛格幕僚赫尔穆特·索南费尔特和丹尼尔·戴维森，以及国防部长莱尔德的军事助理罗伯特·珀斯利上校。第二天，奉基辛格之命，黑格到了联邦调查局，正式提出请求，对这三人以及窃听设备已经到位的霍尔珀林进行窃听。

黑格告诉胡佛的副手威廉·沙利文"只需窃听几天"。不需要对窃听一事留书面记录，黑格补充道。心存极大疑虑的沙利文决定等到第二天与胡佛商量后定夺。待胡佛批准后，他建立了一个新文件夹，代号"6月"。

索南费尔特成为窃听对象有好几个理由。他在做国务院官员时，就有人怀疑他泄密，但从未证实。他的妻子马乔里·赫克特是华盛顿一家百货公司的财产继承人，是社交界红人，也是民主党活跃人士，她不喜欢尼克松并不是秘密。

此外，基辛格与索南费尔特关系复杂，学术上是对手（多少也有点儿嫉妒他因为与马乔里结婚而有了一定的社会地位），能听听他的私人电话的确有一定的诱惑力。而黑格又认为索南费尔特是自己的对手。事后，索南费尔特推断最大的因素就是他的两个服务对象都缺乏安全感。他说："奇怪的是，尼克松和基辛格两人都极度缺乏安全感。"

索南费尔特与基辛格一样，出身于家境宽裕的犹太家庭，但都被迫逃离了纳粹德国。他极度担心自己被窃听，他经常走到黑格的办公室，跟黑格说他确定有人窃听自己的电话。黑格笑笑，但从未告诉他真相。[7]

窃听珀斯利上校表面上看也有道理：他的上级莱尔德就是个泄密高手，事实上，还真是他帮比彻证实了对柬埔寨轰炸的报道。但窃听珀斯利还有官僚目的。他和莱尔德每晚都通话，有时两三次，讨论战略，互通闲话。窃听他就使得基辛格对政府中唯一论手段较他技高一筹的人有所了解。

莱尔德会定期检查他家和办公室的电话是否被窃听。"但我犯了一个大错，"他事后说，"我没有检查珀斯利家里的电话。"1974年，当莱尔德终于知道珀斯利被窃听时，他去找基辛格对质。"亨利把事情赖在黑格头上，"莱尔德回忆，"珀斯利非常出色，比黑格聪明多了，我想黑格因此有些嫉恨他，但我不认为窃听是他的主意。"[8]

丹尼尔·戴维森是个民主党人，年轻有为，是埃夫里尔·哈里曼提携的后辈，曾在1968年基辛格访问巴黎时向基辛格做过简报。不久就离开国安会幕僚工作的戴维森，后来对基辛格为同意窃听所做的辩解感到吃惊，基辛格说他之所以同意窃听，是因为政府里其他人觉得有必要。"你能想象任何人会去跟麦克乔治·邦迪说：'咱们窃听国安会的某些幕僚吧？'任何正直的人都会觉得这样的建议不可思议。"[9]

白宫以维护国家安全为由一共命令联邦调查局窃听了17个人，13个是政府雇员，4个是报人。窃听方案长达21个月，直到1971年2月。有些受害人被窃听了一两个月，有的一年多。当窃听摘要送达基辛格办公室时，黑格先看，然后把有意思的部分给老板看，而后摘要就被锁进战情室的保险箱里。

其他助理开始怀疑有事。就在窃听开始不久，罗杰·莫里斯去医院探望因过度操劳而病倒的基辛格个人助理劳伦斯·伊格尔伯格。伊格尔伯格跟他一起在外交界工作多年的老友说起窃听的事时，眼里充满了泪水。"你在电话里不要说任何你不想让霍尔德曼或亨利边吃早饭边看的东西。"伊格尔伯格警告他。另外一个理想主义助理安东尼·莱克是不小心看到了对另一位同事窃听的摘要，而后告诉了莫里斯。"罗杰和我决定不去找基辛格理论，"他回忆道，"我们的战线已经够多了。但偶尔当我们互通电话时，也会祝愿埃德加·胡佛圣诞快乐。"[10]

窃听方案乃出于尼克松的怨恨，泄密的发生就更加深了他的怨恨。当尼克松每天早上阅读文件或新闻摘要时，都会有一位助理坐在旁边记笔记。"这是什么鬼报道？"笔记如此记载，"看看是谁泄的密，立刻开除！"[11]

批准国安窃听计划是在4月25日椭圆形办公室的一次会议上，即比彻的报道见报的前两个星期，因霍尔珀林提起法律诉讼，尼克松在长达169页的证词中这样说。他向米切尔和胡佛抱怨有人泄密,后来又把基辛格叫进来跟他们一起谈。胡佛解释,在这种情况下常用的工具就是窃听,早在富兰克林·罗斯福时代就这么做了。根据霍尔德曼的笔记,尼克松和米切尔下午4点乘直升机前往戴维营。胡佛喜欢开车,与他们在下午6:30一起用餐,席间又进一步讨论了泄密问题。基辛格并未被邀。[12]

胡佛的副手沙利文写过一个备忘录,内中有详细描述:5月20日,即方案开始后两周,基辛格与黑格亲自前往联邦调查局大楼,阅读未经整理的记录。虽然窃听摘要每天都送交基辛格办公室,但打在薄光泽纸上的逐字记录读起来还是比较精彩。

"基辛格博士和黑格上校今天11:45到我的办公室来,"沙利文在给胡佛的备忘录中写道,"基辛格博士阅读了所有记录。当时他说:'显然办公室里的人除了黑格,我谁也信不过。'"后面沙利文又写道:"基辛格说他要监听时间再加长一点。"

回顾往事,尽管有这个备忘录,但后来好像谁都不记得有这么一次会议,连沙利文也不记得了。"我一点儿也不记得基辛格博士到我的办公室来阅读记录,"在被问及备忘录时,他在1970年给参议院委员会的信中如是说,"事实上,我不记得他以任何理由到过我的办公室。"基辛格同样也跟委员会说他不记得曾到过联邦调查局去看记录。"如果我要这些记录,我完全可以要他们送到我的办公室。"经常一个人去联邦调查局阅读记录的黑格,在答复5月20日基辛格是否陪同他前去时则刻意模棱两可。"我不记得有那次会议,"他说,"但是如果有,我也不会觉得奇怪。"[13]

不管他5月20日是否带着基辛格一起去,黑格确实又向调查局提出了另外两个窃听对象:理查德·穆斯和理查德·斯奈德,两人都是国安会的工作人员。穆斯是鸽派民主党人、参议院外交委员会主席威廉·富布赖特的前助理。斯奈德则是职业外交官,也是基辛格的亚洲事务专家。他们分别是第五个和第六个被窃听的对象。

5月28日,黑格又提交了一个人选,报人亨利·布兰登,《星期日泰晤士报》驻华盛顿记者，他为人诙谐，人脉很广，正好他前一天打电话问了霍尔珀林一个例行问题。这位风度翩翩的捷克难民既有欧洲人的品位，又有英国人的魅力，他是基辛格在华盛顿最先交到的朋友，也是乔治敦社交界必不可少的人物。对访问要人他自有门路：从肯尼迪到里根，他与那些权势人物都成了朋友，聆听他们的真知灼见，不该公开的他绝对保密。"基辛格博士知道有此窃听要求。"心存戒备的沙利文如此向胡佛汇报。

胡佛是窃听布兰登的主要背后推手，这位联邦调查局局长不知为何，似乎对布兰登特别难以释怀。他可能是"别人的上校"，胡佛曾如此告诉尼克松和基辛格，言下之意，布兰登可能是为英国或捷克情报机构服务的。

基辛格后来否认窃听摘要包含任何闲话或私密信息，但布兰登的摘要却证明此言不实。某次摘要里说"他对一位离婚女士有爱意"，还说他"故意安排与她在外州相见"（这位女士就是他后来的妻子慕菲，他俩于1970年结婚）。布兰登被监听了一年零九个月。慕菲与她的闺蜜琼·肯尼迪的对话被完整地记录了下来，但并非是因为其中涉及国家安全情报泄密的内容。

1973年窃听一事被公开后，布兰登要求与基辛格面谈。"他面色凝重，他的下颌垂肉似乎比往常下坠得厉害，身体则全驼在椅子里。"布兰登回忆，他质问基辛格是不是他下令窃听的。基辛格向布兰登保证错不在他，并央求布兰登相信自己。基辛格还暗示，窃听针对的是他，而不是布兰登，因为他常常跟这位记者谈话。不错，基辛格在到华盛顿的第一年，星期天常常去布兰登家，用他的游泳池，用他的电话。总统也经常在那里找到基辛格，正在监听的欧内斯特·贝尔特的下属当时肯定也吃了一惊。[14]

6月4日，被窃听的7个人只减少了一个，珀斯利被除名。那天早上，《纽约时报》又刊出了一个秘密：赫德里克·史密斯在该报头版报道，尼克松将宣布第一次大量裁减越战美军。9:30，基辛格就到了胡佛的办公室，他当场要求对史密斯家中的电话进行窃听。

黑格给基辛格准备了见胡佛的一套"谈话要点"。这说明了两点：黑格是主要处理窃听方案细节的人，另外，两人都很讨好胡佛。"对胡佛先生和沙利文先生近几周在查找国安会幕僚内部安全问题的鼎力支持表示感谢，"黑格写道，"请教胡佛先生我们应如何处理霍尔珀林，此人有时言语不慎，显然有发表自由主义观点的名声，但仍缺乏他与安全漏洞之间的肯定联系。"

基辛格此时已对不设限的窃听方案有疑问了，可见他良心未泯。黑格的谈话要点显示，基辛格曾问这个方案还要延续多久，他表示："总统希望越早结束越好。"基辛格后来在做证时说："我曾在6月4日的会上向胡佛表示，总的来说，窃听应尽快停止。"

基辛格声称他对窃听日渐感到不安，这在尼克松档案中埋在霍尔德曼文件箱里一些手记笔记里可以得到证实。6月4日在向总统汇报时，霍尔德曼的笔记上写着："基辛格拿到了与史密斯通话者的名单。基辛格担心我们可能把文件纸的螺丝钉拧得太紧了……再拧就有反弹的危险。"[15]

但窃听方案又延续了一年半。

到8月4日，窃听是为了国家的安全的说法基本上等于是放弃了，因为演说撰稿人威廉·萨菲尔也成了窃听对象。联邦调查局的备忘录说是黑格提的要求，其实是联邦调查局的主意。联邦调查局说："针对黑格上校的理由是，在窃听布兰登时发现他与萨菲尔是朋友，而且萨菲尔还告诉布兰登，总统在演说里要说什么。"那是一篇有关福利改革的演说，据萨菲尔回忆，"我们是奉命大肆泄密的"。

基辛格后来说他并未直接介入对萨菲尔的窃听。7月22日，他已陪同尼克松开始了环游世界之行，历经关岛、菲律宾、泰国、南越、印度、巴基斯坦、罗马尼亚、英国。在请求对萨菲尔窃听的那天，他正偷偷脱队，在巴黎与北越谈判人员举行第一次秘密会面。后来他说他听到窃听的事还"吃了一惊"。

1973年窃听被曝光时，萨菲尔刚刚担任《纽约时报》专栏作家。他打电话找黑格，发现他正在圣克利门蒂与基辛格吃早饭。"你知道我被窃听了吗？"萨菲尔问。黑格对整个行动既不承认，也不否认。"就在我们讲话时，"萨菲尔后来写道，"一个有口音的高官不断在一旁催他：'告诉他不是我，确定他知道不是我。'"

萨菲尔从来不相信基辛格。"黑格连上厕所都得先举手请示基辛格照准，"他写道，"说黑格请求窃听之事基辛格毫不知情，这着实太可笑了。"后来他还写道："基辛格对整个窃听事件的反应太不像他了。他看上去十分恼怒，撒谎时显见准备不足，不够专业，状态明显失常。"

由于有隐私被侵犯的经历，萨菲尔的保守主义因此多了一份对公民自由权应有的敏感，同时也让他对基辛格的为人有了一些看法。"我希望我并不是出于个人恩怨而改变了我对他在尼克松年代的作为的看法，而是出于我被骗之后的某种理解，而骗我的人竟然深信不断撒谎可能是为国家应该做的事。"[16]

1970年5月，窃听开始一年以后，联邦调查局还在编写摘要，但大家对这个方案的兴趣已消退。自从前一年夏天加了萨菲尔后，基辛格和黑格就没有再添加新的名字。接着就是入侵柬埔寨。如前一年秘密轰炸该国一样，比彻关于1970年5月入侵的头版报道再次令基辛格震怒。报道说，入侵的同时还伴随着对北越的猛烈轰炸。黑格要求对先前的漏网之鱼比彻进行窃听。维护国家安全的理由依然不太站得住脚，因为比彻报道轰炸谈不上是对敌人泄密（他们当然知道自己被炸），他只不过是告诉了美国老百姓这件事。

黑格还要求除恢复对珀斯利的窃听外，再对国务院法律顾问、罗杰斯的心腹理查德·佩德森进行窃听。罗杰斯越南问题的国际助理、威廉·H.沙利文大使（别把他与联邦调查局负责窃听的官员威廉·C.沙利文弄混了）也上了窃听名单。

同样，动机之一就是通过基辛格的两位政府内对手的助理对这两人进行跟踪监视。珀斯利、佩德森、沙利文都不是有泄密风险的人，他们也不像基辛格和他的高级助理那样与记者关系密切。但对他们窃听后，基辛格就能在事前知道罗杰斯和莱尔德与总统开会时的立场。"这就让亨利起码有官场上的优势。"萨菲尔后来说。

此外，基辛格已开始使用窃听摘要在总统面前诋毁国务院和国防部。

他经常冲进椭圆形办公室，对每一次窃听到的对总统或他本人的小小不敬表示愤怒。[17]

入侵柬埔寨让基辛格身边的一些青年才俊想不通，安东尼·莱克因此辞职，温斯顿·洛德差点儿也不干了。莱克和洛德是在白宫工作过的最正直的人，更不用说在尼克松的白宫了。1970年5月12日，莱克辞职两星期后，他和洛德也上了窃听名单。对两人的窃听长达9个月，这段时间莱克在有意与尼克松打对台的民主党参议员埃德蒙·马斯基手下工作。

除了国会证词引用的极少量信息，窃听记录从未被公开。但莱克还是拿到了联邦调查局对自己的监听记录，包括他与其他助理的通话，他同意让我在书中引用联邦调查局整理的记录和摘要（代号"6月"，并注明"绝密，不得存档"）。最突出的有两点：大部分材料，用尼克松后来抱怨基辛格张罗监听的话说，"都是些八卦、屁话"；还有，政府对采集政治情报与堵截安全漏洞一样感兴趣。

另外，记录还显示，联邦调查局的一些整理报告的特工与外界严重脱节。例如，1970年5月15日的一次记录中，莱克告诉妻子："比尔决定要走了。"他指的是基辛格的助理比尔·沃茨。联邦调查局的记录员却在比尔的名字旁边加注"国务卿罗杰斯？"，而且此后凡提到比尔·沃茨时，记录都用大写字母说是罗杰斯，竟是一副国务卿打算离职后与安东尼·莱克一起经商的模样。

10月27日的一份记录是莱克与罗杰·莫里斯的通话，两人当时都已离开国安会。记录上说："罗杰告诉安东尼他在写一个单子，寄望蒙代尔做些什么……他想提一下打仗花了这么多钱，却没有考虑国内需要。"他们根本没有讨论与机密扯得上关系的事，而且莱克也没有说任何有关越南的实质问题，但联邦调查局还是乖乖地差人将谈话摘要送到白宫，而且补充了一句："蒙代尔可能就是美国参议员沃尔特·蒙代尔（民主党农民-劳工-明尼苏达州）。"备忘录还说，通话结束时，莱克告诉莫里斯他在西弗吉尼亚买了一个农场，莫里斯说："如果那孬种尼克松在1972年赢了，我就跟你一起务农去。"

第11章 耳边的秘密：办公室窃听器，死键，其他装置　　199

联邦调查局的摘要强调可能有助于白宫跟踪埃德蒙·马斯基政治计划的对话。12月的一次摘要甚至报告了并未被怀疑有国家安全风险的莱克的妻子与他人的对话,其实联邦调查局压根儿无权散播她的私人对话内容。她在通话中透露,马斯基打算于12月27日开始访问耶路撒冷和莫斯科,以打造他的外交政策资历。

窃听曝光后,莱克写信给基辛格,请他出面说明莱克从来没有言辞失检,而且窃听是个错误。基辛格不干。莱克不得已而起诉基辛格,要他付一美元的象征性赔偿,因为事关原则。1989年,他终于同意接受"亲爱的安东尼"一信作为解决。在信中,基辛格并未真正道歉。"司法部长米切尔认为总统有权使用这个办法。"他写道。但后来法院判决清楚地显示,基辛格也同意:"对你家里的电话进行窃听确实不合法。"基辛格又说:"在我们共事期间,你的耿耿忠心和廉洁正直大家有目共睹。"这并非莱克希望的认罪表述,但他还是把信装裱了起来。[18]

另外一位诚实正直、不容置疑的温斯顿·洛德从来没有拿到这样的信。就在窃听事件曝光的前一天,基辛格把他叫到办公室。基辛格没有任何歉意,只说窃听是尼克松和米切尔要干的,因为他担心自己是新政府里面的外人,恐怕并无抗拒窃听计划之力。洛德觉得他这个理由相当勉强,因为自己被窃听的时候,基辛格已经上任一年多了。不过,洛德还是留了下来。

窃听洛德的电话有一点还是暴露了整个方案的荒谬之处。这事牵涉他的妻子包柏漪,她出生在中国,后来成为畅销小说作家。她每天早上都与母亲通个电话,还经常夹杂几句家乡话。她精于烹调,两人常交换烹调心得。联邦调查局不得不雇用语言专家来解读,甚至还找了一位破解密码的专家,想了解烹调用料是不是暗号。窃听持续了9个月,这让临时翻译员挣了不少外快,也浪费了不少纳税人的钱。包柏漪后来将窃听一事怪罪于黑格。"黑格很不喜欢温(斯顿),他就用这个办法整他。"她说。[19]

就在对莱克和洛德开始窃听后,尼克松突然不再让基辛格监督该方案的执行了。在一次与霍尔德曼和胡佛的白宫会议上,总统说,从那天开始，所有的摘要都只送给霍尔德曼；没有霍尔德曼的同意，基辛格也不能再要求搞新的窃听。当晚，基辛格被告知了这一决定。

做这一改变的理由有好几个。胡佛深信泄密的必然是基辛格和他手下的人，因此急于拿走基辛格对该方案的掌控权。此外，霍尔德曼和胡佛都担心，如果摘要继续送交基辛格，刚刚被提拔为基辛格特别助理的洛德可能会看到。

但改变的主要理由是，入侵柬埔寨后，基辛格与尼克松又产生了矛盾，尼克松在戴维营拒绝回复基辛格的电话。霍尔德曼的笔记显示，尼克松因基辛格的不忠和基辛格"无法忍受罗杰斯和莱尔德"而心情郁闷。那段时间基辛格的情绪也特别不稳定，黑格还为此背着他找过尼克松，佯称自己关切基辛格稳定与否。"黑格来找我，"尼克松后来回忆，"他十分关心基辛格博士对柬埔寨行动十分情绪化、十分焦虑的反应。"

尼克松决定最好还是把窃听方案的责任转交给霍尔德曼。"亨利在这些事情上花了太多精力，"尼克松在为此书接受采访时说，"而我知道鲍勃不会浪费太多时间，三两下就能把它们扔进纸篓。"霍尔德曼回忆此事时则说得更直白。"尼克松受不了基辛格动不动就冲进办公室，对每个窃听报告反应激烈，"他说，"每当他看到或想象到有任何不同意见的迹象，特别是如果迹象来自国务院，他就会暴跳如雷。"[20]

霍尔德曼只主动加了一个窃听对象——詹姆斯·麦克莱恩，埃利希曼手下一位名不见经传的国内政策幕僚。但在霍尔德曼掌管期间，窃听材料的政治使用还在继续。对霍尔珀林原先的窃听仍在继续，虽然他已于1969年9月辞职。通过窃听，他们获得了一条精彩的消息：克拉克·克利福德（"或许即前任国防部长"，胡佛在备忘录中加注）打算给《生活》杂志著文，攻击尼克松对越南问题的处理。于是，政治特工立即行动起来，找了杰布·斯图尔特·马格鲁德向报界泄露对克利福德不利的信息，不让其得逞。埃利希曼后来还写了一张字条对霍尔德曼说："这就是我们所需要的更多的早期预警。"霍尔德曼在下面还写了一行字，"我同意约翰的观点"，并送到马格鲁德手中。马格鲁德后来成了尼克松的竞选团队成员，推动了对民主党全国委员会水门办公室的窃听计划。[21]

窃听行动终于在1971年2月结束。当时仍有9人被窃听：莫顿·霍尔珀林（被窃听时间最长，达21个月，虽然他在17个月以前就辞去了国安会的工作）、亨利·布兰登、威廉·比彻、理查德·佩德森、威廉·沙利文大使、莱克、洛德，还有第二次被监听的罗伯特·珀斯利和赫尔穆特·索南费尔特。就像对柬埔寨的轰炸一样，它也成了尼克松和基辛格共有的另一个不为人知的秘密。

窃听行动是他们走下坡路的开始。一旦可以用越来越站不住脚的国家安全借口监听白宫幕僚和记者，那就离成立一个秘密白宫班组窃听政治对手仅有一步之遥了。[22]

1973年报界将窃听一事曝光后，尼克松对他授权这么做承担了全责。"我愿明确肯定，"他在给参议院的信中写道，"基辛格和其他人介入这一调查的各个方面都有我的明确授权，是在履行我的明示命令。"但私下，他经常说是基辛格每每因泄密冒火，因而促使他授权窃听，这样说也不无道理。1973年与约翰·迪恩的秘密谈话录音中，尼克松抱怨："它们从来没有帮我们什么忙，尽是一堆堆材料，都是些八卦、屁话。"然后，他说到基辛格："是他要这么做的。"[23]

基辛格在开始窃听行动这件事上起的主要作用是，尼克松生性容不得泄密，而基辛格则让他更抓狂。当时基辛格初到华盛顿，性格本来就不开朗，而需要保密的单子又不断加长，因此一旦泄密他往往会反应过激。其实，比彻关于轰炸柬埔寨的报道也不值得他如此大惊小怪，报界其他人士、柬埔寨人都没有追究此事。让基辛格在比斯坎湾游泳池旁震怒的报道带来的伤害远没有他对报道的反应带来的伤害大。

基辛格后来说，窃听开始后他的参与就属于被动性质。他说他只不过是根据总统的指示，把"能获得泄密内容机密信息的官员的名字交给调查局"，然后由调查局决定要不要对他们进行窃听。1974年的参议院听证会上，大家一再追问他的是他是否"主动要求"对任何人进行窃听。"起码我从来没说过'去监听这个人'这样的话，"他说，"我奉行了此前决定定下的标准。"他顶多只承认他知道，当他提交某人的名字，"窃听可能会是有关调查的一部分，很可能会有这样的结果"。

如同基辛格咬文嚼字的大部分细微区分一样，也不能说他全错。尼克松曾在辞职后的一次证词里说："基辛格的责任只是向调查局提供信息而不是控制该方案。"联邦调查局情报处的负责人在参议院做证时说："我们这里没有任何东西能说明基辛格博士除提供理应窃听的个人名单外，还发挥了其他作用。"[24]

但也正如基辛格咬文嚼字的大部分细微区分一样，事情并不像他所说的那样一清二楚。因为他的解释与窃听方案的实际运作不符：基辛格或黑格提供人选，联邦调查局就去窃听，这些人通话的报告就开始被送往基辛格的办公室。联邦调查局称基辛格提供的名单为"要求"，而且除极少数例外，窃听立即开始。

每当碰到难以辩护的行动时，基辛格就会拿出一大堆理由在里面绕圈圈。他跟某些助理说这么做是帮他们的忙：窃听旨在证明他们为人正直，因为可以借此断定泄密确实与他们无关。事实上，窃听根本无法证明这一点。像洛德和莱克这样自认人品起码与基辛格和黑格一样可靠的助理，完全有理由觉得这种解释有辱人格，就像当年老塞勒姆城抓女巫，老百姓坚持得先把老处女丢进热水锅里测试她们是不是女巫一样荒谬。

基辛格拿出的更为冠冕堂皇的窃听理由是，不愿因军事情报泄露而"危及美国和南越人的性命"。当然，泄密如果危及美国士兵那是要不得的，但关于轰炸柬埔寨或任何其他让基辛格和尼克松紧张万分的泄密都不属于此类机密。通常牵涉的都是敌人已知而美国民众却不知道的情报。它们都远远达不到基辛格日后在参议院确认他国务卿任命时所同意的标准："如果因为国家安全的理由要损及人身自由，那么必须提供压倒性的国家安全方面的举证。"[25]

对某些朋友，基辛格又把窃听的责任归咎于黑格，认为黑格做得过分。他坚持，很多以基辛格的名义提出的"要求"都是黑格擅自为之。这个说法也有一定的真实性，黑格为一己私利借此监听对手的一举一动。但基辛格同样是为一己私利放手让黑格这么做，希望借此加强霍尔德曼、尼克松、胡佛对他的信任。

基辛格给出的另外一个理由是，别人也是这么做的。早自小罗斯福当总统时，埃德加·胡佛就经司法部长授权提供国家安全窃听服务。"我不认为尼克松年代的窃听比过去更多或更少。"联邦调查局情报处长詹姆斯·亚当斯说。他还说："与此前不同的是，这次竟然窃听了国安会幕僚，也就是窃听了白宫自家人。"换言之，过去的窃听对象主要是疑似间谍、潜在的颠覆性工会领导者这类人物。据另一位联邦调查局高官说，经常性窃听自己助理的做法可谓"史无前例"。[26]

当年实施窃听确属合法行为。1968 的综合控制犯罪法规定，警察在实施窃听前必须先拿到法院令状，但其中有免责条款称，该法并不限制总统保护国家安全的权力。司法部长米切尔因此告诉尼克松为国家安全而窃听不需要法院指令。后来最高法院裁决，该原则不适用于美国公民。

窃听一事反映了尼克松和基辛格都想知道他们的助理在背后做什么，有这样的欲望也很自然，特别是对两个疑心病比较重的人来说。可以听到别人说什么，无论是同事、下属，还是对手、敌人，都会给人一种令人陶醉的权力感，连比基辛格和尼克松更在意道德守则的人都难以自持。萨菲尔后来也说，基辛格能从"与他最严密监视的人密切合作中得到一种特殊的刺激感"。

这个方案——后来导致水管工班组，又导致水门事件——说明，当白宫决意推行它不敢让公众发现的政策时，如轰炸柬埔寨，会发生什么事。"这是我公共服务生涯中最矛盾的事。"基辛格后来说。这是与他承认他为此感到抱歉最接近的说辞。[27]

白宫其他的阴谋诡计

窃听方案还有一个秘密从来没有人告诉过基辛格：有时候他也是间接窃听对象。尼克松和霍尔德曼都没想错，基辛格是情节最严重的泄密者之一。"让基辛格离界外的人远一点，"霍尔德曼手记中记载了尼克松在解除基辛格窃听职务前说的话，"他的话太多。"

基辛格的谈话对象就有哥伦比亚广播公司的外交记者马文·卡尔布，

他和他的哥哥伯纳德正打算写一本关于基辛格的书。1969年9月，司法部长米切尔打电话给联邦调查局，要求窃听卡尔布家里的电话。据他说，理由是"总统认为可能有人给卡尔布提供情报"。

米切尔还有一个不一般的要求：所有关于卡尔布窃听的摘要和报告应当只交给他和埃利希曼，而不是基辛格办公室。窃听持续了两个月，基辛格毫不知情。

对卡尔布的窃听比较奇怪的是，有未经证实的传言说他是罗马尼亚间谍，这话经胡佛散播，尼克松接受，基辛格显然也顺水推舟。1969年下半年的一天，尼克松在听到卡尔布对自己前一晚的越南演说做"即时分析"后爆发了。据当时在场的杰布·马格鲁德说，基辛格插话说："哦，总统先生，那人是罗马尼亚政府特务。""对了，"尼克松答道，"那人是共产党。"尼克松多年来一直坚持这个看法。1971年的一份每日新闻摘要提到，卡尔布有一篇关于河内对和谈的看法的报道。在边上，尼克松写了几个字提醒基辛格："K—他当然知道！"第二年，就在基辛格因为他俩的书与两兄弟长谈时，尼克松还写了张字条给霍尔德曼："H—基辛格绝不能接受卡尔布的访问。"[28]

1969年5月对基辛格的朋友、《华盛顿邮报》专栏作家约瑟夫·克拉夫特的窃听，一定程度上也是针对基辛格的。这是总统直接下令通过埃利希曼进行的。一开始联邦调查局并未介入，它也不属于17个由基辛格和黑格掌管的"国家安全"窃听对象之一。

时任埃利希曼幕僚的约翰·考尔费尔德曾任纽约市警察局探员，他在白宫的职务并不明确，但包含政治安全安排。当埃利希曼告诉他尼克松要窃听克拉夫特的电话时，考尔费尔德抗议道："老天，那是调查局的事，约翰。"埃利希曼的答复是，联邦调查局容易走漏信息，不可靠。

考尔费尔德就去找共和党全国委员会安全主任、联邦调查局前特工约翰·拉甘帮忙。拉甘爬上克拉夫特家后面的电话线杆，安装了一个使用电池的发送器。这样，克拉夫特家的电话一旦接通即可自动录入停在附近的一辆车后备厢的声控录音机。但克拉夫特夫妇当时正好在欧洲，录了半天全是讲西班牙文的女佣的对话。这边，埃利希曼又改变了主意，决定还是找联邦调查局。

埃利希曼请联邦调查局与法国相关方合作，窃听克拉夫特和妻子波莉居住的旅馆房间。联邦调查局副局长威廉·沙利文亲自飞赴巴黎协调，法方竟然也同意在克拉夫特夫妇在乔治五世旅馆的卧室安装麦克风（由法方付费）。利用法方提供的录音，沙利文及其助手整理出一份长达19页的报告。

联邦调查局的报告显示的更多的是联邦调查局本身对公共人物所知甚少，而不是克拉夫特知道多少秘密。报告说，克拉夫特打电话"找John Monay"，实际上应该是帮助成立欧洲经济共同体的Jean Monnet（让·莫内）。另外一个脚注说克拉夫特跟一个叫"Kay Graham"的人接触，而此人身份"不详"。联邦调查局对它所认定的颠覆分子一般都很警觉，怎么连《华盛顿邮报》的业主凯瑟琳·格雷厄姆都弄不清楚。

克拉夫特的律师劳埃德·卡特勒最后终于拿到了录音文本以及司法部还他客户清白的信，他说克拉夫特（已于1986年去世）"事后相信窃听其实针对的是基辛格"。据埃利希曼说，早在1969年尼克松"就对亨利非常担心，他知道他向克拉夫特走漏了消息"。

但具有讽刺意味的是，每隔几个星期，当尼克松想推出什么想法时，他就会给基辛格一个备忘录，告诉基辛格向克拉夫特先透露风声。1970年初，尼克松在看到克拉夫特一篇比较友好的专栏后，在新闻摘要边上写了几个字给基辛格："K——是你的功劳吗？"[29]

死键古卷

基辛格还发现窃听自己也很有用。他上任后即开始让秘书听他的电话，记笔记，并为通话整理出一个备忘录。这套系统日臻完善。他办公室的电话分机上都安上了"死键"，方便秘书或助理接听电话时不为对方所察觉。1970年基辛格从西楼地下室搬到椭圆形办公室附近的一楼时，白宫通信局在黑格的要求下，设立了IBM（国际商业机器公司）的听写机，就安装在基辛格前台接待人员身后的柜子里。

有一年多，录音文本都比较粗糙，连与总统的重要通话都只能写个大概。在录音系统成熟后，黑格和基辛格就请了专业转录人员彻夜赶工，整理出高质量、近乎逐字的记录文本。

电话分机上装有死键，这在国安会幕僚小圈子里并非秘密。当尼克松来电发脾气或咬字不清时，基辛格经常摆手要助理们在分机上听好戏。基辛格与莱尔德、罗杰斯或其他官场对手通话时也一样，基辛格往往在助理于一旁聆听时翻白眼、做鬼脸逗趣。

基辛格常常用录音文本来说事或证明自己的忠心。如果罗杰斯或莱尔德说了得罪总统的话，或有人说了支持基辛格观点的话，他可能就转告霍尔德曼或直接拿给总统看。

威廉·萨菲尔给录音文本取了"死键古卷"的名字，他说他曾看到基辛格在文本上做手脚，为他将向总统提出的观点提供支持。《基督教箴言报》曾刊载了一篇不利于尼克松的报道，基辛格在电话中责骂文章的作者，顺便也抱怨一下罗杰斯如何不诚实。因为他正打算把文本送交总统，萨菲尔说，他就拿出录音文本改了起来，"对自己说的话更添了几分忠诚"。[30]

基辛格授权黑格聆听他的通话，因此就赋予了黑格极大的权力。黑格很快也知道了基辛格的所有秘密，其他幕僚有时觉得他常常是出于好奇而不是需要才聆听电话的。到后来，他开始更关注自己的前途而不是基辛格的需要，于是让霍尔德曼和埃利希曼看一些他手边的录音抄本，以此讨好白宫。[31]

基辛格后来说监听并转录电话通话是华盛顿的一贯做法。他对了一部分。有些官员，如迪安·腊斯克，对重要电话是录音的。再说，这么做也有其理由。它帮助整日忙碌、杂乱无章的基辛格确保有人贯彻尼克松通过电话提出的要求和下达的命令。另外，也给他们的决定留下记录。

正如基辛格的许多行动一样，包括他支持秘密轰炸柬埔寨和窃听，原先他引述的理由与后来的发展已无甚关联。后来变成每一通给基辛格的电话，最私密的除外，都会被转录。碰上特别忙碌的日子，经常要有秘书接力干到深夜才能把通话记录全整理出来，而绝大多数来电者都不

第11章 耳边的秘密：办公室窃听器，死键，其他装置

会想到他们说的话不是隐私。

尽管基辛格对这种做法也曾多少做过一些辩解，但他似乎也知道在来电者未允许的情况下对电话录音并做笔录可能有问题，所以他千方百计地——就像他处理国安会窃听和轰炸柬埔寨一样——对此保密。1971年初，当《华盛顿邮报》从基辛格的一些助理那里得知有几份电话录音文本后，曾短暂出现过基辛格对自己通话进行录音的报道，虽然他们不知道录音的具体涵盖范围。有一位记者问他，将来写回忆录是否会使用这些录音笔录。"这些笔记纯粹是为总统存档用的，"基辛格答道，"我没打算写书。"

结果是，当他写尼克松年代的两本书时，基本的参照物就是这些录音文本。他也并没有把这些笔记交给"总统存档"。1973年初，当他考虑辞职时，他不声不响地将30箱文件，包括录音文本，运到纽约州威彻斯特县波坎蒂科山区纳尔逊·洛克菲勒宅院的防空洞里。

同年稍晚，当他决定留在政府任职后，又需要把它们运回来，主要是因为将政府记录放置在未经授权的地点是非法的。黑格命令白宫军事联络官比尔·古利派一架无标识飞机带一名士兵飞赴威彻斯特机场。他将文件运回安德鲁斯空军基地，放进一辆无标记货车运回白宫，绝大部分文件都藏到了东楼下面的防空洞里。

即便是那时候，基辛格还是将最敏感的通话记录留在了波坎蒂科。他的理由是那是他的个人工作文件，而并非政府文件。他成为国务卿后，通话记录（波坎蒂科的记录除外）也跟着他搬到了国务院，交由伊格尔伯格保管。

1976年准备离职时，基辛格决定由自己保留电话记录。但一个记者团体以诉讼威胁，于是他将其作为个人文件捐给了国会图书馆，但捐赠的条件是起码要到他死后五年才能开启。基辛格如此处理这些文件引发了一场诉讼，官司一直打到最高法院，最后基辛格胜诉。[32]

窃听和电话录音是尼克松在白宫的一种工作模式——到处都有密探，处处都有窃听装置。比如，约翰·埃利希曼桌子下面就有一个开关，他可以收录谈话和电话。后来我们也知道了，总统也有自己的秘密声控录音系统，这是他在 1971 年下命安装的。

基辛格深信他是被窃听的对象，这也不是没有道理的。"亨利，他对泄密的愤怒开启了 1969 年联邦调查局的国家安全窃听，但他却时时担心自己的电话被窃听，"霍尔德曼回忆，"在走廊里碰到我的时候，他经常会问我：'今天你窃听到我什么了，霍尔德曼？'"

1973 年黑格接替了霍尔德曼的工作，对尼克松在白宫的秘密录音系统他没动，当水门事件调查开始时他并未告诉调查人员此事，但他却告诉了基辛格。基辛格听说后颇为紧张，他知道录音对他非常不利。录音可以让人们看到他如何迎合总统的奇怪念头和偏见。他觉得自己被侵犯了，于是对秘密录音系统深恶痛绝。但他是否看到了个中的讽刺，是否因此对通话被他秘密录音或窃听的人更能感同身受，我们不得而知。[33]

黑格还让基辛格相信，基辛格的电话线上有一个他原先不知道的死键：霍尔德曼及其助手劳伦斯·黑格比都可以监听基辛格的通话。"我一直认为基辛格的电话上有窃听装置。"尼克松的拼命三郎政治特工查尔斯·科尔森说。

霍尔德曼和黑格比都否认他们能直接监听基辛格的通话，其言似乎可信。"我没有在基辛格的电话上安死键，霍尔德曼也没有，"如今担任《洛杉矶时报》发行部主管的黑格比说，"我是负责安装的。我应该知道。我可以听霍尔德曼的电话，但我俩谁也听不了基辛格的电话。"

其实，如果尼克松想知道基辛格和什么人通了话，他还有其他办法。通常是通过白宫总机，据科尔森和黑格比说，总机有一个手写的日志，记载所有进出电话，由此可以判断基辛格是不是新闻报道的来源。

此外，尼克松的政治助理也有办法拿到基辛格的通话记录。有时，黑格会在说明某一观点时显露一下；有时，比较年轻的助理也会向白宫里的朋友透露一些八卦趣闻，其实这也很自然。基辛格最喜欢与别人做交心状，在别人背后说闲话。他不知道他下面几乎所有的人也喜欢这么做，特别是有关他的议论。[34]

第12章

死路一条：深陷越南战争泥沼

> 我们忘却了游击战的基本格言：游击队只要没输就是赢，而常规军队没有赢就是输。
>
> ——基辛格 《外交事务》杂志，1969年1月

越南化，1969年6月

美国之所以深陷越南战争泥沼，理由很简单：南越军队无法靠一己之力击退越共。直到它有这个能力之前，无法就一个不会导致西贡政府被推翻的美国撤军计划谈判。因为外交有一条可靠规则，即在谈判桌上不可能赢得在地面赢不到的东西。

断断续续的轰炸或许可以推迟最后审判日的到来，但改变不了这一事实。所以，除非美国愿意无限期留在越南，否则为保证西贡存在，南越军队就必须有能力从50万美军手里接过打仗的重任，如若不然，越南问题将无解。

尼克松加强南越军队的政策就是根据这一套军事推论制定的。"虽然基辛格不同意，但我认为很清楚的是，南越要在有了和平协议后继续存在，就必须有撑得起它的军队。"尼克松说。[1]

逐步增强西贡部队将允许美国减少自己的部队。美国新政府一边继续打仗，一边也认识到一定要走在日益强大的反战怒潮前面一步，通过定期撤出美军平息众怒，以争取时间。其鉴于这两方面的考虑，才制定了原先名为"去美国化"的方案，国防部长莱尔德称之为"越南化"方案，后者比较高雅，听起来也有些冷酷无情的阴森感。这是莱尔德力推

的政策，被尼克松接受，但遭到基辛格非议。

1968年竞选时尼克松就提出过这样的想法。"我们需要一个体系庞大的培训方案，"尼克松在与出席共和党大会的南部代表私下交谈时说，"这样，南越人受训后就能自己去打仗，他们逐步到位，我们就逐步撤出。"莱尔德在10月与候选人从北达科他州俾斯麦到博伊西的飞机上曾跟报界说，一年之内最多可以撤回9万美军（约翰逊总统的国防部长克拉克·克利福德公开驳斥莱尔德，并指出军队人数还在增加）。

尽管有莱尔德的支持，美国军方对越南化的概念还是颇不以为然，因为他们认为这等于慢性投降。6月7日，尼克松决定与驻南越美军司令克雷顿·艾布拉姆斯将军在火奴鲁鲁摊牌，并于次日与南越总统阮文绍在中途岛会面。

艾布拉姆斯边听尼克松的计划，边嗤之以鼻。这位双唇紧闭的将军意识到，不论外包装如何华丽，撤军的建议等于终止了美军获胜的可能性，同时也将开始美军凄惨的且战且走的后卫作战。基辛格后来描述，艾布拉姆斯当时坐立不安的情景"令人不忍直视"。[2]

总统一行，包括基辛格、罗杰斯、莱尔德及其他500名官员、记者和后勤人员，旋即在该地的主要"居民"——成千只信天翁——的茫然凝视下，降临到只有两平方英里的岛礁中途岛。

从排长到最后荣登总统宝座的阮文绍有军人的自豪，他急切地希望被人以美国盟友领导人的身份平等对待，而不是傀儡或下属。基辛格曾要求阮文绍先到，以免让尼克松等他。但阮文绍坚持说既然美国总统是东道主，就应该先到场迎接他。基辛格同意了，不过尼克松的飞机最后还是比阮文绍的飞机晚到了15分钟。

阮文绍还要求与尼克松单独会面，尼克松通过基辛格表示一定要基辛格在场，所以阮文绍也带上了一名助手。在抵达美国海军司令寓所的会客室时，他注意到那里摆放着一把大椅子，显然是给尼克松预备的，周围摆着三把小椅子。阮文绍转过身，不声不响地走进餐厅，找到了与尼克松的椅子一般大的另一把椅子，搬过来就放在尼克松座位对面。[3]

阮文绍已经知道美国计划撤军人数——2.5万——因为美方事先已

经走漏消息。阮文绍展现了已习惯于外国人背信弃义的民族的自尊，他主动提出撤军建议，说应该称之为"重新部署"。于是两人走向一个铁皮顶的圆拱形活动房屋，宣布他们双方都同意2.5万美国士兵重新部署回国。

尼克松事后回忆，两位总统都清楚，当天的这一宣布是一个"不可扭转过程的开始"。阮文绍在回忆那个炎热的下午时也说当时他内心隐隐不安，他想到了一句越南民谚：头进尾随，或一旦开了头就顺理成章了。

那一刻对尼克松来说既是历史性的成功，也是政治上的一大成就。自美国海军陆战队第九远征旅于1965年3月8日在岘港以北"红滩二"登陆后，美军第一次自越南撤军。他雀跃欢欣。

但当尼克松面临讲实话还是撒谎的选择时，他再次显露了他的怪异倾向，本能地选择了后者，即便这样做没有任何好处。他对报界说，撤军的决定是基于"阮文绍的建议及我们自己战场指挥官的评估"。其实，每一位听众都知道，阮文绍和艾布拉姆斯是最反对这项决定的人。那不算一个大谎，尼克松后来称之为"外交上的夸大之词"，但也让我们看到一个更大的问题：尼克松——基辛格在某种程度上也一样——觉得欺骗美国老百姓要比坦言事实、争取民众的了解与支持容易。[4]

在这个问题上，基辛格倒比较诚实，也许是因为他不太喜欢这个政策。在与记者前往中途岛途中进行背景讨论时，基辛格说，如果越南化让河内看到它面前呈现出一个日渐强大的对手的幽灵，那么越南化就可能有帮助。"然而，如果我们撤军的速度让河内以为我们其实只是想找脱身的借口，那么只会对谈判构成阻力，因为他们就会坐在那儿耗时间。"如果是这样，他补充道，越南化就只不过是一个"体面的跑路"。

结果，撤军以令人痛苦的速度在继续：慢到让美国的介入又拖了三年，国内愤怒的情绪高涨，但也快到让河内觉得他们可以坐在那儿耗时间。同一个月稍晚，克拉克·克利福德公开建议1969年撤回10万士兵，尼克松对他的虚伪十分恼怒。此人在6个月以前还是国防部长时还嚷嚷需要增兵。但令基辛格错愕的是尼克松接下来的话："我希望我们能比他的时间表还快。"[5]

对基辛格而言，越南化违反了他现实主义的根本规则：军力必须与外交并重。在《核武器与外交政策》一书中，他曾狠批美国在停战谈判时停止在朝鲜进攻作战的决定。他在 1957 年说的话几乎完全适用于他在解决越南问题谈判时的情况："停止作战行动等于除掉了中方找解决方案的唯一动因。简而言之，就因为我们坚持军力与外交脱离干系，我们的力量才没有了目的，我们的谈判没有了魄力。"

后来在回顾越南化政策时，他也写过与此惊人相似的一段话。他说，一方面在谈判桌上要求相互撤军，一方面又从战场单方面撤军，这是不切实际的做法。"我们的撤军越是自动化，它作为谈判武器就越没有用；在我们单方面加速撤军之时，再要求相互撤军就没有意义了。"[6]

莱尔德继续大力主张越南化。"我知道我们时间不多，民众已不再支持我们打下去了。"他后来说，"亨利不了解这一点，因为他不是政客，所以他只担心越南化对他的外交不利。"

每当撤军宣布在即，莱尔德就忙着四处吹风，给记者和他喜欢的议员打电话："我觉得我必须给基辛格压力，不让他使尼克松打退堂鼓。"有一次吹风会后哥伦比亚广播公司有这样一段新闻报道："莱尔德早就下了我们尽快撤出的决心。"在他的新闻摘要中，尼克松在这几个字下面划线，并写了几个字给基辛格："他的聪明招数！"

一行人从中途岛回来后几个星期，莱尔德又在官场成功包抄了基辛格。为了确保越南化成功，莱尔德觉得有必要改变指导美国军队使用方法的"任务说明"。根据莱尔德的新任务说明，美军的部署不再是为了与敌军对峙，而是为了协助南越军队，自己则保持防御而非进攻态势。

没等国安会开会或总统做决定，莱尔德就将这一重大改动发了出去。"就在我发出命令的同一天，我通知了基辛格和总统。"他回忆道。基辛格想设法说服尼克松拒绝这一改动，但因为莱尔德的命令已然下达，就只能令其生效。"基辛格很不高兴，说我狡诈，"莱尔德说，"但有时候是需要以其人之道还治其人之身的。"[7]

那年8月底，尼克松在圣克利门蒂度长假期间，安东尼·莱克访问基辛格，谈起越南。"我说越南化的问题有点像带盐的花生，一旦老百姓尝了就停不下来了。"莱克继续说，"因此最好在美国处于强势地位时快速达成最佳协议。"

基辛格请他把他的想法写一个备忘录。莱克写了三页纸。基辛格看了备忘录，赞扬其中说的越南化削弱了美国的讨价还价能力，但是却把最后的结论——因此需要尽快达成协议——删掉了。然后他把莱克的意见放在自己给尼克松的一个更长、更悲观的备忘录中。基辛格写道："撤回来的军队越多就越发助长河内的气焰。"[8]

那个星期，基辛格赢得了他第一次（也是最后一次）反对越南化的斗争。尼克松宣布，每一回合撤军将取决于三个标准：敌人活动减少了多少，谈判的进展，南越能力的改善程度。但到8月中旬，在战争消停了8个星期后，越共军队对金兰湾和100多个南越目标展开了突击。在基辛格的要求下，尼克松决定推迟莱尔德原定于8月底进行的下一阶段撤军行动。

在圣克利门蒂为几位记者进行的非公开背景吹风会上，基辛格解释，推迟就证明美国并未被撤军的跟风潮席卷进去。"我们必须让河内知道我们的持久力，否则我们就没有灵活的余地。"他说，"重要的是河内得了解——美国老百姓也要了解——我们要应用那三个标准，这不是一项机械化操作。"

然而，那三个标准不久就被忽视了，撤军确实变成了一项机械化操作。就在两个星期后，尼克松决定再次撤兵40500人。在椭圆形办公室的一次会议上，埃利希曼忙着记笔记（同时还画了一个非常逼真的尼克松的鼻子），基辛格最后一次惨遭败绩。当尼克松说越南化进展顺利时，基辛格问道："如果以后有必要，我们怎么才能叫停呢？"尼克松的答复是，真正的问题在于撤军"不够快"。从此，他再也没有推迟任何一次撤军行动，无论战场传来的消息多么不利，无论谈判桌上传来的信息多么糟糕。[9]

尼克松主义，1969年7月

冷战开始后的二十多年间，美国外交政策的主要标志是，为确保自由权得以生存并成功，美国愿意承担一切重担。如今，那个时代已经过去，它成了越战及越战引起的自我怀疑的牺牲品。代之而起的是一个局限时代，主要表现在不愿在海外介入时动用武力，另外就是认识到美国不可能在每一次苏联扩张时负起抵抗之责。

干涉主义的时代一共持续了约22年。其开始时间大概是1947年2月24日，哈里·杜鲁门总统决定从英国手中接过防止希腊和土耳其落入共产主义阵营的责任。其象征性的结束时间，亦即美国二十年的局限时代开始的时间，是1969年7月25日，也就是美国陆军第九步兵师未完成任务就从越南湄公河三角洲回到美国本土的那一天。在美国军队从南越正式撤退的那一天，尼克松总统正好在他环球旅行的第一站——关岛的军官俱乐部跟记者闲聊。

除了结束越战，基辛格任内所面临的最艰巨的任务就是为越战后的局限时代创建一个框架。美国在历史上一直在过度介入与过度孤立之间摇摆，如今因为越南又出现了朝过度孤立一端摆动的迹象，而找到中庸之道就是它现在面临的挑战。

为此，基辛格觉得美国应该与苏联和中国建立一个三角平衡关系，从而缔造一个世界秩序的全面框架。这样，美国就可以放权给某些区域盟国，让它们挑起协助邻国抵御共产主义的担子。这就是后来被称为"尼克松主义"的概念。

如同美国的多数伟大外交政策主张一样，尼克松主义也是对一个包装问题的部分回应。尼克松不愿大家以为美国自越南撤退只是面对一个糟糕情况的不得已之举。他希望把越南化这个想法包装成一套脉络清晰的有目的的哲学。

此外，确保不会再出现一个越南也是一项挑战。在下一个区域战争爆发前，尼克松和基辛格都希望能出台一项政策，确保美国不再承担派兵的责任。[10]

基辛格曾在思考这类问题的多年前的讨论会和期刊中探讨过美国在后越南时代应发挥什么作用。其实，他对"局限学说"的痴迷可溯源至他大学本科论文《历史的意义》中的冗长思考。他在分析康德时说，感知历史的必然性涉及"对局限的认知……知道在追求时必须自我设限"。同样，他在研究梅特涅和俾斯麦时也探讨了现实主义传统的核心所在——对机会和局限的冷静盘算。

1968年初仍在洛克菲勒手下工作时，他曾有一篇初次提出日后成为尼克松主义的纲要：

在（20世纪）五六十年代，我们提供补救办法；在60年代末和70年代，我们的作用将是帮助建立一个能促进他国采取主动措施的结构……我们必须设法鼓励而不是扼杀地区责任感。[11]

在1969年7月从关岛、亚洲到世界各地访问前，基辛格经常与尼克松在每天的漫谈中讨论这个主题。他们认为，将来美国应区分小的亚洲盟国可能会面临的三类安全威胁：内部叛乱、邻国攻击、苏联或中国的攻击。但他们的讨论是非正式讨论，并未对主义的发表做过正式准备，也不像一般主要政策发表前那样抛出一些五花八门的专用缩略语。

尼克松主义的发表是尼克松在关岛与随行记者团非正式谈论想法时的不经意之举。那次他的讲话比较低调，也比较克制，也许是因为他在看到阿波罗11号登月后成功在海中降落时说的那番话已经满足他的言必夸张的癖好，他当时说，那是"自创世以来世界历史最伟大的一星期"。（尼克松之所以如此激动或许也跟爱德华·肯尼迪那个星期已因驾车坠落查帕奎迪克桥下而无缘成为其竞选对手有关。）

在答复一个提问时，尼克松谈到了未来处境可能与越南类似的其他亚洲盟国。"如果是内部安全问题，"他说，"美国将鼓励，同时也会期待这种问题逐渐由……亚洲国家自己处理。"只有在盟国遭到苏联或中国攻击时，美国才会觉得有直接参与的必要。后来他解释道："如果每当这些国家有内部或外部问题都是由美国继续承担主要防御责任，那它们永远也不会照顾自己。"[12]

这些话很快变成大新闻，尼克松同意将其载入记录。同时他还交给基辛格一项关键任务：给立即被报界冠以"关岛主义"之名的新政策找到一个更合适的名称，将荣誉给予作者而不是这座岛。

多年后再回顾自己这些话时，尼克松承认他当时并无意倡导什么重大的新主义，但它们的确反映了他和基辛格在处理越南问题时的思考。"我认为提供武器、经济援助以及人员是一个错误，"尼克松说，"应由当事国提供人力。越南化就是这么做的。"[13]

尼克松主义不久就变成全球战略而不只是针对亚洲的战略了。根据20世纪60年代的学说，通过类似于北约的中央条约组织和东南亚条约组织，美国对遥不可及的地区都有防卫承诺，而今，美国将扶植区域国家挑起当地防卫的重担。比如，在波斯湾，伊朗国王将获此殊荣，沙特则从旁辅助。[14]

美国政策的改变源自两个人，他们内心都深信国际主义，但又觉得需要减少美国的全球责任，以防美国民间不断发酵的全面后撤思潮的崛起。对越战的反感使得新孤立主义和反帝国主义情绪大行其道，认为美国的军事干预、隐蔽的活动或与国外的经济联系本质上就是罪恶行径。

对这种孤立主义思潮——乔治·麦戈文1972年的竞选口号"回家吧，美国"就是最佳写照——尼克松和基辛格的反应分为两方面。一方面是用蒙骗美国民众的办法绕过它。肯定会引起民众抗议的行为，如轰炸柬埔寨，都是秘密进行的。另一方面的做法则相反：通过理性的努力设法减少美国的承诺，使其与美国的资源和意愿更相称。他们重新审视了在国外进行干预的各项原则，并在年度"国情咨文"报告等文件中做了精辟分析（可惜看的人不多）。

如果能把花在第一方面的精力的一半用于第二方面，那么基辛格试图建立的和平构架就可能获得更多民众的支持。在尼克松年代，基辛格搞阴谋诡计的能耐得以充分发挥；但他作为能启发思想、让人们接受新思潮的教师才干却发挥得不够。

尼克松主义在把越南化包装得看起来不只是一个体面的跑路方案方

面还是起了作用的，起码让它增添了一点优雅。但作为全球政策，这个主义却没起什么作用：唯一由此扶植起来的国家是伊朗，后来的发展证明这项投资战略并不明智。

秘密和谈，1969年8月

在离开关岛后，尼克松就开始了环球之旅。接近最后阶段时，基辛格和他的助理安东尼·莱克溜走了，登上一架小型美国军用喷气式飞机飞抵巴黎。他们在那儿与一名精通两国语言、为人谨慎的美国武官弗农·沃尔特斯将军会面，一起前往基辛格的老朋友让·圣特尼在里沃利街的公寓。几分钟后，两名北越谈判人员——春水和枚文部就到了，两人带着尴尬的笑容与基辛格伸出的手握了握。

基辛格与北越之间断断续续三年的秘密谈判从此开始了。在此之前，对尼克松而言，基辛格发挥了两重作用：他是尼克松的个人顾问，也是国安会机构的大拿。现在他又有了第三重且更刺激的作用：这是他第一次担任谈判员。他不再需要留在总统的阴影之中了。作为满天飞的超级外交官——最初是到巴黎，后来是北京、莫斯科、中东——他得以展露他戏剧性的外交技巧和创造性的折冲樽俎，这使他成为当代最负盛名的政治家。

1969年8月初，基辛格开始钻研一些他认为与越南情况有关的问题。一个星期前，中国才释放了几名误入中国水域的美国游艇人员，基辛格深信其背后动机肯定不只是表达善意。在罗马尼亚，就在基辛格溜往巴黎前，尼克松曾请齐奥塞斯库总统向中国传话，表示美国或愿与中国打开通信渠道。齐奥塞斯库肯定也会告诉苏联美方的示意，但让苏联人略感不安也没什么不好。其实，访问罗马尼亚就是为了这件事。尼克松还对齐奥塞斯库透露，如果11月1日前没有进展，他可能会采取"过激步骤"，这话也是有意请他传递给莫斯科的。

基辛格和尼克松直到不久前才正式放弃林登·约翰逊的"马尼拉办法"，这个办法坚持北越撤军得比美国早6个月。在巴黎，基辛格把美国的条件放宽了一点,他说如果河内同意相互撤军,美国将同意不在南方保留剩余兵力。[15]

为说明美国的新立场,基辛格责成安东尼·莱克起草一个完整的相互撤军的拟议时间表。这个表完全是莱克临时拼凑出来的。"亨利因深恐别人发现他在开这个会,连自己幕僚里的越南专家都没惊动。"莱克回忆。所以这位年轻助理只得打电话问国防部去了解美军在南越的总人数,然后又问中情局北越在南越有多少部队。"基本上,我就是用总数除以12,得出了一年中双方每月撤军时间表。"他回忆道。

就有一个问题:在回程飞机上,莱克惊恐地发现他算错了。美军每月的撤退人数加起来还不到总数。"数学从来就不是我的强项,"他后来说,"我真想找飞机上一个较大的舷窗跳出去。可是当我告诉基辛格时,他一笑置之。这方面他还是很好的。"

莱克后来还不只是做了基辛格的特别助理,他是基辛格欣赏的那种最理想的外交工作人员,年轻有为,有脑筋,又是出身好的知识分子。他的祖父是哈佛大学神学院教授,外祖父是知名新闻记者、《新共和》杂志的撰稿人威廉·哈德。莱克自己先后在米德尔塞克斯、哈佛和剑桥就读,最后是在普林斯顿拿到了博士学位。和早先的年轻绅士一样,他觉得外交生涯是崇高、受人敬重的职业,他也对外国文化有一定的了解,比较包容。

他和妻子安东尼娅——也称东妮——1963年曾一起前往越南。但到他开始给基辛格当幕僚时,妻子则偶尔在门外参与反战游行。

莱克与基辛格的关系相当较真,他努力表现,却常常被激怒。有一天,基辛格请他为尼克松做一点公关工作,帮着起草一封信,向乔治敦的一名学生解释越南政策,但几易其稿都遭基辛格打回。最后他对莱克咆哮道:"有一点阳刚之气行吗!"莱克大怒。这个胖乎乎的教授造访越南时连坐直升机都怕得要命,他竟然说莱克不像男子汉。他摔门而出,一拳头打在白宫地下室的可口可乐贩卖机上。坐在附近的黑格让他逐渐平静了下来。"老天,"莱克说,"我这个初级外交工作人员刚刚竟跟总统的国家安全事务助理大吼大叫。"于是他回去又把信稿重拟了一遍。[16]

第12章 死路一条:深陷越南战争泥沼 219

莱克为巴黎会议准备的计算有误的撤军时间表结果并不是问题：北越方面根本没发现。他们也不在乎。春水花了45分钟时间喋喋不休地述说数百年来越南反对外国侵略者的斗争经历。每一个侵略者都撤了，美国也必须这么做，无条件、单方面撤军。

双方的观点有一个根本分歧：河内并不认为自己在南越是"外部力量"。它根本不承认有部队在南越，也不讨论他们是否有权在那儿。所以北越对"相互"撤军不感兴趣，只想美国撤军。最终他们也并没有背离这一立场。

春水唯一愿意做的是河内愿意考虑与基辛格举行更多秘密会谈，但这个进程直到翌年2月才恢复。

基辛格告诉沃尔特斯他绝对不可以将会谈之事告诉任何人，连美国大使或他国防部的上级也不例外。沃尔特斯这位娴熟老练的专业人士表示了他的疑虑。基辛格说，作为三军统帅的总统随后会证实他所言不虚，他还说，尼克松有权决定如何执掌外交。沃尔特斯坚持要尼克松本人核准这样的程序，于是很快就安排他去了一趟华盛顿，得到了尼克松的首肯。还派了一位通信专家到巴黎，把特别密码和设备交给沃尔特斯，当然还教他如何使用，这样他就能不通过使馆渠道直接与基辛格联系了。

基辛格在回忆录中竟然斗胆声称北越方面"不坦率，以美国的标准，称得上狡诈、莫名其妙"。因为北越肯定认为基辛格的超级秘密外交和他提出的含糊条件不坦率，以越南标准，称得上狡诈、莫名其妙。最让基辛格生气的倒不是北越的狡诈，其实恰恰相反：他们私下、秘密会谈里说的与他们公开说的一模一样，而且还非常倔强地坚持怎么想就怎么说。[17]

其实，巴黎和谈没有什么需要保密的理由，除了不让美国民众和国务院知情。而且，保密对河内可谓正中下怀，对美国真正的谈判建议外界数月都不知情，此时他们得以加紧宣传工作，争取公众对自己立场的支持。

如果基辛格能公开他的巴黎之行，并解释他的谈判立场中使用的战略（即便不便透露细节），也许更符合美国的利益。就像他后来在中东进行穿梭外交时发现的一样，行程本身反映的戏剧性起伏及引发的世界关注，能创造有利于解决问题的势头，而不是障碍。此外，如果大家看到基辛格在努力谈判解决越南问题，以及他具体做了什么努力，也可能在一定程度上平息反战运动的愤怒情绪。

钓鸭行动，1969年11月

基辛格在8月与春水的会谈上就曾明确警告：如果到11月都没有进展，美国"就必须考虑有严重后果的步骤"。11月1日是约翰逊叫停轰炸一周年，尼克松已在世界各地放话——特别是在罗马尼亚向齐奥塞斯库表白——那将是外交努力弄出结果的最后期限。"本政府的政策是我们只警告一次！"尼克松不止一次如此警告。而且关于11月1日截止期限的警告已经多到必须好好想想美国要以什么行动为警告提供支撑了。

最露骨的警告是跟多勃雷宁说的。9月底，基辛格召见苏联大使，他说莫斯科不愿帮助解决越南问题，使得军控谈判不可能取得进展。就在他们谈话时，按照事先约定，尼克松去电。"总统刚才在电话中告诉我，"基辛格对多勃雷宁说，"就越南而言，火车已经驶离车站。"

"我希望那是飞机，"显然没有被吓住的多勃雷宁说，"因为如果是飞机，半路上还可以改变航向。"

"总统是用词谨慎的人，"基辛格说，"他说的是'火车'。"[18]

基辛格的哲学思想强调外交不得与军力脱钩，所以他主张越南战略必须有军事威胁的内容。他认为如若不然谈判就不可能成功。如果没有威胁，美国的撤军政策就会让河内没有任何妥协意愿。

所以，基辛格在9月就召集了一群助理，看看有没有有效的军事选项或威胁让尼克松一再提到的11月1日截止日期的警告不是一句空话。参加会议的有亚历山大·黑格、赫尔穆特·索南费尔特、温斯顿·洛德、劳伦斯·林恩、安东尼·莱克、罗杰·莫里斯以及威廉·沃茨。

基辛格说他们的工作就是找到一个"残酷、严厉打击"的选项。如同他在会议一开始所说："我无法相信像北越这样一个四流国家就没有一个崩溃点。"他们这项工作的代号就是"钓鸭行动"，任务就是弄清楚那个残酷、能压垮北越的点究竟在哪里。

这群人想到的军事手段，当然也得到了参谋长联席会议的支持，包括在海防港和其他北越港口布雷，对河内及其他工业区猛烈轰炸等。他们还准备了一本黑色的活页册子详细记载了行动的可能情况。莱克和莫里斯甚至还起草了总统届时的发言稿，开头的关键句子后来就成了办公室里的讽刺性口头禅："今天，按照我的命令……"

这是一段令人心神不宁的时光。10月15日是大规模、全国性的越南停战日，有25万人在华盛顿抗议游行。那天晚上，尼克松在黄色笔记本上记下了关于越南问题的几个字："不要慌乱，不要动摇，不要反应！"这是他写给自己的话。

另外，威廉·沃茨却在写一份情绪激昂的备忘录，警告升级将会导致国内暴乱失控。"全国可能出现内部骚乱。"他写道。一天晚上，他想透透气，于是放下工作走到白宫草坪上；他的妻子和孩子就在大门外手持蜡烛，走在抗议的人群中。

莱克和莫里斯也都写了备忘录，反对让战争升级。同莱克过去说的一样，他们的备忘录也说越南化不可行：南越靠自己是永远站不起来的，而不断撤军会使河内更不可能做出任何让步。任何晚些时候能达成的交易都不可能比现在能达成的更好。就像要向历史做证一样，他们当时的建议恰恰是三年后被接受的建议：就地停火，容许共产党保留对其所占领土的控制。为表明他们可以像鹰派一样凶悍，莱克和莫里斯说，如果西贡政府试图阻挠该计划，美国就应像六年前对付吴廷艳一样推翻阮文绍。"事关重大，所以1963年以后未曾考虑过的步骤或许也需要一试。"他们写道。基辛格未予置评即将备忘录交给了尼克松，只说供他参考。

反对战争升级的最重要的备忘录出自林恩这位冷静的系统分析员。他对钓鸭行动做了全面研判。"尼克松和基辛格问有没有我们可以快进快出的干净利落、毁灭性的打击，"林恩后来回忆道，"但参谋长联席会议的计划太长，行动复杂，不可能干净利落，也不可能起重大作用。"

林恩的详细分析显示封锁会有漏洞，让河内觉得疼也需要时间，如果是 B-52 空袭，美国付出的代价要比越南大。

虽然基辛格下令研究钓鸭行动，但他自己并没有对结果拿定主意，他也很矛盾。他鼓励林恩把行动的缺陷讲得更明白一些。"我的印象是基辛格反对钓鸭行动，他的目的是告诉尼克松行动不可行，"林恩说，"他对我说，'如果我们的备忘录写得好，总统就不会听参谋长联席会议的意见了'。"

安东尼·莱克的印象正好相反；他觉得基辛格赞成军事打击，而且对尼克松不像洛克菲勒那般强硬很失望。"他事后老念叨，'纳尔逊就会好好打他们一顿'。"莱克后来说。尼克松的印象是基辛格觉得威胁不应落空。"当时亨利非常强硬，"尼克松后来说，"他觉得我们应该让共产党人看到我们不是好惹的。"[19]

但最终在 10 月 17 日的备忘录中，基辛格还是建议反对钓鸭行动。"我的结论是又快又狠的军事行动似乎做不到，"他回忆道，"另外政府内部对走这条如此大胆、高风险的道路意见不够一致。"

尼克松同意。虽然他在众人游行时告诫自己"不要动摇"，但他在解释自己为何没有兑现 11 月 1 日最后期限威胁时，却也说"暂停轰炸已经损害了最后通牒的信誉"。

多年后再回顾这一决定时，尼克松说这是他犯下的一个大错。"回过头来看，我想我们还是该做，"他说，"我当时担心会影响我们与苏联和中国改善关系的可能。政府内部可能也承受不了。"他觉得莱尔德和罗杰斯恐怕会辞职，而"我也没做好这个准备"。

基辛格事后的想法与之类似。1973 年 1 月缔结和平协议时，萨菲尔曾问他有没有遗憾，他的答复是："我们应该一上任就对他们大肆轰炸。"即便在反思，基辛格仍对未能兑现钓鸭行动的威胁耿耿于怀。"我们很早就可以结束这场战争，"他说，"如果我们在 1969 年愿意做我们最后在 1972 年所做的事情。"[20]

奇怪的是，就在接受基辛格的建议不兑现他的最后通牒后，尼克松在与多勃雷宁会面时又亲自重复了一遍他所有的威胁和狠话。除非很快能看到变化，否则美国"就要用自己的办法结束这场战事"，基辛格眼看着总统再次警告，"我们不会在越南坐以待毙"。

多勃雷宁知道尼克松又在虚张声势。他不动声色地说，他刚从莫斯科回来，他的领导说越南问题他们帮不上忙，但他们愿意尽快开始军控谈判。尽管有基辛格的关联战略——除非苏联在越南问题上帮忙，否则军控也免谈——尼克松还是同意了。

据尼克松事后回忆，会见结束后，基辛格还向他谄媚："我敢打赌他这一辈子都没有人这么跟他说过话！太棒了！还没有总统像这样跟他摊牌。"然而基辛格知道美国上当了。"说白了，苏联对我们用了反向关联。"基辛格后来承认。无疑，多勃雷宁也学到了不用把尼克松的威胁当真。[21]

总统并没有宣布军事升级，相反，他在11月3日的演讲中要求美国"沉默的大多数"出来支持他。那篇演讲有点怪诞，听起来意志坚决，其实是从军事威胁往后退。当晚，尼克松激动得难以成眠。"尼克松政策就是虽手持大棒，但轻声细语。"他在日记中写道，忽视了自己刚刚反其道而行。[22]

不过，"沉默的大多数"演讲还是成功的，因为它确实显示了大多数美国人还是支持他的。演讲的确（至少在一段时间里）成功宣传了尼克松的越南化政策，以及为什么他认为立即撤军是个错误。其实这也说明，跟美国民众说实话，而不搞秘密和蒙骗是可以起作用的。

"你们美国人错过了许多对我们有利的解决战争的机会，这也是其中一例。"南越总统阮文绍后来在反思钓鸭行动的取消时说。不，不可能。那个决定很可能还是明智的。一次短暂的军事行动不会动摇北越的意志，也不会扭转战局。显然不明智的是，在既无计划又无意以行动支持的情况下一而再再而三地发出威胁。对一个在乎信誉的政府而言，这一个月的出尔反尔糟蹋了自己的信誉。[23]

秘密多发年

1969年底，基辛格请了他觉得跟他私交最好的两位助理——安东尼·莱克和比尔·沃茨——出去吃饭。因为是社交宴请，所以两人都有妻子陪同，基辛格也请南希·马金尼斯从纽约南下赴宴。在一家讲究的法国餐馆比较私密的单间里，基辛格对自己功成名就显得十分激动和兴奋。"那是我第一次听到他说权力是最好的春药。"沃茨回忆道。但他的快乐情绪也因为他与他的新上级的关系而略受影响。"如果是洛克菲勒，那就很不一样了，"他若有所思地说，"那可要正常多了。"[24]

这一年发生了不少事，但也不能算是好年头。主要就是因为这是个秘密多发年：对柬埔寨的轰炸还在继续，窃听，与多勃雷宁大使的背后渠道会谈，与北越的私下和谈。继续打仗的决定又让这一年多死了9419个美国人，使越战总死亡人数上升到40122，但比起1968年丧生的14592人还是少了一些。

基辛格从国务卿那里夺取了外交政策的全面掌控权，中东除外。罗杰斯唯一打赢的一仗是尽管苏联未在越南问题上帮忙，但限制战略武器的军控谈判还是开始了。不过，基辛格同时又担负起敲定军控立场的责任，他责成手下一帮人孜孜不倦地给他提供"积木式"建议，最后怎么把这些积木拼凑起来还要等他拍板。

1969年底就在限武会谈进行时，基辛格放弃了他最后的关联说。多勃雷宁大使在圣诞节前回顾这一年的交往时，建议开始通过渠道讨论其他问题，而不再坚持所有谈判都得等越南问题取得进展。基辛格同意了。不久，他就与多勃雷宁展开了许多问题的直接会谈，从限制战略武器到柏林地位，不一而足。[25]

更重要的是，基辛格已开始为美国制定一套后越南时期的战略，旨在防止美国一股脑走向孤立主义的极端。他在和助理一起为尼克松起草的"国情咨文"报告中对此有所阐述。安东尼·莱克和罗杰·莫里斯带领一帮人与基辛格一起，躲在比斯坎湾一个别墅内整整苦干了一个星期才写出这份报告。其间，基辛格既是要求严苛的教授，又是性急的工头。

这个长达43000字的报告中的一句话的修改过程即可说明草拟过程的谨慎与艰辛。莱克和莫里斯原先写的是"我们应孤立问题，但不应孤立自己"，稍嫌累赘。基辛格把它改成"美国不能离群索居"，罕见的直

第12章 死路一条：深陷越南战争泥沼　　225

白。后来又把威廉·萨菲尔找来为文句的节奏和顺畅性进行润色，他在前面加了一句话："如果想要平静安宁的生活，美国就不能离群索居"。[26]

这份文件反映了基辛格政治思想植根于现实主义传统。报告说美国政策应"基于对我们和其他人利益的实际评估"，而不是情感或道德理想。"美国在历史上之所以伟大，是因为我们有能力看到该做什么，然后我们就去做。"

但基辛格和他的报告却没有突出美国伟大的更重要的"来源"：为道德原则和理想而行动的偏好。20世纪美国有影响力的原因之一就是在事关更高原则时，美国并不唯现实主义是从，它是以自由和个人权利的灯塔自诩的。

这种自以为是感可能带来真正的危险，这也是美国之所以相当不现实地介入越南这摊事儿的一个主要原因，但它同时又是信誉和权力的来源。外交政策基于这些理想固然危险，任何美国决策者太轻看这些理想，可能也会发现他建立的结构基础并不牢靠。

与黎德寿在一起的巴黎的春天，1970年2月至4月

1970年开始时，基辛格觉得似乎有条件与越南进行新一回合的秘密和谈了。当时美国尚处强势地位：尼克松"沉默的大多数"演讲暂时赢得了民众的支持，由于撤军仍在继续，反战情绪在美国稍见平息。《新闻周刊》如此报道："仅用了一年时间，理查德·尼克松就使得越战不再是头条新闻，也不再是多数美国人最关心的问题了。"更令人吃惊的是越南化的进行比许多人想的顺利：南越部队人数一年内就从85万增加到100万，而且完全在他们控制下的农村地区也增加了一倍（到了55%）。

但基辛格也知道，这些都有可能改变，所以他希望尽快恢复与北越的秘密会谈。此外，因为自我感觉良好，基辛格也急于寻求外交突破，以问鼎诺贝尔和平奖。[27]

经过一番讨论后，基辛格终于说服不太相信河内愿意让步的尼克松授权进行下一回合的外交努力。弗农·沃尔特斯向春水提出要求后，并

未获得立即回应。但 2 月 16 日，北越突然告诉沃尔特斯，5 天之后的那个星期天他们可以与基辛格会面。基辛格虽然觉得这样的行为有"轻慢"之嫌，但还是立即同意了。

他如此急切还有一个原因，就是河内这回要派一位政治局高官黎德寿赴会。他将担任显然没有多少谈判余地的春水的"特别顾问"。基辛格和他的幕僚知道，继续在春水一级谈判成不了气候；大家都看不上春水，基辛格幕僚中最爱讲俏皮话的温斯顿·洛德还拿他的名字开玩笑："春水不成林。"①, 28

4 月会谈结束前基辛格一共与黎德寿举行了三次周末会晤。

在准备 2 月 21 日与黎德寿的会晤时，基辛格在他的小办公室来回踱步，练习他要说的话。"我们两人都是学者，有敏锐的历史感。"只听基辛格徐徐道来。安东尼·莱克和另外一位外交工作人员理查德·斯迈泽聆听基辛格的演练，把他的谈话整理成要点。29

沃尔特斯将军负责每次会晤的后勤安排，保密是个尤其难办的挑战，但他甘之如饴。"如果有什么事比模仿他的翻译对象更令他开心的话，"基辛格说，"那肯定就是安排秘密会议了。"白宫机队中的一架波音 707 飞机会在法国布尔日附近的空军基地做短暂停留，将基辛格放下后即恢复到法兰克福的例行训练飞行。与莱克和斯迈泽一起，基辛格就住在沃尔特斯在讷伊的有两个卧房的单身公寓里，将军只好睡沙发。30

黎德寿身材瘦削，一头灰发，总是穿着一身严肃的中山装。他两眼炯炯有神，但你几乎从来看不出令他 15 岁就参加共产党游击队的那份激情。在抗法斗争中，他前后在不同监狱里待了 10 年，他可以口若悬河地谈和平，但和平对他来讲仍是个抽象的概念。基辛格偶尔会用"轻慢"形容黎德寿，这个说法有点奇怪，它与"傲慢"或"顽固"还不一样，通常是用来形容低等级人物的。无疑黎德寿也觉得基辛格"轻慢"，毕竟他只不过是误以为他们能插足越南的很多外国人中最近的一个。

---

① 因"水"的越南拼音像英文的"tree"，故借用英文的"独木不成林"来诙谐一番。——译者注

（在签署了和平协议后，已经在背后被基辛格叫"鸭子"[①]的黎德寿带基辛格去了越南历史博物馆。但是他并没有怎么介绍越南的古老文化，反而回忆起了当年自己如何熬过狱中生涯，如何伪装身份。基辛格说那些"都是我有朝一日决定在印度支那打游击战时很有用的点子"。[31]）

基辛格第一次与黎德寿会面时就想建立个人关系，不时讲个笑话、吹捧吹捧、自嘲、以史喻事。黎德寿很客气，基辛格说笑话他也笑，有时还会捧腹大笑。但基辛格坦承自己并不存幻想："他在狱中待了10年，战斗了20年，怎么会被资本主义者所自诩的魅力倾倒呢？"

基辛格常说他的谈判战略是大胆迈大步，而不是做无数小步退让。"我总设法先明确最合理的结果，然后很快地走一两步到位。"他如此写道，具体讲的就是越南，"像切香肠那样一点一点来只会鼓励对方按兵不动，看看你下面会怎么让步。"事实上，基辛格却在暗中微不足道地从美国原来的立场退让。

他已经同意撤退，双方可同时开始，而且美国将不留残余部队。对黎德寿，他又做了一点小小的让步：北越部队从南越的撤退无须与美军有同样的法律基础，甚至不需正式宣布。

基辛格给出的理由多半无关原则，而是基于美国的政治考量。比如，在讨论推翻阮文绍的要求时，基辛格的答复是"由于国内的一些原因总统不能同意⋯⋯你认为重要的东西我可以从现实角度考虑，你也必须从现实角度考虑我认为重要的东西"。

为说服黎德寿形势不一定对其有利，基辛格暗示他可能会请中国和苏联出面。"国际局势是复杂多变的，"他说，"这可能意味着越南将不能像现在这样获得某些国家的全力支持。"他还说尼克松的国内支持度已得到提升。但当黎德寿拿出盖洛普民调的数字和富布赖特参议员在电视转播的听证会上的发言予以驳斥时，基辛格尖锐回应道，他"无意听取河内关于美国舆论的任何建议"。

特别让基辛格苦恼的是黎德寿跟他一样，相信越南化的撤军有损美

[①] "德"与"鸭子"的英文 duck 发音相近。——译者注

国的谈判立场。黎德寿问："如果美国派了50万大军都赢不了，让你的傀儡军队打仗能行吗？"基辛格事后承认，这也是"一直折磨着我"的问题。[32]

第二次会晤在3月16日举行，会谈乏善可陈，倒是旅途难忘。波音707的液压油出了问题，飞行员觉得飞到布尔日着陆会有危险。经过用一系列越来越紧张的秘密电文叙述情况后，沃尔特斯将军收到黑格来电，说飞机将直飞法兰克福。沃尔特斯得想办法"把基辛格捞出来"。

在考虑了几分钟后，沃尔特斯将军认为最保险的办法是造访对基辛格的秘密会晤知情的蓬皮杜总统。于是他走到爱丽舍宫，向"一脸惊愕的"守卫做了自我介绍，最后终于见到蓬皮杜的"基辛格"——米歇尔·若贝尔。听说了有关情况后，若贝尔去见蓬皮杜，后者立即邀请沃尔特斯进去并表示可以出借他的私人飞机。法国的"神秘20号"喷气式飞机的驾驶员看到了基辛格的波音707，紧随其后降落在法兰克福，然后滑行到它旁边。

在飞回巴黎时，蓬皮杜的驾驶员问沃尔特斯他应该怎么答复德国的空管人员，因为他们都不明白为什么"神秘20号"飞机突然降落，而且美国飞机上又失踪了一名乘客。"就说这牵涉一位女性。"沃尔特斯想了一会儿说。

"如果蓬皮杜夫人发现了怎么办？"

"如果蓬皮杜夫人发现了，"沃尔特斯答道，"我以美国军官的身份向你保证，我会告诉她实情。"基辛格对沃尔特斯的整个营救过程相当佩服，虽然他后来也说："我常想，为什么他认为地勤人员会分辨不出这名乘客的性别。"[33]

刚刚安全地坐在谈判桌前，基辛格就提供了一个详细的时间表，说明美国打算如何撤军。黎德寿拒绝任何要求相互撤军的计划，他只同意美国单方面撤军。在4月4日的会议上他又重复了这一立场，他当时跟基辛格说，除非美国改变立场，否则也不需要再会谈。基辛格告诉尼克松，他是按照尼克松的指示，要求给达成协议定一个时限，当北越拒绝时，基辛格就中断了会谈。他说了假话。

第12章　死路一条：深陷越南战争泥沼　　229

会谈笼罩在秘密的迷雾中，引起的问题还不只是夜空中出现偏离航向的飞机。基辛格声称："每次会谈后，我都通过背后渠道向西贡的埃尔斯沃斯·邦克大使全面通报，请他转告阮文绍。"其他知情人则说南越总统看到的报告是删减后的版本，基辛格经常亲自对备忘录过目，删减一些段落。

其实，在基辛格私下给尼克松的备忘录里可以看出他们是有意不与西贡充分协调的。他写道："由于缺乏与南越政府彼此同意的立场，所以你做的关于我们的立场的决定，事后如曝光，可能会导致我们与西贡的不快。这样做有风险，但我觉得如果要保持势头和保密，我们别无选择。"

斯迈泽后来是这样给保密做辩护的："基辛格相信，这是一个原则问题——在这一点上他绝对正确——要公开一切的话，什么事情也解决不了。在谈判中谈判并不只是基辛格的特点，也是越南人的特点。"

但在国内，基辛格对行动保密还是付出了代价。当时有些新闻报道和参议院证词都说河内提出了非常合理的和平条件，但尼克松政府却十分顽固。富布赖特在有电视转播的越战听证会上发表的有影响力的开场白里说："据最近到河内采访的人报道……北越愿意做出重大让步以换取我们同意将美国部队逐步、分阶段撤出。"

如果基辛格和尼克松将巴黎的渠道公开，并透露他们在巴黎的建议纲要，可能会让北越愤怒，但起码可以让诟病战争的人无法随便批评华盛顿是唯一执迷不悟的一方。

即便在4月会谈失败后，基辛格还是希望保持渠道的畅通，同时还保密。所以，他给尼克松的报告都写得过于乐观。"我知道尼克松持怀疑态度，"他后来写道，"我像许多谈判人员一样，掉进一个陷阱，变成了自己谈判的推手。"但是直到9月，北越才重启了这一渠道。在这之前，战争规模扩大了不少。[34]

第 13 章

入侵柬埔寨：扩大战争，辞职，怒潮

国家并不经常吸取过去的教训，从中获取正确的结论则更罕见。

——基辛格 《重建的世界》，1957 年

决定入侵，1970 年 4 月

柬埔寨在 20 世纪 70 年代经历大屠杀的原因很多，许多人的手上都沾满了血腥味。

美国有责任，基辛格也有责任，倒不是因为他们用心险恶，而是因为出于道义上的麻痹，他们把自己在越南的需要置于一个脆弱邻国的最佳利益之上。

美国在柬埔寨的直接行动始于 1969 年 3 月底的一次旨在摧毁作为南越共产党行动总部的中央办公室的秘密轰炸。任务失败了，但秘密空袭却持续进行。一年的例行轰炸共出动战机 1045 架次，向柬埔寨边境地区投掷炸弹 108823 吨，但神出鬼没的共产党中央办公室还是没有被摧毁，越共的庇护所也未见减少。

所以一年后的 1970 年春，美国军方又提出另外一个摧毁越共办公室的想法：派遣美国和南越军队跨过柬埔寨边境，开展地面入侵。

就在同时，诺罗敦·西哈努克亲王 29 年险象环生的走钢丝平衡表演正落下帷幕。这位柬埔寨国家元首已前往法国的里维埃拉诊所疗养，去医治他各种各样的不适。在回国的路上，他计划绕道莫斯科和北京，请它们帮忙劝说北越减少在柬埔寨边境地区的庇护所。他让首相朗诺代理国政，朗诺是右翼军人，华盛顿除了知道此人姓名的英文拼写 Lon

Nol 是回文（正着念与反着念无异），对他一无所知。

西哈努克去法国期间，在朗诺怂恿下，柬埔寨爆发了大规模抗议，反对北越在柬埔寨边境地区的庇护所的存在。起初，许多美国官员还以为游行是西哈努克亲王刻意安排以加强自己谈判立场的手段。但3月18日，柬埔寨议会投票剥夺了他的权力，他是飞往北京前在莫斯科从送他到机场的苏联总理阿列克谢·柯西金口中得知此事的。

这场政变有点儿奇怪，因为政府本身并没有改变，只是政府首脑换了。在金边，政变的消息让柬埔寨的精英们松了一口气，但乡村老百姓是把西哈努克当神看待的。在磅湛市，愤怒的农民抓到朗诺的一个兄弟，把他杀了，还挖出他的肝脏送到餐馆煮熟了、切片，由示威的人们共享。

很快就有人怀疑政变由中情局在背后操纵，但并没有美国直接参与的证据。由于参议员迈克尔·曼斯菲尔德的坚持，中情局在柬埔寨连站长都没有，政变也让他们大吃一惊。"兰利（中情局总部所在地）那帮小丑又干什么了？"尼克松问，他生气的是事先无人警告过他。尼克松获得的最后一份情报发送于政变前一天，基辛格就示威一事给他写了一份备忘录。"这很可能是西哈努克处心积虑的安排，想让苏联和中国与他合作，劝越共和北越军队离开。"他猜得不对。

政变中美国唯一间接的参与是，有些驻在南越的美国军官可能让朗诺以为如果他掌权，将可得到美国的支持。美国特种部队司令官对西哈努克亲王的评价都不高。[1]

当黎德寿在4月4日秘密巴黎会议上指责美国煽动罢黜西哈努克时，基辛格忍不住还是戳了一下中情局："我看是没希望让特别顾问相信我们与金边发生的事毫无关系了，尽管我对他如此高看我们的情报单位还是有点受宠若惊。如果他们知道我在这儿，我一定转达你对他们的高度评价。"

但关键问题并不在于美国是否指使了政变，而是其他人是不是这样想的。其后几个星期美国犯的错误就是采取了一些行动，让西哈努克和北越都认为政变确实受了美国的指使。

基辛格和尼克松都说美国在一开始对朗诺的支援很吝啬，因为美国不愿预断情况，或动摇柬埔寨的中立地位。但尼克松对这位新军事领导人的支持应该是毋庸置疑的。西哈努克被罢黜一天后，尼克松给基辛格私下传递了一张字条："我要（中情局局长）赫尔姆斯制订并执行一套计划，给柬埔寨境内亲美分子提供最大的协助。"

按照惯例，尼克松要求保密。尼克松命令，连40委员会——负责审查隐秘活动的跨部门小组——都不得告知。时任国务院东亚事务负责人马歇尔·格林说："从第一天开始，尼克松就坚持要支持朗诺。"

丧失了平衡的西哈努克认为向左倒要比向右倒安全。他抵达北京，与周恩来拥抱，不久就立誓"抵抗美帝国主义"。苏联人觉得他怪诞，与他保持距离，并正式承认了朗诺政府，但中国和北越，以及羽翼未丰的红色高棉都支持他。

朗诺勇气可嘉，但智慧不足，他竟命令北越和越共立即离开柬埔寨。越共转而对柬埔寨政府发动攻击。柬政府军事装备差，平日训练是在金边附近的高尔夫球场，当时是乘坐百事可乐的货车去往战场的。[2]

所以在1970年4月，柬埔寨开始央求紧急支援，美国驻南越指挥官开始力主介入，尼克松面临他就任以来最重大的军事决定。

这件事发生的时间不太理想。那年4月竟成了尼克松总统任内最残酷的月份。基辛格与黎德寿在巴黎的秘密谈判失败了，一时间战争的解决看来已然无望。苏联军事顾问大量涌入埃及。尼克松指示基辛格看看是否能安排一次在莫斯科的峰会。但当基辛格去会见多勃雷宁时，苏联大使却请其"看了几部西伯利亚猎虎影片"，据基辛格回忆，"他误以为我会对它们感兴趣"。参议院早先就否决了尼克松最高大法官的提名克莱门特·海恩斯沃斯，如今又否决了第二个提名哈罗德·卡斯维尔。阿波罗13号探月飞行时出现严重故障，航天员有在太空舱丧命的危险。由于有人威胁要抗议，尼克松只得放弃出席女儿在史密斯学院的毕业典礼，这使他不得不面对潸然泪下的朱莉。

所以，本来就情绪不稳定的尼克松，那个月更是越发不平静。基辛格在他的回忆录中说得还比较委婉，他说"精神压力的累积"使得尼克松"过度劳累"，"越来越焦虑不安"。私下里，他就说得比较直白，"废

物一个""酒鬼"。³

此外，令人担心的是尼克松突然一而再再而三地看电影《巴顿将军》，看这位以违抗军令为英雄行为的阿登战役的好战将军。在电影一开始激动人心的一幕中，饰演巴顿的乔治·斯科特站在一面巨幅美国国旗前给部队训话。"美国人从来没有打过败仗，将来也不会打败仗，"他宣布，"因为美国人连战败的念头都痛恨。"

当阿波罗13号的航天员终于安全返航时，尼克松飞到夏威夷去迎接他们。4月18日，就在那里听取了美国太平洋舰队司令约翰·麦凯恩海军上将的汇报，此人的好战、硬汉模样让基辛格想到动画片中的大力水手。麦凯恩海军上将的儿子（后来当了参议员）当时已是北越俘虏。他的汇报风格与众不同，地图上有大的红色箭头和魔爪，柬埔寨都被一大块红色覆盖，魔爪则紧抓金边，还伸向泰国。尼克松震撼之余就邀请麦凯恩同他一起飞到圣克利门蒂，让他向其他官员汇报。

尼克松在圣克利门蒂决定了第二回合的撤军。巴黎秘密谈判失败，北越正展开攻势，西贡军队依然不堪一击，这就意味尼克松的三个越南化条件没有一个成立，也没有人把它们当真。莱尔德写了一个备忘录，要求每月有固定的撤军数目。像大多数美国民众一样，罗杰斯也说需要采取"外交而不是军事措施"，好像两者不可得兼。

基辛格则觉得军事压力不但与外交不冲突，还是外交的必要辅助。黎德寿显然也同意，所以他在每次会议开始时都大谈美国当时的弱点以及各方力量的对比。"我们跟黎德寿打交道多了，就知道，没有一套像样的军事战略是无法有有效外交的。"基辛格后来写道。

基辛格也知道，反对新一回合的撤军无济于事。所以他使了一个手段：宣布大量撤军，但把时间拖长到一年。在征求参谋长联席会议主席的意见（同时告诫他会谈一事得对莱尔德保密）后，基辛格决定一年内撤军15万，大部分人要到1971年以后才能离开。尼克松同意，但按照惯例，他决定不对莱尔德和罗杰斯说明计划实情。

当回到华盛顿的莱尔德和罗杰斯打电话到圣克利门蒂想知道具体决定时，尼克松拒绝接听电话。他们只好跟基辛格说话，基辛格说，奉总统之命，计划就宣布每月撤军数目而不谈总数，恰恰与真相相反。这一欺骗让尼克松和基辛格计谋得逞：戏剧性地宣布一年撤军15万果然让民众大吃一惊。[4]

情绪依然起伏不定的尼克松直到回到华盛顿后才开始讨论1970年出兵柬埔寨的问题。这时，他已经不再假装与推翻西哈努克的右倾朗诺政权保持距离了。4月22日星期三，尼克松早上5点起床，给基辛格口述了一个备忘录："我想我们需要在柬埔寨大胆行动，显示我们与朗诺站在一边。"对北越共产党，他补充道："他们还在那儿上蹿下跳，而25年来唯一敢于采取亲西方、亲美立场的政府却危在旦夕。"

紧接着又有三个备忘录出炉，一个命令基辛格警告苏联，尼克松已做出"最高决策"，一旦共产党攻打金边，必将采取行动。那天上午稍晚，尼克松与基辛格见面，告诉他撤销美国驻柬埔寨临时代办劳埃德·里夫（麦克）的职务。"如同许多尼克松开除其他官员的命令一样……这个命令本来就不是真要执行的。"基辛格说，所以他就没有执行。

有尼克松、基辛格、莱尔德、罗杰斯和赫尔姆斯出席的国安会全体会议当天下午在内阁厅召开，讨论如何应对共产党在柬埔寨的推进。他们面临三个选项：静观其变，这是罗杰斯和莱尔德的选择；出动南越部队，配合以美国空袭支援，对柬埔寨境内的越共庇护所发动攻击，这是基辛格的选择；或者也派美国部队直接参与。

讨论的主要目标区就是鱼钩区，亦即一年多以前发生秘密空袭的边界区。军方再次确认，一定能找到并摧毁神出鬼没的南越共产党总部办公室。另外一个潜在目标就是更往南的一个叫鹦鹉咀的地方，距西贡仅33英里。[5]

通常，尼克松在正式国安会会议上都不表态，但这回他却当即宣布了他的决定：他选择第二个方案，派南越军队单独去打鹦鹉咀，美国只提供小规模空中支援。

出人意料的是，副总统阿格纽突然发言。他说，干吗这么蹑手蹑脚？如果需要清除庇护所，美国就应该去做。鱼钩和鹦鹉咀都应该打，而且要打得漂亮。最不喜欢自己看起来没有别人强硬的尼克松大感吃惊。他已经因为阿格纽曾劝他"就该他妈的去史密斯学院观看朱莉的毕业典礼"的一番话对他不满意了。[6]

第二天晚上，基辛格在绅士派的阿肯色州鸽派威廉·富布赖特家里，与参议院外交关系委员会成员非正式讨论越南问题。白宫总机三次追踪到他接听总统的电话。据基辛格回忆，总统当时"正大发雷霆"，因为他三个星期以前下令中情局在柬埔寨设站，至今仍未执行。当基辛格回到自己西楼的办公室时，仍不断有电话进来。在林肯客厅的尼克松迟迟未睡。基辛格第七次接到尼克松与他的专线电话，听他在那头呵斥，呵斥完就摔电话。

最后那通电话已经是午夜过后，基辛格开始意识到，由于阿格纽的一句"蹑手蹑脚"，尼克松要在柬埔寨行动中使用美国部队。他命令基辛格第二天早上7:15与中情局局长赫尔姆斯和参谋长联席会议代理主席海军上将托马斯·穆勒一起开会，两人都是赞成美国出兵的。找到在骑士俱乐部喝酒的助理威廉·沃茨后，基辛格要他火速赶回白宫，准备次日一整天会议要用的文件。基辛格说："我们盖世无双的领导人疯了。"[7]

4月24日星期五这天完全可以说明个人的心情和不稳定情绪是如何影响重大历史决策的。事情就从尼克松未告知国防部长即向军方下令开始，最后是他与吵吵闹闹的密友比比·瑞波佐在戴维营喝得烂醉。

早上7:15，尼克松要赫尔姆斯和穆勒制订一个美军与南越军队一起侵入鱼钩区的计划，这是在前一日国安会上已核准的南越军队独力开展鹦鹉咀行动之外的附加计划。

未应邀出席会议的莱尔德和罗杰斯都各自忙着确保南越军队在侵入鹦鹉咀时，美方的支援维持在最低水平。这次，基辛格对于国防部长对此事毫不知情异常不安，他给莱尔德打了一个电话，告诉他美国出兵而今已是选项。莱尔德不悦。[8]

于是又安排了一次国安会会议，以便听取莱尔德和罗杰斯的意见。但尼克松突然决定把会议推迟到星期天，而径自与他的老友迈阿密商人比比·瑞波佐去了戴维营。

尼克松和瑞波佐有很多共同爱好,而那个星期五下午,两人特别喜爱马丁尼。两人还一起看了《辛辛那提小子》(《赌王卫冕记》)——一个老赌王拿到同花顺的天方夜谭式故事。后来尼克松就给基辛格打电话,沃茨监听了这通电话。尼克松在与基辛格讨论派遣美军一事时口齿不清地骂粗话。

"稍等,"尼克松突然说,"比比有话要对你说。"电话那头传来一个陌生的声音:"总统要你知道,亨利,如果这次办砸了,就要你的脑袋。"

尼克松到底有没有酗酒的问题也很难说清。他白天不喝,晚上则同他那一代男人一样会喝点,有时还不止一点。当他聘请基督教科学派信徒、滴酒不沾的约翰·埃利希曼加入1968年的竞选团队时,埃利希曼坚持认为他必须约束尼克松的饮酒习惯。"我现在就可以向你保证,这不会是个问题。"尼克松说。有一段时间,这确实也不是问题。据埃利希曼说,总统唯一会饮酒过度的时候就是晚上与朋友在一起,特别是在比斯坎湾与瑞波佐在一起时。"比比调的酒比较烈,"埃利希曼说,"而尼克松的酒量又比一般人小,要不了多少杜松子酒他就醉了。"

基辛格经常用来给尼克松辩护的理由是:当他累了或压力太大了的时候,喝个一两杯他就口齿不清了,即使没有真正喝醉。但尼克松饮酒还是令基辛格不太放心,基辛格本人基本上是不喝酒的。每当他开玩笑说起"我那醉汉朋友"的时候,他的心情一如人们拿非常担心的事开玩笑时的心情。

他的幕僚因为常常听尼克松夜晚的大舌头电话,所以知道这是个日益严重的问题。基辛格对此也充分利用;他经常跟助理们说,他需要他们的支持,因为只有他们晓得,他是唯一能够"阻止那醉汉疯子把全世界搞得一团糟"的人。莫里斯说:"这变成了亨利搞花样的理由。"[9]

当尼克松在星期五晚上与比比·瑞波佐在戴维营宣泄情绪的时候,基辛格正与他国安会里的鸽派幕僚开会。由于在思辨能力方面他有自信,他欢迎别人质疑他的想法;在社交能力方面他没有自信,所以他总想征

第13章 入侵柬埔寨:扩大战争,辞职,怒潮

得周围所有人的认可。那个星期五晚上，就是出于这两种本能，他把安东尼·莱克、罗杰·莫里斯、拉里·林恩和温斯顿·洛德都找了来。"啊，我的菩萨心肠的人（自由派人士）都来了！"他们鱼贯而入时他这样说。后来他又看到在门外桌子上工作的比尔·沃茨，基辛格叫道："你也是个菩萨心肠的人吗？"沃茨不太确定地点了点头。"那么，你也进来吧。"莱克后来说："你得佩服亨利，他召集来的都是些可能劝阻他支持介入柬埔寨的人。"

据沃茨回忆，那次会议有点离奇，因为"亨利经常会把这个人或那个人蒙在鼓里"。唯一正式做出的决定就是派南越地面部队（入柬），基辛格并未告诉他们美国部队也可能参与入侵。奇怪的是，基辛格私下跟这里的每个人都说了要动用美军的计划，但没人知道其他人是否知情，所以每个人都转弯抹角地谈这个关键点。"我说美国部队一定会被卷入，因为我想谈这个问题，"莱克回忆道，"但他说，'不会，我们有把握不会出格'。"

莱克、莫里斯和洛德都说目标应当是一个中立的柬埔寨；应鼓励朗诺与河内达成某种"私下谅解"，允许他们"像早先那样使用边境地区"。同样，柬埔寨应默许有"跨境小战斗"及轰炸。简而言之，也就是跟西哈努克的时代一样。

基辛格后来说，允许跨境小战斗但不得深入境内去攻击"这种区分到底有什么道义差别我至今不明白"。但这三位年轻人说的差别是符合逻辑的：如果默认在边界地区可能会有小规模战斗，那么就不至于让柬埔寨也被卷入战事；而大规模入境攻击则意味整个国家将会迅速被卷入战争。

会议几度出现激烈的争论，但也许不像有些与会者记得的那样激烈。莫里斯也承认："对于一个本来应该声嘶力竭地反对的印度支那政策，大家就以这种和风细雨的方式表示了反对，当然这不是第一次，也不是最后一次。"

莱克一度警告美国可能会"陷入一场更大的战争泥淖"。基辛格的答复是："哦，安东尼，我就知道你会这么说。"一向为人平和的莱克大怒，但他耐住性子没有发作。他想，如果他那么容易被看穿，干脆辞职不干算了。

洛德集中谈的是国内反应：不但会触犯众怒，而且会摧毁越南化方案循序渐进所需要的国内支持。沃茨列出的论点看得最远。他同意入侵会引起国内抗议激增，他还说今年出兵柬埔寨，明年就可能出兵老挝，之后一年可能就是封锁海防港。

就像在讨论钓鸭行动时一样，基辛格对林恩更系统的、不那么情绪化的分析最感兴趣。他基于成本效益分析而反对出兵。"我的工作是让每一美元发挥最大效用，"林恩回忆道，"而我的结论是同样资源用在南越会更有效。"但他的分析也并不只是冰冷的数字计算。"安东尼·莱克的论点是你不能入侵一个主权国家，但对我来说，要紧的是地面代价，主要是人的代价，过于沉重。我觉得大家没怎么考虑平民百姓。"[10]

但基辛格越听这些反对意见就越觉得由美国部队牵头全面攻击柬埔寨的庇护所才是正确的。反对的人都无法解释如果柬埔寨变成共产党大规模渗透和供应补给的主要途径，还如何进行越南化。他原先建议只用南越军队对庇护所给予有限打击，但现在他觉得这样做毫无意义。它肯定会激起国内争议，而对北越不会有大影响，可谓各个选项的最坏后果它兼而有之。

周六上午，尼克松打电话给基辛格请他去戴维营。总统在恒温泳池里游泳，基辛格则沿着池子边行走。此时，尼克松要派美军一事已毋庸置疑。现在他考虑是不是要更进一步。他问："为什么现在不能一起执行钓鸭行动？反正民众要起哄，何不在海防港布雷，并轰炸河内？"

基辛格不知道尼克松是真这么想还是随便说说，以便日后说服自己，他比其他的顾问都强硬。基辛格答道："眼前的事已经够我们忙活了。"[11]

当天下午，尼克松、基辛格和瑞波佐乘直升机返回华盛顿，前往总统游艇红杉号与约翰·米切尔会合，一起畅游波托马克河四小时。既然做了决定，也考虑到了后果，大家在足够的酒精作用下都感到如释重负。就在游艇驶过弗农山国旗时，总统建议大家立正；基辛格事后回忆，这还真不容易，并不是每个人都一样成功。

回到白宫后，尼克松邀请众人又看了一遍电影《巴顿将军》，这是基辛格第二次看这部电影。"无疑，这是一部有启发性的电影，"基辛格回忆，"我中间开了一小时小差，计划第二天的国安会会议。"

4月26日星期天的国安会会议之所以召开，是因为基辛格说服了尼克松不能在不咨询国务卿和国防部长的情况下侵入另一个国家。自从星期三决定只让南越袭击鹦鹉咀后，他们就没再吱声了。星期天早上，基辛格给尼克松写了一个备忘录（他在回忆录里把这个备忘录从参考资料中删了），提醒他，莱尔德不知道他们曾认真考虑过对鱼钩区出动美军一事。西贡的美军司令正在筹备此次入侵，基辛格在备忘录中说："但直至目前，莱尔德部长对入侵可能被批准这件事一无所知，预计他和国务卿都会反对。"

尼克松和基辛格再一次在国安会开会前就已经做了决定，就是想让他们绕过的官员别无选择。这回，他们假装这次会议只不过是对可能选项的军事吹风会（如此度过星期天的晚上有点儿奇怪），而不是做决定的会。莱尔德和罗杰斯在会上没怎么说话（虽然阿格纽从法律上讲是国安会成员，但是他这回并未应邀出席）。会议一结束，尼克松即把基辛格叫到白宫生活区，草签了军事命令。似乎是为了表决心，他又在下面签了自己的全名。[12]

尼克松和基辛格把国安会变成走过场，最后还是自食恶果。莱尔德和罗杰斯不再在会上讨论和分析问题，而是学会了设法削弱已经做出的决定。关于柬埔寨，这个过程就从周一开始。罗杰斯打电话问基辛格他刚刚收到的指令是否意味总统要在鱼钩区动用美军。说对了，基辛格答道。罗杰斯打电话给总统，要求见面。莱尔德有许许多多反对意见，他也打电话给总统。不到11点霍尔德曼就给基辛格来电，请他立刻赶到尼克松在行政办公大楼里的办公室，因为罗杰斯和莱尔德正在来的路上。

基辛格在回忆录中嘲笑罗杰斯主要担心的是在当天稍晚的参议院听证会上该怎么说。但霍尔德曼的笔记显示，国务卿与基辛格就实质问题起了正面冲突，他理直气壮地抱怨，他根本不知道入侵的决定在前一晚的国安会会议议程上。

霍尔德曼的笔记还透露了一个有意思的细节：每个人都管这个行动叫"南越共产党办公室行动"。换言之，就像秘密轰炸计划一样，地面入侵打的还是铲除共产党"中央办公室"总部的旗号。罗杰斯指出，那个办公室并非常设于该处。他警告，他们会再一次因根本找不到其所在而被弄得灰头土脸（他说对了）。

莱尔德则漫无目标四面出击，他说驻南越美军司令克雷顿·艾布拉姆斯将军并不真正赞成这一行动。基辛格当即反驳，莱尔德含糊以对。他又说叫"南越共产党办公室行动"不对。他后来这样回忆他当时的论点："老天爷，那鬼东西随时都在换地方，把它当我们的目标就太傻了，因为我们永远也找不到它。"

在罗杰斯和莱尔德离开后，尼克松向基辛格发泄了自己的懊丧情绪。他说他已决定在攻击柬埔寨时动用美军，但是他将暂停命令 24 小时。同时，基辛格应立即秘密与西贡的艾布拉姆斯电报联系——不通过国防部渠道——看看莱尔德说他有保留意见是真是假。基辛格走后，尼克松对霍尔德曼说："罗杰斯因忌惮参议院、建制派、报界等而反对任何行动；莱尔德想知道总统的立场，然后跟他站在一边，但不能影响他的特权；基辛格则太想掌控一切。"[13]

基辛格很小心地通过机密渠道发电给艾布拉姆斯，照理莱尔德应是完全不知情的。但他不知道的是，艾布拉姆斯收到电报后立即就打电话给莱尔德把电文内容念了一遍。国防部长对于背着他行事的做法感到不高兴，但他也习惯了，更令他生气的是提问的方式。本来要问的是艾布拉姆斯是否觉得应使用美军，但基辛格的问法却是："只用南越军队你是否可以保证成功？"莱尔德觉得基辛格狡诈。"他这么问，就可以得到他要尼克松听到的答复。"莱尔德说。但他觉得他已无能为力，他在电话中告诉艾布拉姆斯："我知道你会怎么答，别担心，我理解。"[14]

4 月 28 日周二，尼克松终于再次决定授权美军双向入侵柬埔寨。他把莱尔德和罗杰斯叫进来直接跟他们说了。基辛格不在场，坐在一旁记笔记的是司法部长约翰·米切尔。总统还是担心基辛格想掌控一切，所以就在这两个阁员到达前让他从旁门溜走了。

米切尔的笔记显示尼克松对这个行动负责，并宣布记录将显示这是他个人不顾国务院、国防部的意见，在"基辛格博士倾向反对"情况下的决定。其实，当时基辛格已经转而支持动用美军了，但尼克松显然喜欢自己能像巴顿一样，无视他身旁意志薄弱家臣的意见。他仍然说此次任务是铲除神出鬼没的共产党中央办公室。"总统表示，这次行动是支持越南化方案延续所必需的。"米切尔写道。[15]

入侵柬埔寨，1970年5月

任何军事行动最重要的一个方面就是别人对它的观感。因为尼克松和他的批评者都把入侵柬埔寨描写成是大胆、悍然地扩大了美国战事，战事真的就变得大胆、悍然了。如果尼克松愿意，也可以把入侵低调处理：不要通过一篇慷慨激昂的总统演说来开启战事，而是由艾布拉姆斯将军西贡办公室来宣布，称其为旨在铲除对美军构成威胁的越共庇护所的跨境行动政策的延伸，当然这还是会引发抗议，但不至于是尼克松4月30日演说引起的大爆炸。

当时的尼克松已经看了太多次《巴顿将军》这部电影，恨不得让所有人都知道他力排众议的决心。坐在他行政办公大楼阴暗的办公室中，音响里播放着柴可夫斯基的乐曲，尼克松的憎恨与压抑已久的紧张情绪都发泄在他手写的讲稿中，最后找来修饰文稿的是白宫内部最好战的文字大师帕特里克·布坎南。

置莱尔德和罗杰斯的呼吁于不顾，尼克松指着一张地图，说目标是"袭击南越整个共产党军事行动总部"。但因部队不太可能会找到这个他们一再言之凿凿的"共产党五角大楼"，他这么说就进一步加大了他的信誉缺口。他说，美国不会像一个"可怜、无助的巨人"。这次没被请来改稿的温和派演说撰稿人威廉·萨菲尔后来说："尼克松做了只有尼克松会做的事，他做了一个果敢的决定，却用假惺惺的、制造分裂的演说把它包装起来。"

那篇演说还不只是用语夸张，尼克松还干脆撒了谎："五年来，美国和南越都没有对这些庇护所采取行动，因为我们不愿侵犯一个中立国家的领土。"其实，当时对庇护所的"菜单行动"的轰炸已进入第十三个月。基辛格在他的回忆录里说，这句话"既与他的演说主旨无关，又是假话"。但基辛格在当晚对报界的背景吹风会上也是这么说的。[①, 16]

第二天上午，1970年5月1日，31000多名美军和43000名南越军人即跨越边界，涌入鱼钩和鹦鹉咀区。经过一个不眠之夜，尼克松临时造访五角大楼，基辛格紧随其后。他说起"在校园里闹事的无赖"，这话立即成了新闻头条，但他在大楼里面的讲话则更吓人。就在将军们指着地图和标示用的图钉时，尼克松问起其他庇护所。"我们能不能把所有庇护所都端掉？"他问。久久无人作答。"我要端掉所有庇护所，"他说，"把它们全打掉。"他更激动了，打断了简报，开始口吐粗言，厉声漫骂。"必须做大胆决定才能振奋人心。大胆决定将留名青史，就像泰迪·罗斯福[②]抢夺圣胡安山[③]一样，小小一战，却因苦战获胜而为人所知。"基辛格和莱尔德两人尴尬地互望对方。"把它们炸个尸骨不存。"尼克松叫道。[18]

用撤军换得的国内平静很快就被打破，特别是5月4日在俄亥俄州肯特州立大学，年轻的国民警卫队员用来复枪对准手无寸铁的示威学生，开枪打死了两名女生和两名男生后。一位年轻女孩跪在朋友蜷曲的身体旁，发出无声的呼喊的画面象征全国的惊骇；众人震惊，国家的权威体系被带到崩溃的边缘。基辛格因示威人群的喧嚣，在公寓无法入睡，只得搬到白宫的地下室居住。

---

① 多年后在接受全国广播公司采访时，戴维·弗罗斯特提醒基辛格，他当时和尼克松一样，也声称美国此前没有打击过柬埔寨的越共庇护所。基辛格生气了："那是因为对庇护所的轰炸早已变成大局的一部分，所以我们没有聚焦这一点。"后来他又想让与他有咨询合同的全国广播公司把这一段删掉，为此弗罗斯特还曾提出辞呈。最后，这段对话还是播放了。[17]

② 指西奥多·罗斯福，第26任美国总统。——译者注

③ 美西战争在古巴岛上的决定胜负之役。——译者注

5月8日那个星期五，有近10万名游行人士聚集在白宫前；警察将总统住房用60辆巴士围住，地下室也进驻了军队。尼克松在晚上9:20刚过给基辛格打了个电话，漫无边际地谈起这场战争及抗议的根本原因。总统无法成眠，只能留在林肯客厅思前想后，打打电话，直至拂晓。

当晚的电话记录显示，他后来又给基辛格打了7个电话，有的就两分钟，有的长达20分钟。最后一通电话是凌晨3:30打的。副国务卿亚历克西斯·约翰逊还记得被电话吵醒，尼克松跟他抱怨约有50名初级外交工作人员签署了一封反对入侵柬埔寨的信。"我是总统，"电话那头的尼克松对睡眼惺忪的职业外交官吼道，"我要你明早就把所有这些孬种都给裁撤掉！"啪，一共讲了12秒就挂了电话。几分钟后，尼克松又给基辛格发了同样的命令。"他一旦兴奋起来，就会疯打电话。"基辛格说。

其他被尼克松深夜电话吵醒的人还有霍尔德曼（7次）、诺曼·文森特·皮尔、葛培理、罗丝·玛丽·伍兹（4次）、比比·瑞波佐（2次）、合众国际社记者海伦·托马斯（凌晨1:22和3:50）、纳尔逊·洛克菲勒（凌晨1:00）、托马斯·杜威（凌晨1:30）。他最后一通电话是凌晨4:22打给他的侍卫马诺洛·桑切斯的。一位惊愕的特工匆匆赶去陪同两人走到林肯纪念堂，尼克松在那儿与几位颇感诧异的抗议者尴尬地聊了几句他们学校的球队，年轻时多去几个地方看看的重要性，以及他要在越南实现的目标。

尼克松的"疯人"战略最后让自己受累：国内许多人都认为他有点儿精神不正常。结果，入侵柬埔寨变成河内自1968年吃了春节攻势败仗后最大的胜利。北越虽然在春节攻势中在战场上尝了败绩，但赢得了美国公众的人心；尽管美国在柬埔寨军事上小胜，但入侵却加深了美国内部的分裂，也从而摧毁了可持续东南亚政策的残存希望。

尼克松在民意调查中仍占微弱优势，但他已丧失维持南越承诺所必需的国内协商一致。参议院开始审议一系列修正案——库珀-丘奇、麦戈文-哈特菲尔德——对美国的介入设定时限。[19]

心理上已疲惫不堪、焦虑而又不服输的尼克松，回到戴维营休养。他看谁都不顺眼，包括基辛格。基辛格也第一次尝到了被冷藏的滋味，大多数时候总统都拒绝接他的电话。基辛格设法让支持他的人——包括威廉·巴克利——给总统去电，给他打气，以提振他的情绪。

但在尼克松眼里，重压之下垮掉了的是焦虑之余有点儿失常的基辛格。他后来说，这就是他生基辛格的气的原因。一度，基辛格似乎对入侵有了其他想法，尼克松对他说："切记罗得的妻子的故事[①]，切莫回头。"尼克松多次重复这个故事，将自己的坚强与基辛格的三心二意做对比，后来还偶尔在伤口上撒盐地讥讽道："我不知道亨利看不看《圣经·旧约》，我是看的。"[这又引发了萨菲尔的俏皮话："两年后在莫斯科，基辛格真的变成了盐（SALT）柱（限武协议的支柱）。"][20]

就是在这段时间，尼克松收走了基辛格对窃听方案的控制权，并勒令霍尔德曼"让基辛格离报界远一点"。基辛格与尼克松其他顾问的关系也日益紧张，他不再出席霍尔德曼每天早上8点的幕僚会议。一天早上，霍尔德曼为显示其权威，还打电话命令他来开会。他到的时候，别人告诉他，他们正在谈入侵柬埔寨的事，他们想知道如果别人问起，说了许久的南越共产党中央办公室为什么到现在也找不到时，应怎样回答。"基辛格非常不高兴，"埃利希曼回忆道，"结结巴巴地嘟囔'公关问题我不管'，说完即愤而离席。"

虽然《华盛顿邮报》严厉批评入侵行动，但发行人凯瑟琳·格雷厄姆出于私谊还是问基辛格愿不愿意晚上安安静静一起看场电影。她带他去看了电影《歌厅》，看了一半，她发现她在选片子上犯了大错。因为电影讲的是魏玛德国纵欲享乐导致纳粹兴起。"我吓坏了。"格雷厄姆回忆道。她转过头小声问他："你想走吗？"他说不想。后来，他们一起去喝酒，格雷厄姆问他怎么能坚持看完那部电影。他的答复是，社会秩序崩坏的情况他看得多了。"在我成长的年代，"他说，"看到某类人迎面而来，我想都不想就会主动避让。"[21]

[①] 《圣经》故事，她因为在逃亡时回头看，而被上帝化为盐柱。——译者注

第13章 入侵柬埔寨：扩大战争，辞职，怒潮　　245

一个月后，尼克松发表演说，再次夸大其词，声称入侵柬埔寨是"这场漫长而艰巨的战争中最为成功的行动"。他一次也没提到共产党中央办公室，或它是否已经没有了。当晚他睡不着，找基辛格询问他的"乔治敦的朋友们"对他的演说的观感。当时已接近午夜，基辛格打电话给专栏作家艾索普——他与泰德·肯尼迪、英国前大使哈莱克勋爵和自由派泰斗们一起参加了一个晚宴。苏珊·玛丽·艾索普拒绝叫醒丈夫，所以基辛格解释情况后就开始问她。"我知道你也出席了晚宴，"他说，"我们很想知道宴会气氛如何。"她直截了当地说："很不好，每个人都一肚子气。"她接着就开始教训基辛格，直到他打断她的话转而向总统汇报："她说反响不太好。"[22]

尼克松或基辛格都不为入侵一事感到后悔，只觉得他们做得不够。尼克松后来说他其实应当坚持他在戴维营的想法，同时对北越轰炸和布雷。"为了柬埔寨我们受了不少攻击，"他说，"如果同时轰炸和布雷估计也坏不到哪里去。"他叹息道。尼克松说，如果他当时行动更有力，"必定能重创对方"，当时就能"达成日后达成的协议"。基辛格也对当时没有考虑对北越轰炸和布雷感到遗憾。"回过头来看，我认为应该更认真地对待那个建议，"他说，"我们在越南的军事行动坏就坏在犹豫不决。"

虽然共产党确实在鱼钩区有一个指挥中心，但其确切方位却不得而知。"不幸的是，军队一直没找到这个总统曾确定为目标的神出鬼没的南越共产党总部。"威斯特摩兰将军回忆。报界对此更是冷嘲热讽，基辛格说，其结果就是"最为人熟知的、自己造成的信誉落差"。

不过，据基辛格总结，入侵行动起码在军事层面是成功的：缴获了敌人囤积在柬埔寨的40%的武器；大约有两年时间，与柬埔寨庇护所接壤的越南地区战事呈现下降趋势；美军每周丧生人数——1969年春曾一度高达300余人——也自1966年以来第一次降到100人以下，第二年5月更降至每周35人。

但这些数字也有其误导性。那年稍晚，五角大楼的研究估计"通过开通其他补给线路，被缴获的供应物资可于75天内补充"。美国死伤人数的下降则直接与美国作战部队撤退相关。两年内,北越部队杀戮的人数比以前更多了,只是首当其冲的是南越部队而不是美国部队。[23]

入侵柬埔寨是否对美国在越南的战事有些许助益这个问题与战争对柬埔寨的影响根本不可同日而语。柬埔寨从此开始一步步进入地狱。当初反对入侵的人的预言竟一一成为现实,而且要比悲观人士的预测残酷得多。战事扩大,柬埔寨因此被卷入它长期以来得以置身事外的越南冲突。美国一开始小心谨慎的承诺逐渐变成对一个土头土脑的柬埔寨军队以及日益腐败的政权大量的、不能自拔的赞助与支持。

美国入侵之初,北越部队遍布四分之一柬埔寨农村地区;到入侵结束,他们已遍布国家二分之一的领土。河内军队也开始造就它暂时的盟友——红色高棉。入侵时他们也就是5000人左右的乌合之众,其后人数、执着性、野蛮程度均与日俱增。到1973年,他们干脆拒绝了河内的和谈压力。1975年,它已有7万人之众。

"柬埔寨今日的悲剧只有两个罪人,"西哈努克亲王说,"尼克松先生和基辛格博士。没有他们,朗诺什么都不是;没有朗诺,红色高棉什么都不是。他们让美国丧失了民心士气,让整个印度支那落入共产党之手,他们也造就了红色高棉。"

1979年基辛格以普通公民身份访问北京时第一次见到了当时流亡在外的西哈努克亲王。两人有共同点:都有魅力,又都想赢得对手的信任。据西哈努克说,基辛格坚称美国并未插手政变。"那为什么政变发生后你们立即给朗诺政权法律上的承认?"西哈努克问。

"不错,但我们当时希望你很快能重新掌权。"基辛格答道。

"为什么从来没跟我说过?再说,你们还要朗诺始终不让我回去。"

"不!不!不!你必须相信我们是赞成你重新掌权的,我们并不喜欢朗诺。我们喜欢你。"

"多谢。"西哈努克说。

"我希望你相信我的话。"基辛格说。

"阁下,过去的就让它过去吧。"

"不!不!不!我希望你表明你相信我。"

"抱歉,"西哈努克答道,"我不能说我相信你。"[24]

把红色高棉的崛起归咎于基辛格和尼克松的说法在英国记者威廉·肖克罗斯的《穿插节目》一书中的陈述最为有力。他写道,美国五年的介入"创造了他们得以壮大的条件,唯一的条件"。因为它摧毁了西哈努克建立的平衡,并将越南共产党从边界的庇护所往西推进。在越南共产党支持下,红色高棉充分利用了各省人民的不满情绪而壮大。最后,经过美国狂轰滥炸的洗礼后,他们倒变得越发残暴。同样,多年无止无休的轰炸和军事斗争也将柬埔寨的社会结构破坏无余。

基辛格后来驳斥这一论点"怪异",还说"除了嗜杀成性的红色高棉同路人,没有人会把它当充分论证予以接受"。红色高棉的意识形态多年来一直十分狂热,西哈努克在1967年将他们逐出柬埔寨时对这一点也很清楚。基辛格的助理彼得·罗德曼在驳斥肖克罗斯时写道,强迫驱散城市人口和官方的恐怖行为"早在1971年已是红色高棉在其所有控制区的标准做法"。种族灭绝是他们狂热意识形态长期以来的组成部分。他们占领金边时,美军轰炸已然停止20个月,但他们仍然野蛮地驱离城市人口。

基辛格的辩解不无理由。即便在这个种族灭绝发生最为频繁的20世纪,论嗜杀成性,红色高棉也与纳粹不分高下,排名在最前列。他们在1975年占领柬埔寨全境时,柬人口(经过1970年入侵导致约50万人在战争中丧生后)约有800万。1979年他们下台时,已经又少了300万,许多人死于非命,全国都成了屠杀场。所以,要对这场惨绝人寰的悲剧负直接、主要道义责任的应当是他们,而不是美国,也不是基辛格。基辛格之所以反对红色高棉及其北越领导者,本来就是为了避免后来那种血洗事件的发生。

其实,判断政客的功过不应只看其意图,还应看其政策的结果。入侵柬埔寨后,美国等于跟北越一起使战争蔓延到一直不想招惹别国的一个美丽的国家。

基辛格还说,不应谴责美国侵犯了柬埔寨的主权,因为北越已侵犯在先,就像不应该说一个女人因为已非处女所以不可能被强奸一样。但

基辛格传　　248

是一次又一次的侵犯——北越的庇护所、美国的秘密轰炸、北越的西进、美国对反共的朗诺军政府的军事支援、7万美军和南越部队的入侵——就使柬埔寨在这个旋涡里越陷越深。

最起码，美国要为将柬埔寨当"穿插节目"对待负责，因为就是美国在设法挽救它自己在越南说不清道不明的目标时，粗暴地无视这个国家的和平与稳定。1975年共产党部队即将接收柬埔寨全境时，基辛格在国会的证词基本上也承认了这一点："我们对柬埔寨的罪过、责任，或不管你叫它什么，在于我们在柬埔寨的行动主要是为了我们在越南的目的，结果让他们有今日十分艰难的处境。"确实十分艰难。[25]

"没有我们的进犯，"基辛格后来辩解道，用"进犯"这个词就是因为政府有意避免使用"入侵"，"共产党可能几年前就拿下了柬埔寨。"或许如此，但是推迟了共产党接管也很难为柬埔寨五年的战争和50万人丧生做开脱。

基辛格还说，如果红色高棉早上台几年，他们是不是就会不那么凶残，"这种可能性不大"。证据似乎并不支持他的这一观点。1970年的红色高棉人数不多，力量较弱，若那时上台很可能就是北越的傀儡，而北越肯定没有后来的红色高棉凶残。

不容置疑的是，发生在柬埔寨的大灾难不太可能更糟糕了。[26]

幕僚人事异动：沃茨、莱克、莫里斯和林恩

4月24日周五，入侵柬埔寨前一星期基辛格召开的"菩萨心肠"俱乐部的会议最后也并没有改变其成员的想法。第二天晚上，基辛格往比尔·沃茨家里打电话，说总统请他做周日国安会议的幕僚协调员。沃茨整夜难眠。开会前不到一小时，他终于决定不参与其事。他走进基辛格的办公室，出其不意地宣布："我反对这么做，我辞职不干了。"

两人的对话敌意渐增。基辛格开始在房间里摔书，看来他是真生气了。"你的意见代表的是东部建制派的懦弱。"沃茨开始想对基辛格动手，后来一想殴打总统的国家安全事务助理这事儿欠妥，转而冲进战情室。

"你跟亨利说了什么鬼话？"黑格问，"他到处乱摔东西。"

"我不打算管柬埔寨那摊事。"沃茨说。

"你不能拒绝，这是最高统帅下达的命令。"

"去他的，亚历山大，"沃茨说，"我能，我刚刚辞职了。"

他一到家，妻子就说看得出来他刚刚决定不干了。"你怎么知道的？"沃茨问。"因为你六个月来第一次面露笑容。"27

沃茨的辞职令基辛格非常不快，因为两人结识于洛克菲勒时代。尼克松在迈阿密获得党内提名那晚，在洛克菲勒套间公然潸然泪下的就是他俩。不过，基辛格对沃茨却没有他对安东尼·莱克和罗杰·莫里斯——被其他幕僚戏称为最得老板喜爱的金粉双星（因为两人都是一头金发）——那么亲切。基辛格会带双星出去吃饭，在乎他们的想法，宠爱他们，但也会对他们发脾气（莱克是在辞职后才被窃听的，莫里斯则从未被窃听）。

所以，他俩也决定辞职时没敢告诉基辛格。入侵前，他们联名写了一封辞职信交给黑格。"我们认为此次行动的代价和后果远远超过可以合理预期的增益。"他们写道。

他们也考虑召开一个记者招待会，公开表明辞职理由：美对越政策表里不一，尼克松的饮酒问题，他们怀疑有窃听安排。莫里斯后来说："没有这么做是我这辈子最大的错误之一。"他回忆道，他和莱克"不愿意伤害亨利，我们仍然认为他是这个危险政府中唯一精神正常的人"。

基辛格尤其因为莱克的辞职而大受打击，他请黑格劝其改变主意。这是一项尴尬的任务：黑格嫉妒莱克的才干、心智和其与基辛格的关系。吃中饭时，黑格开始大谈他们都知道给基辛格做事多么不容易。"他很有技巧地利用我离职的各种感受、我所有残存的怨恨。"莱克后来说。黑格还说，如果莱克真想走，他可设法安排其到美国和平工作机构找个闲差，但莱克去了参议员爱德蒙·马斯基处工作。28

入侵后，林恩蒙了一个星期。"我无法工作，无法写备忘录。"他回忆道。他并不是绝对的鸽派，但他觉得入侵柬埔寨太过分，再说，从一个系统分析师的角度来看，这也是件不划算的事：完完全全得不偿失。

"我们在白宫地下室观看尼克松的演说时,我突然顿悟。这是尼克松的阴暗面,不是他有政治家风采的一面。"

基辛格大力规劝林恩不要辞职,这回甚至请尼克松亲自出马。应邀去办公室见尼克松前,林恩先去理了发。"你今年多大?"尼克松问。林恩回答他今年33岁。尼克松用了大概十分钟时间谈自己在那个年龄做了些什么。突然,就像要结束会议一样,他拉开桌子的一个小抽屉,拿出一个领带夹和一个高尔夫球放到林恩手里。

林恩在黑格那儿的经验同莱克类似。"就在他执行他的劝留任务时,"林恩回忆道,"黑格其实是故意反其道而行。他就想确定我会离开。他那些手段太明显了。"[29]

大多年轻有为的知识分子——霍尔珀林、戴维森、沃茨、莱克、莫里斯、林恩——现在都已经离开基辛格。基辛格欣赏他们的理想、他们的才华,跟他们每个人都建立了很好的关系,虽然他和黑格决定窃听其中几个人的电话。

现在基辛格就剩下黑格了,此人务实,没什么理想,尽职但谈不上出众,他同基辛格一样相信保守主义,有野心,并且愿意将就总统的意志行事。基辛格从来不喜欢黑格,有时对他非常粗暴,就像对所有其他下属一样,但无法像对所喜欢的幕僚那样时不时显露对他们聪明智慧的尊重和温情。当黑格做了基辛格的副手后,他就成了忙得不可开交的副官,偶尔也是基辛格的同谋,而从来都不是有头脑、有想法的同事。

从此基辛格就越来越倚重"菩萨心肠"俱乐部唯一没有出走的幕僚——温斯顿·洛德。

洛德在幕僚当中并不属于莱克-莫里斯轴心。在越南问题上他是鸽派,但并不激进,他的感觉错综复杂,但最后他也以为自己会在入侵柬埔寨时跟其他人一起辞职。劝他不要这么做的是他的妻子包柏漪。她劝他要看大局:"给这么一位出色的人做事,要改变世界的话,你在里面能起的作用要比在外面大。"当年只有32岁的洛德做了基辛格的特别助理,继承了安东尼·莱克的衣钵。

后来担任过外交关系协会主席和驻中国大使的洛德,毕业于耶鲁大学和塔夫茨大学弗莱彻外交学院，他就是在塔夫茨认识了他的妻子。他的长相给他带来了一些优势，给人一种诚恳、略带困惑的感觉，也许是他内心的真实反映。他为人谦逊，以冷面幽默著称，特别喜欢恶搞打趣，讲一些蹩脚的双关语［"半个阿萨德（Hafiz Assad）要比没有阿萨德好"］。

同比尔·沃茨一样，他也有出身名门的白人盎格鲁-撒克逊新教徒背景，基本上是共和党里的洛克菲勒派。他母亲玛丽·皮尔斯伯里·洛德是面粉巨头的孙女，是富有的共和党金主，也是美国驻联合国代表团的成员。基辛格对这种有一定社会地位和较好家庭出身的人比较客气。虽然沃茨和洛德都可以证明，他也会经常让他们看到他要性子发脾气的一面，但一般来说他不太针对这些人泄愤。他似乎觉得以他们的家庭出身，肯定认为发脾气是感情用事的表现，是他们不太常见的。"亨利很少直接对温斯顿发脾气，因为他知道温斯顿自己不会这么做，也受不了别人这么做，"包柏漪说，"那样做就像在一个没有人会说脏话的晚宴场合说脏话一样。"

洛德下笔快，用字精确，而且能忍受基辛格严苛的修改重写要求，所以他的主要职责之一就是撰写讲稿和文件。他也成了基辛格全球跑的跟班，所有重大会议都有他在座记笔记，同时他也是参谋。黑格是基辛格与鹰派和强硬派之间的使者，洛德则是关注秘密谈判，安排与反战人士会面的比较温和的声音。1970年圣诞节，基辛格送给洛德一本当代画家安德鲁·怀斯的画册。书中夹的字条上写道："送给洛德，我良心的指引者。"[30]

争取布莱恩和其他的抗议者

入侵柬埔寨事件发生后，基辛格与学生、抗议者和知名反战活跃人士开始了一个小型、非公开的会晤计划。仅5月一个月，就开了10次此类会议，多数是在白宫内部召开的，有的是在私人家里或餐馆举行。到1971年初，他已经与学生团体开了19次会，与知识分子、学界人士开了29次会，与知名公众人物开了30次会。

这是他真诚努力的一部分：当过教授的他认为，无论尼克松是否同意，政府都有义务跟批评者，特别是学生接触、联系。他也不无根据地拥有相当强大的自信，认为如果给他机会，他有能力用他的三寸不烂之舌和魅力说服、诱导、哄骗大多数批评者，使他们看到他有他的道理。

此外，他还真喜欢心智方面的挑战。虽然他对提拔他的人会逢迎拍马、唯唯诺诺，但如果人家如此对付他，他可不买账，他更喜欢来一场扎实的辩论。

基辛格曾说以色列的摩西·达扬"善于蛊惑人心，但是在情感上却依赖这些人"。其实基辛格也一样。对那些批评他的人，他像飞蛾扑火般想接近他们。他渴望得到他们的首肯，也觉得自己有义务取悦或改变他们。

尼克松幕僚待在比斯坎湾时，大伙儿去看了迈阿密海豚队的一场球赛。有人问基辛格他认为四分卫鲍勃·格里泽应该怎么做，基辛格答道，如果他第一次进攻时长传即可绕过防守方。格里泽还真这么做了，结果球被对方截获。其他人看他有什么反应，基辛格说："其实这里有一个极好的教训，永远不要听场外专家的意见。"但基辛格自己从来都不遵循这个忠告。他会听取场外专家和批评者的意见，有时还非听不可。[31]

基辛格极愿取悦批评者，这一点也反映在他的外交政策的成就上。他与对手达成交易远比与盟友成功。在中东，他用魅力征服了萨达特，甚至还软化了有名的仇恨犹太人的两个人——哈菲兹·阿萨德和费萨尔国王，但与以色列打交道时，他则问题多多。他后来转而注意勃列日涅夫、多勃雷宁、毛泽东、周恩来和黎德寿，但对南越总统阮文绍却十分不屑。

基辛格花时间与反战人士见面的另一原因是他恐怕极端抗议会导致右翼反弹，这种反弹或许还会带有反犹色彩。他后来说："我与当代人不一样的是，我曾经历过现代社会结构的不堪一击。"他经常跟他那些年轻、鸽派的幕僚说："我们在拯救你们免受右派之苦。"在入侵柬埔寨后，他又对莱克如此说时，莱克撑道："你就是右派。"

但基辛格所能想到的残酷右翼反弹当然要比来自康涅狄格州新迦南的安东尼·莱克所能想象的真切得多。"亨利恐怕像魏玛时代那样，把（美国）在东南亚做甩手掌柜怪罪到他和犹太人身上。"罗杰·莫里斯说。索南费尔特说："他觉得到时候政府里的犹太难民可能成为替罪羊。"

　　基辛格与作家诺曼·梅勒在"无忧"餐馆共进午餐时谈到他对右翼、反犹情绪的恐惧。"就像在魏玛共和国一样，那种全面否定很可能导致集权主义。"基辛格说，"我不知道人们是否认识到，尼克松在反集权主义堡垒方面起了多大作用。"梅勒是个比较好斗的左派知识分子，喜欢吹捧民主党人，1972年大选时出了一本名为《圣乔治与教父》的书就是吹捧民主党的反战候选人乔治·麦戈文的。如同基辛格展开魅力攻势的大多数其他对象一样，梅勒也自得地以为，基辛格在内心深处其实跟他一样担心越战，同时也担心这个总统。梅勒后来写道，如果他"对这位博士不那么欣赏，他的工作就会简单不少"[32]。

　　与学界反对派在入侵柬埔寨后开的第一次会是令基辛格最感痛苦的一次。1970年5月8日周五，就在白宫被警车围住保护起来的时候，13位资深哈佛同事南下与他们熟悉并引以为傲的"亨利"共进午餐。在座的有曾协助他进行战略武器谈判的保罗·多提，曾在肯尼迪和约翰逊政府任职的亚当·亚莫林斯基，艾森豪威尔的科学顾问乔治·基斯蒂亚科夫斯基，军控战略讨论小组成员托马斯·谢林，社会关系教授西摩·马丁·利普塞特，开了一门正义与非正义之战的课、相当受欢迎的政府管理教授迈克尔·沃尔泽，教授总统权力的理查德·诺伊施塔特，气质优雅的历史学教授欧内斯特·梅，他不幸当上了院长，抗议者拿他的名字做文章："欧尼梅，欧尼梅，今天你又杀了谁？"

　　"你正在撕裂我们的国家，"梅院长说，"这将会有长期影响，因为明天的外交政策就是基于今天的国内情况制定的。"其他人纷纷发言。曾经与基辛格最亲密的谢林的一番话让现场的情绪达到高潮，这位经济学家慢条斯理、一字一顿地说："在我们看来有两种可能，总统在出兵柬埔寨时要么没有意识到他入侵了一个主权国家，要么他很明白。我们不知道哪一个更可怕。"

谢林认为入侵是个道义问题。即便它实现了美国的某些目的，让一个主权国家、一个无辜的旁观者陷入战事也是错误。"无论它自认为成功与否，"谢林辩称，"都不应该。"但对基辛格来说，入侵并不牵涉任何道义问题，那"基本上是个战术问题"，主要问题在于能否帮助美国军队安全地离开越南。双方想法的差距实在太大，理性讨论是没有办法让他们谈到一起的。

基辛格问及他从前的同事，他是否能无记录作答。谢林说，不可以，这是一场对抗而不是讨论。基辛格说，如果是这样，他就没法透露政府战略的细节。他只能说"总统并未忘记他原先的目的，或脱离他的撤军时间表"。

这些都是他的老朋友，他们离开时基辛格心里很不是滋味。"这次会议完成了我从学术世界的过渡。"基辛格说。他在乎的不是他们的反对意见，而是他们"缺乏同情心，过分自以为是，拒绝提出变通办法"。这次会议给基辛格造成的伤害直到战争结束都未消除。[33]

基辛格与27岁蓄长发的反战主义者布莱恩·麦克唐奈的对话则令他满意得多。出身爱尔兰后裔美国中产阶级家庭的麦克唐奈是社会工作者，与妻子艾丽丝住在费城的罗克斯伯勒区。自美军入侵柬埔寨之日他开始了绝食37天的抗议行动，他还特地每天坐在白宫前面引人注意。基辛格从来没注意到他，直到6月初一个早晨通过两人的共同朋友莎莉·麦克琳介绍，这两个看似不可能相识的人才认识。

基辛格在没有告知白宫（或任何人）的情况下就去探访了住在华盛顿一所简易住宅内的麦克唐奈。此人两眼外展，一脸天使般的微笑，流露出一派纯真。他纯洁的反战主张、孩童般的无邪和淳朴可爱，对基辛格来说都十分陌生，但他还是深深地被打动了。基辛格后来向他保证美国已决定离开柬埔寨，并成功地劝他结束绝食。

麦克唐奈结束绝食后离开医院那一天，基辛格请他和艾丽丝一起在一家幽静的法国小餐馆"卡密尔家"吃饭。温斯顿和包柏漪也在座。他们谈读书，谈哲学，谈战争，谈裁军。"布莱恩，你实在太天真了！"基辛格一度一边摇头一边叫道。麦克唐奈相信基辛格是真心要美军撤出南越，但他们对如何"诚实"而又迅速做到这一点则看法不一。"我无法让亨利认同非暴力途径。"他确实也点出了部分问题。

此后，基辛格经常与麦克唐奈见面，辩论越战，偶尔也讨论黑格尔和康德现象学。那年晚些时候，麦克唐奈的黑人妻子艾丽丝在费城贫民窟不幸遇害身亡，基辛格还不声张地出席了葬礼。"布莱恩是说明基辛格多么想得到批评者了解的一个绝佳例证，"包柏漪说，"他争取对方的愿望强烈得惊人，我想这与他是移民、做过难民有关，总想赢得别人的支持。"[34]

大约在见到麦克唐奈一年后，曾有人试图绑架基辛格。被定罪的13人中有著名的反战神父菲利普·贝里根和丹尼尔·贝里根，另外还有4位天主教神父和4位修女。基辛格戏称这起绑架案是"性饥渴修女之作"（后来还不得不打电话给纽约枢机主教道歉）。但私下，在未通知特工或司法部的情况下，基辛格还是同意了麦克唐奈周六上午在白宫战情室与三个密谋绑架的人见面。

坐在一幅覆盖一整面墙的世界地图前面，基辛格说美国计划在1972年年中撤走大部分驻越作战部队。他的来宾吁请政府公开时限，基辛格说这样会使河内更不愿谈判。他也反对组织联合政府，他说，这样会让南越落入共产党之手。令人感到惊奇的是，他们对基辛格的强硬路线颇感吃惊。"我一直以为基辛格是自由派，"25岁的活跃分子汤姆·戴维森事后说，显然很多人有这个错误印象，"结果他竟然如此在乎共产党的威胁。"

基辛格的魅力还是发挥了作用，这些人离开的时候态度都比哈佛教授友好。基辛格还收了他们带来的礼物——这些人用他们的辩护基金做的写着"绑架基辛格？"字样的几个徽章，还开玩笑地说他可以转卖给其他白宫幕僚。"可怕的是他还真是个好人，"戴维森说，"他对我们这群从道义角度看问题的人好像有一种奇怪的感情。"[35]

1970年夏末在圣克利门蒂，基辛格跟后来最有名的反战人士丹尼尔·埃尔斯伯格——兰德公司分析员，曾协助他完成最初的《国家安全战略手册-1》（NSSM-1）对越南方案的研究——恢复了联系。《大观》

杂志编辑洛伊德·希瑞原来跟基辛格有约要一起吃午饭，他问可否把当时反战言论已日益激烈的埃尔斯伯格也带来。"他是个疯子！"基辛格先是不同意，但转念一想又同意了。吃午饭时，基辛格把埃尔斯伯格扔给黑格，自己同希瑞私下谈话，但他还是邀请了埃尔斯伯格再回到圣克利门蒂辩论越南问题。

午饭饭局是在9月上旬，不到半小时就结束了。埃尔斯伯格对政府缓慢撤军、威胁、突如其来使用重兵（以柬埔寨为例）、未来可能的入侵或升级、欺骗民众等政策直言不讳的批判令基辛格有点儿恼火。"我不愿讨论我们的政策。"基辛格说道。

埃尔斯伯格不为所动。他提到五角大楼文件——这是对美国如何卷入越南的一项秘密研究，也是他一年后透露给报界的文件："你看过吗？"

"没有，"基辛格答道，"我应该看吗？"

"里面讲了20年的历史，可以从中学到很多东西。"

"但是，"基辛格说，"如今我们做决定的方式不一样了。"

"从柬埔寨看来没什么不一样。"埃尔斯伯格撑道。

"你必须了解，"基辛格说，"柬埔寨行动背后的原因非常复杂。"

"亨利，20年来这里没有一个糟糕的决定不是因为非常复杂的原因做的。"

在他送埃尔斯伯格到圣克利门蒂大院靠近门口处登车时，基辛格说他非常希望再在华盛顿见到他，好继续他们的对话。约好了时间，推迟，改期，又推迟，他们再也没有重聚。[36]

基辛格还与主要民主党批评者如乔治·麦戈文和尤金·麦卡锡见过面。麦戈文是少数对基辛格的魅力免疫的人。"我看不出这样的会议有什么作用。"他在会后对报界说。基辛格甚至还邀请简·方达到白宫来，这样的会议肯定是尼克松和他的小圈子里的人不会喜欢的。他提出会面的唯一条件是不得以任何方式公开此事。方达拒绝给出这样的保证，所以会面未成。[37]

基辛格给人以愿意聆听各种批评意见的印象，加上他希望讨好、取悦别人，所以很难判断他内心深处究竟是拼命想驾驭尼克松疯狂冲动的鸽派，还是真正相信从南越一走了之会使美国信誉扫地的鹰派。当时，大多数为他工作的鸽派都认为基辛格是未表态的鸽派，但几乎所有鹰派都认为他是鹰派。

鹰派的人的观点更接近真相。"他的灵魂总体上偏保守。"他的老恩师弗里茨·克雷默说。"亨利·基辛格大概是我遇到过的最保守的人。"他的门生劳伦斯·伊格尔伯格这么说。"真正的亨利是鹰派。"他的前立法助理约翰·雷曼说。"他一直在他真正的鹰派本能与渴望讨好他学界和乔治敦自由派朋友之间挣扎。"霍尔德曼说。[38]

基辛格深信需要通过坚定宣示权力维护国家利益。他认为结束战争最好的办法是让人对你的武力威胁当真。虽然有时候因为实际理由他不坚持军国主义立场，但每当危机出现时，他的本能反应几乎都是强力回应。他曾赞成秘密轰炸柬埔寨，主张对朝鲜击落美国 EC-121 侦察机强烈回应。他曾建议南越入侵柬埔寨，而且很快就支持也动用美军。那年9月，当他在三个独立、但同时出现的危机中看到苏联的挑战时，他又是尼克松高级顾问中路线最强硬的一个。

第 14 章

危机杂耍术：9 月的两周随记

西方责任的实质内容就是预先封锁苏联的机会。

——基辛格《白宫岁月》，1979 年

黑色 9 月，1970 年

历史学家很自然地对世界做非自然处理，他们跳出时间段，挑出某一事件或危机加以分析，接着又去看下一个事件或危机，即便实际上它们在时序上并不衔接。例如，在基辛格的回忆录中，叙利亚入侵约旦，发现苏联在古巴的潜艇携带核武器，以色列总理果尔达·梅厄访问白宫，决定命令中情局不让萨尔瓦多·阿连德就任智利总统，越共提出新的和平计划，是在五个不同的章节里讨论的，其间间隔或达 350 页之多，虽然这些事全发生在 1970 年 9 月的同一个星期。

这样的做法对分析基辛格来说就特别有问题，因为他作为全球战略家最大的长处和偶尔的弱点，就在于他能看到或设想"八竿子打不着"的事件之间的联系。比如，在他心里，1970 年 9 月发生在智利、古巴、约旦、越南的事件都与旨在考验美国决心的苏联行为模式有关。

所以，为了更好地了解基辛格的运作方式，我们就不对每个危机单独审视，而是看看他在两个星期的时间里——从 1970 年 9 月 14 日周一到 9 月 27 日周日——对接踵而来的事件是如何一一应对的。由于有些身临其境的参与者，包括基辛格和中情局局长理查德·赫尔姆斯愿意提供他们在这期间每天的日程安排及笔记，而其他人也拿出他们的会议记录、对话备忘录和通话记录，我们的相当精确的重建工作才得以完成。

这两周的背景如下。

- 古巴。9月初，U-2侦察机发现，古巴南岸的西恩富戈斯港正在兴建新的营房和一个码头。同时，有一支不同寻常的苏联舰队，包括一条通常用于为核潜艇提供服务的小艇，正驶往该区，并于9月9日抵达该港。基辛格决定授权U-2从9月14日起每日环球飞行，看看苏联究竟意欲何为。
- 智利。从1962年开始，中情局就在给萨尔瓦多·阿连德——多次参选智利总统的候选人——的对手们提供援助。但1970年，因国务院不想支持主要的保守派，援助计划没弄好。9月4日，在三人角逐的竞选中，阿连德险胜（得票率36.2%）。那时，政府即开始想办法不让他就任，或者说服（及以金钱收买）国会——国会有最后发言权，因为没有候选人获得了多数选票——或者用更下作的手段。
- 中东。尼克松决定不让基辛格参与中东决策，部分是因为他是犹太裔，而由罗杰斯总抓。这导致了基辛格一年多的诽谤攻击，他无情地给罗杰斯的埃及-以色列停火及全面和平进程扯后腿。到9月，停火就像基辛格-罗杰斯的关系一样不稳定了。
- 约旦与巴解组织。整个夏天，约旦的侯赛因国王就一直为巴勒斯坦游击队在约旦境内的营地头疼。就在后来被称为"黑色9月"的月份之初，巴解组织中最极端的解放巴勒斯坦人民阵线就劫持了四架西方国家的飞机，并将其停放在安曼附近的一个简易机场，显然是希望迫使约旦与巴勒斯坦摊牌，进而破坏已经脆弱的和平进程。基辛格赞成一旦叙利亚或伊拉克为支持巴勒斯坦人而入侵约旦，就让以色列替约旦采取军事行动。
- 越南。4月中断的基辛格巴黎秘密会谈于9月7日恢复。双方均无新意：美国一方面在单方面撤军，另一方面却仍坚持其可笑的相互撤军立场，还要求一个十分教条的革命运动放弃几十年的斗争，转而同意西方模式的选举。但会谈气氛友好，双方同意那个月稍晚些时候再举行一次秘密会议。

1970年9月14日那个星期，尼克松就职20个月以来支持率第一次跌破50%，但国内明显平静了很多。学生回到校园，也不见大规模抗议的迹象。老百姓最感兴趣的是浪漫的爱情和色情：最畅销的小说是埃里奇·西格尔煽情的《爱情故事》；《玛丽·泰勒·摩尔秀》刚刚推出的《性事大全》取代了《妩媚女人》成了那一周最畅销的非小说作品，《时代》周刊给它的评级为"极差"；耗资2500万美元还原珍珠港事件的失败巨片《虎！虎！虎！》上映；《威尔比医生》在电视艾美奖中全面夺冠；菲莉丝·乔治当选美国小姐；吉米·亨德里克斯（摇滚乐歌手）死于吸毒过量……

9月14日，周一

按照基辛格的命令，一架U-2侦察机周一上午在古巴南岸环绕飞行，拍摄西恩富戈斯港海军设施照片。一架古巴空军的苏联米格战斗机对它进行了驱赶。基辛格要求只要天气情况允许，就再去试试。

基辛格这段时间很忙：总统两星期以后将有9天行程紧凑的欧洲之行，这回，他把所有演说、声明和简报的准备工作都从国务院那儿抢了过来。"这星期我们不能有危机，"他开玩笑地说，"我的日程都排满了。"

那天上午，他会见了南斯拉夫大使，跟其过了一遍尼克松与铁托在贝尔格莱德访问会谈的行程。尼克松对他前一年在罗马尼亚受到的热烈欢迎及莫斯科对此的不快仍津津乐道，所以决定访问它这个不结盟的共产主义邻国。那天上午基辛格还会见了西班牙大使，讨论了尼克松约见弗朗西斯科·佛朗哥将军事宜。从一位年长的共产主义者的巢穴直接飞到更年长的法西斯主义者的巢穴，其象征意义令基辛格惴惴不安，不过他决定不值得为此重新安排行程。

那天中午，基辛格与司法部长约翰·米切尔共进午餐，后者要跟他谈智利的事。作为律师，米切尔曾有不少客户在智利有商业利益；作为保守派，他对智利或将成为第一个通过民主程序变成社会主义国家甚为惊骇。

很快地去了一趟国会山庄向国会领导人通报约旦危机后，基辛格下午4:30又与40委员会——掌管隐秘行动的高官小组——讨论智利。主题就是预防阿连德就任总统的最佳方法。基辛格曾要求美国驻圣地亚哥使馆对军事政变的可能性做一个"冷静评估"。美国大使爱德华·科里回电说："美国政府与智利军方进一步采取重大行动的机会并不存在。"他补充道，智利军队"一向优柔寡断，目前亦如是"。

于是在基辛格和中情局局长赫尔姆斯要求下，40委员会当天下午同意了一个代号为"鲁布·戈德堡先招制敌"计划。智利国会定于10月24日批准新总统选举结果；过去，国会总是选普选中得票最高者，而这次阿连德得票最高。美国就想说服国会选得票第二的保守派，但条件是他日后得辞职，为新的选举铺平道路。然后，目前碍于宪法无法连任的基督教民主党总统爱德华多·弗雷就可以再次参选。委员会授权科里大使花25万美元"暗中支持"这项先招制敌计划，也就是在国会里买票。

这个办法并不像苏联有些人专门从事的颠覆活动那样粗暴，但还是相当龌龊。只要设想一下，如果美国人发现有某外国政府（特别是共产党政府）用钱收买美国选举团或国会，不让获得略微多数票的保守派候选人获胜，美国人会有什么感觉便知（应当指出的是1968年选举中，尼克松在对阵休伯特·汉弗莱和乔治·华莱士时只获得了42%的选票）。

40委员会当天还决定加强隐秘宣传，让智利国会相信，如果阿连德当选，智利经济将面临崩溃。中情局出钱从世界各地找了20多位新闻记者飞往智利，撰写反阿连德的故事，他们也真做了。

40委员会会议刚散，基辛格就与参谋长联席会议新任主席海军上将托马斯·穆勒见面，让他确定第六舰队已部署完毕，随时准备在约旦开展行动，因为巴勒斯坦游击队仍然有被劫持的四架飞机上的乘客为人质。随后，基辛格又花了一小时与尼克松的行程安排负责人德怀特·查宾捋了一遍欧洲之行的计划，接着8点与总统在椭圆形办公室开了最后一个会。

那天基辛格与尼克松在一起的时间很有代表性：上午有半小时的私人通报会，中午与尼克松和霍尔德曼见面半小时，午饭后临时又聚了15分钟，通了4次电话，最后就是晚上的非正式会议。

当晚，基辛格抵达专栏作家约瑟夫·克拉夫特和其妻子波莉在乔治敦举办的晚宴时已经是晚上10:30了。波莉·克拉夫特是个守时的人，她希望8点能开饭，对基辛格每次都姗姗来迟很恼火。不过基辛格到时总会引起一阵兴奋，也就算了。[1]

9月15日，周二

智利最负盛名的报纸发行人奥古斯汀·爱德华兹造访华盛顿，宣扬得对阿连德提高警惕。他住在百事公司总裁唐纳德·肯德尔家里，而肯德尔正是20世纪60年代初期竞选州长失败的尼克松移居纽约，在约翰·米切尔律师事务所担任律师时，给这位失意政客第一个国际法律客户的人。通过这些私人老关系，司法部长米切尔安排爱德华兹和肯德尔与基辛格一起用早餐。会晤长达一个多小时。其后，基辛格与米切尔私下谈了一会儿，接着又与在智利的利益更甚于百事可乐的大通银行董事长戴维·洛克菲勒会面。

基辛格深信美国应该做更大努力不让阿连德就职。他打电话给中情局局长赫尔姆斯，请他与肯德尔和爱德华兹在华盛顿希尔顿酒店会面，他们两人已经在那里租了一个房间供秘密会晤用。"他们想找一个办法确保阿连德绝不可能上台。"赫尔姆斯回忆道。

即便没有三个正在发酵的危机，基辛格的日程也是排得满满的。周二，他对报界就外援法案给了一小时通报，再次会见南斯拉夫和西班牙大使，与萨姆·亨廷顿教授——少数仍然支持他的哈佛同事之一——聊了一会儿，与麦克纳马拉共进午餐，两度与总统见面。

此外，他还给威廉·巴克利和他在《国家评论》杂志的主要编辑詹姆斯·博纳姆做了一个背景介绍。早在20世纪50年代初，基辛格就因为经常邀请巴克利去哈佛的国际研讨会讲课而与他熟识，基辛格在任职期间，曾给过巴克利起码20次的私下情况通报；在这次通报后，巴克利写了一篇专栏，强调阿连德不应该做总统，因为他只得了36%的选票。博纳姆那天见了基辛格以后不喜欢他，觉得他很有手段、言不由衷，以后再也没回来过。[2]

下午3:00，尼克松在椭圆形办公室与基辛格、赫尔姆斯和米切尔就智利问题开了一次影响重大的会。会议只用了13分钟。尼克松伏在案前吆喝着指令。他不想让阿连德执政。对尼克松说的话，赫尔姆斯记了一页笔记，有点简略，但十分传神："不担心什么风险。使馆不介入。可提供1000万美元，如有必要，还可以提供更多。全时间工作，我们能找到的最佳人选……让智利经济叫痛。48小时行动计划。"就像赫尔姆斯后来说的："如果有哪一天我从椭圆形办公室走出来时背包里装着元帅的权杖，就非那一天莫属了。"

由是后来人们所谓的第二轨道开始了，第二轨道即与正式核准的第一轨道——设法推翻阿连德在智利国会中的多数地位——同时并进的中情局最高机密计划。科里大使、国务院甚至40委员会都一直不知道有第二轨道。

基辛格对于插手智利内部事务没有什么犹豫。如同他在40委员会半开玩笑说的："我们没有道理因为一个国家的老百姓不负责任，就得眼睁睁看着它变成社会主义国家。"他的现实政治观认为美国的国家利益至高无上，关于另一国家主权的道义考虑则排在第二位。基辛格认为智利又与更大的、一系列对美国地缘政治意志的考验有关：苏联正试图利用约旦、越南和古巴西恩富戈斯港的情况。"我们的反应必须配合这种形势来理解。"他事后强调。

然而，尼克松在椭圆形办公室里这13分钟的发泄是基辛格一般会视而不见的典型的尼克松故作姿态。他从来也没有真的像尼克松所说拨出1000万美元。"你不要太在乎尼克松的一字一句，"基辛格后来跟赫尔姆斯说，"有时，他就是说说而已。"但赫尔姆斯对尼克松这样发脾气的场景见得不多。"我还从没见过哪位总统比他那天还认真。"他回忆道。[3]

刚刚离开椭圆形办公室,基辛格和赫尔姆斯就得陡然把他们的注意力投向半个地球之外的一个地区。基辛格安排了一场下午 4:00 的国安会高级审查小组会议来讨论越南问题。大家正考虑一项重大的政策改变:向河内建议某种形式的"就地停火"。

实际上,就地停火等于做出让步,默认北越在南边保留军队。这是在河内最终同意的条件——美国单方面撤军,西贡政府继续存在,各方得以继续保有和平协议签署时实际控制的土地——的基础上迈出了一大步。1970 年 9 月,就地停火的想法赢得民众支持。高级审查小组会议做出了决定:总统应在 10 月的某个时候提出这一建议。

下午 5:00 过后,基辛格前往椭圆形办公室,就这一决定和智利及约旦问题一并与总统私下讨论。赫尔姆斯前往兰利中情局本部,下午 5:45 与隐秘行动部门负责人托马斯·卡拉梅辛斯及拉美部门的威廉·布罗会面,成立一个智利工作队。因其属于高度机密,兰利知晓工作队者亦少之又少。[4]

当晚,在弗吉尼亚州沃伦顿,一个过去曾是私人庄园的艾尔利宅邸中有一个正式着装的晚宴,给国防部长莱尔德颁奖。基辛格在办公室换上燕尾服后,与赫尔姆斯及其他高官一起,从五角大楼的直升机坪乘机赴宴。

此刻,美国驻约旦大使的电报正在发送途中。侯赛因国王刚刚决定成立一个军政府,动员部队,预备与巴解组织摊牌。国王表示,如果伊拉克或叙利亚代表巴解组织进行干预,他或会请求美国支援。晚宴进行中黑格来电,给基辛格念了一遍电报全文。

基辛格召集赫尔姆斯、穆勒海军上将和其他人乘直升机返回,临时设立华盛顿特别行动小组(WSAG)——他为协调危机而设立的委员会。作为主席,基辛格在小组中声音最大,他对这群仍身着晚礼服的官员说,最好的办法或许是鼓励以色列出面支持侯赛因国王。同时,也应向侯赛因运送军用物资。

基辛格说,支持像约旦这样敢于采取温和、亲西方政策的国家十分重要，否则苏联在中东的影响力会持续上升。这是对美国决心的又一次考验，必须与古巴、智利和越南一起看这个问题。一如既往，他还是觉得这里牵涉美国的信誉。

午夜过后，与肯德尔一起吃过早餐16个小时后，基辛格才回家。[5]

9月16日，周三

这一天显示了基辛格对新闻界的重视。

尼克松原定飞往芝加哥向一大群中西部报纸编辑通报情况，基辛格决定陪同前往。去之前，他与《纽约时报》驻巴黎的对外事务专栏作家索兹伯格共进早餐。基辛格透露"苏联最近在古巴搞鬼"。他暗示美国担心苏联在古巴西恩富戈斯港驻扎核潜艇。他有意走漏风声，部分是为了向莫斯科施压，部分也是基辛格有天生的谈话强迫症。无论如何，索兹伯格为人谨慎，行事方式与其社会地位相符，不疾不徐。他直到9天后才写了一篇关于西恩富戈斯的专栏，此文一跃而成头条新闻。

在成行前，尼克松和基辛格开了一个短会，谈论了前一晚特别行动小组的建议。不承想，总统对约旦和巴解组织对峙时支援约旦的想法很不喜欢，更不用说鼓励以色列出面了。据他写在基辛格报告边上的评语，他想避免冲突。与基辛格不同的是，他不愿鼓励甚至不允许以色列采取行动。如果军事动作不可避免，应该只由美国出面。

去芝加哥途中，尼克松在堪萨斯州立大学——从经度和态度上都代表美国中部的地方——出席了一场激动人心的集会。他演讲中的一段话却带有并非他原意的讽刺意味。"有人说，如果民主的结果非其所愿，那就是民主的错；有人说，如果不能随心所欲，就得烧巴士、炸建筑。"与此同时，赫尔姆斯正在中情局总部与卡拉梅辛斯及其副手科德·迈耶以及另外三位他信得过的官员开秘密的第二轨道的第一次会议，考虑用什么办法在智利搞场军事政变。[6]

当轮到他向群集芝加哥的编辑们通报时，基辛格谈到了这三个危机。虽然这次会议是背景介绍，但编辑们可以根据他们所了解的"政府思维"自由地做报道。西恩富戈斯的情况尚未对外公布，但基辛格用通报的机会向莫斯科暗中发送了一个信号。"如果苏联人要在古巴部署战略部队，比如北极星类型的潜艇，并以此为站点，我们将会对此仔仔细细地研究。"他说。

他也以通报会为契机，挑战美国报界对智利选举的无忧无虑态度。他酷爱用双重否定语句让自己低沉的发言听起来更有学问，基辛格说："我不觉得我们应该骗自己，以为阿连德在智利主政不会给我们带来巨大问题。"

关于中东，基辛格设法将危机归咎于苏联的行为。"埃及人和苏联人几乎是从第一天就开始违反停火协议。"基辛格如此对编辑们说。他把这些问题都与美国对南越的承诺相关联，他的结论是："世界的和平与稳定很大程度上取决于其他人对美国信誉的信心。"

最后，他还暗示美国对中国的态度可能会有所改变。"今天存在的最深的对抗，"基辛格告诉在座的编辑，"可能就是苏联与中国的对抗。"[7]

9月17日，周四

前一夜约旦国王侯赛因命令部队守住首都，并清除任何造反的巴勒斯坦部队。约旦北部靠近叙利亚的地方爆发了大规模战事。叙利亚将坦克开往边境地区以资应对。周四上午7:30召开特别行动小组会议时，议程上突然多了一项："如果叙利亚坦克开进约旦怎么办？"

在上午90分钟的会议和下午另一次30分钟的会议上，基辛格要求大量增加美国在该地区的兵力。两艘航空母舰已经在东地中海。现在，正在加勒比海训练的约翰·肯尼迪号也奉命前往。

基辛格给仍在芝加哥的尼克松打电话告诉他这一系列活动时，尼克松顿时兴奋了起来。"最好的事莫过于偶尔的小对抗，很刺激。"他对有点儿吃惊的基辛格说。他命令立即将军事动向对外发表。基辛格觉得这样做不太明智，没管它。

另外，尼克松自己也成了新闻——也给基辛格发了一个信息——因为他与《芝加哥太阳报》安排了一次不对外发表的新闻通报。他说，如果叙利亚坦克开进约旦，只有两个国家可以挡得住，即以色列和美国。尼克松拒绝基辛格的再三警告，表示他认为还是美国单干为好。他不在乎让苏联担忧；弄不好让苏联以为尼克松"会干出不理性、意想不到的事"反而是好事，他说。故意把老一套的"疯子理论"直白道出，让听者又是放松又是紧张。《芝加哥太阳报》不愿错失报道这一独家新闻的机会，尽管有不对外发表的约定在先，还是在下午版刊载了这条新闻。新闻秘书罗纳德·泽格勒认为他们的做法不对，但第二天尼克松却给该记者彼得·利萨戈去电，赞扬他对报道的处理方式。[8]

尽管早上那儿爆发了战事，约旦却并不是基辛格周四议程上的主要议题。他大部分时间都花在越南上。他安排了与赫伯特·马科维奇及雷蒙·奥布瑞克见面，这两位法国人因与河内有联系，而成为1967年约翰逊总统幕后谈判员。整个下午基辛格都在与他们及温斯顿·洛德开会，中间只在对沃尔特·克朗凯特吹风、与阿尔特·布赫瓦尔德共进午餐及下午主持半小时的特别行动小组会议时中断了片刻。

基辛格想知道这两个法国人能否判断河内对停火建议的反应。巧的是他们到的那一天越共在巴黎宣布了一个新的八点和平建议。基辛格取笑那只不过是让美国投降的建议。该建议的确拿出了另一个推翻南越阮文绍，设立由共产党主导的联合政府的计划。但这个计划里有一个内容基辛格却并未跟踪：如果华盛顿同意一个9个月的撤军时间表，共产党将同意开始就释放所有美国战俘进行谈判。

特别是在后来，基辛格总说，河内都未曾显露接受美国单方面撤军的迹象；除非阮文绍被推翻，否则战俘将继续滞留。1969年宣布的十点计划把对所有政治问题达成协议作为释放战俘的先决条件。但那天早上的八点计划显示，在这个问题上他们的态度发生了明显改变。

在与奥布瑞克和马科维奇会谈时，基辛格更想探讨就地停火的可能性。大家都认为，河内方面不会同意。可是基辛格还是赞成此议：既然许多鸽派都吵着要停火，提出此议可以起宣传作用，也不会有什么风险。傍晚时分，基辛格离开会场去国家美术馆参加一个招待会，后来又与两名越南问题幕僚——温斯顿·洛德和理查德·斯迈泽研究停火选项直至晚上10:00。[9]

9月18日，周五

早上8:30的特别行动小组会议是为了了解约旦的最新情况，但赫尔姆斯留下来与基辛格又谈起另一件事。飞越古巴上空的U-2侦察机终于拍到了清晰的照片。结论清晰：西恩富戈斯出现了一个庞大设施，包括军营和码头，另外还有一个足球场。一位中情局分析员称，古巴人不怎么踢足球，所以或许是为苏联水兵娱乐所用。

关于足球的判断并不太准确。尽管基辛格在回忆录中戏称"作为老足球迷，我知道古巴人不踢足球"，但古巴人也踢足球，1938年还进了世界杯冠军争夺战。但在此处，判断也不能算错，因为后来确实证明了它是苏联的设施。无论如何，基辛格用了中情局分析员的判断，向西楼通报了情况。

霍尔德曼还记得那天早上他冲进来，把档案摔在他桌上的情景。"鲍勃，看看这个！"他嚷道。

霍尔德曼并非解读侦察图片的专家，他一脸困惑。"这是古巴海港，"基辛格解释，"这些照片显示古巴人在建足球场。我现在得见总统。"霍尔德曼不怀好意地打趣基辛格是不是前一晚在宴会上喝多了。"足球场可能意味着战争，鲍勃，"基辛格继续说，"古巴人玩棒球，苏联人踢足球。"霍尔德曼走进椭圆形办公室，把埃利希曼赶了出去，把基辛格引了进来。

苏联很聪明地想打个擦边球，试探一下1962年古巴导弹危机协议的边界所在。准确地说，苏联在西恩富戈斯的建筑并非正式潜艇基地，而是半永久性的支持设施，供停靠、加油和娱乐用。这样，苏联即可延伸其潜艇航程，并在古巴附近部署带有核导弹的潜艇。

基辛格不是会将这个挑战的性质低调处理的人。他在匆忙起草并带进椭圆形办公室的备忘录中开宗明义地说："今晨对在古巴上空拍摄的照片进行分析后，确定他们可能在建造潜艇部署基地。"尼克松在边上写了几个命令，要求中情局提供一个报告，说明"中情局能做些什么事支持足以惹怒古巴的行动"，以及"我们可以采取哪些明的或暗的行动，将导弹部署到土耳其或在黑海建个潜艇基地"。

尼克松不希望见到一次新的古巴导弹危机，特别是在这个时刻。因为这势必迫使他取消渴望已久的欧洲之行，而且也会分散大家对约旦危机的注意力。同样，当天国务卿罗杰斯也打电话给基辛格，请他避免"高度紧张局势"。

基辛格不同意。在下午稍早召开的中情局通报会上，他获悉，"支持设施"（分析中的谨慎用语）可使苏联潜艇在美国射程内的时间增加33%。他决定在第二天早上特别行动小组的会议日程上加上古巴问题，并安排下周三让总统与国安会全体成员开会。这是基辛格比罗杰斯，甚至比尼克松的立场更为鹰派的又一实例。他觉得展示军事决心至关重要。[10]

在基辛格听取了中情局古巴观察家的汇报后，赫尔姆斯及他的隐秘行动负责人又向他汇报清除智利的阿连德的第二轨道秘密项目进展情况。报告比较悲观。智利军方仍然涣散，不愿行动，卡拉梅辛斯说，尽管他们已经放话，表示美国会支持政变。中情局还一度悬赏5万美元，绑架拒绝军方采取行动扰乱选举的三军统帅雷内·施奈德将军。但没有一个办法灵验。"我们设法告诉基辛格成功的概率甚低。"赫尔姆斯回忆道。基辛格让他们继续努力。[11]

尽管忙了一天，基辛格还是在晚上出席了索尼创始人盛田昭夫的招待会，并在骑士俱乐部吃了顿"晚晚饭"。华盛顿人人都在议论当天早上《女装日报》登载的约翰·米切尔访谈报道。文中，司法部长说基辛格是"自我中心的狂人"。基辛格设法淡然处之。"在哈佛，我花了10年才陷入四面楚歌的境地，"他对朋友说，"在这儿，我只用了20个月。"

9月19日，周六

虽然周六基辛格通常都到得比较晚，今天他却在 8 点以前就到了，为特别行动小组会议做准备。危机小组第一个议程项目是约旦。陆续有报告说叙利亚有可能跨越边境。很难判断其真实性。美国在当地情报工作很差，都靠以色列，而以色列又有自己的算盘。来自叙利亚的坦克涂装的是巴解组织的标志，显然是临时涂上的，实际上还是叙利亚的。

关于智利，赫尔姆斯报告，排名第三的候选人可能会支持阿连德，这就否定了基辛格原先的假设，以为三分选票说明大多数人是坚决反对阿连德的。没有提到第二轨道暗杀和政变的阴谋，因为这些事是对行动小组保密的。

古巴问题是在最后一分钟列入议程的，行动小组成员（一般都是各部门二把手）还没有准备他们的官方回应。"因此，大家的意见就像对话般有来有往。"基辛格回忆道。会上还讨论了苏联的行动是否违反了 1962 年达成的谅解协议。基辛格说，这一点与此事无关，他对美国人总喜欢从法律角度看问题很不耐烦。1962 年的导弹危机的发生并不是因为苏联人做了什么违法的事，而是因为他们的行为与美国国家利益相违。目前的情况也是一样。

辩论显示美国决策者在处理模糊、灰色领域挑战时有多难，所以他们通常都希望情况能自动消失。就这件事来说，消失也不难，因为苏联行动并没有什么大威胁。但基辛格觉得，除非坚决加以制止，否则不断加码的挑战必然会继续，发展到后来就更难反对了。

那天晚上，基辛格给在戴维营的尼克松去电。关于古巴，总统请他低调处理这个问题。总统不愿意到时候出现一个"小丑参议员"要求封锁古巴。关于约旦，基辛格表现出了没有依据的异常乐观：他说来自苏联的信息显示巴勒斯坦人已战败，叙利亚人打算退缩。尼克松有些怀疑。他跟基辛格说，每当苏联人主动提供保证时，后面肯定有鬼。他的判断准确。就在他们谈话时，也就是中东凌晨时分，叙利亚坦克正源源驶入约旦境内。

周六晚上，基辛格在弗吉尼亚艾尔利宅邸答复防务管理小组的预算问题。他回到办公室整理了一下文件，于22:30回家。

就在之前的那个星期，52名美国士兵在南越丧生。那是自1966年12月以来的最低数字。1961年以来，已有43674名美国人在越战中丧生。这一周，在越南化方案下，美国撤回了3200名士兵，在南越还剩下396300人。[12]

也在这一周，基辛格的幕僚有了小小异动，也许连他自己都没注意到。五角大楼派了一位海军文书士官查尔斯·瑞德福帮忙速记和流转文件。他同时还开始了另一项工作，一年多以后基辛格才发现他也在复印文件，并偷偷将其送往参谋长联席会议。

9月20日，周日

由于是周日，基辛格这天大部分时间在休息。但因世界上别的地方不休息，所以晚上7:00，他回到办公室。其他特别行动小组成员和危机管理人员都聚集在地下室无窗的战情室长桌前。基辛格主持小组会议，专门讨论叙利亚入侵黎巴嫩，一直到差不多凌晨2:00。唯一中断的时间就是他与总统的几次会面。

基辛格意识到自己被前一天来自苏联的信息欺骗了。在他心里，这场战争已经明显变成美苏中东影响力的较量。因此，更需要在此，并且在古巴和智利，展示决心。

尼克松一周来一直坚持，如果需要外部援助，应该由美国而不是以色列单方面支援约旦。基辛格的看法相反，他已经起草文件，总结两者的利弊，送到戴维营给总统过目。

在基辛格带领下，特别行动小组很快就决定采纳基辛格的建议：鼓励以色列起而行动。他认为这个选项比较好，因为以色列比美国更有行动持续力，而且也不太可能激怒苏联直接介入。另外一个让以色列获此殊荣的明显原因是罗杰斯和莱尔德的大力支持，因为不需要动用美国部队。

侯赛因国王本来希望得到美国的军事支援，特别是空中支援，这样要比依赖敌方以色列助一臂之力有面子多了。但到华盛顿时间周日晚，国王给驻安曼美国大使馆的信息已表示渴望得到"任何方面"的支援。

此时，基辛格还面临两重障碍：让尼克松同意，也让以色列同意。

让尼克松同意比较容易。接近晚8:00，总统从戴维营返回，通知基辛格到他的办公室。基辛格在电话里已经说服总统同意由以色列出面。总统后来与特别行动小组其他主要人物会面，说了些鼓励的话。听从基辛格的建议，总统没有表露他同意由以色列行动的态度。他要他们别受自己影响，继续讨论。

到晚上9:30，特别行动小组完成了最终建议。他们的结论是美国应鼓励以色列空袭叙利亚坦克。此外，小组还提出了许多基辛格式、发送象征性信号的建议，比如提高美国在德国一个旅的警戒级别，并以消息必然走漏的方式让第82空降师处于戒备状态，还派一架美国航空母舰上的侦察机飞往特拉维夫，并故意让苏联雷达侦察到。

基辛格后来描述当晚的行动是为了显示必要时美国会"迅速并残酷升级"。这事儿有点蹊跷，因为当晚他们的主要决定是自己靠边站，而说服以色列去亮剑。所以实际上美国的行动多半是虚晃几招，而不是像他们后来描述的那样——展示勇气决心；美国根本不打算动用驻扎在德国的旅，或第82空降师。

基辛格在提出计划时找了行动小组的国务院代表助理国务卿约瑟夫·西斯科跟他同行。但尼克松却在此时决定去打保龄球。在一位特工的协助下，他们在隐秘于行政大楼地下室边角处的保龄球馆找到了他。基辛格说："有点儿不合时宜的是，尼克松核准建议时手上还拿着保龄球。"

现在就看以色列了。果尔达·梅厄已飞往纽约，周日晚正在希尔顿酒店参加犹太联合募捐协会的盛大晚宴。刚过晚上10:00，一名侍者把一张字条交给了以色列大使伊扎克·拉宾："急电白宫基辛格。"拉宾用酒店小前厅的电话打了过去。

侯赛因国王并未明确要求以色列军援。据基辛格说，首先提出以色列或可提供空中支援这个想法的是拉宾。按照基辛格的说法，"拉宾可不是一般人，他问如果情报显示叙利亚大举进犯，美国是否赞成以色列空袭"。

但拉宾的回忆却不一样。他记得在当晚第一次电话中，基辛格跟他说约旦请求以色列空中支援。据以色列大使描述，双方对话情况如下。

基辛格："侯赛因国王找我们，述说了他的部队的处境，并请我们转达他的要求，希望你们的空军能攻击约旦北部的叙利亚军队。"

拉宾："听到美国像邮差那样传送这类信息我很吃惊。在知道你们政府的想法前我根本不会向梅厄夫人提出这个要求。"

拉宾说，一小时后基辛格来电回复："美国核准并支持这个要求。"

拉宾："你建议以色列这么做？"

基辛格："对，当然还要看你们自己的想法。"

无论如何，基辛格和拉宾的版本最后是一致的。基辛格保证美国将补偿以色列任何军备损失，并在苏联介入时保护以色列。

午夜过后，基辛格再次与行动小组主要成员会面，并交代了第二天的研究题目。最重要的就是制定苏联介入的预案。凌晨2:00，他回家，睡了三小时。[13]

9月21日，周一

早上5:15，拉宾大使发来信息唤醒了基辛格，大使说以色列考虑除了空袭，同时对黎巴嫩境内的叙利亚军队采取地面行动。因为他们要使用美国武器，而且在世人眼中他们是美国的代理，所以要先争得美国许可，他们才会这么做。基辛格立即致电总统。

尼克松让基辛格先去问西斯科（而不是罗杰斯）的意见，一小时后来电下令："我决定了。谁也不用问。告诉他（拉宾）'行'。"最后总统不情愿地同意与内阁在早上8:30的国安会上一起商定。

与其他摊牌的情况一样，基辛格认为展示决心或可无需进一步战事而迫使对抗结束。所以他急于让以色列开始筹备地面进攻，这意味着两天的时间里以色列在众目睽睽之下大动作动员部队。"以色列的动员，加上我们的部署，可以把我们的对手吓得魂飞魄散，而同时又可以争取时间找到不用打仗的解决办法。"他说。叙利亚其时在约旦已有300辆坦克，并已拿下离边境约15英里的伊尔比德。

此外，国务卿罗杰斯指出此中的一个尴尬问题，约旦并未要求地面支援，特别是以色列的地面支援。其实，约旦与以色列官方还处于交战状态。他说，任何升级都应缓慢、谨慎，以避免对抗，基辛格的观点正好相反：避免实际一战的最好办法就是迅速升级，即便看来有冒进之嫌。"尼克松和我认为，如果想避免与苏联人对抗，我们得迅速提高风险到他们不愿意对抗的程度，而不是让他们陷入一步步与我们较量的陷阱。"基辛格回忆道。后来他又说他从尼克松那儿学到的主要教训是，作为领导人"必须准备迅速并残酷升级到对手不愿冒险一试的地步"。对基辛格和尼克松而言，这是美国在越南失败的教训之一。

在听取了罗杰斯和其他人在国安会上的表态后，尼克松宣布了他和基辛格已私下做出的决定：美国将鼓励以色列准备空中和地面介入，并承诺保护以色列不会遭到苏联、埃及或任何其他敌方的报复性回击。

但尼克松在做决定时加了一个基辛格不喜欢的内容。尼克松说，国务院应正式问问侯赛因国王要不要以色列的地面支援或空中支援。总统在这一点上否决了基辛格的意见。基辛格认为，"我们不应该损害国王在阿拉伯世界中已然岌岌可危的地位，而问他一个他回答不了的问题"。

另一边，关于西恩富戈斯新潜艇基地的问题，基辛格要求的建议也已送达。国务院的分析说此事不值得紧张；莫斯科的举动主要是象征性的，罗杰斯可以一个月之内在联合国见到葛罗米柯时私底下问问。国防部则认为情况值得警惕，因为在古巴有了停靠地将使苏联在墨西哥湾能力加大。国务院的反应是不慌不忙，而国防部的反应则是另一个极端，包括召集美国预备役人员。

虽然知道尼克松还是希望将古巴危机推迟到欧洲之行以后，但基辛格认为不能等，所以已将其列入预定周三上午召开的总统与国安会会议的议程。[14]

9月22日，周二

以色列坦克向约旦河开进，并向戈兰高地集结，威胁了已向约旦南边进发的叙利亚军队。热衷于给信号的基辛格又从航空母舰派了一架美国飞机飞往特拉维夫，让苏联的侦察船只看见。以色列飞机的弹仓也在大白天装弹。

但有一个问题，侯赛因国王的答复到了：对以色列的空中支援他未置可否，但他果断拒绝以色列的任何地面支援。当时凡得到基辛格合作而写的有关这次危机的叙述，如1974年马文和伯纳德·卡尔布出的书，都说所有以色列行动都是应约旦的要求。其实，是基辛格让以色列官员相信，他们是应侯赛因国王的要求而行动的。事实并非如此。但侯赛因的矜持并不令基辛格有所担心。他知道以色列尚未做好入侵的准备，同时他也希望这些军事演练会很快促成一个外交解决方案。

在白宫就约旦问题开危机委员会会议时，赫尔姆斯和卡拉梅辛斯就智利问题给基辛格提供了中情局最新的通报。现任基督教民主党总统弗雷——本想通过鲁布·戈德堡计划让他得以竞选连任的受益人——表示他不想参与其事。其实，对智利基督教民主党人而言，阿连德获胜远没有对选举程序做手脚可怕，所以他们明确表示将在国会投票中支持阿连德。

至于第二轨道军事政变的希望，三军统帅施奈德将军仍是障碍。这位为人正直的军官觉得民主规则要求军人不得干预政治。在理想世界中，他应当是美国大加赞扬的人。而如今中情局却暗中计划向阴谋绑架、杀害他的右翼叛徒提供钱财和机关枪。关于在智利下一步该怎么办的问题定于周四在40委员会上讨论。

为表示美国并不反对阿拉伯，基辛格当晚出席了埃及大使馆的一个宴会。他在那儿碰见了多勃雷宁大使不在时当家的苏联使节尤利·沃朗佐夫。就在记者众目睽睽之下，沃朗佐夫抓住基辛格的胳膊重复苏联的保证——他们想要约束叙利亚。"我们相信不应该有任何形式的外部介入。"他说。沃朗佐夫声称他担心美国的名誉。如果美国介入，它将成为整个阿拉伯世界的愤怒对象。"如果真是这样，"基辛格撑他说，"那你应该放松才对，因为你们怎么都赢嘛。"[15]

9月23日，周三

根据基辛格上午不到8:00抵达办公室时收到的报告，约旦危机似乎已渐趋平静。苏联见人就说他们正在向叙利亚施压，迫其撤军，但基辛格觉得还是得保持压力。于是又有四艘驱逐舰驶向地中海，那天上午的特别行动小组会议仍在计划如何对抗潜在的苏联对以色列的攻击。

基辛格出席了国家安全委员会上午的会议以及多个与尼克松的临时会议。同时，不断收到叙利亚坦克开始离开约旦的报道。对基辛格而言，这是激动人心的时刻。彰显武力终于奏效了。他给上周曾在战情室帮助协调危机的每一位特别行动小组成员去电并表示祝贺。

其中有一个人给他留下了深刻印象，这个人就是国务院负责中东问题的助理国务卿，桀骜不驯、聪明机智的乔·西斯科。基辛格欣赏这位嘴尖舌快的外交官员一边能顶得住基辛格，一边又与他心有戚戚焉。自然而然地两人经常一起谈笑风生，互相挖苦。此前，西斯科一直是基辛格的官场对手，因为他是罗杰斯手下负责中东外交的人。但从此以后，他就变成基辛格的幕后盟友。

但基辛格与罗杰斯的关系还是不好。国安会讨论苏联在古巴设施时，国务卿大力反对再搞出另一次危机。他说，在11月国会大选前应对情况完全避而不谈。这一仗他打赢了。尼克松勒令所有人暂时不能对此有任何声张。基辛格记得自己对总统坚持此事无须立即解决"感到极度不安"。

这天下午稍晚，基辛格抽空对跟他同样相信军力效用的专栏作家约瑟夫·艾索普做了一次情况通报。艾索普的读者随即得知，虽然未说明消息来源，但基辛格让以色列动员是叙利亚从约旦撤退的主要原因。[16]

第14章　危机杂耍术：9月的两周随记　　277

9月24日，周四

第二天早上基辛格到办公室时赫然看到他的新朋友、反战积极分子布莱恩·麦克唐奈对他笑脸相迎，对此他有点难以置信。原来这是温斯顿·洛德的安排，他认为基辛格这些天为诸事烦恼，如果能有机会与这位曾在白宫前为抗议美国入侵柬埔寨而绝食、胸无城府的理想主义青年共进早餐对基辛格来说应该也是很好的放松机会。

约旦危机已渐渐退去，西恩富戈斯一事又被总统勒令搁置，当日议程上的唯一危机就剩智利。这天下午，基辛格主持了两个多小时的40委员会会议，讨论隐秘行动战略。官方第一轨道对策与超级机密（40委员会毫不知情的）的第二轨道对策开始并拢。但并不是放弃了强调政变的第二轨道，恰恰相反，被放弃的是第一轨道的复杂选举操作办法，代之而起的是鼓励政变。

三军总司令施奈德将军并非唯一反对政变的军官，其他人也恐怕政变会导致美援中断。40委员会决定让科里大使"与某些特定军事领袖个别接触"。据基辛格说："委婉告诉他们，他们如参与（政变），美国军援不会受影响。"

基辛格同时还设法确保报界对约旦事件的报道得体。虽然他的午饭时间一般不超过45分钟，那天他却与《时代》周刊-《生活》杂志专栏作家休·塞迪和另外两位《时代》周刊驻华盛顿记者吃了两小时午饭。他们已约定于次日对尼克松进行访谈，希望事先得到一些提示。基辛格建议他们问问有关中国的问题。

在众多危机此起彼伏的这个星期，问有关中国的问题是有点异乎寻常，但这确实是总统心中所想。有时他会冒出一句引起国务院和其他地方的人瞠目的话："死以前我就想了却一桩心愿，到中国去一趟。"

塞迪在下一个星期《生活》杂志专栏的标题是"危机带来的兴奋"，报道的正是基辛格有关约旦危机如何得到妥善处理的故事。而《时代》周刊的报道则引用"一位高级别白宫官员"的话说，"威胁插手，帮助稳定了局势"。但该杂志也表示了自己的怀疑："或许真如此，然而这些武力恫吓有相当大的虚张声势成分，而且这个游戏有其风险。不太可能第二次奏效。"

傍晚时分，基辛格正在跟专栏作家约瑟夫·克拉夫特通报情况，却被刚刚返回华盛顿任所的苏联大使多勃雷宁的来电打断。这位苏联人似乎心情很好，他问基辛格怎么食言了，竟然在他不在华盛顿的时候让危机发生。基辛格认为他这番调侃没什么意思。多勃雷宁说他希望见尼克松，亲自转达关于可能举行峰会的信息，基辛格说他将于次日给他答复。

尼克松渴望1970年在莫斯科举行峰会，最好在10月，国会中期选举前。虽然基辛格知道，在苏联于越南问题上什么忙也不帮的情况下，美国还是急于得到峰会邀请，这意味着对关联说的完全放弃，但他还是在8月通过多勃雷宁提出了要求。苏联人看到手中又多了一枚棋子，开始吊美国的胃口。

基辛格给尼克松去电，报告他与多勃雷宁的通话，尼克松把他叫到林肯客厅。当时是晚上9:00，尼克松心情不错。两人决定应该告诉多勃雷宁将信息交给基辛格而不是呈给总统，部分也是为了惩罚他们花了6个星期才对峰会建议给出答复。

1970年，基辛格应邀晚上进入白宫住宅区还是罕见的优待，也是考验。这是尼克松表示好感的方式，就像不理不睬肯定表示他生你的气一样。谈完多勃雷宁的事情后，总统又回到约旦危机。他对这次胜利的每一步都津津乐道，愿意听基辛格一再分析他们所做每一个决定的个中智慧。晚上11:00过后基辛格才回家。[17]

9月25日，周五

尼克松希望西恩富戈斯正酝酿中的问题能暂时不在台面上浮现，却因周五早晨《纽约时报》索兹伯格迟到的一篇专栏——他是9天前与基辛格约谈的——给搅了局，文章的标题是"南边的险恶乌云"。基辛格事先已给五角大楼、国务院和白宫新闻办制定了万一消息走漏的应急预案。也就是典型的基辛格式多层次回应，由什么人出面说什么话。五角大楼的应对人士，不知是不愿意还是没有能力处理如此繁复的秘密层次，干脆就对记者知无不言。于是美联社紧急发稿称："国防部今日表示，具体迹象显示苏联可能正在古巴建造一个永久潜艇基地。"

就在与媒体的问答进行时，多勃雷宁大使对即将发生的大事尚一无所知，他正在白宫给基辛格关于苏联方面对尼克松要求开峰会的答复。多勃雷宁说没问题，苏联也很愿意举行峰会，不过，时间得拖到来年夏天。就像手里拿块骨头逗小狗的人一样，多勃雷宁还问，尼克松是否希望在莫斯科开峰会。"我都不知道是第几次重复了，"基辛格后来说，"总统确实有过这个想法。"多勃雷宁还是不肯敲定此事，他还舍不得放下手中的骨头。

两人都没有提起苏联人在西恩富戈斯到底在干什么的事。基辛格只说当天稍晚会给他打电话。

国防部的一番话可谓一石激起千层浪。会见完多勃雷宁，基辛格去见了总统，并说服他既然消息走漏了，他们也只有像他原先要求的那样行动了。"我告诉总统我们现在除了与苏联摊牌没有别的选择。"他回忆道。于是他们再次使用习惯做法，通过舰只调动发送信号，决定部署一艘驱逐舰前往西恩富戈斯港外。

同时还需要对约旦危机做好最后一项收尾工作。基辛格给以色列驻美大使拉宾打电话，正式通知他美国保护以色列不受苏联侵害的承诺如今已失效。"如果出现什么新情况，"他说，"我们还得从头谈起。"拉宾对此并不感到奇怪，或许他认为这是不言而喻的事。他认为另一段话特别重要："美国很幸运在中东有以色列这样的盟友。在今后所有的发展中，我们都会顾及这段经历。"拉宾后来说，这些话"或许是美国总统对两个国家结盟相互性所做的最具深远意义的声明"。

美国对以色列的承诺向来都是一个道义承诺。如今，由于尼克松主义和基辛格现实政治对策的影响，以色列变成美国在该地区的军事和战略盟友。通过向以色列提供军备和援助，美国可以在自己的利益在该地区受威胁时避免让自己的士兵冒生命危险。

这是一场危险游戏。美国与以色列安全利益不同，有时还不免相矛盾。再者，这意味一旦苏联在该地区的威胁逐渐降低（20世纪90年代确实发生了），美国也就不需要以色列这份战略资产了。把关系从战略而非道义角度加以诠释，就意味在这种情况下美国对它进行支援的基础就不那么坚实了。

基辛格当天还安排了一场吹风会，意在吹嘘政府在处理约旦-巴解组织战争中的成功经验，同时也讨论总统此次欧洲之行。他知道他将有机会向古巴发出警告，果然，机会很快就来了。基辛格说："苏联绝不能怀疑我们会严肃对待在加勒比海建立战略基地的问题。"但他并未明说基地在建造中，好给苏联一个台阶下。

基辛格还在那天第二次见到多勃雷宁时说了同样的话。基辛格告诉他，美国认为"毫无疑问"苏联人是在西恩富戈斯建造潜艇基地，但想让苏联人"有个无须公开对峙，自己不失风度打退堂鼓的机会"。基辛格还撂下了在类似情况下他最喜欢用的几个字——"最高严重级别"。多勃雷宁说他会向莫斯科汇报这一切。

他们的会见在晚上7:00过后才结束。当晚基辛格还有一个会要开。中情局负责隐秘行动的汤姆·卡拉梅辛斯要向他汇报智利反阿连德运动的最新进展。情况还是不好，军中似乎找不到一个愿意行动的人。基辛格对他表示感谢，但并未因此取消第二轨道的政变计划。他对情况一直密切跟踪。这已经是他与卡拉梅辛斯的第四次不公开会面了。

不到晚上9:30，基辛格就回家了，但并未休息，而是拿了箱子直奔安德鲁斯空军基地。一架波音707已停放在此，等着接他去巴黎与北越举行另一次秘密会晤，其后他将于周日与抵达意大利的总统一行会合。[18]

9月26日，周六

在与北越代表见面前，他还得先见南越人士。副总统阮高祺在巴黎，他曾暗示或将在返越前访美而令华盛顿官员不快。越战一个有点可笑的脱节现象就是，每周仍有数十名美国士兵阵亡，但他们为之献身的那个政府的成员却出于政治原因无法前往美国。阮文绍总统一年前也只能到信天翁聚居的中途岛，虽然他当时很想应邀起码到夏威夷走一趟。基辛格在巴黎的第一个任务就是安抚阮高祺，确定他不会去华盛顿。

9月27日，周日

北越的黎德寿没在巴黎，基辛格只好跟春水打交道，除已公布的越共新建议，春水没有拿出什么新东西。基辛格倒提出几个想法——多党派"选举委员会"、可能的停火安排——春水好像都不感兴趣。

基辛格跟助理抱怨春水显然无权谈判，最令他生气的是北越显然并不像他那样热衷于保密、背后渠道或在私底下做不同表态。"河内的'私下'观点与他们的公开观点并无二致。"他后来略带轻蔑地写道。[19]

基辛格及时赶到罗马与总统会合，出席了奎里纳尔宫的招待会。第二天谒见教皇，并处理埃及总统贾迈勒·阿卜杜勒·纳赛尔突然去世的消息。暂时一切都还平静。意大利人正经历又一次政治危机，无心讨论外交政策。且不论好坏，基辛格当前面临的所有危机——约旦、智利、西恩富戈斯、越南——起码暂时来讲，都已渐趋平息。

余波

西恩富戈斯潜艇基地的问题在基辛格10月初自欧洲返回时就悄无声息地解决了。多勃雷宁大使提供了一个声明，说苏联并未建设基地，基辛格的回复附上了一份总统说明，叙述华盛顿是如何界定"基地"的。新设施的工作被叫停，高射炮被撤走了，苏联舰船的造访只限于休闲停靠而没有维修服务，但那个足球场却从未改成棒球场。

即便在外交胜利时，基辛格也想方设法不让别的部门参与。海军上将伦勃朗·罗宾逊——他与参谋长联席会议的联络官——帮助撰写了澄清"基地"含义的说明，但他不得征求国务院的意见。海军作战部长埃尔莫·朱姆沃尔特问为什么，罗宾逊的答复是"亨利不喜欢在讨论微妙的外交政策问题时让罗杰斯参与"。朱姆沃尔特事后说，其结果就是那份"粗心大意、不幸的"说明，因为没有让专家有机会明确界定是否包括有能力携带核武器的常规潜艇。朱姆沃尔特就此找黑格理论时已经来不及修改了。黑格翻了翻白眼对朱姆沃尔特说："这就是亨利做事的方式。"

基辛格的作风甚至令当年秋天访问白宫的苏联外长安德烈·葛罗米柯都糊涂了。葛罗米柯这年秋天访问白宫就是为了与尼克松交换声明，重申1962年导弹危机以来关于古巴达成的所有谅解。但尼克松对这个题目提都没提。"对胡思乱想、疑神疑鬼的苏联人来说，"爱胡思乱想、疑神疑鬼的基辛格后来写道，"总统不提此事肯定有深刻阴险的含义。"基辛格不得不解释，尼克松之所以避开这个话题，是因为国务卿罗杰斯在座，而在此前的讨论中并没有让国务卿参与。

不过，西恩富戈斯的情况结果不错。如果基辛格没有强迫他们摊牌，苏联人很可能会继续加强他们的港口设施。[20]

智利的事倒没这么顺利。通过第一轨道和第二轨道积极推动政变的努力还在继续。基辛格和黑格在10月15日听到了右派军人头目罗伯托·维奥将军打算绑架施奈德将军的阴谋。因为基辛格觉得成功的希望不大（而不是如若成功他有什么道德上的顾虑）而予以否决。"看来没希望。我叫停了。最糟糕的莫过于政变未遂。"

在之后做证时，基辛格说他以为第二轨道或其他政变计划也将随之终结。中情局并不这么认为。当时，中情局还在跟其他军人派别接触，第二天中情局总部还发出电报称："以政变方式推翻阿连德是（我们）坚定持续的政策。"虽然中情局放弃了维奥将军这条线，但还是向另外一群乌合之众提供了三挺机枪，这帮人两度试图绑架施奈德将军未果。维奥将军那一派在没有中情局支持的情况下自己搞了一套绑架计划，搞砸了，最后杀害了施奈德将军。两天后，10月24日，智利国会投票让阿连德就职。

虽然美方的努力不专业，也并不成功，但基辛格后来说不让阿连德当权的尝试"当时我认为是对的，今天我仍认为是对的"。因为在智利有一个亲社会主义的政府"对我们的利益，对西半球都会带来危险"，基辛格说，华盛顿设法"促进一个民主与极权势力之间的清楚抉择"。他还说，苏联人经常搞颠覆，并以此为论据认为华盛顿也必须这么做："我不能接受美国不能在外交与军事干预之间的灰色领域采取行动的说法。"

即便在无奈地接受阿连德为总统的事实后，基辛格也建议尼克松不要听从科里大使的意见，试图与新领导人搞好关系。基辛格在一个备忘录中说："美国设法接纳他的政策，也不太可能会让他不走反美路线。"尼克松于11月批准了基辛格建议的决定备忘录NSDM93号，责成对智利新政府采取"冷淡而正确的"姿态。同时加紧经济施压，不鼓励投资，不给信贷。另外，还授权中情局在未来两年花费800万美元跟踪并鼓励反阿连德活跃分子。

华盛顿有些行动很小家子气。海军上将埃尔莫·朱姆沃尔特2月访问拉美，这位海军部长也在智利停留，会见智利军事领导人。令他吃惊的是阿连德邀请他进行"15分钟的礼貌会见"，这是一个示好的迹象。结果会见持续了一个多小时，最后阿连德建议当时在南美游弋的美国核动力航空母舰企业号在智利瓦尔帕莱索港口仪式性停靠。这是了不得的姿态。与朱姆沃尔特对等的智利军方——海军上将劳尔·蒙特罗请他接受邀请。这样能提高一个独立、非共产主义军队的声望。

国防部长莱尔德和参谋长联席会议都同意，科里大使开始向智利内阁和军队中的亲美分子发出邀请，请他们到航空母舰上吃午餐。在一次公开演讲中，阿连德称，这项邀请和它所发出的改善关系信号都是他的主意，并表示他本人也将造访该舰。然后，用朱姆沃尔特的话说，基辛格"义愤填膺"。他和尼克松推翻了这个计划，并命令该舰不得访问智利。

如此180度大转弯不但丧失了改善关系的机会，而且立即闹得沸沸扬扬，因为邀请函都已经向智利贵宾发送了。据《纽约时报》头版报道，"当华盛顿发来外交电文称因操作问题，企业号不能在瓦尔帕莱索停靠时，只有尴尬地撤回邀请了"。

但也不能把智利问题全归咎于华盛顿的骚扰。阿连德并非民主人士。

他开始在军事结构外建立一个由古巴提供军备的私人民兵部队,并且资助左翼游击队。由于他推行私人工业大规模国有化,他对摧毁智利经济也难辞其咎。华盛顿并未直接参与推翻阿连德并导致其死亡的1973年军事政变阴谋。那时也不需要了:阿连德的政策加上美国的经济压力已创造自生政变成熟的氛围。[21]

约旦危机的结果对华盛顿是一次胜利:阿拉伯温和派得势,苏联支持的极端邻国势衰,巴解组织阵脚大乱,人质被释放,美国在该地区的影响力得到了加强。但那真是如基辛格所想是与苏联的一次直面对抗吗?

或许不是。叙利亚入侵的决定并非受苏联怂恿,它撤军的决定也不是美国向苏联施压的结果。"我们据研究得知,莫斯科根本没有插手酝酿危机,"时任国务院北阿拉伯事务主任的资深美国外交官塔尔科特·西利说,"白宫声称我们逼退了苏联人的说法毫无根据。"

然而,要是没有美国或以色列的抵抗,我们大概可以假设莫斯科肯定会利用约旦局势。叙利亚和巴解组织的胜利将会大大加强苏联在该地区的影响力。即便他们并未挑起对抗,苏联人还是会从中受益。

对基辛格而言,这一可能性必须从全球大背景来看。从他的地缘战略观点分析,几乎每一个危机——越南、柬埔寨、朝鲜击落EC-121侦察机、智利、西恩富戈斯、埃以停火、约旦和巴解组织——首先都是一场东西方对决,有时还是重要的对决。他不无道理地相信,苏联总是在找机会钻空子,总统也同意他这一观点。"恐怕1969年我们处理EC-121事件时,共产党人还以为他们碰到的是一团糨糊,"尼克松事后写道,"我们不让阿连德当政的努力失败了,但起码1970年在约旦和古巴,他们的试探踢到了一块不容置疑的铁板。"[22]

北越对就地停火不感兴趣。1970年10月8日,尼克松在演说中公开此议时立即遭到了他们的回绝,这不出基辛格所料。

这个建议最重要的内容在于它是美国从坚持相互撤军后退的第一步。它一旦被接受,肯定会造成河内部队可以留在原处而美军则要撤退的情形。所以从实际意义上说,就地停火离建议单方面撤军只有一步之遥。

在尼克松演说当日，基辛格在情况通报会上说的话含糊其词，有误导之嫌。"我们是否放弃了过去相互撤军的立场？"一位记者提问。

"没有，"基辛格答道，"当然，很多都取决于你如何界定'相互'，但我们并未放弃这个总原则。"

放弃是几个月以后的事了。

基辛格正在为解决战争铺平道路，其解决之道就是在美国撤退与西贡瓦解之间留下一个"体面的时段"。"在我们尽力把南越置于最佳状态后，"他对一小群记者无记录访谈时说，"在我们可以摸着良心自认我们不是随随便便拍屁股走人的情况下，如果五年以后，事实证明他们还是站不起来，我想那后果会不同于我们现在就撤军走人。"[23]

危机年代

1970年底是基辛格与总统关系最好的时候。他当时还不是名人，也并没有威胁或挑战总统的权威，但他明显是在主导外交政策。

此时，他已经从白宫地下室拥挤不堪的办公室搬到西楼一楼靠边的套间，靠近总统和霍尔德曼。一日，当基辛格在新办公室面容严肃地踱步时，看到霍尔德曼及其助手劳伦斯·黑格比鼻子贴着他的法式落地防弹玻璃窗，朝他做鬼脸。"我得装上窗帘。"他嘟囔道。他哈佛的老朋友吉多·戈尔德曼有一天来看他的新办公室，说了一句话："你够重要了，应该有自己专用的洗手间。"原来办公室旁边有个小洗手间的布赖斯·哈洛很快就没了洗手间，来了几个木匠把门廊做了修改。

那年秋天基辛格开始有特工保护，部分也是因应绑架威胁。"如果绑架成功，"基辛格在12月曾有一份严肃的私函给尼克松，"我请求你不要答应绑匪的任何要求，不管多么微不足道。"

不知为什么保护他的特工给了他"樵夫"的代号，显然这对他这个不爱动的知识分子来说并不贴切。基辛格还老把它弄错，自称为"伐木人"。萨菲尔开始给他"啄木鸟"的绰号。埃利希曼则管他叫"维也纳炸肉排"。每当一个车队要离开时，基辛格都会拿着特工无线电央求埃利希曼："可不可以请你用电影里的那套东西告诉他们我在哪里？"

基辛格再一次在岁尾花时间草拟一年一度的"世情咨文"。报告的原意是对政策原则做诚实的阐述，也因此一直是受欢迎的政策揭秘文件。但今年的努力却让人看到它已成了欺骗行径的受害者，这种欺骗行径最终动摇了人们对尼克松外交政策的支持，也毒化了他的总统职位。就以智利为例，报告宣告了不设法影响"其他主权国家"内政的原则，并保证"我们打算与智利政府发展他们打算与我们发展的那种关系"。基辛格不知道的是，总统对这个报告漠不关心。"亨利的'世情咨文'没有宏图大略，"他在1月私下跟埃利希曼说，"就像一个细目清单，枯燥乏味而又非有不可。"

根据哈佛教职员管理规定，教授脱离学术岗位不得超过两年。基辛格得决定他是放弃他的终身教职，还是回归哈佛。这不能算是基辛格所面临的最难抉择：他对权力的热衷几乎与他对大多数学界同事的不屑一样强烈。然而，切断这个重要的联系也并不容易，毕竟，25年前他从战场回来后就一直没离开过哈佛。

12月底，他回学校参加为卡尔·弗里德里希教授举行的晚宴，并与政府管理系的人讨论了他终身教职的事。他们私底下跟他说，他不需要马上回来，也不需要做什么事，他们会保留他的教职。一切就绪，他却大张旗鼓地宣布他将辞职。总统看了不禁发笑，他与埃利希曼在一次私下会晤中说："亨利要把他从哈佛辞职搞成一桩大事件，一步步升级。"当基辛格做出决定并函告尼克松时，总统在他的回函中表现得很有风度，虽然也有点暧昧。"坦率地说，"总统写道，"我无法设想没有你的政府会是什么模样。"[24]

第15章

限制战略武器谈判：背后渠道的军备控制

> 我们这一代人从众神那里偷取了火，因此我们注定要承受这个成就带来的恐怖后果。
>
> ——基辛格 《核武器与外交政策》，1957年

多弹头分导重返大气层运载工具①

在非内行人的眼里，MIRVs这个与英文"nerves"（神经）押韵的词可能就是一个枯燥得令人目光呆滞的晦涩概念的缩略语，它的全名是多弹头分导重返大气层运载工具。事实上，它概念简单，但问题却非同小可，在军备控制的失败史里，也堪称举足轻重。一个分导式多弹头就像希腊神话里的九头蛇怪兽，它运载着两个或多个核弹头，每个弹头通过编程锁定不同的目标。这样就不需要造更多火箭而较经济地增加核武库的火力。这也是为什么美国在1968年开始试验这种载具。在尼克松第一届总统任期中，美国（以及苏联）错过了机会，没能在MIRV部署前禁止这类武器。结果是，全世界弹头数量增加了，而美国的武器库面对苏联可能的攻击更为脆弱。此外，核平衡的"稳定性"也遭到破坏，因为先使用MIRV发动攻击的一方是占有优势的。基辛格的长期助理威廉·海兰德曾指出拒绝禁止MIRV是整个限制战略武器谈判历史中的一

---

① 也称分导式多弹头，以下简称MIRV。

项关键决定。"这个关键决定改变了战略关系，而这个改变是朝着不利于美国安全的方向发展的。"[1]

1969年一整年里，都有人竭力试图说服尼克松政府，使其认清MIRV的危险性。有40位参议员提出了一项反对MIRV的决议，众议院外交委员会则发表了一份报告，力主通过谈判冻结MIRV。

当时努力游说基辛格的人士中包括基辛格住在波士顿附近的剑桥时每个星期会面的一帮核战略学家。基辛格邀请他们星期六例常到华盛顿与他共进早餐，讨论军备控制的种种问题。这一帮人的带头者是当年他在哈佛大学的一位老友保罗·多提。其他参与者包括曾在国家安全委员会为麦克乔治·邦迪工作的卡尔·凯森、哈佛大学的马歇尔·舒尔曼、普林斯顿大学的马文·戈德伯格和斯坦福大学的西德尼·德雷尔。

这些学界的老同事对于基辛格免不了语带戏谑（戈德伯格总是称呼基辛格为齐格菲），但同时也因能被位高权重之人接见而受宠若惊。他们向基辛格提出各种论文并就核战略进行辩论。基辛格会倾听他们的论述，这令那些往日的同侪印象深刻。但他们逐渐看出，基辛格并不接受他们禁止MIRV的主张，他们之中许多人开始有了被利用的感觉。凯森回忆说："其实，亨利只是在广交学界的朋友，希望获得关爱。有一天晚上我从普林斯顿搭乘的火车出了事故，被困于费城，当时是凌晨2:00，我思忖着：'我这是在干什么呢？'然后我租了车开回家。2:00困在费城火车站月台让我顿时清醒了。"

反对MIRV的人士中还有以约翰·麦克洛伊为首的军备控制界的一些元老。这位曾任盟国对德高级委员会美方代表和华尔街银行家的元老是当时总统的军控总咨询委员会的主席；这个委员会是1961年设立的由两党参与的机构。其共和党成员包括尼克松邀任国务卿未果的威廉·斯克兰顿以及曾任里根总统竞选经理和中情局局长的威廉·凯西。连委员会里的民主党成员，如迪安·腊斯克、哈罗德·布朗和赛勒斯·万斯，都不是糊涂的一味主张裁军的人。委员会研究一年后正式建议中止MIRV试验。[2]

反对MIRV的人士得到尼克松任命的限制战略武器谈判首席谈判代

表杰拉尔德·史密斯的支持。这位儒雅的乔治敦律师和共和党募款人认为 MIRV 是"继弹道导弹后武器方面的重大发展",并在 1969 年 5 月给总统的备忘录中敦促他在尚不算晚的时机中止 MIRV 试验。

但美国参谋长联席会议反对这个意见,他们认为 MIRV 是提高美国弹头瞄准能力的事半功倍的方法。他们一般是绝不肯放弃任何技术优势的。另外不同意这份备忘录的是国防部长莱尔德,令人有些愕然的是他好像从来没搞清楚 MIRV 技术到底是怎么回事。[3]

基辛格非常清楚 MIRV 技术会破坏稳定,并对此感到不安。但他认定,既然已经开始试验 MIRV,要禁止 MIRV 在政治上有其困难。他主张通过谈判限制另一类武器,即反弹道导弹(以下简称 ABM)。这是一种迎击敌人导弹的陆基防御系统。他当时说,如果在五角大楼反对的情况下,同时限制两类武器系统,"恐怕会超出五角大楼的容忍限度"。

基辛格的工作班子里也没有强力反对 MIRV 的人。连莫顿·霍尔珀林的立场也模棱两可,因为他担心禁止 MIRV 的时机已经过了,现在已不可行。霍尔珀林当然希望能支持一个可行的军控立场,因为他在约翰逊总统政府里的国防部任职时几乎一手促成一个复杂的军控谈判立场,成功通过了国防部的层层关卡,因而跃升为部里的明星。他所推的那份立场文件并没有包括禁止 MIRV 的内容。[4]

尼克松从来没有参与讨论过这个问题。每当讨论军控问题时,他就会两眼呆滞。根据基辛格和五角大楼的意见,他在 1969 年 5 月决定让 MIRV 武器计划上马。

那个月稍晚些时候,霍尔珀林跟他朋友莱斯利·盖尔布(当时是布鲁金斯学会学者)打电话时,被联邦调查局秘密录音。就像基辛格(或者几乎所有人)一样,霍尔珀林看什么人说什么话,他吐露出对 MIRV 决定的不满。盖尔布问:"武器会谈怎么样了?"

"我们在等待有利的国际氛围。"他学基辛格的口气说。

盖尔布:"国际氛围会有有利的时候吗?"

霍尔珀林:"不会……我和哈尔·索南费尔特和拉里·林恩开了个会,他们深信,并说服了亨利,军控的观点完全没有任何战略依据。"

盖尔布:"这下可好了。"

霍尔珀林:"他们更喜欢一个美苏都拥有 MIRV 的世界……"

盖尔布:"真是疯了。"[5]

第一次限制战略武器谈判的提议,1970 年 4 月

这是 1970 年春美国政府在维也纳的限制战略武器谈判(以下简称 SALT)中提出一项全面建议时的情况。1970 年 4 月的会议是禁止 MIRV 的最后契机,围绕这个问题的辩论再次展开了。

基辛格此时已经从杰拉尔德·史密斯那里夺取了军控进程的主导权,并首次使用一个"模块"方式打造美国谈判提议。他的做法是命令每一个机构就每项重大问题都要呈上它可以接受的各种结果,然后他再根据各机构交出的结果,自己来打造他认为最理想的组合。但是到 1970 年初,他收集的这些备选选项已经多如牛毛。于是基辛格请美国军备控制和裁军署把它们合成为四个选项。这个任务交给了史密斯的一名副手雷蒙德·加特霍夫。

4 月 8 日的国家安全委员会会议是决定 MIRV 命运的关键时刻。在基辛格的辅助下,尼克松假装研究这四个选项。基辛格后来写道:"他呆滞的目光显示他觉得那些论证都是些玄奥的废话。"这些选项是:

- 选项 A:两国各自建 12 个 ABM 导弹防御基地,对 MIRV 将不设任何限制,对攻击性导弹则设定足够高的上限,以避免美国需要削减这类导弹。(这个建议颇得五角大楼青睐。)
- 选项 B:跟选项 A 一样,两国各自只能有一个 ABM 基地,这个基地仅仅用于为各自的首都做防御。
- 选项 C:同选项 B,但对 MIRV 设限。
- 选项 D:两国各自只能有一个 ABM 基地,对导弹进行大幅度削减,但对 MIRV 不设限。[6]

基辛格比较中意选项 B。但他后来解释，如果真的选了这一项，"可要天下大乱了"，因为"会有人批评我们根本不曾探讨过禁止 ABM 和 MIRV 的问题"。因此基辛格让尼克松批准了选项 C 和选项 D。基辛格后来说："我其实坚信苏联会拒绝这些提议，而如果苏联拒绝这些提议，我们就可以提出选项 B，那样我们就能向国人和政府部门交代了。"

选项 C 是禁止 MIRV 的提议，但基辛格附加了两个苏联肯定不会接受的条件。第一个就是要求现场核查。基辛格在他的回忆录里说这个选项送到国安会时，是包括这个条件的，但加特霍夫的文件却显示不是这么回事。五角大楼主张现场核查，并且在一份表达异议的文件里明确表达了这个意见，但其他机构都持反对意见。大家都心知肚明，苏联会拒绝任何包括这种闯入性核查的计划。

当史密斯大使那个月在维也纳限制战略武器谈判中提出美国的一揽子建议时，加特霍夫眼看着苏联代表记笔记。但当史密斯读到现场核查的内容时，苏联代表把笔放下了。事后他告诉加特霍夫："我们本来还抱了希望，以为你们会提出一个认真的 MIRV 建议。"[7]

一揽子建议里第二个不利于达成协议的规定就是它留了一个漏洞，允许生产 MIRV。其实并不像基辛格回忆录里说的那样，美方提出的计划并不是仅仅要求"禁止 MIRV"。可以禁止的包括三个阶段：武器的试验、武器的生产和武器的部署。美国建议的是禁止试验和部署 MIRV，但允许继续生产该武器。理由是，武器试验和部署可以由卫星核查，但禁止生产执行起来很困难。

苏联之所以无法接受这个武器生产的漏洞，是因为这会给美国一个极大的优势：美国这样就可以继续生产 MIRV，充实其武库，以备发生危机或条约被违反。由于苏联尚未试验 MIRV，它就无法享受这个漏洞的好处。于是莫斯科方面提出了一项同样一边倒的建议：允许试验，但不允许生产和部署。

史密斯大使和他的代表团找出一个可以快刀斩乱麻的办法，就是全面禁止试验、生产、部署 MIRV，以及可以用 MIRV 做的任何事情。这个建议被基辛格否决了。

如基辛格所料，美国的限制战略武器谈判团队开始接受备用的选项B，即对进攻性武器设置高上限，两国各自至多能有一个ABM基地，它是用来为首都做防御的。这个计划里有一个考虑不周的地方，就是它限制的是导弹而不是弹头的数目。这样就与禁止MIRV的原意矛盾了，因为双方就会在各自一定量的导弹上装备MIRV，以此增加弹头的数量。[8]

就像下国际象棋时吃掉对手已失去保护的王后一样，苏方（基辛格后来回忆时说，苏方"以惊人的、前所未有的速度"）接受了双方各自只能拥有一个——用于保卫首都的——ABM基地的建议。基辛格很快意识到美方出现了一个严重失误。在那一年之前，国会经过激烈辩论以51票对50票（副总统阿格纽投下一票才打破平局）通过了一个旨在保护美国西部两个导弹基地，提防它们受到苏联先发制人袭击的经费不多的ABM武器计划。美国人民绝对不会支持一个主要保护华盛顿政客和官僚的更昂贵的ABM武器计划。

可是在那年4月美国在限制战略武器谈判中提出的建议就偏偏包括了这样的ABM选项。基辛格后来说："回顾当时的情况，我也实在无法解释怎么可以考虑，而且还通过了这样的选项。"在他的回忆录里，他似乎企图把这个决定归咎于政府机构里的其他人。但加特霍夫指出，那个问题在4月8日的国安会上压根儿就没辩论过，基辛格自己做了这个决定。基辛格后来也承认，那是"一个彻头彻尾的失误"。其后一年里，他努力试图把美国从这个坑里拉出来。[9]

后来基辛格在ABM问题上还犯了另一个他在其后整整一年里必须拼命补救的错误。1970年3月，在一次惯常的秘密会议中，苏联大使多勃雷宁问美方到底是要一个"有限的"协议，还是一个"全面的"协议。他的意思是，一个仅仅对ABM防御系统设置限制的协议，还是一个也限制进攻性武器的一揽子全面协议。但基辛格没有弄清楚多勃雷宁为什么做这样的区分，也没有追问清楚。他说两种做法都合适。

当时苏联主要的关切是限制ABM系统。美方谈判代表团则希望以一项ABM协议为诱饵，获得对进攻性武器设置上限的协议。可是当多勃雷宁在6月回到谈判桌上，私下提出一项仅包括ABM的协议时，基辛格说他和尼克松会考虑这项建议。

基辛格把这个苏方建议发到维也纳征求史密斯大使的意见,命令他不得把此事透露给美国代表团的任何其他人。史密斯看后以为不可,立即坐下来写了回复,这封信函转换为密码后即刻发给基辛格。史密斯指出:"如果对美国 ABM 设限,那就同时应该对苏联的进攻性武器设限。ABM 是我们最强的谈判反制筹码。"[10]

基辛格认识到史密斯是对的。但苏联已经准备把得自美方的两个意想不到的让步照单全收:一是同意两国各自只能拥有一个 ABM 系统,用于保卫首都;二是这无须与任何进攻性武器协议关联。基辛格为了收拾这个烂摊子花了整整一年时间。

即使美国在 1970 年真心寻求禁止 MIRV,苏联也未必就会配合。之后 15 年的不稳定其实是双方的责任。史密斯大使说:"虽然我们可能错失了一次机会,但到底是否真是一个机会也不好说。"多年后,多勃雷宁在谈到这件事的责任时曾试图秉持公正立场:"美方当时认定美国技术具有优势,而苏联的各种有关 MIRV 的建议前后也欠缺连贯性。"

基辛格认识到有关 MIRV 的决定是错误的,并为此自责。在 1974 年的一次背景情况吹风会上,他坦承:"回顾当时,我应该在 1969 年和 1970 年更透彻地考虑清楚,允许 MIRV 的存在会给世界带来什么样的后果。"[11]

虽然后来基辛格和尼克松取得的重大功绩之一就是 1972 年 5 月的关于限制进攻性战略武器的某些措施的临时协议(SALT I 协议),但却因这次失误而有美中不足之憾。SALT I 协议后来成为东西方缓和矛盾的坚实基础,也是冷战期间最重要的战略武器协议。可是这些协议没有对 MIRV 设限——事实上,还鼓励了这类恐怖武器的部署——就注定了会在世界上引发又一轮破坏稳定的军备竞赛。

通过背后渠道取得的"突破",1971 年 5 月

到 1971 年初,美国在军控问题上处于混沌不清的状态。它没有进

行新的进攻性武器计划，而苏联不停地在生产陆基导弹和潜射导弹。由于基辛格曾向多勃雷宁表示美国或许可以接受一项有关 ABM 的"有限"协议，他错失了就冻结进攻性武器方案达成协议的机会。

此外，美国自己也还没有搞清楚它到底需要什么样的 ABM 系统——是可以保护导弹基地的 ABM 系统（这样的系统已在国会通过），还是保护两国各自首都的 ABM 系统（美方由于误判向苏方提出了这样的建议，这正中苏方下怀），抑或不要任何的 ABM 系统。这种摇摆不定似乎日益严重。尼克松和基辛格在 3 月突然命令史密斯大使和他的谈判团队向苏方提议允许美国设置四个保护导弹基地的 ABM 设施。这项命令震惊了史密斯大使及其团队。

苏方拒绝了这项建议，多勃雷宁尖锐地提醒基辛格，苏方已经接受美方原来的提议，即两国各自设置一个 ABM 设施，专门保卫各自的首都。基辛格回忆说："我当时不得不承认这个令我们难堪的事实。"

为了收拾这样的残局，基辛格向多勃雷宁提出一个建议：他们两人何不私下秘密地敲定一套有关 SALT 的做法，同时为柏林问题找到一个解决方案。柏林问题是苏联自从 1958 年以来一直急于解决的问题，这涉及设法保证西方在柏林的准入权的同时，找到一种民主德国可以接受的明确联邦德国和西柏林之间关系的方法。

多勃雷宁欣然接受了这样的提议。

之后的谈判凸显了基辛格工作风格的两个关键因素。

首先，在谈判中他在不同问题间建立关联，在这些关联里面又进一步建立复杂的关联，环环相扣。如果苏联人想得到他们想要的 ABM 条约，他们就必须答应就美国想要的有关进攻性导弹设限的问题进行谈判。这个进程又与关于柏林地位问题的一组同时进行的谈判相关联。柏林地位问题是苏联希望解决的。同时这些谈判又跟其他一些可能达成的协议相关联，例如，谷物协议、扩大贸易及学术交流等等。这样就造就了一张大网，理论上足以遏制莫斯科的冒险行为，促使它在越南问题上多帮一点忙，最后促成持久的缓和。1969 年尼克松就已经寻求把军控和越南问题相关联了，1971 年基辛格将这个粗糙的关联打造得更巧妙和成功。

此外，基辛格的军控和柏林问题谈判也显示了背后渠道的谈判方式既有其成功之处，也有其粗暴过火之处。为了敲定这些细心设计和校准的关联（并且确保白宫能在最后居功），基辛格无情地把国务院及其军控谈判专家排除在外。

为了设立柏林问题的背后渠道，基辛格派密使到波恩带信给有关柏林问题的正式四方会谈的美方代表肯·拉什和德国总理维利·勃兰特的国安助理埃贡·巴尔。基辛格邀请两位赴美与自己密会。

基辛格知道如果国务院发现他与巴尔秘密谈判，必然炸锅。因此在他的安排下，巴尔被邀请到卡纳维拉尔角观赏阿波罗14号载人登月火箭的发射。他们二人在搭乘"运输星"军用运输机往返卡纳维拉尔角的过程中进行了密谈。为了掩人耳目，基辛格还邀请了影星柯克·道格拉斯乘坐同一架飞机，那位演员全程都在机舱后面睡觉。[12]

基辛格的计划是让巴尔和拉什找出解决柏林问题僵局的点子，然后基辛格拿这些点子同多勃雷宁谈判，接着巴尔和拉什再把谈判结果纳入正式谈判机制。巴尔和拉什两人都同意就此事对美国国务院和德国外交部保密。

基辛格向多勃雷宁解释了这个游戏，但国务卿罗杰斯却被蒙在鼓里。为了确保国务院永远不知情，基辛格决定在发信息给拉什大使时不使用与美国驻波恩使馆的外交通信渠道。事实上，他连中情局的背后渠道都避免使用，因为中情局在波恩的站长与当地的美国国务院官员关系比较亲密，有可能会泄密。于是基辛格手下的海军少将伦勃朗·罗宾逊开通了一条超级秘密的与驻法兰克福的一名海军军官直接联系的电报线路，由此人担任信使。

基辛格万万没有想到，罗宾逊伙同这位海军文书士官查尔斯·瑞德福一直在为参谋长联席会议搜集有关他的秘密。此外，国安局拦截了这个通信渠道的情报后将其提供给国防部长莱尔德。幸而他们都无意干扰柏林问题的谈判。[13]

到1971年5月，基辛格和多勃雷宁已经快要达成一项秘密协议，准备重新把ABM会谈与有关进攻性武器会谈挂钩。就在这个时候，苏方（至少在基辛格眼里）来了一个极阴的狠招：他们在正式渠道里提出了正在背后渠道讨论的一个问题。

这个背信行为就发生在在维也纳举办的史密斯大使 57 岁生日宴上。晚宴后，大使的苏方对接人弗拉基米尔·塞梅诺夫给出了一个史密斯口中所谓的"饶有趣味的生日礼物"。这位苏方大使说，在讨论 ABM 期间，苏联将暂停其进攻性武器计划。史密斯让他的翻译问清楚他没听错以后，兴高采烈地把苏方的这项提议发电报给华府。

从细节上来讲，这项提议不如基辛格与多勃雷宁密商的协议对美有利，但史密斯无从得知还有秘密协商这回事。基辛格打造的谈判系统的诸多弊病中的一个，就是塞梅诺夫相对于史密斯有一个优势，那就是他知道苏方在华盛顿的代表在做什么，而身处美国错综复杂的官僚体系中的史密斯却被蒙在鼓里。

基辛格为此事对多勃雷宁大发雷霆。他说，苏方可能以为他们能在美方的两种渠道中间挑拨离间，坐收渔利。但他要多勃雷宁认清一点，那就是"白宫那条渠道迟早会因为美国总统的坚持和我对美国官僚体系的掌控居于主导地位"，到那时，"总统将会对这种摆明了是在蓄意剥夺他的功劳的操作龙颜大怒"。

几天之后，多勃雷宁赶忙提出了基辛格可以接受的措辞。接着，尼克松和勃列日涅夫于 5 月 20 日共同宣布了双方达成的协议。虽然基辛格高调宣传这是一项"突破"，但其实它仅仅是将一切恢复到一年前的状况。声明中指出，两国同意争取就一项 ABM 条约和"附带的"限制进攻性武器的措施达成协议。

尼克松让霍尔德曼向罗杰斯国务卿撒了个谎，说这个突如其来的协议源于勃列日涅夫给尼克松的一封信（编造这样掩人耳目的故事是有风险的，因为罗杰斯作为国务卿完全可以要求看这封信，而到时拿不出这封子虚乌有的信该怎么办）。就在两国元首宣布协议之前，基辛格把消息透露给了史密斯，并让他看协议的文字以及基辛格与多勃雷宁的一些会谈内容摘要。

史密斯表现得很职业，甚至可以说很有风度，但没有赞美之词。他说，"同意争取协议"的说法听起来很滑稽，文本中的措辞从俄文翻译过来似乎很蹩脚。史密斯发现协议是背着他做成的，自然不悦，他抱怨说，如果通过正常渠道，这个协议本可以做得更好。早在 12 月，他的苏方对接人已然透露，苏方可能愿意就进攻性武器进行平行会谈，而史密斯当时就此已向华府通报。他后来写道："当时真有必要进行那种两面手法的外交吗？"

但史密斯最不满的是，谈判记录显示基辛格又出现一次失误：基辛格告诉多勃雷宁，美方不会坚持把潜射导弹包括在协议中。史密斯说："没有证据显示 SALT 政策的这个重大改变事先被基辛格以外的任何人考虑过，也许基辛格自己都不曾事先考虑过。"史密斯认为："有可能是基辛格在工作过度疲惫的情况下随口说的话，而且他并没有意识到他说的话会有严重后果。"

1971 年 5 月，基辛格的确工作过度。他与多勃雷宁会谈期间正值南越对越共在老挝的补给线发动了攻击，结果相当狼狈，最后以西贡部队的溃败告终。电视摄影机现场拍摄了南越溃不成军的士兵争先恐后紧紧抓着正在飞离的美军直升机起落架的情景。同时，巴基斯坦和印度也爆发了武装冲突，基辛格由于正在秘密地把巴基斯坦作为与中国沟通的渠道，必须遏制国务院里亲印度的情绪。他在中国事务上开展的这一努力已初见成果，就在史密斯与塞梅诺夫交谈之时，基辛格正在棕榈泉"度假"，不动声色地谋划着密访中国的事情。

依靠像国务院这样的官僚机构有个好处，就是可以有一个团队全神贯注地处理 SALT 问题，而其他团队则同时分别处理越南、柏林、中国和巴基斯坦等的问题。这样就很难在不同问题之间建立关联，因此也就不可能取得戏剧性的外交突破，但是至少可以减少官员分心的情况。意识到这种情况，基辛格会不时让国务院的官员研究某个问题，却不告诉他们，他们所研究的问题是正在进行谈判的问题。但是在潜射导弹这个问题上，他并没有在国务院里启动这样的研究。

尽管史密斯和其他一些批评基辛格的人指控他就潜射导弹问题未经深思熟虑就随口答应了苏方，但基辛格其实是考虑过这个问题的，且不论这个决定是好是坏，总之他决定将这个问题留到以后再谈。曾经写过一本有关 SALT I 的权威性著作的记者约翰·纽豪斯说，基辛格做这个决定的一个理由是"他担心如果纠缠潜射导弹问题不放，可能导致又一次谈判僵局"，因为苏联是迫切想要在潜射导弹上急起直追美国的。

基辛格在潜射导弹问题上态度暧昧的另一个原因以前从未公开：当时美国正在考虑加速振兴自己奄奄一息的潜艇武器计划，而基辛格一直在等国防部长莱尔德在这个问题上做出决定。基辛格的助理威廉·海兰德说："基辛格当时决定暂不敲定潜射导弹问题并不代表他是基于谈判弱势而为之的，而是反映了一个尚未出炉的战略决定，美国在扩建潜艇武器时是否将导弹装置在经过改造的较早期的潜艇上。这个决定迟迟没有做出，直到 1971 年末，国防部长莱尔德终于向总统报告，美国不太可能在 1977 年之前发展出新的潜射导弹。"

在 5 月 20 日宣布军控协议后不久，苏方就拿到了柏林问题的协议。这次再度显示，把一个秘密协商的协议突如其来地告知先前被蒙在鼓里的官僚是有困难的。国务院开始琢磨修改拉什大使做出的条约草案时，完全不知道这个问题已经由基辛格和多勃雷宁私下谈妥了。最后不得不出动霍尔德曼和米切尔去做国务卿罗杰斯的工作。

后来基辛格自己也承认，通过背后渠道进行 SALT 和柏林问题的会谈在后来付出了极大的代价。长远而言，他破坏了决策的民主机制。在这种民主机制下，做决策时可能拖泥带水，的确有它的缺点，但是也有它的优点。他后来写道："那样做当然打击了国务院的士气。对于像史密斯这样的人，那种做法也是不公平的并且使他们感到屈辱，也着实令国安会的官员神经紧绷……而且多重渠道也会造成精力的浪费。"但是，基辛格辩称，尼克松多疑的个性和政府机构官员对他的鄙视使得他不得不采取那样的做法。

也许对基辛格的背后渠道外交方式最发人深思的批评来自克里姆林宫的首席美国问题专家乔治·阿尔巴托夫对基辛格的赞美："基辛格建立的背后渠道使他可以排除国会和美国人民的压力而更便于掌控事态的发展。"这样的权力集中固然便于操作运筹，却正是美国宪法里的分权制度所要防范的。杰拉尔德·史密斯谈到5月20日的协议时说："（协议）在苏联至少是知会和咨询了整个政治局的，但是在美国却没有跟大部分国安体系的领导班子商量。"

尽管它有诸多缺点，但这种背后渠道的做法还是取得了一些重大成果。柏林问题和SALT协议虽然难尽如人意，但也是国务院长期以来未能取得的成就。基辛格辩称："那种做法固然打击了官僚机构的士气，但它奏效了……毕竟结果定功过嘛。"

对于基辛格个人而言，背后渠道使他不但成为美国首席战略家，也成为首席外交家。他说："头两年里，白宫能掌控的只是政策的制定，现在白宫能掌控的范围包括了政策的执行。"[14]

五角大楼文件，1971年6月

查尔斯·科尔森举起手中掺了苏打水的苏格兰威士忌说："我敬亨利·基辛格一杯！"总统的这位厉害的政治操盘手这是在祝贺基辛格促成的1971年5月的SALT谈判的"突破"。尼克松也举起手中的苏格兰威士忌，霍尔德曼和埃利希曼也纷纷举起手中的姜汁汽水，基辛格感激地微笑着。这五人又一次乘坐"红杉号"游艇夜游波托马克河，当船驶经弗农山庄的国旗时，他们再度立正致敬，同时"红杉号"汽笛长鸣致敬。科尔森回忆称："那是值得回味的一刻。"

当他们下到船舱里享用腰脊肉牛排和玉米棒子晚餐时，尼克松把领带塞进衬衫，开始大谈与苏联的缓和以及越南的和平前景。这时的尼克松充分展现了他的魅力：他一面品尝着勃艮第美酒，一面滔滔不绝地谈论局势，心思缜密地分析外交形势。他突然问科尔森："你能给我搞一架超音速飞机载我访问中国吗？"

基辛格一下子脸色发白了。有关中国事务的这项新举措是他所有秘密中最机密的一个。尼克松说："别紧张，别紧张！如果你雇用的那些自由主义者还是继续把什么都透露给《纽约时报》，我哪儿也去不成。"说完脸上浮现了一丝为人所熟知的那种神经质的微笑。接着他便激动起来，圆融的战略家转瞬间蜕变为阴森的政客。他咆哮着："消息走漏，走漏！我们必须坚决地不计代价地杜绝消息走漏！亨利，你听到了吗？"

总统一只手指环绕着酒杯边沿，继续猛轰他的敌人："我们总有一天会逮到他们，我们会把他们赶到无处遁形的地方。然后我们使劲地用鞋跟踩他们，使劲地搓弄。对吧，查尔斯，对吧？"他的不安的眼神从科尔森转向基辛格："亨利知道我的意思。就像你在谈判时那样做，亨利。把对手打趴在地上，然后猛踹他们，踩扁他们，绝不手软。"

基辛格点点头，脸上露出勉强的微笑。[15]

如此可见，即使在最好的时候，白宫里也弥漫着这种痛恨泄密者和敌人的气氛。就在这样的气氛中，发生了最大的情报泄露事件：那就是47册有关美国在越南的行动的研究报告，又称五角大楼文件被泄露。这份机密报告由丹尼尔·埃尔斯伯格提供给了《纽约时报》的记者尼尔·希恩。埃尔斯伯格在一年前就曾经央求基辛格允许他读这份报告。《纽约时报》在6月13日那个星期日开始刊出这个报告。

这个结构松散但是很详细的研究报告是基辛格当年任职顾问时短暂参与拟写的，它基本上汇编了肯尼迪总统和约翰逊总统时期的一些机密电文，因此并不会对尼克松产生任何政治伤害，甚至还可能带给他一些好处。尽管如此，基辛格还是觉得这次泄密对美国的秘密外交造成了不可估量的伤害。他暴跳如雷，连那些熟悉他的暴脾气的人都对于他当时的暴怒感到愕然。埃利希曼说："要不是给基辛格这么一激，总统和我们这些人可能会认为这份报告是约翰逊总统的问题，不是我们的问题。"

在那个星期一早上的工作人员会议上见证了基辛格的暴怒的人久久难以忘怀那时令人惊愕的情景，他们会像老水手讲述一次前所未有的海上飓风一般地在日后对此事津津乐道。"这可是会彻底摧毁美国的信用的事！"基辛格来回走动，挥舞着双臂咆哮着，"美国将不再有能力进行私密外交。"他用手掌拍击着齐本戴尔的桌子吼叫："以后没有任何外国政府会再相信我们。我们还不如干脆把一切都拱手交给苏联，一了百了算了！"

基辛格的担忧是有一定的道理的，但在他的怒气上火上浇油的是，他立刻猜到泄密的是埃尔斯伯格。基辛格知道，这是有损他自己的声誉的。当初是他雇用了埃尔斯伯格担任顾问参与NSSM-1（国安备忘录）有关越南的研究，还曾经请他到尼克松在加州圣克利门蒂的豪宅共进午餐。多年后，尼克松会带着苦笑摇摇头说："人们恐怕都不知道基辛格曾把埃尔斯伯格当作多好的朋友！"

其实，并不全然如此，他们的关系根本称不上"友谊"。他们最后一次见面是那一年早些时候在麻省理工学院的一次会议上。埃尔斯伯格作为听众在会上起立问基辛格："据你估计，你的政策在之后的12个月里会导致多少越南人被杀？"当基辛格说，这个问题"问得很巧妙"时，埃尔斯伯格打断他说，他问的不是个巧妙的问题，而是一个基本的问题。一如既往被人如此挑战时的反应，基辛格反问："有什么其他选择吗？"埃尔斯伯格说："基辛格博士，我就知道你会搞这一套，反问有没有其他选择。你就不能给个爽快的回答吗？"基辛格还是躲闪了这个问题，会议就此结束。

但是，由于尼克松把埃尔斯伯格当成基辛格的人，把他和霍尔珀林以及基辛格手下所有自由主义叛徒相提并论，基辛格就觉得自己地位很脆弱，而这种情绪往往会以愤怒的形式爆发出来。

在那个星期稍后的一次总统椭圆形办公室的会议上，基辛格当着总统、霍尔德曼、埃利希曼以及哈洛等人的面，对埃尔斯伯格大兴挞伐。埃利希曼回忆说："基辛格还是怒不可遏。"根据埃利希曼的笔记，基辛格说他确知埃尔斯伯格曾和他太太及另一个女子同时发生关系。基辛格接着详细描述了埃尔斯伯格干的其他的男女之事；他还指控埃尔斯伯格是"公认的吸食毒品的人"。埃利希曼回忆说："尼克松听得很入神。"此外，根据霍尔德曼所述，基辛格还指控埃尔斯伯格访问越南时曾经从直升机上向下面的南越农民乱射（这些指控大多数都没有任何证据）。[16]

事实证明，五角大楼文件公之于世所造成的伤害反而不如事后尼克松的反应所造成的伤害那么大。查尔斯·科尔森后来告诉调查水门事件丑闻的特别检察官，在基辛格挑唆之下，尼克松"对于这次泄露事件神经紧绷到近乎歇斯底里"。埃利希曼也记得当时乱成一团的情景："在亨利说动总统之前，五角大楼文件的问题不是什么大不了的事情。结果亨利把火越挑越旺，搞得尼克松紧张得左下一个命令，右下一个命令，反而坏了事。"

结果是，一个月之内白宫里就组建了一个后来被称为"水管工"的班组，扛起"堵漏"的任务。根据科尔森所言，"毫无疑问，基辛格对五角大楼文件泄露的惶恐和焦虑是组建水管工班组的主要推动力"。他说："当时在我和基辛格的私下会晤中，他跟总统说无论用什么方法，我们必须阻止这事进一步发酵。于是，在后来的几个星期里组建了水管工班组因应这个需要。"

霍尔德曼也认为责任主要在基辛格身上："亨利把尼克松激起来，然后他俩又互相煽动，最后两人都沸腾起来。"

霍尔德曼指派他的助理埃吉尔·克罗赫担任组长，并且富有官场经验和精明的霍尔德曼找了基辛格的一名亲信助理担任副组长。基辛格的这位亲信年方34岁，是牛津大学出身的律师，名叫戴维·扬格。扬格曾在洛克菲勒竞选期间与基辛格共过事，后来加入国安会成为基辛格个人助理，统管从行程安排到洗衣等事务。但他不久得罪了黑格，被改派去处理文书，管理杂务。于是他去找埃利希曼，表示自己不安于现在的工作，后来他就被安排了新的职务。

埃利希曼于7月中在从圣克利门蒂飞往洛杉矶的直升机上告诉基辛格，扬格被调到别的岗位了。基辛格的第一个反应是抗议：谁都不可以不跟他商量就偷走他的人，但这份抗议不是很认真。基辛格并没有被告知扬格的新岗位是什么，也没有再和扬格有什么直接来往。

被招聘到白宫水管工班组的还有言辞强硬的中情局前官员霍华德·亨特以及联邦调查局前官员乔治·里迪。在科尔森的撺掇之下，他们潜入埃尔斯伯格的心理医生的诊所。霍尔德曼后来将这次行动归咎于急于"找到证据佐证基辛格绘声绘色地描述的埃尔斯伯格的古怪嗜好和习惯"[17]。

科尔森、霍尔德曼和埃利希曼怪罪基辛格，其实反映了三位在水门

第15章 限制战略武器谈判：背后渠道的军备控制

事件中被刑事定罪的人的自我辩解。虽然基辛格可能错在造成恐慌，最后导致水管工班组的设立，但他的行动与尼克松及其高级政治助理的行动有根本的区别：基辛格并没有下令进行非法潜入行动，也没有在这些非法行动发生后设法捂盖子。

但值得指出的是，基辛格对于五角大楼文件泄露的愤怒和其后水管工班组的建立之间的关系再一次显示——一如违反常规的窃听——过分执着于秘密行动可能要付出极高的代价，而对泄密的忧虑可能比泄密本身更加危险。

单方面撤离的提议

基辛格对五角大楼文件泄露反应激烈的一个原因是，他担心北京会因此不再相信美国私密外交的能力，因而可能破坏他在中国事务上正在进行的外交努力和接触。其实他大可不必担心，中国并不关心西方对保密的深不可测的态度。

此外，令基辛格不安的另一个原因是，当时越南谈判正处于关键时刻。5月31日在巴黎与春水的会谈上，基辛格终于抛出了美方单方面撤出越南的提议。

基辛格回忆说："那个提议旨在打破原先要求互相撤离而造成的僵局，而事实上我们是单方面撤离了。"作为交换条件，美方要求河内同意在整个印度支那停火，并不得继续坚持撤换南越阮文绍总统政府。

美方的让步是重大的，这一点连批评尼克松政府的人都承认。但做这个让步是正确的决定吗？是否放弃支持阮文绍更为明智？美国在军事上让步，却坚决反对以一个联合政府替换阮文绍，因此把自己与一个注定灭亡的政权绑在一起。资深外交家乔治·博尔说："美国成为自己一手扶植的三流独裁者阮文绍总统的囚犯。"

一个比较保守的批评是，承认北越有权继续留在南方，将使越南陷于长期战乱。基辛格的越南问题专家理查德·斯迈泽就持这种观点，而且在飞往巴黎的航班上他做了最后的努力，想说服基辛格缩小美方的让步。斯迈泽在飞机上跟基辛格说:"如果北越不撤军,就永远不可能有和平。美方目前的提议就是美国撤出,而战争会无限期持续。"斯迈泽回忆说,基辛格承认他说的有道理,但仍坚持必须做出这样的让步,他说:"我们需要一个解决方案。"

以他一贯的作风,基辛格用大量暧昧和模棱两可的辞藻包装这个让步,使其被南越支持者接受。他使用的措辞包括"所有其他外来的军力将撤离",这回避了一个事实,即河内并不认为它的部队在越南任何地方是外来军力。当时基辛格并没有公开地(即使是用不具名的方式)明确解释:美方已不再坚持北越撤军。

其结果就是,当在1972年10月终于达成临时协议时,阮文绍总统就可以声称他对于协议中没有要求北越部队同时撤离感到震惊和愤怒。事实上,他已经满心不情愿地同意1971年5月的提议,他完全知道提议中已经包括了这样的让步,但他万万没想到这个内容真的会被纳入最后的协议。他在1990年接受采访时伤感地说:"我被告知这些都在讨论之列,但我当时以为在最后确定协议之前美方会跟我们有更多的协商。"

北越知道这个让步有多大吗?是的,他们立刻就知道了。斯迈泽说:"他们马上就了解到我们在军事上让步,并要求他们在政治上让步。"他说:"一个歌剧迷听到男高音在一个他听过几百次的唱段里漏了一个音,他马上就会注意到。北越马上就了解了。"春水开始奋笔疾书地记笔记。当时的确出现了一线希望的曙光,黎德寿为此离开河内前往巴黎。

结果发现,北越当时没有准备好接受那个协议。在打了20多年仗之后,他们不能同意在未完成接管南越政府目标的情况下停火。那个让步还得再等至少一年时间。[18]

第 16 章

接近巨龙:"三角鼎立"

> 既然奥地利的政策不能由人民的启发而获得力量,它只能通过孜孜不倦的巧妙外交实现其目标。
>
> ——基辛格 《重建的世界》,1957 年

通往北京的路

基辛格不像总统那样喜好使用夸张的辞藻,他比较喜欢不动声色地用含蓄的措辞突出他的观点。但是当他在 1971 年 6 月收到来自中国的、他期盼已久的一封密信,邀请他到访中国为美国总统访华铺平道路时,他非常得意地拿去向尼克松献宝。他说:"这是第二次世界大战结束以来美国总统收到的最重要的一封信函。"

虽然这么说略显浮夸,但他还是有一定的道理的,与中国建立战略关系可能是自马歇尔计划的推出和北约组织的建立以来最重要和明智的美国外交政策。对于尼克松和基辛格二人,这是有魄力并且从多方面看来非常高明的一招。基辛格后来曾做出经过深思熟虑的评价,他说这一震撼性的举措一举"改变了国际政治的格局"。连掌握含蓄最高艺术的中国政治家周恩来总理都宣称,此举震撼了全世界。

界定了世界秩序 25 年的东西方之间的两极势力均衡以惊人的速度被一个三角体系取代了,这个三角新体系充满了创造性外交和巧妙制衡的机会。而且,美国对一个拥有地球四分之一人口的神秘国度的态度神奇般地反转了。一个世代以来,美国人民及其决策高层视中国为一个狂热革命的未知土地,就像古时候的地图绘制者会对这样的未知土地贴上

一个"此处有龙"的标签。美国决策者错误地认为红色中国的扩张主义导致了越战。如今尼克松和基辛格准备操作一种较多层次的关系：他们决定通过向中国开放使北越感到孤立和脆弱。

基辛格在向中国开放的政策上的做法——他与周恩来和毛泽东的密会，他以华制苏的作为——是他个人独特作风如何影响他的外交工作的典型范例。在处理与他人的关系时，基辛格善于操弄他们之间的敌意来打造联盟和同谋关系。他的敌手对于他而言有一种强大的吸引力，他会奉承他们，哄他们，在他们之间挑拨离间，以此取得他们的认同。他特别善于和那些能与他进行思想交流的有权势的人周旋。童年时经历纳粹对犹太人大屠杀，对拿破仑时代的政治艺术有精湛研究的他，深知改变世界的是伟人和强大的势力，他知道人的个性和政策是不可能泾渭分明的。他深谙如何将秘密作为实施控制的工具。凭借本能他能觉察到权力的关系，以及心理和地缘战略的均衡。

由于美国和中国都同样担心苏联的威胁，它们之间应该迟早会发展出一种战略关系。两国面对的挑战是从地缘政治而不是意识形态的视角看待对方，尼克松和基辛格完全能接受这样的世界观。虽然尼克松是反共人士组成的"谁丢掉了中国？"俱乐部的注册会员，但他和基辛格一样，是一个不会感情用事的现实主义者。同样，中国这个世界上最古老的政治实体的领导人对现实主义也不陌生。这一点并不足为奇，虽然少数美国决策大员对此感到讶异。[1]

自从1968年5月为洛克菲勒写了一篇竞选演说以来，基辛格一直在朝这个方向思考。这篇演说里宣布："我会展开与中国的对话。在与中国和苏联的微妙三角关系中，我们最终可以改善与这两个国家的双边关系，同时我们可以检验这两个国家的和平意愿。"[2]

尼克松本来也误认为越战是中国扩张主义的一个体现。他在1965年的一次演说里说过，这"从根本上来说不是南越和越共之间的对抗……而是美国和中国之间的对抗"。但即使在那个年代，他对于访问中国也抱有浓厚的兴趣，而且那一年差点就成行了。那时有个加拿大的客户组织了一个访华的贸易代表团，邀请尼克松同行，但林登·约翰逊总统的国务院拒绝发给尼克松许可。

到1967年，有迹象显示尼克松有意改善与中国的关系。在这一点上，最经常被引述的，也是他自己津津乐道的，是他在1967年的《外交事务》上发表的一篇题为"越南后的亚洲"的文章。文章是在威廉·萨菲尔协助下写就的。他在文中说："从长远考虑，把中国永远排除在国际大家庭之外对我们是得不偿失的。"但是文中并没有主张立刻对中国采取行动，反倒是说应该向其施压，使其放弃"侵略性"政策。尼克松写道："在中国改变之前，世界是不可能安全的。短期而言，这就意味着我们应采取坚定抑制、不奖励和创造性施压的政策。"当时中国正深陷"文化大革命"的动荡，尼克松在写这篇文章时曾对萨菲尔说："现在北京陷入的疯狂凸显了中国的操控手段和他们的危险幻想。"[3]

20世纪60年代末期主张和中国修好的人士主要是从三个角度考虑而得到这个结论的。首先是自由派，他们觉得改善关系本身就是有价值的目标。这种观点的代表人物包括以孔杰荣和鲍大可为首的一些教授，他们公开敦促刚当选总统的尼克松在台湾问题上做出让步，以减少敌意。

第二个学派是尼克松认同的，这种观点认为与中国改善关系可以成为向苏联施压的工具。在就职后不久，他要基辛格悄悄地就是否可能利用对华政策的改变让苏联感到紧张这个想法播下种子。1969年，苏联外长安德烈·葛罗米柯到访联合国。尼克松给基辛格发了一份机密备忘录，建议他如何激葛罗米柯："我觉得葛罗米柯在美时刻正是对中国再次行动的良机。"

这个想法与基辛格不谋而合，但他还从第三种——比较微妙细致的角度看中国问题。其利用与北京改善关系主要作为威胁莫斯科的大棒，所构想的是一套可以创造一个更稳定的世界均衡的三角关系。基辛格后来写道："我们向中国接近是为了打造全球均衡。我们的目的不是打算一起对付苏联，而是赋予我国一种可以影响均衡的地位，用它来达到建设性目的，使得两个社会主义国家感到改善与美国的关系对它们有利。"

基辛格一开始对是否能很快向中国开放是持有怀疑的，这一举措背后的动力是尼克松锲而不舍的愿景。在1969年初的一次旅行途中，霍尔德曼在机上跟尼克松谈话后移座到基辛格旁边，然后跟他说："你知道吗，他真打算在他的第二任期结束前访问中国。"基辛格取下他的眼镜，缓缓擦拭着镜片，然后答道："绝无可能。"[4]

1969年春，中苏关系进一步恶化——两国边界发生了开火事件——这种情况促使尼克松和基辛格开始思考新的机会。苏联大使多勃雷宁不请自来地向基辛格激动地讲述了中苏边界冲突事件，他强调中国是个威胁，美苏必须共同遏制中国。当晚稍后，基辛格向总统描述了多勃雷宁的激动反应，总统听得"津津有味"。几个星期后，《生活》杂志刊出一篇论及中苏争端的社论，敦促政府"不要完全照苏联的方式炒作争端，而应该努力寻求与中国共处的更好方式"。尼克松在他看的新闻摘要的页边批注了一段话要求转达编辑："我完全同意。顺便一提，我最近出访欧洲时也向欧洲领导人建议采取这样的立场。"

虽然国务院的专业外交官对于政策的突然改变采取戒慎态度，但国务卿罗杰斯是支持尼克松制定的目标的。他在1969年8月的一次演说里说："中国显然被孤立于世界事务之外太久了。这就是为什么我们一直在争取打开沟通渠道。"可是基辛格再一次想方设法把罗杰斯排除在决策圈之外。

一开始基辛格很难从国务院那里夺过掌控权，因为美中之间的官方接触都是通过两国在华沙的大使级官员举行会谈进行的。自1954年以来，这种会谈已经举行136次，可以说是乏善可陈的最长久外交会谈之冠。每次会谈双方仅仅是重复前一次会谈了无新意、谨慎安全的表述。

1969年末，在这一系列会谈已被暂停长达一年之际，美国驻波兰大使沃尔特·斯托塞尔受基辛格之命在一次招待会上特意找到中国驻波兰临时代办，向他建议恢复会谈。当中方表示同意之后，国务院官员就按照标准作业程序，就此制订一项报告，将其分发到庞大国务院系统中所有在这个问题上自认有知情权的单位，包括有关使馆和国别事务主管干事。

基辛格对于这样不保密的做法甚以为不可，并向尼克松转达。尼克松同意他的看法，也担心"胎死腹中"。[5]

把这个问题移出国务院之手有一个更站得住脚的理由，就是国务院里有太多根深蒂固的成见，不利于灵活运作。在计划于 1970 年 1 月召开的下一次华沙会谈上，基辛格打算提议派特使赴北京。国务院不少官员纷纷表示异议。首先对于派特使（一个不受国务院控制的人选）国务院本来就难以接受，并且他们还认为必须强调，在这个问题上是否再往前行，要取决于一些长期问题是否得到解决，包括中国加入军控会谈，以及承诺不在台湾使用武力。

这一场角力的结果是一个典型的官僚体系善用的妥协之策：国务院尽可以重申所有它想重申的老生常谈的问题，但它也会写进基辛格希望的一句，就是"美方愿意考虑派代表到北京进行直接讨论"。

通过各种历史力量的因缘际会，以及中国政府内部或许发生的类似于美国政府内部的角力之后，中国代办雷阳在他的声明里也有类似的一句。他说这些会谈可以继续在大使一级进行，也可以在更高一级进行，或通过双方同意的其他渠道进行。

现在的问题，至少对于基辛格来说，是如何把这个会谈移出国务院渠道。没承想就在这个关头，发生了入侵柬埔寨事件，于是这个问题就顺势解决了。中方取消了 1970 年 5 月的会谈，并且没有安排未来的会谈。基辛格后来称那一次的会谈破局是"天赐良机"，它意味着华沙会谈就此寿终正寝，而国务院在这个进程中的角色亦随之消失。"那一年稍后两国重新恢复接触时，已经换到一个具有更明确目标的渠道。"

接着，基辛格为建立一个与北京接触的背后渠道做了各种尝试。其中包括弗农·沃尔特斯将军试图在巴黎与中方建立接触，这将使基辛格能够有一站式的秘密会谈渠道。基辛格事后回忆："虽然苏联对我们的背后会商渠道很感兴趣，但这套做法对中方还没有足够的吸引力。也许他们不了解，一个政府怎么可能用这样的方式运作；有这样看法的其实不只是中国。"另外一个可能的解释就是，基辛格犯了一个错：他不该通过中国的武官提议这个渠道，因为这名武官很可能是效忠当时国防部长林彪的反美强硬派人士。

同时，对中方的"示好"还继续在通过新闻界采访的方式进行着。

在 1970 年 9 月《时代》周刊的一次访谈中，尼克松说他希望有一天能访问中国，而毛泽东也接受了埃德加·斯诺为《生活》杂志所做的专访，表示"如果尼克松访问中国，无论是以旅游者的身份，还是以总统的身份都会受到欢迎"。

在美方几个月频频发出各种一头热的信号之后，中方最后选择了通过巴基斯坦的渠道。尼克松在他 1969 年 8 月全球出访过程中建立了这个联系，他亲自请巴基斯坦叶海亚·汗总统向北京转达美国愿意与中国开展新关系。当叶海亚·汗总统于 1970 年 10 月造访白宫椭圆形办公室时，尼克松总统再一次央求他转达美方的意愿。叶海亚·汗总统离开美国后直接飞北京，离开北京时他带出了一封信，这封信由信使又带给巴基斯坦驻美大使。12 月 8 日晚，巴大使到白宫给基辛格宣读了信函内容。在现代通信时代，信使足足用了六个星期来回递送手书信函，最后将它宣读出来。

这封信来自中国周恩来总理。"为了讨论从中国领土台湾撤离的问题，中国政府欢迎美国总统派特使来北京商谈。"基辛格认为这里特别提到台湾问题只是表个态，可以在会谈失败时让中国领导有台阶下。重要的是，中国原则上已表示欢迎美方派特使。

基辛格用没有政府水印标识的打印纸做了回复，请巴基斯坦大使带回。上面写道，美国特使愿意赴北京就两国关系中"广泛领域里的问题"进行会谈。基辛格在回复中还就台湾问题写下了一句成为一年多后中美达成的有关协议的基础的说法："关于美国在台湾的驻军问题，美国政府的政策是，一旦东亚太平洋地区的紧张局势有所缓和，美国就将减少其军事存在。"这样，基辛格又设下了一个微妙的连环套：如果越南问题得到解决，美国会从台湾更早撤军。

国务卿罗杰斯和国务院都均对这一回复毫不知情。但基辛格却通过罗马尼亚政府——基辛格和尼克松经营的另一个与中国沟通的渠道——发送了一个副本。一位苏联官员后来说莫斯科是通过罗马尼亚知悉了这个回复。这就形成一个很奇怪的情况：中国、巴基斯坦、罗马尼亚和苏联的外交部都知道美国在向中国示好，唯独美国自己的国务院被蒙在鼓里。

1971年整个春天,这些笨拙的渠道上都没有什么动静。其后,随美国乒乓球队来到日本参加第31届世界乒乓球锦标赛的19岁的格伦·科恩误打误撞地站上了历史舞台。在一场比赛后,他上了中国队的班车,要求搭他们的便车去游览附近一个珍珠养殖场。后来科恩送给他的新朋友一件T恤,因为中国朋友此前先赠他一块织锦。

中方可能误以为格伦·科恩的示好是华盛顿精心设计的政策信号。结果美国乒乓球队意外地收到一个星期后访问北京的邀请,一场精彩的乒乓外交就此展开,让全世界看得目瞪口呆。周恩来总理在人民大会堂接见美国乒乓球队时说:"你们在中美两国人民的关系史上翻开了一个新篇章。"

一星期后,在4月21日那天,周恩来通过巴基斯坦渠道再次向美国传话:"中国政府重申,愿公开在北京接待美国总统的特使(如基辛格先生)或美国国务卿,甚至总统先生本人亲自前来直接会谈也欢迎。"

关键时刻到了:该派谁去呢?

基辛格后来声称:"原先并没有想派我去。"但他肯定是有过这个念头的。在这个问题上尼克松可狠狠耍了他。尼克松总统第一次对他的助理产生了一种对竞争对手才会有的怨怼,甚至嫉妒心理。

所以尼克松开始琢磨着,不如不要特使先行,干脆由他本人直接出马访问中国。此计绝对可行。当然,这需要先做些访问前的后勤安排,不过那些事都可以在宣布首脑会议后由名不见经传的先遣人员去做。基辛格苦劝尼克松别这么做,他说:"总统如果未经充分准备就出访中国,太危险了。"

尼克松默许了,但又开始琢磨一长串可能的特使人选名单。基辛格原先提议派戴维·布鲁斯,也许是为了在时机到来时能把他轻易否决掉,戴维·布鲁斯是美国在越南问题上的首席谈判代表,这似乎是基辛格的一个阴招。尼克松又抛出一些其他的名字。亨利·卡波特·洛奇怎么样?他有类似问题,因为他曾任驻南越大使。得克萨斯州前国会议员,即将出任美国常驻联合国代表的乔治·布什如何呢?也不行,他对于美国对中国的新政策方方面面了解不够。纳尔逊·洛克菲勒怎么样？这下可难坏了基辛格，幸而尼克松最后认为他太过惹眼。

基辛格后来说尼克松"没有提过罗杰斯的名字"。尼克松的回忆则不同。他记得说过："比尔呢？"尼克松的想法是，如果派国务卿到中国，中方"就一定知道我们是认真的"。尼克松后来有些调侃地描述当时的情景，说基辛格听了之后翻了翻白眼。"这么说吧，亨利显然对这个提议不怎么兴高采烈。"后来又曾经在霍尔德曼在场的时候讨论过特使的可能人选。最后，在使基辛格好一番煎熬之后，尼克松宣布："亨利，我看还是由你来吧。"

他说，基辛格听后"如释重负"。他热切希望由自己来把这一使命修成正果。基辛格了解，尼克松找他出马，部分原因是想保住自己在这整个进程上的功劳，而不愿意冒险让一个高知名度的特使抢了风头。当时基辛格还是个默默无闻的助理，从来没有主持过任何正式的记者会。基辛格后来写道："我那时除了通过白宫新闻办公室没有其他途径让人们知道我在干什么。"这显然与事实有些差距。

在安排最后细节时使用巴基斯坦的信使就越来越显得累赘了，于是基辛格让海军通过它在卡拉奇的武官开通一条私密电报通路；就像在柏林问题谈判时一样，基辛格没想到五角大楼通过这条电报通路知晓了这个秘密。

5月9日，基辛格利用这个渠道表明他本人会担任特使，并建议此行将商量美国总统随后的访华事宜。6月2日基辛格得到回复，他称此为第二次世界大战以来最重要的回复：周恩来同意了他的行程，并表示毛主席很高兴很快能与尼克松总统会面。

周总理信息送达时，尼克松正为尼加拉瓜总统安纳斯塔西奥·索摩查举行国宴。基辛格派人告知尼克松，两人随即在白宫的林肯客厅私下秘密庆祝这个胜利。尼克松找出昔日的馈赠，一瓶陈年拿破仑干邑，从酒柜里取了两只喝白兰地用的小口大肚杯，他说："让我们用这杯酒祝贺那些因为我们的努力而有更好的机会未来在和平中生活的世世代代！"

但奇怪的是，尼克松总统看起来好像有些不安，这是他在胜利时刻的一贯反应。他永远不敢相信胜利不会走味儿。特别是，他开始担忧基辛格会功高盖主。他们的关系此时开始进入一个新的阶段。[6]

尼克松开始私下要基辛格在北京以外另找地方与中国官员会晤。如果他和中国官员在北京以外的地方会晤，比如在中国南方某机场，或者最好在巴基斯坦某地，那么就不会那么抢尼克松访华的风头。

基辛格在他的回忆录里声称他对尼克松让他在北京以外的地方会晤中方官员的要求"迟迟没有回应"，因为"我不知道这事儿该怎么跟巴基斯坦或中方启齿"。然而事实上，5月和6月双方的来往讨论显示，中方完全愿意在北京以外的地方举行会谈。

4月决定派他出任特使时的原计划是让基辛格在中国南方或巴基斯坦会晤中方领导。在5月9日通知中方他将出任特使的信函中，基辛格也建议会谈地点定"在中国境内，最好是离巴基斯坦飞行距离较短的地点"。6月2日的信函表明，这个计划中方觉得是合适的；周总理在信函中表示，基辛格"可以从伊斯兰堡直飞到中国的一个不向外界开放的机场"。

在举杯庆贺之后，基辛格与温斯顿·洛德坐下来起草一封回复周总理6月2日信函的信。信中不再只是笼统地谈"飞行距离较短的地点"或者"一个不向外界开放的机场"，而是直接建议他将于7月9日"搭乘巴基斯坦的波音飞机从伊斯兰堡飞抵北京"。这就注定了尼克松将来访问中国首都是在美国民众已经听过基辛格有关他自己访问北京所做的精彩描述之后。

为了给自己多留些光环，尼克松还命令基辛格不得在他访问中国后发布的新闻公报上用他自己的名字。基辛格已经上路之后，尼克松还不停地叮咛他。基辛格回忆说："我不断接到指示，再次提起我在出发前已经听过无数次的话，公报里不可具名。"基辛格觉得这是很荒唐的。"他没有解释我怎么可能在宣布美国特使访问北京的时候不透露特使的名字。难道要我在中国落下一个完全高深莫测的名声？"基辛格最终没有遵循尼克松的这一要求。

基辛格出行前的保密，一部分原因是为了增强将来宣布时的戏剧性效果，一部分原因是为了绕开国务院中有抵触情绪的官僚，还有一部分原因是为了避免公开辩论和国会里辩论会带来的瘫痪效应。

日后，尼克松表示，保密也是应中方的强烈要求，但那并非事实。在前一年沃尔特·斯托塞尔大使被邀请到中国驻华沙使馆时，他曾表示愿意偷偷从后门进入使馆。中国说不要，他还是应该走正门。中方4月21日的信已经清楚表明愿意"公开地"接待美国特使。是基辛格自己在5月9日的复函里连续提了三次，次次在下面画了横线，强调必须对他的来访"严格保密"。

保密总是有代价的。国务卿罗杰斯由于被蒙在鼓里，4月末还在伦敦公开说中国的政策"有点偏执狂的味道"。基辛格不得不赶紧想方设法向中方表示对于国务卿这番话无须在意，这下更让人不明白美国人葫芦里究竟卖的是什么药了。

尼克松不顾基辛格的反对，决定在基辛格启动秘密使命后必须向罗杰斯知会此事。根据尼克松的回忆，基辛格当即抗议："可是国务院会走漏消息。"尼克松答道："你的幕僚也会走漏消息。"但尼克松直到最后时刻才知会罗杰斯，而且说得好像此次出访是突如其来收到的邀请。

本来此行对国防部长莱尔德也应是保密的，但莱尔德完全进入情况。他知道海军背后渠道向美国驻卡拉奇武官传输的信息，而美国国安局也一直将其他信息源源不断地告诉莱尔德。他忍不住搞了一个恶作剧：他告诉白宫他打算在7月的第一个星期，也就是正当基辛格访问北京的时机，巡视台湾的防务设施。基辛格不得不要求他调整行程，但没有向他解释理由。基辛格当然不知道莱尔德对他的理由已然心知肚明。

但是围绕对华新政策的保密努力比起尼克松和基辛格许多其他的保密努力要更有道理。由于国务院内存在众多既得利益山头，他们对这个对华新举措必然提出各种要求，步步掣肘。他们一定会施加压力，要求在一些与地缘政治大局无关的问题上争取让利。其他国家也会纷纷要求美国给予各种保证，这样一来整个新政进程就会很快曝光。正如尼克松所言，到时保守派的反对势力就会动员起来"使我们的努力功亏一篑"。

其实，事实并不像基辛格和尼克松所想的那样，大多数外交政策上的决定若参考民意会更完善，公开推动的话更有可能得到长远支持。但是正值美国与北越和苏联紧锣密鼓地谈判之际，向中国开放的政策如果在官方渠道上以公开辩论的方式处理，可能就不会如此及时实现。尼克松的论点是："简而言之，如果我们没有秘密行事，是不可能办成这件事的。"

1971年7月1日，基辛格启程，对外宣布这是一次亚洲实况调查之旅。由于尼克松已经乘空军一号和其备用飞机到加州圣克利门蒂，而副总统阿格纽和国防部长莱尔德又已征用总统私用机队里的另两架飞机，基辛格和他的小队随行人员只好搭乘战术空军司令部一架无窗的通信机。

他们没有新闻记者随行。7月10日大多数星期六报纸在不显眼的版面刊登了通讯社的一则报道，很少人把这则新闻放在心上。例如，《纽约时报》把这则新闻放在它的"人物纪要"版面，作为第二则文章。它写道："尼克松总统国家安全事务助理基辛格为了逃避拉瓦尔品第周围平原的湿热空气，在巴基斯坦北方的纳西亚加利凉爽的山上度过了一天。据说他'略感不适'。"[7]

基辛格在中国，1971年7月

基辛格其实压根儿就没去纳西亚加利。一个声东击西的车队的确飞舞着美国国旗，长鸣警笛地蜿蜒开上纳西亚加利凉爽的山路。与此同时，基辛格已被迅速地送抵伊斯兰堡机场的军用区域，一架配备了中国导航员的巴基斯坦波音707飞机已经在那里等候。他带了三位助理随行，即温斯顿·洛德、理查德·斯迈泽和约翰·霍尔德里奇。

同行的还有保护基辛格的特勤人员约翰·瑞迪和加里·麦克里奥德，他们是忠诚、认真的特勤人员，他们正在担心还没有对纳西亚加利宾馆实施安全检查时，突然就被簇拥着上了一架配备敌国领航员的非美国飞机，飞往一个有多达8亿民众拥护共产主义的国度，而且其中很多人还配备了武器。

在机场有一位名叫贝格的巴基斯坦记者，他当时是伦敦《电讯报》的特约记者。他问："刚到达的那人是基辛格吗？"一位没有被告知保密需要的机场官员答道："是的。""他要去哪里？"那位官员说："去中国。"贝格火急火燎地打电话给伦敦办公室，告知此一本可以成为当年最劲爆的独家新闻，可惜他的编辑以为贝格一定是喝高了，礼貌地听完他的叙述后，完全置之不理。

在飞往中国的途中一位中国官员问基辛格，为什么需要这样保密？难道基辛格觉得跟中国领导人见面是羞耻的事？他回答说不是的，然后他竭尽全力地解释为什么他认为保密是必要的。当飞机靠近中国边界时，温斯顿·洛德起身走向驾驶舱。后来他还开玩笑，说他只是想成为第一个进入新中国领空的美国官员。

1971年7月9日星期五，刚过了中午，基辛格一行飞抵北京。他们被带到一个维多利亚风格的国宾馆，宾馆所在的公园四周有围墙，内中有一个蛇形的湖，上面架设着许多优雅的小桥。在那里周恩来总理接见了基辛格。这位消瘦、儒雅的中国总理是参加了长征的老同志，在他的73年岁月里参加领导中国革命已50余年。想到当年杜勒斯拒绝握手的无礼事件，基辛格特地"大姿态"地伸出手来。据他回忆："那是把历史遗留问题一笔勾销的第一步。"[8]

在他后来向尼克松提交的报告里，特意对周恩来做了栩栩如生的描述。他写道："他既善于抒发哲学宏论，也能侃侃而谈地分析历史，他会巧妙地打探，也会机智地应答。"基辛格这好像也是在描述自己。周总理使举座注目的不是魁伟的身躯，而是他"神情中显露的有控制的张力"，这使得"他看起来仿佛一根上紧的发条"。他表情丰富的脸上最引人注目的是那双锐利的眼睛，眼神里透着专注、警惕和自信。在中华人民共和国成立后的22年里，他一直不疾不徐、平静地，以一种有节有度的热忱肩负着也是毛泽东唯一的总理的职责。

在两天的时间里，基辛格与周恩来进行了17小时的会谈。有时他们一场会谈可以长达7小时。可是周总理显示了只有真正伟大的领袖才具有的雍容气度——而这正是基辛格欠缺的素质——他从来不流露一丝烦躁，从来没有人来打断他，从来不让人觉得好像他有其他急事，从来不需要接电话，虽然他治理着世界上最大的国家。基辛格后来叹服道："我不知道他是怎么办到的。"

基辛格当时只有一个需要解决的实际问题：就邀请尼克松到北京举行两国首脑会谈达成协议。除此之外，他和周总理没有其他俗务缠身，他们有充裕的时间在概念层次上进行讨论。

当他的两名特勤人员紧盯着周总理，基辛格坐在他的厚厚的简报笔记前面，开始滔滔不绝地谈论两国的战略利益。周总理面前只放着一张纸。基辛格注意到他们之间你来我往的交谈虽有各自的套话，但流畅无阻，很像"两个政治哲学教授的对话"。

他们讨论的共同利益主要围绕着两国对苏联的不信任。基辛格破例地向中方提供他带来的有关苏联军事活动的超级机密情报。他甚至向周总理提供了美国的通信截听和美国拍摄的苏联在中国边界的军事设施的高清晰卫星照片。[9]

在不开会的时候，基辛格充分享受了他热爱的中国菜肴。在这次访问曝光后，《时代》周刊的文章指出"留心观察的人都会注意到一个号称有胃病的人居然增重了5磅"。美方人员还有时间观光游览，基辛格和他的助理们受到特邀参观故宫。

最后周总理谈到尼克松与中方的首脑会谈，坚定地重申中方的一贯立场。周总理问，鉴于中美之间的巨大鸿沟，尼克松的访问意义有多大。

基辛格开始不客气地反驳，他说是否邀请尼克松决定权当然在中方。但周总理似乎没有接茬。基辛格才说了一点，周总理就打断他，说再不用午餐，烤鸭都凉了。午餐结束后基辛格接着对总理当天早上的那一番话进行反驳。但他说了几分钟，周总理再次打断他。周说，欢迎尼克松总统次年年初来华与中方举行首脑会谈，中国的高级外交官黄华会到基辛格下榻的宾馆就联合公报进行磋商。

基辛格喜出望外，但他高兴得太早了。黄华提出的草案上说，尼克松要求中方邀请他，而峰会的目的是讨论台湾问题。基辛格表示这是不可接受的。黄华建议不要逐点谈判，换个方式，由双方各自告诉对方自己的根本需要是什么，然后再尝试起草一份照顾到这些需要的案文。

这是中方的典型谈判做法，与基辛格惯用的抛出一个个小让步的切香肠做法大相径庭。中方希望一开始就把各自绝对不肯妥协的基本原则性问题摆在桌面上。然后他们会迈出大步并希望对方也迈出大步，争取尽快达成兼顾双方根本需要的协议。基辛格常说他很支持这种方法，可是在他与苏联、越南和阿拉伯国家的谈判里看不出他采用过这种方法。

在考虑了美方的意愿和需要之后，中方第二天早晨拿来新的公报草案。在很容易地做了一个小小的措辞上的改变之后，基辛格对结果感到非常满意。草案只字不提台湾。草案上说，"了解到尼克松总统表达的访问中华人民共和国的意愿"，他将受邀于1972年初与中方举行首脑会谈。其目的是"寻求关系正常化"以及"就双方所关心的问题交换意见"。虽然尼克松一再叮嘱不要基辛格把他自己的名字放在公报上，公报还是这么开始的："周恩来总理和基辛格博士……"

当基辛格在中国敲定了首脑会议的协议，就向白宫发了预先说好的暗语"Eureka"（"我找到了"）。他先飞到巴黎与北越的黎德寿密会，然后飞抵圣克利门蒂向总统做了比较详尽的汇报解释：这是一份有关他在中国49小时逗留的单倍行距的40页报告。报告最后的结论是，"我们为您和毛泽东翻开历史新篇章奠定了基础"。

7月15日星期四，尼克松事先未透露内容，在电视上做了一个简短的宣告，至少有一位电视评论员瞠目结舌了将近10秒才说得出话来。这一招顿时让所有他的敌人——苏联、北越、新闻界和有自由主义倾向的民主党人——来个猝不及防。

一时，尼克松沐浴在一片赞扬声中。专栏作家麦克斯·勒纳写道："出其不意的政治手法引领人们穿过惊讶之门后进入希望的国度。"巴黎的《法兰西晚报》大标题称之为"尼克松的大手笔"，并说它"使整个国际局势大乱"。美国参议院民主党领袖迈克尔·曼斯菲尔德说："我感到惊讶、愉快、高兴。"乔治·麦戈文则说："我赞赏总统的超前想象力和明智的判断。"[10]

当天晚上，尼克松一反常态地在庆祝时与他的工作人员进行社交互动。他带上基辛格、埃利希曼、霍尔德曼和罗纳德·泽格勒乘直升机到洛杉矶的佩里诺餐馆进晚餐。在尼克松年轻的时代，佩里诺餐馆是很时髦的，但此时已今非昔比了。它已经被卖给一家连锁店，主要客源是大巴载来的游客。由于总统光顾，餐馆经理急忙把佩里诺老先生找回来招呼客人。

基辛格和尼克松煞有介事地讨论着喝哪一种波尔多红酒才不辜负这样的场合。侍酒师建议喝一种很特别的酒，过了一会儿就拿来一大瓶1961年的拉菲古堡红葡萄酒。据埃利希曼回忆："我不懂酒，喝起来觉得稍苦，但是我们两位'专家'尼克松和基辛格都说它极棒。"

这个晚餐气氛喜乐，但也有严肃的一面。他们对于这次推进新政策时做到保密举杯庆贺，尼克松强调将来需要对于这个新关系尽量少谈，尽量低调。他说："不可以和新闻界进一步讨论亨利的中国之行。"基辛格立刻接茬说："总统先生，您说的极是。如果我们多谈这件事，中方会认为我们不够严肃。"他们一致同意绝对不可以再向新闻记者进一步吹风。

餐后，尼克松穿过餐馆，在玄关逗留了一阵子，向周围的人介绍基辛格，说他就是刚访问了中国的人。那些游客听了都一头雾水，因为他们当晚并没有看电视上的有关报道。基辛格后来写道："在他功成名就之际，理查德·尼克松却奇怪地显得脆弱，他渴望得到认可，但是又不怎么能够缩小他刻意与别人保持的距离。在这个意义上，佩里诺餐馆这一幕象征着理查德·尼克松的胜利和悲剧。"

埃利希曼对这一幕没有那么高的评价。餐后，当"总统和基辛格跳起来，开始在餐厅里各处走动，与人握手时"，负责此行后勤的海军助理把埃利希曼拉到一边指着佩里诺说："那个老强盗给那瓶酒开价600美元。"埃利希曼告诉他，就给300美元现钞，他爱收不收。佩里诺收下了。泽格勒后来告诉记者那瓶酒只花了40美元。[11]

但是庆祝声中有一个不协调的声音。美国政府没有处理好对华开放新政策里最棘手的一个问题，那就是日本。华盛顿已经向东京郑重保证美国在向中国做出任何示好行为前必先与日本充分协商。由于基辛格对秘密行动的偏好，他对日本关切的蔑视，以及因为他不想让国务院介入，美方在这件事上违反对日本的承诺产生了极具破坏性的后果。据前驻日本大使，当时担任副国务卿的乌拉尔·亚历克西斯·约翰逊回忆："多少年来，没有什么比美国有朝一日会对北京政策如此突如其来的大转弯更令日本政府忐忑不安。"

即使保密是至高考虑，当时也绝对有其他更恰当的方式来对待这样重要的盟国。事实上罗杰斯原来计划要约翰逊在这一重大宣布的前一天赴东京亲自把消息提前告知日本，却遭基辛格否决。他告诉约翰逊，尼克松总统太担心消息会走漏。这个借口也很奇怪，因为在那个时间点，即使消息走漏了，也不会有什么严重外交后果。资深政治家乔治·博尔说："再怎么说，走漏消息的后果也没有因跟日本政府缺乏协商而产生裂痕的后果严重。"

基辛格本来也可以在刚离开中国时，让斯迈泽或者霍尔德里奇飞往东京。这样的话，虽然日本政府还是会感觉不快，但至少他们不会有被公开羞辱的感觉。基辛格觉得这一失误仅涉及礼仪。他说，当时如果派北京之行的一位助理到东京亲自向日本首相通报情况"是比较礼貌和为人着想的。这样既做到了保密，又对一个规规矩矩的好朋友表达了礼遇。这次事件是一次严重失礼"。

这个故事还有一个有趣的脚注。日本政府其实并非完全不知情。国防部长莱尔德在取消对中国台湾的访问之后来到东京，通过他自己的情报来源——海军通信渠道，海军文书士官瑞德福的报告，国安局拦截的通信以及基辛格搭乘的特别任务飞机——他完全掌握情况。他了解与人分享情报是加强自己权力的一个方法，于是他在重大宣布的6个小时之前私下跟日本防卫大臣说了基辛格的中国之行和将要举行的中美首脑会谈。[12]

苏联对于尼克松早先提出的举行莫斯科峰会的愿望迟迟不做决定，有关北京首脑会谈的宣布着实令莫斯科惴惴不安。宣布后的星期一，多勃雷宁大使便满脸堆笑地出现在白宫，询问是否有可能先举行一个莫斯科峰会。基辛格后来指出："两个社会主义国家争相和美国改善关系，对和平事业只有好处而无害处。这就是三角战略的精髓。"

基辛格表示两个首脑会谈当按照原来安排的顺序举行。苏联当初对莫斯科峰会的提议扭扭捏捏，结果为此付出了代价。莫斯科首脑会谈定在 1972 年 5 月，也就是比北京首脑会谈晚三个月。[13]

7 月 15 日宣布基辛格秘密中国之行后，他立刻跃升为国际名人。他上了新闻杂志的封面，各大电视台制作了有关他的专门报道，全国报纸都以头条介绍他。《纽约时报》在一篇大标题为"莫测高深的西洋人"的文章里说："这位 48 岁的外交政策专家制造了一种假象，仿佛他就是整日穿梭在鸡尾酒会上的上宾，而他其实是在替总统推展外交事项。"《时代》周刊写道："他的事业正如日中天，此时他已享誉全球，拥有极大的影响力，这是大多数教授只能在图书馆里读到的成就。"

破坏了尼克松的美梦的是那最可怕的噩梦里的幽灵——基辛格，这位乔治敦和建制派新闻界的宠儿。总统推出的最有魄力的一项政绩却被基辛格抢尽了风头。霍尔德曼的私下会议笔记揭露，尼克松气疯了。总统下令："绝对不可以搞任何背景吹风。他必须停止与《时代》周刊或《华盛顿邮报》的人，包括专栏作家见面，约瑟夫·艾尔索普除外。"（艾尔索普除外这件事情是蛮有意思的：他是个业余考古学家，基辛格要给他一个有关中国考古重大新发现的独家消息，指的是一个公元前 2 世纪的古墓，里面葬着一对身着金缕玉衣的皇族夫妇。后来艾尔索普在得到这个独家消息后写的专栏里当然少不了对基辛格的聪明赞誉有加。）几天后，尼克松说了更重的话。基辛格必须"在自己周围筑起一道绝对不可逾越的高墙，不得以任何理由见《纽约时报》、《华盛顿邮报》、哥伦比亚广播公司或全国广播公司的人"。

可是基辛格还是展开了一系列紧锣密鼓的吹风活动，这样下来，一个星期内西方世界很少有出版物不刊登文章，用大量精彩细节讲述他如何神不知鬼不觉地溜出巴基斯坦，他与周恩来总理有过多少小时的会晤，中国领导人多么聪明，以及他在中国如何大啖美食。他在一次与新闻杂志记者会晤时说："当时我说英语时，比平日更注重动词的顺序。"[14]

为了从基辛格那里夺回向新闻界就外交事务吹风的主动权，尼克松不久也雇用了美国广播公司的新闻记者约翰·斯卡利帮助自己夺回光环。他的任务就是作为总统的外交政策及公关顾问，通过霍尔德曼专门为尼克松服务，这样做很快就导致与基辛格关系的恶化。斯卡利曾经告诉一名记者："我才不把亨利当回事。"

基辛格的中国行几个星期后，尼克松把斯卡利召到白宫椭圆形办公室。他桌上摆着四篇关于基辛格访华的文章，总统怒不可遏地问："你看过这些文章吗？"

斯卡利回答："看过。"他已八九不离十地猜到是怎么回事了。

总统说："你认为这些报道来源是哪里？"虽然尼克松明明知道是基辛格提供的。

"总统先生，恐怕是亨利吧。"

尼克松做出一副无辜的表情问："他不是答应过不跟记者谈话了吗？"总统沉默半晌，脚在地上点了一下："你能找出基辛格和记者谈话的证据吗？"

斯卡利回答说："我试试看吧。"

在那个年代，所有进入白宫西翼办公室区的记者都必须拿到约定时间的条子，总机接通的所有电话都留有记录。斯卡利使了一个小诈去找特勤局。他说政府受到许多批评，说政府对新闻界不够开放。为了证明他们的批评没有依据，他要收集过去几周所有和白宫助理谈过话的记者名单。在他写给总统的报告里，斯卡利透露基辛格在那段时间里在他的办公室和记者会晤了 24 次。除了两人，其他所有与他会晤的记者都写过他访问中国的报道。[15]

可是尼克松的态度存在一种矛盾的、精神分裂般的特质。他一方面抱怨基辛格与新闻界过从甚密，另一方面他又要一些记者去找基辛格。霍尔德曼的文件里有一份鲜为人知的 7 月 19 日尼克松写给基辛格的备忘录，那正是尼克松命令基辛格切断与媒体一切接触的时候。文中总统提到自己时用的是他名字的英文名缩写 RN。

1971 年 7 月 19 日

收文者：亨利·基辛格

发文者：总统

在与新闻界谈话时，你可以用的一句很有力的说法，就是RN做好了参加这次首脑会谈的充分准备。你可以说，具有讽刺意味的是，在许多方面，他的人格特质和背景与周总理很相似。我现在列出几点你可以特别强调的内容。

1. 强烈的信念。

2. 从逆境中脱颖而出。

3. 在危机中见真本事，冷静，处变不惊。

4. 坚强有魄力的领袖。

5. 眼光长远的人。

6. 有哲学思考的人。

7. 工作时不需要预先准备笔记——RN在和73位国家元首会晤时，在完全不用稿子的情况下，跟他们进行了长达数小时的谈话。

8. 一个了解亚洲的人。

9. 一个低调的，看上去近乎温柔的人。他的立场越是强硬，通常他的声音就越低。

你可以说所有这些特质都是你在周恩来身上看到的……

虽然他不可能真的去跟记者强调"低调的，看上去近乎温柔的人"这个说法，但基辛格在第二天接受休·塞迪专访时还是落实了总统的指示。塞迪在下一期的《生活》杂志的专栏里最后一段很能说明基辛格与总统和新闻界的关系：

基辛格发现中国总理与我国总统之间有许多相似之处。周恩来和总统一样说话柔和。他不会在细枝末节上挑刺儿，而尼克松也不屑于使用这种外交手法。周恩来热情地阐述他的意识形态，但不会因此妨碍了现实主义，尼克松也是如此。周恩来在20小时的谈话中一个笔记、一篇稿子都不用，尼克松谈话时也是这样的。[16]

那年 10 月基辛格二度访华，这次是公开的。他回忆说，在中国期间他有幸观看了一场革命现代京剧，"那种艺术形式略显枯燥，戏中坏人就是恶的化身，一律着黑色衣服，好人则穿红色衣服。我看了半天，觉得那女孩在与拖拉机谈恋爱。"次日他受邀去爬长城，行程完全公开，几乎所有的报纸都以头版刊登了他游览长城的照片，这下子尼克松又气不打一处来。

基辛格二次访华的主要目的是背着国务院起草一份尼克松和周恩来将在 1972 年 2 月首脑会议上要"谈判"的公报。基辛格提出一份故意和稀泥的案文，让他讶异的是周恩来读了之后严斥案文掩盖了两国重大分歧。基辛格给予美方案文一个在中方看来最大的侮辱：周恩来说这是苏联才会拿出来谈判的案文。

周恩来提出一个新建议：两国发表的公报应指出两国共同利益——其中首要的就是抗拒苏联霸权——但也应包括一段由双方各自陈述对有分歧的问题的立场。基辛格第一反应是认为这样反映分歧的协议要不得。他后来写道："但是经过进一步思考，我逐渐了解到就因为这种具有新意的做法，反而可能解决我们的困扰。"他们你来我往地商量哪些问题过于具有爆炸性而双方都不宜表达，最后商定了案文。

中方当时提议基辛格在 10 月中第二次到访，而基辛格也同意了，他没想到这正是联合国决定是否由中国取代台湾在联合国席位的年度投票时刻。中方或许觉得这是美方在这个问题上让步的微妙表态。但事实上美国驻联合国新代表乔治·布什已得到指示，要他尽量阻止台湾被逐出联合国。但由于基辛格如此招摇地在北京向中方示好，布什终未能完成任务。联合国大会以 76 票对 35 票逐出台湾。

布什在他的 1987 年的竞选自传中很少对什么人说过重话，唯独对基辛格颇有微词，认为他没有足够的先见之明，没想到挑那个时间点访华日后会对他不利。布什写道："更难理解的是亨利告诉我，他对于联合国就台湾会籍的投票结果很'失望'。我也很失望啊。但由于当时我们在纽约说一套，在华盛顿做的是另一套，那个投票结果是无法避免的。"

为了让基辛格在联合国就台湾问题最后做唱名表决时暂时避一避风头，他奉命在回美途中在阿拉斯加停留一天。基辛格用他惯常的含蓄语言说，何况尼克松"对于我在媒体的曝光仍然感到不安"。白宫特地安排他的飞机滑行到华盛顿安德鲁斯空军基地的一个偏僻的角落，避开了新闻界和摄影机，才让他下机。他后来说："那不是英雄凯旋的场景。"[17]

不管美国总统是谁，北京和华盛顿在20世纪70年代迟早会改善关系，因为那时中苏关系的裂痕在日益加剧，而美国减少了在越南的军事参与也让中国不再担心美国会入侵中国。但是尼克松和基辛格——当然还有周恩来——的功劳是促使中美关系的和解来得更快。尼克松的功劳在于他独到的远见和坚持不懈的努力推动了进程；基辛格则把这个新政策落实，并将它纳入一个以美国为支点的全球三角平衡基础上的外交政策框架。

基辛格的头脑和哲学修养——比起像罗杰斯那样的人物——更适合与周恩来的智慧和活跃的想象力平起平坐。基辛格的前助理，也是经常批评他的罗杰·莫里斯说："向中国开放的政策要是没有尼克松的远见就不可能开始或继续，同样，没有基辛格就不可能如此完美地落实。"[18]

由于当时人们普遍对越战感到愤怒，因而孤立主义抬头，在这样的氛围里，尼克松和基辛格得以在一段时间里捕获了美国的民心。向一个遥远的国度戏剧性地开放让人们充满遐想，颇感振奋，同时它也是合情合理之举。原先美国民众对于美国是否有能力进行创新性外交或者是否能在世界上发挥正能量是抱悲观态度的，如今这种心情暂时化解了。

就像湖上破冰来得突然，向中国开放的政策使得越战一下子显得不合时宜。对于北京和华盛顿以及莫斯科，在东南亚丛林里的这场冲突——不管是从意识形态上，还是从战略上来说——突然间更像是一个麻烦的历史遗留问题。在美国，原来打越战的一个理由是需要遏止中国共产主义威胁的蔓延，如今这种需要似乎不那么迫切了。[19]

随后，中国向河内转交了一份美国的和平倡议，似乎意味着默许该倡议，并表示"推翻西贡伪政权是个长期问题"，意味着这不是当前急需解决的问题。[20]

在非军事区（DMZ）的另一边，也就是南越，也有类似的不安。阮文绍总统怀疑基辛格已认定南越的生存不是那么重要了，所以不应干扰美中之间的和解。阮文绍当时跟他的官员们说："美国一直在找更好的伙伴，现在尼克松终于发现了中国。他不打算再与老情妇纠缠，他开始嫌弃南越已经变成了黄脸婆。"[21]

也许向中国开放政策的最有趣的结果就是它改变了美国民众对外交政策的看法。在那之前，需要美国介入的世界大事通常都被描绘成善与恶的斗争。当正义需要强权的保护时，美国就像西部牛仔片里的警长一样，很不情愿地被迫出手，至少大多数美国人愿意这么想。

现在，外交政策里突然冒出一个完全不同的东西：不再是坏人和好人之间的冷战对峙，而是美国为了维护国际稳定而必须平衡的一整套错综复杂的、道义上暧昧的关系网。这种角色不再那么单纯、那么干净，而且对于美国这样一个历来不放心权力均衡外交政策的国家来说，承担这个角色也是蛮不习惯的。

第 17 章

权力和欲望：世界头号非性感名人的私生活

> 权力是最好的春药。
>
> ——基辛格

秘密的花花公子

芭芭拉·霍沃在 1969 年 10 月为格洛丽亚·斯泰纳姆举行的宴会，像这位好客的电视名人举办的大多数宴会一样，是一个非正式的场合。但是对于华盛顿来说，那可是社交圈里顶级的盛事：那里聚集着乔治敦的媒体精英，还有一些纽约的时髦人士，好莱坞的名流，华盛顿的翘楚和几个被认为够潇洒、权势够大的政府官员。当基辛格入场时，他拿着一个褐色信封。霍沃问他那是不是一份秘密文件。基辛格回答说："不是。这是《花花公子》杂志给我的样刊。"

于是专门报道那个社交圈并且已在那个圈子里蹿红的《华盛顿邮报》记者莎莉·奎因说："哦，原来你私底下是个花花公子。"

基辛格说："由于我的工作的关系，你不可以叫我花花公子。你就假设我是个秘密花花公子吧。"

一天以后在奎因的文章里就出现了这段"秘密花花公子"的对话，还附了一张基辛格和斯泰纳姆搭讪的照片。此时，这位步履迟缓、身形臃肿的教授正意想不到地跃升为名流，而且更令人匪夷所思地成为性感偶像。原来也在这张合影里的乔治·麦戈文却被剪掉了。这很能说明当时的社会风向。

基辛格更享受自己所受到的关注。后来当斯泰纳姆开玩笑地说"我现在不是，也从来不曾是亨利·基辛格的女朋友"时，基辛格在一次白宫记者协会午餐会的讲话里给了答复："我不泄气。毕竟她没有说：'如果选上，我不会就任。'"后来他曾经把威廉·萨菲尔拉到一边问他有关自己在社交界成为新宠的事："你看人们会不会觉得总统的国家安全事务助理疯掉了？"[1]

在他任职的头两年，基辛格的名声还仅限于当地。使他成为全球名人的——《新闻周刊》封面称他为"超级K"——就是1971年7月报道的他秘密出访中国的新闻，以及6个月后透露的他多次飞到巴黎与北越密谈一事。《新闻周刊》报道："亨利·基辛格成为家喻户晓的人物，他引发的公众好奇心远超过他在华盛顿政坛的强劲对手玛莎·米切尔——当时司法部长的夫人，以有话就说、知无不言而闻名。"

基辛格戴着一副厚厚的眼镜，操一口浓重口音的英语，怎么看也不像一个超级巨星。与其说他是个国际性感偶像，倒不如说他更容易被人误认为是在纽约布鲁克林长大的熟食店老板。虽然他在社交场合说话讨喜，但举止不够讲究。他喜欢吃垃圾食品，经常一边说话一边嘎吱嘎吱地嚼薯片。他最剧烈的运动是做按摩，圣克利门蒂的按摩师说："他身上一块肌肉也没有。"

可是他在20世纪70年代的确具备了一个政治名流的要件：权力，特有的风采，很懂得出风头，特别是存在感很强。基辛格曾这样评价毛泽东："他有一种特质，那就是他往某个地方一站，就马上成为众人的聚焦中心。他往哪里移动，那个中心就跟着他移动。"看到别人身上的这种风采——除了毛泽东，他在夏尔·戴高乐、林登·约翰逊、安瓦尔·萨达特、约翰·肯尼迪和约翰·康纳利身上也看到了这种特质——基辛格也刻意培养自己的这种特质。休·塞迪有一次被允许旁听尼克松主持的内阁会议。据塞迪说，当基辛格进场时，所有的目光都投向他，而且"基辛格什么也没干就成了整个房间的中心"。这种气势和能量使得基辛格作为一个政治家和名流给人一种超凡的感觉。

媒体时代的美国体现出的一个真理就是,家喻户晓的名声就意味着权力。一个人出了名就会焕发一种风采,而这种风采会增强这个人的影响力。一度,有人,例如约翰·麦克洛伊或罗伯特·洛维特之辈,认为淡出名利场表示你有在幕后左右形势的能力,但那个时代已成了过去。基辛格对此心知肚明。包柏漪说:"亨利为达目的会用上所有手段和资源。他了解名望可以使他的权力更大,反之亦然。"

但他追求名望并不仅仅是为了增加他的权力。他完全不喜欢默默无闻地工作,受到肯定会令他心花怒放。1969年,他儿子戴维从马萨诸塞州的剑桥来看他,基辛格带他到附近一家比萨店。店老板一眼认出这位刚就任的总统国家安全事务助理,上前跟他拥抱,免费招待他们享用比萨。戴维后来一直记得他父亲那时有多惊讶、多骄傲,而往后的几年,随着他名声的提振,他的自信也稳步增长。[2]

乔治敦的社交圈

在华盛顿,就像在其他单一的工业城市一样,决定你社会地位的往往是你的实际职位而不是你的家世。这儿的人能容忍你在社交上的任何失误,唯一不能容忍的是你失去权势。例如一个对外政策专家,即便他家世显赫到姓名后面还得加上一串罗马数字,在他被埋没在布鲁金斯学会的日子里,也许会有些朋友,但是只有一朝成为助理部长或知名记者,才能跻身真正顶层的社交圈。

社会地位如此仰仗权势,就会导致这样一种后果:社交界能见度变成提高权势表象的一个途径。这一点很重要,因为在华盛顿,权势——也就是谁上去了,谁下来了——主要是一种观感游戏。因此,权势的表象是实际权势的一个重要组成部分。

在基辛格活跃的那个年代,位居社交圈金字塔顶端的有几个德高望重的专栏作家和编辑,几位声音洪亮并在社交场合谈吐风趣的参议员、走马灯般轮番上场的白宫助理,以及一些被人们怀念的名流的优雅但言语尖酸的遗孀。这个圈子的地理中心是乔治敦的30个街区组成的核心地段，这里以殖民式建筑风格的连栋砖房和夜里10点钟才结束的晚宴闻名。通过晚宴，政府的运转得到了润滑，攻守同盟得以建立，可能的对手被收编，流言蜚语得以传播，交易得以达成，随着形势脉动的变化，权势也在调整。

自肯尼迪执政以来，乔治敦的社交圈的热闹已不如往昔，在尼克松当选总统后，乔治敦常摆宴席的女主人们一直在急切寻找有趣的新客人。作为白宫的助理新秀中最多姿多彩，并热衷于打进这个社交圈的普鲁士人，巴伐利亚人基辛格很快就得到了接纳。他脑子好，谈吐风趣，很会讨好人，并且拥有这种社交沙龙特别欣赏的分享秘密的本事。芭芭拉·霍沃回忆道："亨利是新白宫里唯一有吸引力的官员，他也充分发挥了自己的这种魅力。于是这个矮小、胖乎乎、以秘密花花公子自诩的默默无闻的教授，就成了乔治敦社交圈的宠儿。"

在他这个社交圈里呼风唤雨的人士，包括尼克松鄙视的那些媒体精英，如专栏作家约瑟夫·艾尔索普和他那位精明、老练的夫人苏珊·玛丽；当南希·马金尼斯到华盛顿时（其实，她到华盛顿的次数比那些八卦专栏作家想象的更多），她每天下午都跟这些人喝茶。在星期天，艾尔索普夫妇通常会邀请基辛格用晚餐，作陪的还有汤姆·布雷登和他那位泼辣的夫人琼。当约瑟夫·克拉夫特与基辛格处于休战状态时，他和他那位杰出的艺术家夫人波莉也会受邀。其他座上客包括戴维·布林克利和夫人苏珊、罗兰·埃文斯及夫人凯伊，以及《华盛顿邮报》发行人凯瑟琳·格雷厄姆。少数做客的非记者还包括劳工领袖莱恩·柯克兰及其夫人艾琳娜。另一位有勇气涉足这个圈子的白宫官员是白宫经济顾问彼得·彼得森。[3]

基辛格从不在自家宴请。事实上，他自己从不下厨。南希·马金尼斯告诉朋友："他宁愿饿着肚子也不肯自己做饭。"他在岩溪公园区租了一个很小的两室公寓，所有的家具都是他的秘书替他在打折商店买的。屋里没有舒适的椅子，也没有在适当位置摆设的灯具，除此之外，室内装潢有点早期假日酒店的味道。除了到处堆放的书，唯一的装饰就是基辛格与许多外国官员的合照。每星期会有一位清洁工一大早来打扫一次，通常在一个小时完工后离开。

虽然基辛格在外有偶像的名声，但他的卧室可一点儿都不罗曼蒂克。简陋的房间里摆着两张单人床，其中一个用来堆放待洗的衣服。据一位曾经偷偷朝里瞄过一眼的女士后来描述，屋里到处散落着袜子和内裤，那种邋遢凌乱"令人无法想象任何人能在这么恶心的环境里生活"。

他给自己唯一的犒赏是他那部奶白色的奔驰。在政府为了保护他和其他附近开车的人的安全，给他配备一名特勤驾驶员以前，他常常戴着黑色皮手套，一副漫不经心的样子，开着他的奔驰横冲直撞。[4]

基辛格想宴请时，常常会带着朋友去他钟爱的一家中餐馆 The Empress（皇后），那里有比较大的包间。通常由包柏漪帮忙安排和点菜。她和丈夫温斯顿是基辛格幕僚中少数成为他社交朋友的人。有时也会邀请索南费尔特夫妇，莱克和莫里斯辞职前有时也会与夫人一同受邀。

如果是比较正式的宴请，基辛格会借用布雷登在切维蔡斯的大房子来设晚宴款待宾客。1970年，他曾在布雷登家宴请32位宾客，客人包括霍尔德曼夫妇和埃利希曼夫妇。可是他一直没法在他的白宫同事与乔治敦圈子之间点燃欣赏的火花。

不过，他主要是喜欢到人群中去，在公众面前现身。有一次他跟人约好了要到华盛顿时髦的酒馆"左岸"与柯克和安娜·道格拉斯，以及专栏作家汤姆·布雷登及其夫人琼共进晚餐。南希·马金尼斯从纽约到了华盛顿。基辛格迟到，道格拉斯已经选了餐馆靠里面的僻静角落的桌子。基辛格反对，他要求在餐馆靠前面的地段找一个位置"比较好"的桌子。他们坐定了之后，由于是个大家可以看得到的位置，不少人前来索取签名并与他握手。道格拉斯嫌烦，而基辛格则心花怒放。基辛格远比大多数电影明星更喜欢被人们当成明星。

好莱坞年轻女明星的诱惑

在1969年之前，基辛格曾访问圣莫尼卡的智库兰德公司十余次，但还不曾到访附近的好莱坞。当他的名流地位蒸蒸日上之际，年轻女明星和好莱坞的绚丽世界突然向他开放了。

也许是因为他少年成长过程中一直没机会宣泄的本能，或者因为他一直对美国流行文化情有独钟。或者更有可能的是，终于有机会和明星在宴会上接触，和年轻女明星约会。不管是什么原因，基辛格一头扎进了好莱坞的社交圈，那种热衷劲儿只有在他当初进行秘密谈判时显示过。

所以，虽然他基本上还是一个不愿意向别人交心的私密个性，但基辛格却孜孜不倦地追求社交圈的聚光灯和风头。据跟他在西岸约会过的卡伦·勒纳回忆，有一天晚上他约她出去，建议去洛杉矶观看音乐剧《金粉世界》的首场演出。她说那太荒唐了，她提醒他，那个剧的作者艾伦·杰·雷纳是她的前夫，她绝对不愿意跟基辛格在戏院出现，抢前夫的风头。她建议换个地方用餐。结果他把她甩了，转而邀约女演员吉尔·圣约翰。他们一起观看《金粉世界》首演的照片刊登在《女装日报》的首页。文中描述："亨利和吉尔演绎一对恩爱情侣比台上演员演得还逼真。"

在好莱坞，友谊可以像变魔术一般快速形成，这是其他人难以体验到的。即便如此，吉尔·圣约翰和制片人罗伯特·埃文斯两人都声称，基辛格是他们最好的朋友，这还是挺特别的。基辛格第一次见到吉尔·圣约翰是在1970年初，在柯克·道格拉斯主持的晚宴上，吉尔·圣约翰正好坐在他旁边。后来他就开始经常在晚上很晚的时候给她打电话，跟她聊天。据她回忆："聊天能让他大大纾解压力。我们经常聊天而且聊得很久。"聊天对两人都同样有纾解压力的作用。"我有烦恼或觉得郁闷时，即便是凌晨3点，也可以给他打电话。他待朋友很好，跟我一聊可以聊几个小时。"

基辛格约她的次数比约任何影星都多，他们约会频繁到了一个地步，基辛格的父亲因为觉得圣约翰听起来不像犹太名字，还打电话问他圣约翰信的是什么教。基辛格向他父亲保证（他说的是真话）圣约翰的真名是吉尔·奥本海默，是个犹太人，这才让他父亲放了心。但是事实上他们之间并非恋爱关系，吉尔说他们"就是极要好的朋友"。

他们主要会去一些一定会被人看到的洛杉矶餐馆，例如，Coconut

Grove（椰子林）和 The Bistro 酒馆。基辛格会跟她述说他在学术界的老朋友如何对他不够义气，就因为他们不能认同他的政策就与他决裂。吉尔·圣约翰告诉他，相比较之下，好莱坞的人更真实，也更能体谅人。她说："由于我们习惯了扮演角色，我们懂得一个人有别于他主张的公共政策。再说，我们都有过作品失败的经验，都知道那是一种什么样的感觉。"

当基辛格跟吉尔·圣约翰在公开场合露面时，他会亲密地抚摸她，只要是人们的目光或摄影机投向他们，基辛格的脸上就会绽放调皮的、咧嘴的幸福微笑。他常常用手指捋她卷曲的红发，这个亲密的举动往往令其他的用餐人侧目。他对和他约会的年轻女星不肯投入真的感情和真正地亲密，但是却喜欢作亲密状。基辛格告诉她，他跟她和他的其他好莱坞朋友在一起觉得比较放松和无拘束，因为他们能比较诚实地表达并自然流露自己的感情。朋友们说，晚上约会后送她回家时基辛格从来不进屋，她一开始有点儿不解。但她后来判断，基辛格喜欢她主要是因为两人聊得来。

像基辛格在社交圈里的许多朋友一样，吉尔·圣约翰是强烈反越战者。在跟鲍勃·霍普到越南圣诞节进行劳军演出后，她回到美国就开始参与尤金·麦卡锡于 1968 年以反越战纲领竞选总统的活动。她常在晚餐时跟基辛格争论。据她回忆："他雄辩地把我的论点批判得体无完肤，但是他怎么也无法说服我。"

然而，在公开场合，她还是基辛格的最佳女伴。1972 年总统大选时，好莱坞曾为尼克松举办过一个宴会，她告诉记者："亨利已经游说了我三年，他终于说服我支持总统。"基辛格又补了一句："你们还以为我在好莱坞游手好闲地鬼混呢。"在尼克松圣克利门蒂宅邸举行的宴会可谓星光熠熠，包括老牌明星查尔顿·赫斯顿（"支持尼克松的民主党人"组织的成员），以前追求过林达·约翰逊、皮肤永远黝黑的乔治·汉密尔顿，与副总统阿格纽一起到场的弗兰克·西纳特拉（名义上的民主党人），克利夫兰布朗队后卫转演员的吉姆·布朗，吉米·杜兰特，还有杰克·本尼。但是《纽约时报》以它略微呆板的文笔报道："最引人注目的当然是有女演员吉尔·圣约翰陪伴的总统国家安全事务助理亨利·基辛格。"[5]

跟基辛格约过会的其他女星包括萨曼莎·艾加、雪莉·麦克雷恩、马洛·托马斯、坎迪斯·伯根和丽芙·乌曼;与他合过影的女星有拉奎尔·韦尔奇、伊丽莎白·泰勒和丽莎·明尼里之辈。但是他偏好的是年轻漂亮的、不那么出名的女星,因为至少从抽象意义上来讲与她们交往带给他一种犯规的快感。

例如,拉达·埃德蒙才20岁出头,是一名金发的好莱坞替身演员,她能矫健地从摩托车上跳下来,开车撞进砖墙,这些本事在《女囚劳役队的暴动》这类影片中发挥得淋漓尽致。有一天拉达跟吉尔·圣约翰度过了一个下午,基辛格也在场,他对拉达突然表现出兴趣,这令拉达吃了一惊。拉达后来说:"我当时想,这不有些奇怪吗?吉尔就坐在那儿,但是基辛格和吉尔之间有一种奇怪的关系,他们好像对于对方的性征服感到一种刺激。"

于是在吉尔·圣约翰的怂恿下,她同意了第二天晚上跟基辛格约会。结果完全不是她想象的那么回事。他们参加了一场为米尔顿·伯利办的星光熠熠的义演会,之后基辛格和他的特勤驾驶员开车把她送回家。他跟她说没法跟她进屋,因为特勤觉得她家前面那条街太窄,很容易被人堵住。"我跟基辛格的交往就此落幕。"

朱迪·布朗是丹麦的三级片《三个相好》(*Threesome*)的女主角,她跟基辛格交往比较久,其间风波不断。她到棕榈滩访问他,跟他躺在沙滩上享受日光浴,他读《教父》,她则读《新百夫长》。他们还在圣克利门蒂一起到海里游泳,后面还跟着特工。他们的关系是在贝弗利山庄的 The Bistro 餐馆公开破裂的,那天大批记者得到朱迪·布朗的新闻经纪人透露的消息扑到这个餐馆。虽然这家餐馆不是以私密著称的场合,但基辛格对于这样的曝光还是不高兴的。他逼着她跟他从厨房溜走。她问:"如果你那么担心被人认出来,干脆带你的秘书约会得了。"

他说:"我不喜欢我的秘书。"其实他的秘书也不喜欢他。

基辛格说:"我喜欢女演员。"

她回呛道："你不可以又要留住蛋糕，又要吃掉它（鱼与熊掌兼得）。"她这隐喻意义不明朗。

他回答："那我就不要蛋糕了。"

后来布朗女士把这一切都在一期粉丝杂志上爆料出来。基辛格后来说："我忘记了她们是演员。我真是天真得无药可救。"

好莱坞的制片厂高管，例如，派拉蒙影业公司的罗伯特·埃文斯，都争相向基辛格提供明星的名字，为他介绍和联系，因为他们知道，只要能把基辛格和他们麾下的热门年轻女星牵上线，对大家都有好处。许多年轻女演员都记得曾经接到影业公司老板的电话，告诉她们有机会跟基辛格约会，出席某个引人注目的活动。很少有女星会拒绝这样的机会。[6]

为什么基辛格喜欢和年轻女星出入社交场合呢？当八卦专栏作家乔伊斯·哈伯问他这个问题时，他的回答是："我跟女星约会是因为我不太可能和她们结婚。"对这个回答，人们可以做不同的解读。有一个更知名的，善于穷根究底的意大利记者奥里亚娜·法拉奇在1972年问了类似的问题，基辛格的回答就不那么悦耳了："我想，我的私密花花公子的名声不管过去还是现在都是有用的，因为这个名声让人放心，让人知道我不是博物馆里摆放的老古董……对我来说，女人只不过是个消遣，一个业余嗜好。没有人会在业余嗜好上花太多时间。"[7]

基辛格在好莱坞的男性朋友包括柯克·道格拉斯、格里高利·派克，还有媒体大亨全国广播公司的赫伯特·施洛塞尔和美国音乐公司（MCA）的塔夫特·施莱伯。但是最下功夫经营与基辛格的友谊的非罗伯特·埃文斯莫属，他是演员、制片人，当时是派拉蒙影业公司的制片主管。他们的友谊始于埃文斯亲自带戴维和伊丽莎白·基辛格参观派拉蒙制片厂的后台。据戴维回忆："我俩只是个托词，其实是爸爸想去。当我们遇到拉娜·特纳时，我问：'她是谁？'爸爸开玩笑地说：'你毁了我人生中最珍贵的时刻。'"

埃文斯从此开始帮着安排基辛格与他中意的女星会面。有一年基辛格告诉他希望能和坎迪斯·伯根共度跨年夜。这个愿望是可以理解的，于是埃文斯打电话给坎迪斯·伯根，她也一口答应下来。他们和埃文斯及当时还是他夫人的艾尔丽·麦古奥，以及另外一对夫妇，在埃文斯家中共进晚餐，并在他家的放映室观看伍迪·艾伦的《傻瓜大闹科学城》。

基辛格在1972年3月对此进行了回报。埃文斯制作的《教父》当时即将在纽约首映，到最后一分钟，马龙·白兰度突然决定不出席首映礼。埃文斯碰到这种事往往会不知所措，他知道他需要一位大人物让这场首映礼成功。于是他打电话给基辛格。那个时候给基辛格打电话不是很好的时机，因为北越刚发动了攻击，巴黎和谈也破裂了，基辛格正要启程密访莫斯科，而且还计划在海防港布雷。所以基辛格回绝了。埃文斯还不死心，说："可是我这儿需要你。"基辛格很不情愿地当晚飞到纽约。出席首映礼的还有艾尔丽·麦古奥、拉克尔·韦尔奇、杰克·尼科尔森和波莉·伯根等明星。《时代》周刊的人物版报道："但是当时的超级巨星是亨利·基辛格。人们争相在镜头前与总统国家安全事务助理攀谈，让首映礼延误了15分钟。"

基辛格从好莱坞找乐子在某种意义上是为了逃离圣克利门蒂，尼克松常常一到圣克利门蒂就待几个星期。基辛格还有一个选择，就是乘直升机去棕榈泉找制片人哈尔·沃里斯或银行业大亨泰德·卡明斯。一度是基辛格朋友的《美国大观》杂志编辑洛伊德·希瑞说："他喜欢的逃避处是可以和富贵显赫的名流厮混的地方。"

到1972年，基辛格作为出乎意料的性感象征的名声成了国际恶搞的笑话。那年《哈佛讽刺家杂志》刊登了一篇滑稽模仿《时尚》杂志的文章，杂志里夹了一页可以展开来的插页，显示基辛格裸体躺在一条毯子上，标题是"政府行政部门的禁果"（其实赤身裸体的是一名波士顿出租车司机，只是被换成了基辛格的头像）。这一期杂志卖了110万份。西贡最大的一家日报在基辛格带着在巴黎商定的和平方案抵达西贡当天刊登了这张图片，阮文绍以为真的是基辛格的照片，大为震惊。乔治·阿尔巴托夫买了一本，带回国给勃列日涅夫看，勃列日涅夫把它钉在他的办公室墙上。[8]

尼克松和他左右的人起初对于基辛格在社交圈玩耍还觉得有趣。埃利希曼甚至还把吉尔·圣约翰的半裸照片放大，挂在空军一号里面。当全国妇女政治核心小组邀请基辛格参加她们的年度聚餐，并说他可以有自己的一张桌子，可以带7位女性朋友参加时，他有点明知故问地请教白宫政治主任查尔斯·柯尔森，问他这样做是否合适。柯尔森这样回答他：

> 这就像教皇要我家附近的新教基督教会的牧师给他宗教教导一样。我哪有资格跟你谈女人？全国妇女政治核心小组里面都是些扔炸弹的角儿——格洛丽亚·斯泰纳姆之流，还有你众多的其他女友。要是我，我是死也不会去那种场合的——当然，我不是美国政府里的"花花公子"。在这种情况下，我看你八成逃不掉了。你得去，但你得冒着被棒打的危险。

尼克松知道基辛格的"花花公子"的形象有其用处。他后来说："我觉得那个形象在那个时候是有帮助的。毕竟那个时候令人高兴的事比较少。"此外，尼克松和他的密友比比·瑞波佐还可以像在更衣室同伴间那样，拿那些女星的袅娜身姿跟基辛格开玩笑。据尼克松回忆："那时候我们可欢乐了，因为我们可以大谈那些美人儿。"有一天下午，基辛格正要飞往好莱坞，在圣克利门蒂的直升机停机坪上，尼克松拍拍他的背，以让新闻记者都能听到的声音说："亨利，你今晚可别干什么越轨的事哦！"

其实，尼克松也有点嫉妒，这从他谈到基辛格的社交生活时用的鄙夷的语调就可以听出来。尼克松曾说："他喜欢参加宴会。我去过的宴会非常多，不胜其烦。我以前也喜欢过，亨利再多去几次，也会厌烦的。"

后来，尼克松的嫉妒和鄙视还是占了上风。在1971年的一天的晨会上，他忍不住向霍尔德曼痛批"亨利总是跟电影明星到处抛头露面"。霍尔德曼也同意，他说那是因为基辛格喜欢被人追捧。尼克松不饶地说："他那是在丢人现眼。成年人这都不知道吗？不能再任亨利这样下去了。你快想个办法，想个办法！"

霍尔德曼除了把总统的命令写在他的笔记本里，也想不出什么办法。他唯一能采取具体措施的就是在国宴这件事上。基辛格和白宫社交秘书露西·温彻斯特讲好了在正式宴会上要把他安排在最美丽的女宾旁边。如果哪一次她令他失望，第二天他就会找她抱怨："露西！你怎么让我坐在一个98岁的老女人旁边！"1971年，霍尔德曼在和尼克松进行了一次谈话后发出一份"落实备忘录"：

> 在国宴席位安排上，总统觉得不应该每次都要把亨利安排在最美丽的女子旁边。他应该坐在头脑聪明、谈吐有趣的宾客旁边。不要继续把他安排在最漂亮的人旁边了，因为已经有闲言碎语，影响不好。[9]

最好的春药

有一天晚上在洛杉矶的希尔顿酒店的酒吧餐馆 Trader Vic's 里，舞者安娜·米勒看到基辛格公然与吉尔·圣约翰打情骂俏。第二天，在好莱坞的一次晚宴上，米勒正是基辛格的舞伴。她好意地提醒他，"在越南打仗的美国年轻人经历枪林弹雨之际"，他那样公开的轻佻之举不合适。

基辛格猛地沉下脸来。"米勒小姐，"他不再称呼她安娜，"你对我一无所知。我大半辈子婚姻不幸福，没过上开心的日子。现在正是我享受人生的机会。这届政府卸任后，我会回去做我的教授。但是只要在这个位子上一天，我就会好好把握这个机会。"

基辛格带着高中生在毕业舞会上才有的喜悦以及放荡的中年男人惯有的俏皮眼神，徜徉在女人的殷勤关注中。他喜欢和她们周旋，也喜欢别人关注到他与她们周旋。有时甚至在星期六的午餐时间，基辛格也会带着一位耀眼的金发女郎到白宫餐厅，坐到彼得·彼得森的边上，然后在他耳边说："你嫉妒死了吧，彼得？"

他对漂亮女人的痴迷有时足以化解他的怒气。如果他的手下人在行程或会议安排上犯了必然让基辛格暴跳如雷的错误，他们就会找一个最漂亮的年轻女秘书告诉他这个失误。同样，白宫新闻办公室也比较愿意用当时还是新闻办助理的黛安·索耶去做类似的事。这样的做法几乎屡试不爽。

其实反之亦然，女人也挺迷他。1972年对花花公子俱乐部的兔女郎做了一份调查，在"我最愿意与他约会"一项下，他拔得头筹。他对这个现象的解释是，他的权势让女人发情。他有一句广为人知的名言："权力是最好的春药。"

基辛格在讨女人喜欢这方面的秘诀其实也被他用在男人身上：如果他想讨好一位男性，他会奉承他，倾听他的话语，频频点头，并且盯住对方的眼睛。但与对男性不同的是，女性想跟他谈的时候，基辛格会表现出高度的耐心。包柏漪说："在70年代，男人很少真正地倾听女人讲话。亨利会认真地跟你谈话，从你那里发掘你知道些什么，正在想些什么。"他有本事而且也愿意让像吉尔·圣约翰这样的人感觉自己很聪明，使像雪莉·麦克雷恩这样的人感觉自己很有政治头脑。丽芙·乌曼说："除了英格玛·伯格曼，他是我见过的最有意思的男人。他散发着一种令人着迷的魅力，一种奇怪的气质，他会用一种看不见的网把你掳获。"

当他在公开场合与女子吃饭时，他会很富同理心地听她们谈自己，谈她们的生活、她们的希望，甚至她们的一些不着调的新时代哲学思想。他会在晚上打电话给她们，一谈就是一小时，甚至更久。吉尔·圣约翰说："他是个很好的朋友，尤其是个聊电话的好朋友。你需要他的时候，他永远不会缺席。"

基辛格跟女人的关系其实没有什么见不得人的秘密。他喜欢跟她们出去约会，但是不进家里。他对对外事务的痴迷远胜于对家里的事务的兴趣。芭芭拉·霍沃说："亨利的罗曼蒂克仅止于在约会后用他的车送你回家时会开慢些。"他或许真的是华盛顿最不沾腥的好色之徒。他的朋友彼得·彼得森曾经说："人们说，是的，他没跟这些女人干什么，但是那又怎样呢？谁会追究当年总统办公厅主任舍曼·亚当斯收受那件昂贵的骆马绒外套后是否穿过它。"[10]

一个很有代表性的交往是他和简·戈尔丁（后来成为简·库欣·艾默里）的关系。她是个聪明、俊俏、想更上一层楼的纽约人。基辛格在 1970 年和 1971 年和她交往，当时她 22 岁，单身，住在曼哈顿。最初是柯克·道格拉斯把她的名字给了基辛格。有一天基辛格冷不丁地给她打了个电话，邀请她到华盛顿吃饭。

她飞到华盛顿时，基辛格手下一位低级军事助理来接机，然后开车送她到老牌费尔法克斯酒店的骑士俱乐部与基辛格见面。这是个高能见度的社交场合。用餐途中，有电话找他，一去就 40 分钟，这令戈尔丁有些恼火。基辛格回到餐桌时，吞吞吐吐地道歉，说国务卿找他征求他的意见。但是跟她在一起时，他很殷勤，他问她将来有什么打算，还问她对各种问题的看法。她回忆道："那真是令我陶醉的经历。"

戈尔丁和基辛格交往了 5 个月左右，地点都在华盛顿，因为他已经答应南希·马金尼斯在纽约他不会跟任何其他女人约会。于是虽然基辛格和戈尔丁都是单身，而她对他有意，两人之间却没有朝着男女关系发展。只有一次她随他进了他的公寓；到了公寓里，基辛格的一个助理正在忙着接电话。据戈尔丁的计算，打进来的电话有 40 多起。她说："在那样的氛围里，即使你再迫切地想罗曼蒂克一番，也罗曼蒂克不起来呀。"

戈尔丁后来说，他们也笨拙地试过让他们的关系有进一步的发展，部分原因是觉得对方有这个意思。她说："我俩都觉得我们的关系应该再罗曼蒂克一点，但最终我们还是仅仅是朋友。我觉得亨利根本对性没兴趣。每到紧要关头他就不行了——我想那是因为他脑子里装了太多事情，顾不上这种事。也许权力对他而言是春药，但也是他的高潮。"

他们的关系通过电话延续着，后来终于友好地结束了。她写了一个条子给基辛格，说她准备跟投资银行家、纽波特上流社会名人弗雷德·库欣结婚，然后跟他搬到巴黎。如果基辛格到巴黎，欢迎打个电话找他们。

在 1972 年巴黎和谈期间，他还真的给她打了电话，邀请她吃午餐。

她问要不要带上弗雷德。基辛格说不要，那样多煞风景。她在大使馆附近的餐馆 Chez Tante（姑妈家）订了座。那是个虽然没有评上星，但是蛮不错的餐馆，其后也曾名噪一时。基辛格在巴黎的谈判此时已不是秘密，他后面总是追着一大堆记者。午餐过后，餐馆的总管跟他说餐馆前面已经簇拥一群记者，不过他可以轻易地让他俩从后门溜走。基辛格说，不用了。他们从正门走出去，没有立刻坐上已经在等他们的车，他陪着她走了一段路，让记者拍了个够。他跟"一个不知身份的年轻金发女郎"——《每日新闻》说的"神秘女郎"——的照片上了全世界的头版新闻。

那年秋天，简·库欣和她丈夫也在巴黎多次设晚宴招待基辛格。当她问他该请些什么陪客时，他说希望能见一些有意思的国际社交名流和满世界跑的时尚圈子里的人。邀请名单包括欧洲罕见的王室成员和阿德南·卡舒吉这样的大亨（有一次他们讨论中东问题时，他拥抱基辛格说，"我们都是闪米特人"）。基辛格开始非常喜欢这个圈子的人。他们对于他说的那些小道内部消息和他的见解兴趣浓厚，不过弗雷德·库欣常常会扫基辛格的兴，把话题从政治转换到其他比较适合纽波特上流社会桌上的话题。[11]

另一位见证了基辛格的不身体力行的好色特点的是玛霞·梅特林科，她曾经参加多个选美比赛，华盛顿一个业内团体曾封她为"大爱小姐"。虽然他们在华盛顿和加利福尼亚约会几十次，可她回忆："我们主要是吃饭。我永远在午夜之前回到家里。他通常送我回家后还有工作要做。"

即便他们在馆子里用餐，基辛格也总是不断接听电话。梅特林科说："好像随时都在发生危机需要他处理。"但是只要他们在一起，他都表现得很殷勤。"他躯体动作很多。他会触摸你的头发或在桌子下跟你牵手。他会留意到你的头发和你的指甲油。"他们的交往多半时间是在电话里；她利用他们在电话里聊天的时间，针织了一幅世界地图，后来她把它缝在枕头上，当作生日礼物寄给他。[12]

有一位渴望做基辛格情人的法国女子甚至公开宣示了她那无果的单恋。这位女子叫丹妮尔·虞纳贝尔，是巴黎一位出名的自由撰稿记者。

在制作一段有关基辛格的电视报道的过程中，她对采访对象表现出即使在那个新闻尺度已经比较宽的时代都让人难以容忍的亲密。特别令她感到困惑的是基辛格并不避讳公开与她调情，打电话时俩人甜言蜜语，但是每当她想更亲近时他又跟她保持距离。她后来出了一本名为《亲爱的亨利》的平装书，书中心碎地表白："我试图去了解他，但我放弃了，我开始爱上他。"

虞纳贝尔有基辛格的电话号码，有时她会一大早给他打电话。他会很温柔地哄她，答应一定会尽快找机会跟她出去吃午餐。有一次她留了字条在他公寓门底下，他在凌晨 2：00 给她回电。她记得："他的温馨、舒缓、充满感情的声音搅动了我的情欲。"

可是，在少有的安排了晚餐或午餐的场合，基辛格又会变得不那么热情。他后来告诉她，他的第一任妻子常年对他施加情感"讹诈"。他说："我受不了别人给我压力，特别不能容忍又有一个女人给我压力。"

虞纳贝尔自己也说，基辛格不断地把她推开。他从来不回复她热情澎湃的情书，而且总是让他的助理打电话给她取消约会。他们最后在一起的那次是在 1970 年 9 月初，那个月他正忙着处理约旦、古巴和智利的危机。虞纳贝尔原希望把她制作的法国电视黑白纪录片卖给美国哥伦比亚广播公司，但是这家美国商业电视台决定要自己制作一个类似的纪录片。他为了安慰她，带她到 San Souci（无忧无虑）用午餐。当时那家餐馆的老主顾乔·克拉夫特和阿尔特·巴克沃德都在场，他们目睹了他俩情绪激动的对话。

在吃香橙鸭这道菜时，她责怪他跟太多年轻女星出双入对。他回答说："你说那些女演员？她们想利用我，得到免费宣传。我不把她们当一回事。"

她的情绪变得激动起来，她向他要他公寓的钥匙。她说有了钥匙，她会把他的公寓装潢一番，摆放许多花，把那里变得非常罗曼蒂克。他的回答是："犯不着，我只把它当作睡觉的地方。"

"亨利，有时候我觉得你因为你前妻而迁怒于我。"

"丹妮尔，这是很不幸的。我很喜欢你。但是以我现在的处境，我必须逃避任何感情。我不能让自己心软下来。"

"你会说谎吗？"

他回答说："当然会！当我需要保护自己时就会说谎。"

就这样，基辛格得以摆脱一个有些疯狂的女性崇拜者，而继续处理刚发生的巴解组织劫机事件，以及在约旦正在升级的危机。

就在他与虞纳贝尔共进午餐的同一天，迈克·华莱士和他的哥伦比亚广播公司制作团队对基辛格进行了最后一次专访。当虞纳贝尔来到白宫，她发现哥伦比亚广播公司这个栏目是由制片人玛格丽特·奥斯莫尔负责，而奥斯莫尔曾经在巴黎问过她有关基辛格的事。这让虞纳贝尔非常愤怒。奥斯莫尔是个非常专业的新闻记者，也偶尔跟基辛格约会，但是她对这层关系拿捏得十分得体。

基辛格对两个东西着迷，一个是媒体世界，另一个是对外政策，而奥斯莫尔对这两方面都熟门熟路（她后来在对外关系委员会担任会议事务主任）。基辛格喜欢和她交谈。他们有过一次广为人知的约会，那是在1971年7月，他刚结束对中国的密访，途经巴黎，与黎德寿举行又一次密会后，身后跟着一大批记者。《新闻周刊》的梅尔·埃尔芬后来说，基辛格是唯一利用他的私生活掩藏他的专业活动的人。[13]

虽然他与年轻女星出双入对出了名，但基辛格还是比较喜欢跟熟悉媒体的专业女士约会，她们包括黛安·索耶、玛格丽特·奥斯莫尔和芭芭拉·霍沃之辈。他在1969年资深外交官戴维·布鲁斯的夫人伊万杰琳做东的一次宴会上认识了霍沃。霍沃操着卡罗来纳口音说："我们坐到这张沙发上吧，这样我们可以促膝交谈。"他告诉她，尼克松和他次日要去中途岛跟阮文绍总统谈撤军的事，但是事情办完之后，他希望能打电话约她吃晚饭。

她说："如果你能办成从越南撤军的事，你可以打电话给我，跟我干什么都行。"

他说："跟你用个晚餐就够了。"后来他们就成了朋友。[14]

他们开始约会不久，霍沃就知道基辛格只对一个女人是认真的，那就是南希·马金尼斯。基辛格在1964年共和党大会上认识了这位身材修长、出身名门、为洛克菲勒团队担任研究助理的女子。霍沃回忆道："她非常高雅，跟亨利真的是绝配。"除了他要好的朋友外，其他人都不知道马金尼斯几乎每个周末都从纽约过来，下榻在海-亚当斯酒店或费尔法克斯酒店，避开高能见度的社交场合。她甚至很熟悉他公寓内部的情况，虽然多年后回忆起当时公寓里的邂逅她还是心有余悸。有一次她发现衣服上一个扣子松了，到处找剪刀，结果发现家里居然没有剪刀。

南希·马金尼斯和基辛格的其他女人不一样，她厌恶抛头露面，此乃家教使然。她是得到纳尔逊·洛克菲勒赏识的；她曾经是洛克菲勒的对外政策研究员，而且是纽约上流女性会所"殖民地俱乐部"的会员。1964年共和党大会上和她初次见面不久之后，基辛格就向她求过婚，后来仍锲而不舍。[15]

第 18 章

长刀之冬：失手印巴之战，基辛格跌落谷底

> 在每一次谈判中，卡斯尔雷跟他的内阁的斗争都要比跟他的外国对手的斗争更为艰辛。
>
> ——基辛格 《重建的世界》，1957 年

印度－巴基斯坦战争，1971 年 12 月

英国曾经热衷于殖民主义，却从未掌握非殖民化的艺术。在终于还给印度自由之后，英国人在 1947 年把印度的穆斯林地区划出去，建立了巴基斯坦。巴基斯坦分成两个部分，中间隔着 1000 英里的主要是信奉印度教的印度。西巴基斯坦的居民主要是旁遮普人，在政治上地位高于较贫穷的、主要是由孟加拉人组成的东巴基斯坦。这两个巴基斯坦之间的唯一纽带是它们共同信仰的伊斯兰教，但这个纽带并不足以掩盖和包容它们在经济和族群上的差异。

东巴基斯坦逐渐开始自称孟加拉国，1970 年 11 月，一场毁灭性的飓风袭击了东巴基斯坦，造成了 20 万人丧生，更加强了分离主义的情绪。在之后那个月的国家议会选举中，主张东巴基斯坦自治的人民联盟赢得议会 169 席中的 167 席。在西巴基斯坦，反对国家分裂的佐勒菲卡尔·阿里·布托胜出。选举结果使得总统叶海亚·汗无法按计划将权力移交给文人政府。

叶海亚·汗的解决办法——连为他辩护的基辛格后来都说这个办法

"鲁莽"——下令粗暴镇压，逮捕人民联盟领袖谢赫·穆吉布·拉赫曼。巴基斯坦军队驾着美制 M-24 型坦克开进达卡，在 1971 年 3 月，开始了一场对自己人民的有系统的大屠杀，目的就是镇压孟加拉国独立运动。

即使在一个充斥着种族灭绝疯狂行为的世纪里，那次镇压亦可谓惨不忍睹。大学的女生宿舍被焚烧，学生往外逃时又被机关枪扫射。报纸报道了士兵对几百名儿童的暴行：残酷地切断他们的手臂，杀掉他们的父母。短短三天，约 1 万人被杀；到年底，死亡人数已超过 50 万。

有 1000 万难民开始越境逃往印度，那可能是现代史上最大规模的外逃难民潮。这个汹涌的难民潮的涌入使得印度总理英迪拉·甘地公开呼吁东巴基斯坦自治。就这样，巴基斯坦的残酷内战导致了它与它的历史敌人印度的摊牌。

美国国务院罕见地一致要求谴责巴基斯坦的镇压行为。美国驻印度大使肯尼斯·基廷发回电报称："值此时刻，坚守原则是最好的政策。"当镇压继续而华盛顿一直保持沉默时，美国驻东巴基斯坦的领事阿切尔·布拉德发回一份由 19 名当地美国外交官署名的请愿书。请愿书中说，不谴责这种对民主的镇压"既不符合我国广义的道德利益，也不符合我国狭义的国家利益"。一个包括国务院、国防部、中情局和基辛格自己幕僚的跨部门小组表示，巴基斯坦军队的残酷使得美国为了自身利益应该更向印度倾斜。[1]

但是基辛格在 1971 年初有其他考虑。巴基斯坦和它的总统当时为美国提供了去往中国的秘密渠道。1971 年 4 月初，美国乒乓球队访问北京，结束时，巴基斯坦大使转交了一封邀请尼克松派特使的信函。基辛格回信感谢叶海亚·汗"谨慎细致的外交手腕"，用这种措辞赞美这位总统颇为奇怪，因为那时全世界的报纸都在报道他在血腥镇压自己的人民。

由于基辛格保全这个重要渠道心切，或者不愿意让人觉得他对叶海亚·汗不知感激，因此美国对巴基斯坦的政策变成了基辛格偏好秘密外交的又一个牺牲品。他还觉得战略大局——特别是如何与中国构建全球三角关系——应该比道义感更重要。在他眼中，巴基斯坦和印度之间的矛盾不只是地区问题，更是美苏之间的代理人冲突。这个冲突凸显了他的外交工作的两个基本主题：现实主义远比道德考量重要，以及他倾向于通过美苏竞争的棱镜看待各种争端。

加之尼克松对印度的英迪拉·甘地总理心存个人偏见，这使得基辛格的亲巴基斯坦的观点有了更大的助力。尼克松平时在谈话中提到甘地夫人都以"那婆娘"相称，碰到他在气头上，对她的称呼就更不堪入耳了。基辛格说，她总是一副道德上高人一等的神情，而且在谈话中不时地陷入不屑的沉默，这"就勾起了尼克松内心潜在的不自信"。

1971年7月基辛格密访中国回美后，在圣克利门蒂向总统及其高级顾问们提交了一份地缘政治分析报告。印度很可能将孟加拉危机作为肢解它的历史宿敌巴基斯坦的借口。苏联像一个火场上的纵火狂，在鼓动印度。如果印度发动攻击，中国可能驰援巴基斯坦。那时，苏联会出手帮印度。为了防止印度发动攻击和苏联插手，美国应该坚定支持巴基斯坦。[2]

这个分析虽然精彩，但却有一点美中不足：它并不正确。印度在整个危机过程中都坚称它对巴基斯坦没有领土野心，而且以行动证明了这一点；苏联声称它要求各方克制，而且也的确这么做了；中国根本没有要出手帮巴基斯坦。后来发动第一波全面攻击的是巴基斯坦，而不是印度。

国务院不同意基辛格的观点。国务院的评估是，印度并无攻击西巴基斯坦的计划，苏联也并未要印度这么做。这个评估得到中情局的支持。如果战争爆发，华盛顿应该跟印度与苏联共同努力防止中国介入。当国务院在7月底的高级审查小组里提出这个论点时，基辛格气炸了。他说："总统一直说要向巴基斯坦倾斜，但是我看到的每一个建议都与此相反。我有时不禁怀疑自己是不是在疯人院里。"这是他第一次在记录中用"倾斜"这个词，后来这个词成了尼克松政府政策常用的口号。[3]

同年8月，印度和苏联宣布缔结新的友好条约，基辛格更加恼怒。国务院则乐观其成：这个友好条约没有包括苏联通常对它更亲密的盟友会承诺的强力共同防御的义务，而且有情报显示，这个条约对新德里会起到一种遏制的作用。但基辛格却称该条约为"震撼弹",还说情报非常"愚蠢"。

苏联与印度缔结友好条约的一部分原因是基辛格的中国之行。虽然在这之前印苏的条约已经酝酿了两年,但在基辛格离开北京回国后,印度马上派特使到莫斯科敲定这个条约。当新德里的领导人发现基辛格到访巴基斯坦是为了掩饰他访华而演出的虚晃一招的戏码时,非常不悦。基辛格在一系列吹风会中夸耀他和叶海亚·汗一手包办了访华的全部后勤安排,这不啻火上浇油。基辛格打造了美国与巴基斯坦的盟友中国之间的新关系,这使印度更加向苏联靠近。

1971年11月,就在这样不愉快的情况下,印度英迪拉·甘地总理到华盛顿进行国事访问。基辛格后来说,她在白宫的会谈是"尼克松与外国领导人的会谈中最不幸的一次"。

虽然甘地夫人赞扬尼克松向中国开放,但是基辛格觉得她的语气就像一个教授在赞扬一个比较落后的学生。接着她完全不管尼克松说的印度在巴基斯坦问题上需要克制的意见,而直接给尼克松上了一堂印巴争端的历史课。尼克松为了报复,在她到白宫进行第二次会谈时让她等了45分钟。

基辛格在这次会谈中发挥了主导作用,这令甘地夫人大吃一惊。她后来回忆:"尼克松先生说几分钟之后,就会说:'亨利,我说的对不对?'接着亨利就会说半天。然后尼克松又说几句,然后又问:'亨利,你说是不是呢?'我还不如跟基辛格谈呢。"

会后,基辛格确信甘地夫人的目的是摧毁巴基斯坦。他的这一成见影响了他向总统提出的政策建议,也影响了他对事实的认识和观点。11月22日,印度越界进入东巴基斯坦进行支持孟加拉分离主义分子的军事行动,当时,以及现今回顾起来,只有极少数人认为这个行动揭开了全面交战的序幕。基辛格就是这少数人中的一个。他后来写道:"我当时确信我们正目睹印巴战争的开始,而发动这场战争的是印度。"然而国务院认为这些小规模冲突不足为虑;连巴基斯坦总统叶海亚·汗都在次日发电报称,他对于避免战争仍抱有希望。[4]

第18章 长刀之冬:失手印巴之战,基辛格跌落谷底大多数客观的史学家还是认为1971年印巴战争开始的日期是12月3日。那一天，巴基斯坦干了一件与前一年的镇压一样鲁莽和没考虑后果的事：它从本无战事的西巴基斯坦对印度展开了一次偷袭行动。这就给了印度一个借口，它可以一方面装出一副爱好和平的受害者的样子，一方面进行全面反击。

在当天的华盛顿特别行动小组（危机管理委员会）的会上，基辛格要求国务院接受尼克松的亲巴基斯坦的"倾斜"。基辛格告诉聚集在白宫战情室的助理国务卿们："总统每半个小时就对我发一次脾气，说我们对印度不够强硬。他刚才又打电话给我。他觉得我们没有落实他的想法。他要美国向巴基斯坦倾斜，力挺巴基斯坦。"

这次会议明确显示基辛格毫无疑问掌握着政府大权。会议记录的大多数段落都以"基辛格博士下令""基辛格博士还指示""基辛格博士要求"等字眼起头。提到其他参与者时用的动词则仅仅是"提议"。基辛格只是偶尔提到不在场的总统，仿佛他是个遥远的幽灵。[5]

但是基辛格并不仅仅是不爱露面的尼克松旨意的转达者，他还在尼克松身边推波助澜。他在12月5日告诉总统："如果我们现在退却，苏联再也不会拿我们当一回事了，中国也会瞧不起我们。"尤其当美国正不可避免地要从越南撤军的时候，这只会鼓励苏联在世界其他地方"冒进"。基辛格在与尼克松的另一次谈话中说得更露骨："我们不能让我们和中国的一个友国在一场与苏联的友国的冲突中吃亏。"

第二天上演了一幕显现尼克松真实一面的戏码。总统当天召开了两次国安会的会议。一次是在美国全国广播公司镜头前开给公众看的假会，接着才开真的会议，而后者与电视观众看到的完全不一样。在电视镜头前，尼克松告诉他的顾问们："你们要广为宣传我们如何帮助难民，等等。"而在真的会议上，基辛格和罗杰斯之间发生了激烈的争吵。罗杰斯指责基辛格采取了"中方的立场"，基辛格后来抱怨"罗杰斯完全没有地缘政治概念"。像往常一样，尼克松在会上拒绝与罗杰斯起正面冲突，所以罗杰斯还以为"倾斜"政策只是基辛格有害影响力的产物。[6]

由于亲巴基斯坦的"倾斜"政策不受国会和公众的欢迎，基辛格试图将其保密。在12月7日的一次不透露消息来源的记者吹风会上,他说"政府反印度"的传闻是"完全不正确的"。后来巴里·戈德华特参议员好心地把基辛格这次的吹风会公开了,而杰克·安德森为了揭发这种虚伪行为,报道了有关"倾斜"的说法,结果很快造成了又一次公信力落差。此外,基廷大使发回一封分明会外泄的低保密级别的电报(果然一天内就泄密了),逐点反驳了基辛格的吹风要点。[7]

那天基辛格收到的一份中情局的报告更加激起了他反印度的偏执。报告称,甘地夫人告诉她的内阁,如果印度不拿下巴控克什米尔有争议的一些地区,并消灭"巴基斯坦的装甲和空军力量",她是不会接受停火的。基辛格在他的回忆录,也许是无心地引述中情局的报告时说,甘地夫人要消灭巴基斯坦的"军队"而不是报告中说的"装甲",也就是进攻性的坦克部队。而在当时,基辛格更是明显夸大了中情局的这个报告:他比大多数其他官员(包括中情局局长赫尔姆斯)更相信这个报告,他坚持认为这意味着印度政府要"肢解"和"摧毁"西巴基斯坦。

基辛格另外一个推动政策的论点是,应该把印度看作大国对抗中的一个代理人,这个概念要是说给印度这个人口最多的民主国家的人民听,他们一定会感到惊讶。结果,就像在越南、约旦和其他地区一样,基辛格开始认为,要解决区域争端,只要向莫斯科施压就行。基辛格说:"我们判定,阻止印度打垮西巴基斯坦最有希望的办法就是增加莫斯科所冒的风险。"

苏联驻华盛顿使馆的二把手尤里·沃龙佐夫这时正在代理回国休假的多勃雷宁的工作。白宫多次召见他,向他宣读严厉的警告,就像在约旦危机发生的时候一样。但是沃龙佐夫也不能做什么,所以也就什么都没做,这就暴露了美方的威吓只是虚张声势,不会来真的。

这也导致了这次危机中最滑稽的一幕。那时苏联的农业部长,一个块头大、个性活泼、名字叫作弗拉基米尔·马茨凯维奇的人,正在美国做亲善访问。他是美国农业部长鄂尔·巴茨的"苏联版":大块头,友好,总是乐呵呵的,但不是心思缜密的人。当马茨凯维奇被意外地带到白宫椭圆形办公室与总统进行预先并未安排的会晤时,他误以为尼克松记起了1959年访问莫斯科时曾经在一次午餐会上与他同桌。马茨凯维奇转达了勃列日涅夫的衷心问候。接着尼克松就开始侃侃而谈，阐释南亚次大陆的危机。尼克松说："苏联和印度有个条约，我们跟巴基斯坦也有个条约。"意思就是，如果印度入侵西巴基斯坦，美国不会坐视不管。马茨凯维奇很真诚地回答，这类问题非其所长。[8]

就像在其他危机里一样，基辛格也变得很喜欢发信号。他曾在约旦-巴解组织的战争中派出海军特遣舰队到东地中海游弋，这一次他在没有和国防部长莱尔德商议的情况下，命令海军少将埃尔莫·朱姆沃尔特让"企业号"航空母舰从越南出发，驶往孟加拉湾。基辛格发出命令，然后又修改命令，特别是他让"企业号"在白天穿过马六甲海峡，朱姆沃尔特对于这样把军事部署当作信号使用而不是为了执行具体任务的做法很是恼火。朱姆沃尔特一直追问，到底这支特遣舰队的"任务"是什么。他回忆道："我觉得，在没有明确下达任务的情况下，送一支特遣舰队进入最可能受到伤害的地方是不必要的冒险。"

基辛格发送的这个信号有个问题，那就是已经有英国、苏联和印度的各种舰船在孟加拉湾附近巡航，谁会知道这个信号的个中含义？1989年，朱姆沃尔特访问印度时和印度的退休海军司令见面。讨论中，朱姆沃尔特为他所谓的"基辛格对印度的不理性的敌意"道歉，并问对方，在1971年美国派出特遣舰队时印度海军有没有感到特别受威胁。这位印度海军上将说没有。事实上，他当时向他的舰队下令："如果你们碰到美国海军舰船，就邀请他们的舰长上船喝杯酒。"

到12月12日星期日，经过一个星期的战斗，已经可以看出印度即将获胜。那一天，基辛格和尼克松在白宫收到一个信息：中国驻联合国大使要递交一份正式照会。

这是北京第一次在一个危机中采取这样的措施。据基辛格回忆，他猜到照会中会说中国将向巴基斯坦伸出援手。根据这个假设，他和尼克松得出一个重大结论：他们不但不会阻止中国将一个区域战争变成大国对抗，反而将回答，如果中国介入，美国会努力阻止苏联报复，换言之，美国会鼓励中国将战争扩大。

这个决定是在国务院和国防部不知情的情况下做出的，它们如果知情，肯定是会反对的。基辛格后来承认："那不是管理危机的理想做法。"黑格被派到纽约接受中国的照会，如果照会里所说的的确像基辛格猜测的那样，那么他就可以向中方转达美方的保证。

可是结果证明基辛格"猜"错了，中方照会中并没有提到要出手帮巴基斯坦。北京的信函只是说中方愿意支持联合国做出的任何停火呼吁。[9]

虽然苏联人也支持停火，但基辛格觉得他们在遏制印度这方面还做得不够。所以在一次不透露消息来源的新闻吹风会上，他威胁道，如果苏联不改变做法，总统可能会重新考虑原定的第二年5月访问莫斯科的计划。《华盛顿邮报》觉得这个说法太具有爆炸性了，必须透露消息来源。于是它违反了这种背景吹风的规则，直接引述了基辛格的话。

基辛格这番话在白宫造成了危机。虽然尼克松私下曾不太高兴地向基辛格表示，可能要取消这次峰会，但并没有让基辛格把这句话当真，因为他对于这次历史性的莫斯科之行是非常兴奋的。于是只好让新闻秘书泽格勒出马，向外界声明基辛格弄错了，美方并未重新考虑莫斯科峰会。其他官员起劲地到处放话，说这次基辛格越权了。基辛格原来想发给莫斯科的信号变得就像那个特遣舰队一样没起作用。[10]

但是局势好转了，因为12月16日印度提议停火，巴基斯坦立刻就接受了。甘地夫人结束了战争，她并没有想要肢解西巴基斯坦或夺取有争议的克什米尔的任何一寸领土。基辛格说："我深信，那是因苏联施压而不情愿地做出的决定。而苏联之所以施压，就是因为美国的坚持，包括美国舰队的移动和美方愿意冒峰会破局的风险。"

要证明他的评估不正确是很难的，但是至少可以说他有夸张之嫌。在美国派出那支漫无目的的舰队和向莫斯科发出其他警告之前，印度和苏联已经宣布，它们希望实现的是孟加拉国的独立，并与西巴基斯坦关系恢复原状。最后证明它们此言不虚。前国务院官员雷蒙德·加特霍夫说："即使没有一个地缘政治大师的三角外交把戏，印度和苏联毫无疑问也会在危机的任何一刻接受这个结果。"

但是基辛格正确地认识到，国务院的预测是不准确的，美国向巴基斯坦倾斜不会永远将印度推向苏联。当基辛格后来拿印度对莫斯科的不忠开玩笑时，向多勃雷宁大使引述了奥地利前首相菲利克斯·施瓦岑贝格在俄国帮助他平息1848年的匈牙利叛乱后说的一句话："有朝一日，我们会让世界惊讶地看到我们是多么忘恩负义。"

这话也适用于巴基斯坦。虽然这个国家在阿里·布托的统治下还是美国的盟友，但是在它的核武器计划上，两国争议不断。布托的女儿贝娜齐尔·布托说，他父亲在被推翻之后，直到被处决，一直都将自己的垮台归咎于基辛格。当贝娜齐尔成为巴基斯坦的总理时，她是温和的亲美派，但她一直保留了她父亲对基辛格的敌意。[11]

这样的后果即说明，只从美苏全球斗争的角度看印巴争端是过度简单化的观点。在其他许多方面，基辛格这回的坚持代价不可谓不大。

- 美国在一场内战里支持了不义的一方：西巴基斯坦的政权残酷镇压了在自由选举中获胜的一个民主运动，并且在这个过程中屠杀了几十万无辜的人民。
- 美国在犯了道德错误之后，接着又犯了一个实用政策上的错误，因为它在一个区域战争中支持了战败方：巴基斯坦愚蠢地对印度发动攻击，而且以惨败告终；苏联支持的一方如今已成为区域的强国。
- 从观感上，大家越来越觉得基辛格的对外政策不关心人权。有时候不强调道德可能有道理，但是在美国，公然这么做在政治上是很难过关的。1976年罗纳德·里根和吉米·卡特决战总统大位的一个主要因素，就是尼克松和福特在位那几年美国对外政策道德基础的缺失。
- 由于华盛顿特别行动小组会议记录泄密，因此美国政府所谓的对双方持平政策遭人耻笑，美国政府的信誉落差更大了。只见嘲讽性的头条以醒目的大字亮出"倾斜！倾斜！倾斜！"，像玩老式弹子机游戏的作弊手法一样。

基辛格从印巴战争中得到的主要经验教训就是，必须强硬地展示武力和决心才能遏止苏联借区域战争获益。基辛格后来写道："这个教训在4个月后越南局势爆发时对我们很有帮助。"

但是长远来说，认为可以用威胁恐吓就能遏止苏联在区域危机里插一脚，或者认为只要对莫斯科施压就能管住美国的区域敌人，最后都被证明是幻想。这么强大的幻想一旦不能兑现，就会带来强烈的破灭感。[12]

文书士官瑞德福的间谍网，1971年12月

Tartar Sam（鞑靼·山姆）这两个词对大多数读了12月14日杰克·安德森的报纸专栏的人而言是没有意义的，其实对安德森自己也毫无意义。但据罗伯特·威兰德海军少将回忆，那个星期二他刚要吃完早餐，看到这两个词"我大为震惊"。连续两天，已经被《华盛顿邮报》移到头版的安德森专栏披露了一些机密文件，文件揭露了美国在巴基斯坦与印度的战争中向巴基斯坦的"倾斜"。而这一天披露的机密文件列出了伴随"企业号"航空母舰开赴孟加拉湾的各艘舰船的名字。名单基本上没有错，除了一点：Tartar Sam，更准确地说，应该是Tartar SAM，它不是一艘军舰，而是一种在驱逐舰上部署的舰对空导弹。

威兰德海军少将是基辛格与参谋长联席会议之间的联络官。他几天前口授了一份备忘录，里面列有特遣舰队的组成舰船。他在驱逐舰的名字后面加注了"有Tartar SAM"，因为他知道基辛格可能不晓得军舰上部署了哪些导弹。由于写得不是很严谨，非内行人看了可能会错误地以为"Tartar SAM"是特遣舰队里的某一艘船，而杰克·安德森的专栏还真的犯了这个错误。由于其他备忘录都没有提到这些导弹，显然就是威兰德的这份文件被泄露了。

但是这份备忘录只送到两个人手中。在口授了这份文件后，威兰德要他的秘书文书士官查尔斯·瑞德福复印了两份，亲自过马路送给基辛格和黑格。威兰德想到，基辛格和黑格当然不会泄露这份文件，就开始怀疑瑞德福，并开始把有关他的已知信息综合起来看：这个年轻的文书

士官曾经在美国驻新德里的使馆工作过，他对美国和印度需要友好交往产生了强烈感情，那年夏天有一个印度学生还住在他家里，且前一个星期他曾对美国派特遣舰队到孟加拉湾表示过不满。他也有机会接触到安德森掌握的其他所有泄密文件。此外，威兰德当时还有所不知，瑞德福这一年来跟安德森交情不错，四天前他还跟这位搞调查的专栏作家（在基辛格特别喜欢的 The Empress 餐馆）共进晚餐。

威兰德（至少在当时）并没有担心他和瑞德福都知道的另一个非常敏感的机密会被泄露。他收集了这些显示瑞德福嫌疑的备忘录，亲自拿到黑格的办公室，并摊放在黑格的桌上。黑格要他把这些调查结果拿去给戴维·扬格。扬格此前是基辛格的助理，现在在埃利希曼底下的"水管工"秘密班组里做堵漏工作。

第二天，扬格和五角大楼的调查员逼问瑞德福，有时很粗暴。他们骂他是浑蛋、叛徒，说他可能害死了在越南的美军同袍。瑞德福多次崩溃，痛哭流涕。他虽然承认与杰克·安德森是朋友，但还是否认是他泄的密。

经过几个小时的拷问，瑞德福交待了一个完全出人意料的信息，这个信息顿时让调查人员傻了眼。一位审讯者说，他突然觉得自己像是置身于电影《五月中的七天》里。这位文书士官告诉他们，在威兰德海军少将的鼓励下，他参与了一个间谍行动，偷取和复印基辛格办公室里的机密文件，将它们交给参谋长联席会议主席托马斯·穆勒海军上将。[13]

瑞德福是在 1970 年 9 月 18 日加入基辛格团队的，那时古巴、约旦和智利的危机都正在进入高潮。他担任了威兰德前任伦勃朗·罗宾逊少将的秘书，成为国安会与参谋长联席会议之间的联络官。瑞德福的任务之一就是在行政办公大楼（基辛格大多幕僚的所在地）和白宫（基辛格和黑格办公室所在地）之间递送敏感文件。

瑞德福是个彬彬有礼、谦逊的年轻人，他有一副对他很有利的天真模样。他干间谍并不是因为他生性喜欢秘密操作。他做这种事其实是因为他很想讨人喜欢。他曾经说过"为博取称赞，不惜花大力气"。他是摩门教徒，所以不碰咖啡，但是他承担了为办公室每个人冲咖啡、送咖啡的任务。如果需要复印秘密文件，他随叫随到。其他秘书都知道，他们去小憩时，瑞德福很愿意替他们代班。

文书士官瑞德福很喜欢伦勃朗·罗宾逊少将，因为少将肯花时间向他解释他的文秘工作应该遵守的办公室规矩。少将给过瑞德福一份名单——里面包括哈尔·索南费尔特、约翰·内格罗蓬特和艾尔·黑格——并跟他说，当这些人来访时，他不可告诉任何人。据瑞德福回忆："将军说如果不该知道的人知道了什么人去见过他，他们可能会怀疑有什么猫腻。"

有一天他们在办公室外面等车，罗宾逊海军少将仿佛不经意地跟瑞德福说，瑞德福可能会接触到参谋长联席会议没看过的文件，如果接触到这种文件，他应该尽可能复印一份。海军少将说，只要他睁大眼睛，很快就会了解参谋长们想看的是什么。虽然罗宾逊没有下达一个直接的命令，但是对于一个希望在海军少将面前表现一番，并希望晋升为军官的海军文书士官来说，那句话就够了。

从此，瑞德福开始经常在夜里到白宫各个办公室的"烧袋"（情报人员用来销毁机密文件的纸袋）里翻找。有时，他会在里面找到被丢弃的基辛格写给尼克松的秘密信函的草稿。在白天，他帮其他秘书复印文件时，也会多复印一份。罗宾逊海军少将甚至还教了他复印这些文件时进行"消毒"的一招：他应该复印那些附有分发名单和其他辨识信息的文件，要用剪刀剪掉这些日后可能会导致被追究责任的信息，然后在后面垫一张白纸，再复印一次，这样就看不出曾经被剪过。

黑格在1970年12月访问越南时，罗宾逊海军少将派瑞德福同行。罗宾逊告诉他，留意参谋长联席会议可能感兴趣的任何信息。他交代瑞德福特别要留意的是：有关撤军的讨论，有关柬埔寨的信息，或者黑格从基辛格那里收到的任何"仅供亲阅"的通信。

罗宾逊在1971年6月离开国安会（次年在东京湾上空因直升机失事而丧生）。继任的联络官威兰德少将继续了这一安排。当基辛格1971年7月一连串地访问越南、巴基斯坦、印度、巴黎，并在中国秘密停留时，在黑格的建议下，派了瑞德福同行。威兰德告诉他："小心点，不要被发现。"

飞机在转往中国前，即将降落在新德里时，瑞德福收集的文件已经多到他的箱子装不下了。他当年在美国使馆的一位朋友同意把瑞德福为了防人动手脚而密封并加了密码的几个信封用外交邮袋寄回。在巴基斯坦，瑞德福进了基辛格的房间翻他的公文包。后来在飞往巴黎的飞机上，一位秘书请他到储藏间去取基辛格的几个箱子，他再一次利用机会翻找材料。他在箱子里翻到基辛格与周恩来谈话的笔记，但是因为只有一份，他只好放下。但他还是收集了装入"烧袋"的基辛格有关中国的报告草稿，以及有关基辛格在巴黎与黎德寿密会的函件。

虽然威兰德经常表扬他，但瑞德福觉得在威兰德手底下做事不是很自在。威兰德发起脾气来便"炸锅"，会说脏话；瑞德福是个摩门教徒，对污言秽语十分反感。瑞德福也不喜欢基辛格，因为他常常乱发脾气，经常对幕僚恶语相向，显得十分冷酷。瑞德福也对政府里的反印度情绪很反感。最后令他灰心的事发生在12月：他没有被晋升为军官。[14]

就在这些烦心事压在心头时，瑞德福收到专栏作家杰克·安德森共进晚餐的邀请。安德森也是个摩门教徒，好像对他蛮同情的。瑞德福在新德里使馆工作时与安德森的父母有一面之缘，他们因签证问题到使馆，并询问当地有没有摩门教礼拜的地方。以后，瑞德福就一直与他们保持通信联系。当他们1970年到华盛顿住在他们知名的儿子的家中时，还曾邀请瑞德福晚上到家里坐坐。后来瑞德福的妻子和杰克·安德森的妻子成了朋友，两人一道研究谱系学。

1971年12月，在与瑞德福共用晚餐几天后，安德森就根据国安会秘密文件相继写出了几篇揭密文章。约翰·埃利希曼和五角大楼的调查人员很快就认定这两件事之间有关联。但是由于那时瑞德福供出两位海军少将主持的间谍网这档子事，泄密的调查就退居第二位了。

威兰德海军少将在向埃利希曼报告了海军文书士官瑞德福的事情之后，在12月22日被召进白宫，这一次对他就没那么客气了。他到了白宫以后，埃利希曼和他的首席"水管工"戴维·扬格搬出一台笨重的盘式磁带录音机和一份已经打好的让他签字的自白。这份预先准备的招供书是想让威兰德承认对白宫进行政治间谍行为的罪状。威兰德拒绝了。但是他愿意接受一个多小时的录音盘问，在盘问过程中他证实从瑞德福那里收到其偷窃的文件，然后将这些文件转交给参谋长联席会议主席穆勒。威兰德的抗辩是，他只不过是延续了由他的前任罗宾逊海军少将开始的做法。

当埃利希曼第二天早晨告诉尼克松已经录下威兰德海军少将的供词时，总统对于军方监视基辛格的事实并不特别吃惊。他反倒在意如何不让基辛格又一次大发雷霆。他也希望保护他在国安会里的新盟友亚历山大·黑格。埃利希曼的笔记引述总统的话："跟HAK（基辛格）谈一谈。不要跟P（总统）提起……不要让K（基辛格）怪罪黑格。"不要让基辛格跟总统提这个事情那几个字加了下划线。

埃利希曼那天下午找了霍尔德曼帮他，把间谍网的消息告诉基辛格。霍尔德曼很不情愿，他抱怨道，基辛格整个星期都"特别难对付"。霍尔德曼警告他，基辛格因为在巴基斯坦危机期间受到掣肘还在生气。

可令他们吃惊的是，当埃利希曼和霍尔德曼告诉他这个消息时，基辛格看起来很平静，平静得像是没睡醒。其实他只是怀有戒心。他与总统之间的问题使得他觉得霍尔德曼是在整他，而这一切似乎是这个阴谋的一部分。但继而一想，基辛格原先的戒心转变为愤怒。基辛格后来说："我气疯了。我愤怒。"具有讽刺意味的是，这个因为别人监视他而愤怒的人正是那个秘密监听他最亲密同事的电话，并让黑格和霍尔德曼阅读监听录音带的文字记录的人。

当天晚上10点，埃利希曼正在家里和朋友聚会，他欢唱圣诞歌时接到白宫的电话。来电者正是基辛格，能听出来他怒不可遏。他刚刚开除了威兰德海军少将，他要求让穆勒走人。他问埃利希曼还有其他什么有关间谍事件的证据。埃利希曼要他第二天来听海军少将招供的录音。

第二天早晨，圣诞节的前一天，基辛格在埃利希曼办公室里听威兰德的录音时不断地来回踱步和咆哮。埃利希曼回忆道："这一次亨利没有那么平静了。"他愤怒的对象主要是尼克松，因为尼克松决定把整件事掩盖起来，不愿意摊牌来逼迫参谋长联席会议主席。基辛格气不过地大呼："他不肯开除穆勒！他们监视他，监视我，背叛我们，他居然还不肯开除他们！"埃利希曼记下了基辛格"炒"穆勒的要求，但他表示基辛格说的也许是对的，总统是不会这么做的。

在办公室恼火了一个多小时后，基辛格未经邀请地闯入尼克松在行政办公大楼里的办公室。据当时在场的埃利希曼回忆，"他用阴沉的声调大谈事态的严重后果"，尼克松的"情绪也没好到哪里去"。基辛格的愤怒转变成圣诞前夕的抑郁，尼克松试着想给他打打气，却无法让他改换心情。埃利希曼在黄色的记事本上紧张地涂鸦，这时他停下来，写下"蓝色心情"几个字来形容当时的场景。[15]

在黑格的敦促下，尼克松决定淡化瑞德福事件的争议，他的理论是，军方做那样的事也是很自然的，特别是因为基辛格太喜欢秘密行事了。尼克松后来说："我查了一下，发现参谋长联席会议监视白宫是个传统，他们想了解情况。"于是他命令霍尔德曼"把事情扫到地毯下面去"[16]。

对于掩盖这个间谍网事件，尼克松给了几个理由：调查下去会伤害军方，会被新闻界曲解，会危害即将举行的北京和莫斯科峰会。但是埃利希曼和其他人后来说，主要的理由是，参谋长联席会议主席穆勒海军上将一直以来都背着国防部长莱尔德听命于总统。如今既然尼克松已经知道他主导的间谍网，穆勒肯定会对总统更唯命是从。埃利希曼说，所以总统派了他的密友约翰·米切尔亲自去找穆勒，"告诉他我们掌握了证据。从此这位海军上将就像经过缩水处理，乖乖就范了"[17]。

参谋长联席会议对政府进行暗中监视是没有道理、不可原谅的，但一定意义上可以解释为对基辛格过度执着于秘密行事的反应。海军上将埃尔莫·朱姆沃尔特是参谋长联席会议的一员，他后来说这是"亨利的两面手法让诡雷无处不在"的一个例子。瑞德福后来没有受到军事法庭审判，他同样把责任归于基辛格团队的整个氛围。他告诉《无声的政变》作者连·科洛德尼和罗伯特·葛特林："那里充满了大派系、小派系、膨胀的自我和同行的猜忌，简直就是污水沟一个。政府怎么能那样运作呢？"这本书把这个事件和水门事件联系起来。[18]

在以往，如果发现这样的军方间谍网，尼克松和基辛格就会同仇敌忾变得更为亲近，可是这一次尼克松反而变得跟基辛格更疏远了。

迷宫中的将军

亚历山大·黑格的反应很奇怪。对于军方高层秘密监视他的上司基辛格，他不但没有不高兴，反而捍卫了军方立场。当基辛格下令开除威兰德海军少将时，黑格打电话给他在国安会的老对手戴维·扬格，痛批他处理事件调查的方式。他指责扬格"坑了一位优秀的军官"。

扬格一直怀疑黑格真正的效忠对象，也毫无保留地跟埃利希曼提过他的怀疑。据扬格指控，就是黑格坚持让瑞德福参与秘密访华之行，他这么做也许就是为了帮他的军方同事密切监视基辛格。扬格告诉埃利希曼，黑格"不断地把基辛格出卖给军方"。

威兰德在他对埃利希曼和扬格做的供认录音里至少间接地证实了这种怀疑。他揭露，穆勒有时会把瑞德福窃取的比较敏感的文件，包括关于中国之行的报告，归还给黑格，这就表示黑格也许已经知道有机密文件流向五角大楼。

但是，虽然黑格很有可能已经知道军方对基辛格的工作进行某种监视，但是并没有证据显示，他知道有这样大规模的间谍网。埃利希曼后来说："黑格有一定的参与。我认为他知道参谋长联席会议有办法获得文件，他也姑息这种行为。但是我想他不见得知道瑞德福翻过基辛格的公文包。"[19]

基辛格和黑格之间产生的裂痕让尼克松心里产生期待。黑格如今不再是那位情绪捉摸不定的国家安全事务助理的辛勤二把手了，他开始经营自己与总统的直接关系。尼克松也乐于与这位言辞强硬的军人培养关系，因为这位军官和他一样觉得基辛格情绪不稳，对越南问题立场软弱。就像《白日梦想家》里的沃尔特·米蒂一样，尼克松以为自己是个坚强冷静的领袖，但周围都是些不那么可靠的顾问。

尼克松后来回顾这件事情时颇为得意地说："艾尔和亨利的关系这时变得比较紧张。基辛格觉得我们应该开除穆勒海军上将。黑格比较敏感，他作为军人，不希望看到另一个军人被开除。他认为我们不应该对这次间谍网事件小题大做，这让基辛格很不高兴。"

这道裂痕不仅仅反映在对待间谍网事件态度的分歧上，基辛格没料到黑格背叛了他。黑格这时已经开始在军方，在国安会团队的下属面前，在霍尔德曼，甚至在总统面前，说基辛格的坏话。黑格采取这种不够光明磊落的反基辛格行动，动机包括两人在原则问题和个性上的冲突，还有就是黑格强烈的个人野心。

到1971年下半年，黑格即将成为基辛格最恐怖的梦魇：他就是一个背着基辛格与总统联系的国安会属员。黑格开始跟总统讲基辛格的情况绪多么不稳定，说他是个喜怒无常的天才，这种喜怒无常使他变得不可靠。据尼克松回忆："基辛格很情绪化。很多人跟我报告，他对幕僚很不客气，黑格就跟我说了不少这样的事情。"

黑格一再对基辛格的心情不够平静表示关切，霍尔德曼慢慢觉得黑格这么做不是没有私心的。霍尔德曼后来说："一开始，我以为黑格的动机是纯正的，仿佛他想很好地处理一个问题而到处征求意见。现在我不再这么想了。我认为黑格让问题变得更糟，他没有平息风波，反而把水给搅浑了，这么做一方面是因为他的个人野心，另一方面是因为他要报复基辛格过去对他的怠慢。"[20]

黑格个人版的三角外交是在1969年底开始的。在他那一年10月弄到了肩上的第一颗星成为准将时，尼克松决定亲自颁发这颗星。尼克松当着到场的工作人员，包括基辛格的面说："艾尔，我知道你在工作上投入了很多时间。有一天晚上我经过你的办公室，看到你的灯是亮的，而亨利的灯像平常一样是黑的。我猜他大概又去了乔治敦的哪个晚宴了吧。"据基辛格的助理威廉·沃茨回忆，当时基辛格的笑容是苍白无力的，仿佛他正在被凌迟。然后基辛格走到比他高大的黑格面前，煞有介事地擦擦别在他身上的那颗星，这时黑格僵硬起来，基辛格对他说："艾尔，你要做个好孩子，我们会给你再加一颗星。"这下轮到黑格露出惨白的笑容了。

下面那个月的某一天，基辛格和尼克松在椭圆形办公室讨论威廉·萨菲尔起草的一份演说词,他们需要一个关于从越南撤军的统计数字,于是就打电话给黑格。很快,黑格就拿着一张整齐地打了那个数字的纸进来。基辛格点点头让他走,但是尼克松抬起头,要他留下。总统自言自语地说:"思想与行动。"这是他很喜欢的一句伍德罗·威尔逊总统的名言,他是对一个在思想和行动方面都有成就的人表示敬意。

当总统首次找黑格,而不是找基辛格时,整个办公室突然阴云笼罩。基辛格正在跟他的首席秘书朱莉·皮诺讲话的时候,尼克松的专用电话开始闪烁。基辛格没多想立即走向他的办公室,打算私下接听总统的电话。突然他听到皮诺说:"黑格将军,这是给你的电话。"基辛格站在黑格办公室外面,等了片刻。然后他独自走回自己的办公室,把门关上。据一位助理回忆:"我们办公室里的气氛从来没有这么紧张过。"黑格通完电话时,已是"大汗淋漓"。[21]

在尼克松总统第二任期间担任过中情局局长和国防部长的詹姆斯·施莱辛格说:"为了打击基辛格的自信心,尼克松与黑格建立了直接联系。"部分原因是,命运和新闻界的背信弃义把所有他认为该归功于自己的外交政策成就的光环都给了基辛格,这使得尼克松耿耿于怀。在新闻办公室工作的黛安·索耶说:"尼克松开始耍手段,利用黑格折磨亨利,而黑格是个乐于被利用的同谋。他成为史上最复杂的宫廷之一——白宫里面最具有杀伤力的利器。"

对于尼克松来说,黑格具有顽强、自信、冷静以及其他尼克松渴望拥有的特质。黑格在越南问题上斩钉截铁的态度,使他得到了为内心软弱所困扰的总统的青睐。尼克松在1972年初跟他的政治打手查尔斯·柯尔森谈话时赞扬了约翰·康纳利和黑格,说他们两人是他所有顾问中仅有的主张在越南采取强硬行动的人。尼克松说:"你知道吗,查克?一旦我离开这个职位,只有他们两人有资格接过接力棒。"[22]

即使后来黑格在水门事件里帮助推动尼克松走下总统大位,尼克松还是不改他对黑格的钦佩。1980年,刚当选总统的罗纳德·里根写信给尼克松,询问他是不是应该任命黑格为国务卿。作为回答,尼克松寄给了他戴高乐的《剑刃》里的一句话:"仅仅因为他们难以相处就不任用意志坚定的人是最要不得的做法。"

尼克松在一次受访时被问到黑格的人格时承认："艾尔是个体制里的官僚，有时不免会耍些阴招儿。亨利也会这样做，我也会的。"[23]

黑格还跟霍尔德曼缔结了不那么神圣的联盟，他经常会把有关基辛格社交生活的八卦点滴传给霍尔德曼。他刻意让霍尔德曼知道所有基辛格参加的，有一大批效忠对象可疑的家伙在座的乔治敦晚宴。

黑格最阴险的一个行动，也是最令基辛格愤怒的事，就是为了证明基辛格有二心，让霍尔德曼和其他人看一些基辛格电话通话内容的文字记录。霍尔德曼说，这并非刻意安排的："艾尔主要是愿意向我们提供有关基辛格活动的非正式情报。他会来找我谈基辛格碰到什么麻烦，或者基辛格惹了什么麻烦。如果总统想通过背后渠道了解基辛格在干些什么，特别是信息走漏给了新闻界，总统想知道怎么回事的时候，我们就会去找黑格，问他：'这是亨利干的吗？'"

霍尔德曼的副手劳伦斯·黑格比说："黑格并非例行地提供这些电话录音记录。但是如果他觉得基辛格做过头了，他就会找霍尔德曼谈，并给他看录音记录。"虽然黑格不是经常做这种事，但是基辛格后来渐渐觉得黑格大大地背叛了他。[24]

黑格贬损基辛格的过程中还夹杂着反犹太人的侮辱性用语。詹姆斯·施莱辛格说："黑格有很强的反犹太人倾向，这从他的诋毁性言论里可见端倪。那种态度反映的是一种根深蒂固的偏见，一种感觉，一种军队和西点军校的感觉。"朱姆沃尔特海军上将也有这样的印象，他说："黑格很早就在我面前说基辛格的坏话，说我们要当心这个人，他不是美国人，他是个犹太人。"几年后，黑格的反犹太人态度逐渐缓和。据施莱辛格回忆，"艾尔克服了自己的偏见，特别是在他开始有自己的政治图谋后"。

黑格在跟军事高层谈话时，往往把美国对越南问题和军控问题的软弱政策归咎于基辛格而不是尼克松。他曾经私下告诉陆军副参谋长布鲁斯·帕尔莫，"有时候真怀疑基辛格是否有足够的毅力坚持下去"。黑格常常说，他的角色就是"让基辛格挺直脊梁骨"。但是黑格对总统也用过这个脊梁骨的比喻。据朱姆沃尔特海军上将回忆，"艾尔说每当总统出现溃退情绪时，他就必须很巧妙地让总统挺直脊梁骨。他忐忑不安，生怕总统在溃退情绪下会去找基辛格而不来找他"[25]。

为了讨好国安会里的其他幕僚，黑格会当着他们的面损他们的老板。有时候基辛格离开办公室时，黑格会惟妙惟肖地模仿他，连声音、面部表情和跺脚的样子都表演得十分逼真。他喜欢把有关基辛格的一些滑稽的事，或判断失误的时刻，和他不时产生对罗杰斯及莱尔德的猜疑的八卦转述给他们。后来渐渐鄙视黑格的劳伦斯·林恩说："黑格企图用这种方式表示他跟我们是一伙的。他野心太大，太喜欢耍手段，喜欢讨好人，狡猾，会掩饰自己的真面目，但没有头脑，不值得信任。"

但是，黑格在基辛格面前是毕恭毕敬的，就像基辛格在尼克松面前是毕恭毕敬的一样。他有变色龙的本能，会根据当时的情况调整他的侮辱和模仿行为。当着基辛格的面，黑格会嘲笑尼克松软弱，然后模仿尼克松斜眼的表情和他软绵绵的手腕，还臆测尼克松跟比比·瑞波佐的关系。

这一切听起来好像很熟悉，这是因为基辛格耍的手段与此有雷同之处。作为一个巫师的学徒，黑格青出于蓝而胜于蓝，比基辛格更基辛格。

1970年末，基辛格最早开始怀疑黑格在背后向他捅刀子的时候，他的对策是试图把副手的工作分出去一部分，同时把极度讨厌黑格的系统分析师劳伦斯·林恩招募回来。当时林恩在斯坦福大学执教，他曾经写过一篇论文，主张副手的工作应该一分为二，一个管日常业务，一个管实质内容。虽然基辛格三次相请，但他都拒绝回来。[26]

不过，也必须替黑格说句公道话，他当时要对付基辛格的多变的情绪和无章法的行政管理是很辛苦的。基辛格发起脾气来像个凶神恶煞，而黑格往往首当其冲，谁碰到这种情况都不免心怀怨愤。他的前助理彼得·罗德曼说："亨利大发脾气后，艾尔从办公室出来时会满脸通红，脸上挂着苦笑或者疲惫的似笑非笑的表情。他会去打几通电话，把问题解决掉，把事情摆平。"然后他会回到自己的桌子旁，开始一根接着一根地吸烟。"你可以看得出来，他明显地在克制自己，控制自己的情绪。"

每当发生什么问题，即使是小得不能再小的问题，特别是关系到会议或行程安排太密的问题时，基辛格都会冲出他的办公室，当着大家的面训斥黑格。被基辛格训斥时，黑格一直保持立正的姿势。在被训斥的过程中，他的脸色会变得赤红，他会握紧拳头，汗珠会凝聚在他的上唇上面。基辛格离开后，他会装出一副没脑子的机器人的模样，在办公室里绕圈子，不时敬礼，逗乐其他工作人员。

黑格对基辛格的挑战许多是基于实质性的分歧而不是因为他的野心或不忠诚。特别在越南问题上，黑格直言反对基辛格的立场。尼克松说："黑格找我谈他与亨利在越南问题上的争执时，并不是对基辛格不忠。黑格去过西贡，所以知道那里的真实情况。"跟基辛格不同的是，黑格有很强烈的信念。罗杰·莫里斯说："艾尔会要些手段，但那是为了落实他的信念。"

像所有对手一样，基辛格和黑格之间还是有战场上的同袍之谊，所以他们的关系不会完全破裂。有时，特别是在紧要关头，黑格会挺身支持基辛格。在他与他的上司的复杂关系中，黑格甚至还透着一种保护他的意思。当基辛格的做法令他的下属非常不满时，黑格会去安抚他们。他会跟他们说："的确，亨利是疯了，但这个世界上的天才不都是这样吗？"然后他可能会谈起当年在朝鲜的一个故事，他那时在道格拉斯·麦克阿瑟手下担任参谋，有一次麦克阿瑟命令他穿过敌人火线，回到他们不久前住过的屋子，扔手榴弹把那里的浴缸炸了，免得"晚上哪个敌国将军在里面洗澡"。他会说，在有脾气的伟人手下工作，这种事在所难免。[27]

霍尔德曼，埃利希曼，以及假日忧郁症

在那个圣诞节前夕，基辛格跑到总统的办公室，就瑞德福间谍网事件大发脾气之后，尼克松要埃利希曼留下。整整一个小时，他们谈的都是基辛格大起大落的情绪，他对于间谍网事件的情绪性反应，以及他与威廉·罗杰斯无休无止的争战，过程中埃利希曼记着笔记，据埃利希曼

回忆，"尼克松蹦出一句，说他怀疑亨利是不是该接受心理治疗"。

埃利希曼觉得总统这个建议是诚心的，并无恶意。但是总统表达的这些思绪其实很尖锐，他甚至说如果基辛格不同意寻求心理治疗，他也许会开除他。尼克松求埃利希曼："约翰，你跟他谈谈。也跟艾尔·黑格谈谈。他会听艾尔的话的。"

于是，埃利希曼就走到黑格的办公室，把总统的关切告诉了他。虽然黑格越来越愿意挖基辛格的墙脚，但这次黑格是维护他的，他说如果基辛格被迫辞职，事情就不妙了。黑格指出，北京和莫斯科峰会即将举行，他说："总统需要亨利。你要了解，总统这些日子没有做他的功课。要顺利开好两个峰会我们只有靠亨利。"

但是，黑格同意，基辛格需要心理帮助，他对埃利希曼这么说。他也一再向霍尔德曼表达同样的意思。据霍尔德曼事后回忆，"艾尔告诉我，亨利以前看过心理医生，他现在真的需要再接受心理帮助。他常常提起这个问题。艾尔经常跟我抱怨亨利的脾气和猜疑心。有时候他会大谈亨利的个性瑕疵以及他的不合理的要求。每一次说起来，他都会提及亨利的心理问题"[28]。（基辛格说他从来没有看过心理医生。）

埃利希曼始终没有找到一个方式，跟基辛格提到心理治疗，其他人也没有办法跟他提。埃利希曼说："没有人敢知难而上，告诉基辛格他应该去看心理医生。"但是很多年之后，他决定以半虚构的方式再次描述这个场景。他给一个没有什么名气的英国间谍小说集写了一篇故事，在故事里他重述了一次与尼克松和霍尔德曼的谈话，连人名都一字不改。

> 尼克松沉思着。他突然看着霍尔德曼问："你看，亨利是不是有精神病？他跑到这里来抱怨罗杰斯，抱怨舒尔茨，还要我撤掉一个我从来没听说过的大使。我看他有精神病，老天……"
>
> 尼克松露出一丝微笑，但那个鬼脸般的笑容转瞬即逝："我们想想看该做些什么。我们总该有人去跟亨利谈他的问题。鲍勃，就你去吧，你说呢？"
>
> "我可以去找他，可是如果他否认呢？"

"他当然会否认。有精神病的人都不承认自己有病。你要这么说：'总统知道这种事，亨利。他在这方面有经验，他很担心……'要么他接受心理治疗，让他能平静下来，克服他的严重的猜疑症，其实我认为就是一种迫害妄想症，要么他就得辞职……"

霍尔德曼一面做笔记，一面摇头。见到手下的人做笔记，尼克松心里很有底，因为这表示他们把他的指示当一回事。霍尔德曼说："我试试看吧，但是我并不乐观。亨利一定会很不高兴。"

"你就直接告诉他，用不着问他。告诉他，要么他去看心理医生，要么我就开了他。就这么办，没得说。"[29]

后来被问到这件事时，尼克松否认他说过基辛格该去寻求心理治疗。尼克松承认有别人提到过这种想法，并且也就此讨论过，但是他坚称他从来就不信心理医生。他认为那些看过心理医生的人，问题不见好转，反而更糟了。[30]

虽然人们总把霍尔德曼和埃利希曼相提并论，但是他们的个性很不一样，有时候还是竞争对手。霍尔德曼是个严格要求服从纪律的刻板的人，他只有一个目的，就是保护总统。所以他每天花好几个小时把尼克松那漫无边际的话都记在笔记本里，而从尼克松的阴沉的随想随说的、不该被当真的嘀嘀咕咕的话里面，他必须整理出哪些是应该落实的，哪些是可以忽视的。这种工作他很做得很好，甚至几乎可以说有时候他阻止了总统自己毁了自己。

霍尔德曼的个性中有单纯、率直的一面，一个原因就是他没有过大的野心。他觉得在此生中他已经得到他想要的，用不着参加官僚机构里面的互相中伤或搞小动作。他是个局外人，1962年尼克松在加州竞选失利后，他并没有背离他，霍尔德曼没有跟华盛顿的永久性权力结构建立关系，也没有一个能独立思考的团队。对于他来说，基辛格热衷于追捧媒体精英和参议院里的委员会主席是很奇怪的事情，而且他对此略感不齿。

同样，霍尔德曼认为过分关心政策实际上是一种怪癖。基辛格对政策的激情令他不解，但由于他知道总统觉得对外政策很有意思，也很重要，他也就能容忍基辛格。

霍尔德曼平常并不是个爱搞笑的人，但是他喜欢作弄基辛格。他每天在他的办公室跟基辛格的助理劳伦斯·黑格比吃午餐。基辛格经常过来打个招呼，他会本能地走一圈，看看霍尔德曼桌上的重要备忘录。霍尔德曼回忆："我们常常拿他开涮。我们会故意把一些看起来他会感兴趣的信件或文件放在惹眼的地方。当亨利走过去看时，黑格比会拿着午餐盘子假装无心地把盘子放在文件上面。亨利然后就换个地方转转，我们总会抢先一步。大家都绷着脸忍住不笑。"

基辛格跟霍尔德曼搞了一个互不侵犯条约，他会经常找霍尔德曼讨论一个新想法，或者请教他用什么方式把想法跟尼克松提。由于霍尔德曼没有自己的意识形态或外交政策方面的图谋，他总是能使得基辛格的想法得到总统的认真垂听。

但是在心里面，基辛格觉得霍尔德曼是危险的。基辛格后来表示："霍尔德曼是个保守的加州中产阶级，有他们特有的情感、猜疑和隐藏的嫉妒。"他其实把尼克松也归为这一类人。尼克松在西装翻领上别了美国国旗徽章后，霍尔德曼在一次幕僚会议上建议大家都别一个这样的徽章，让自由派人士看了扎眼。国家象征被用作仇恨的图腾在基辛格记忆中留下了深刻的烙印，所以他对这个建议非常反感。虽然他很想融入尼克松的圈子，但他还是拒绝这样做。在霍尔德曼辞职三年后，基辛格的任期也行将结束，他在飞机上与几个记者非正式谈话时小声地说："霍尔德曼是那种会把人送进伪装为淋浴间的毒气室的人。他生就一个纳粹的灵魂。"[31]

在同一次谈话中，基辛格提到埃利希曼，说他"其实是个好人，心底是个好人"。埃利希曼是关心实质问题的温和自由派，他垮台的原因是，尼克松崇拜硬汉，他也扮演起硬汉的角色，这是在核心圈子里生存的代价。当尼克松下令堵漏时，埃利希曼就组成一个狂热的"水管工"调查小组；当时就是他在提到联邦调查局局长帕特里克·格雷时铸造了一个永世流传的时代新词，他说："我想我们应该让他吊在那里，让他在风中慢慢地扭,慢慢地转。"

埃利希曼比霍尔德曼有野心,他想从管后勤的官员升为高层国内政策助理(他实现了这个愿望),还希望成为内阁成员(这个愿望没有实现)。但是他对于正在撕裂美国的反政府情绪很在意,他尽量鼓励总统较好的本能。在进攻柬埔寨之前,埃利希曼花了很多时间在玫瑰园里警告总统,此事必定引发舆论哗然;结果果然不出所料,这时他就组织了肯特州立大学学生与尼克松在椭圆形办公室会晤。他自己的十几岁的孩子中有三个也参加了抗议行动,他是很顾家的人,他能深深体会孩子们的感觉。

一开始,埃利希曼和基辛格关系不错。他们曾经一起去戴维营,夏天时他们在圣克利门蒂租的房子也非常近。埃利希曼家有个游泳池,下午他们常常邀请基辛格和他的子女来家里游泳。有一次他们坐在野餐桌子周围时,埃利希曼的儿子问了有关反弹道导弹问题的辩论情况。基辛格肯花时间跟他解释,而且没有流露出大人跟小孩说话的语气,这令埃利希曼非常感激。他说:"亨利那时还没有摆出舞台上大人物的架子,他没有架子的时候还是挺可爱的。"

埃利希曼说,他们共事了一年左右之后,他开始觉得基辛格内心"非常没有安全感","我从来没有见过有人像他那样把指甲咬到那么短,都见肉了"。对于别人写的关于他的文章,他缺乏分寸感或幽默感。"亨利用自嘲的幽默和炫耀他的聪慧的方式筑起一个自我保护的外表,但是在这个外表后面,新闻界对他专业能力的攻击其实给了他很大的打击。"

因为埃利希曼有幽默感,他和基辛格可以互相开玩笑,因此缓和了他们之间的敌对关系。但是他们对于幽默的定义是截然不同的:基辛格有的是聪慧的风趣,而埃利希曼有大学生兄弟会那种戏谑和互相侮辱的淘气。有一天在西翼办公楼的电梯边,霍尔德曼调皮地提到他在报上读到,前一天晚上基辛格跟一个美女在宴会上亮相。埃利希曼就开始逗他:"当然如果是个男的,你就更高兴了。亨利,宴会中有没有可爱的男孩啊?"基辛格一点都不觉得好笑。[32]

1971年底,当尼克松及其人马都与他作对时,基辛格突然发现自己再也无法靠近总统。再也没有早晨的会议，他打的电话也没人接。他后来借用埃利希曼的一句名言说："尼克松实在无法抗拒让我吊在风中慢慢地扭、慢慢地转的诱惑。"

圣诞节刚过，总统决定下令全面审查基辛格幕僚内的安全保密程序。尼克松是要通过这个方式让基辛格知道泄密的责任还是在他那里，那就意味着，基辛格也在某种意义上要为瑞德福间谍网事件承担责任。雪上加霜的是，尼克松指派埃利希曼负责这次安全审查。

基辛格的情绪跌到谷底，南希·马金尼斯开始托朋友们多打电话鼓励鼓励他。她找亨利·布兰登哭诉，说基辛格甚至已经决定在1972年1月27日辞职。

他压根没想到尼克松正在考虑开除他。"应付亨利委员会"——成员有霍尔德曼、米切尔，这次又加上埃利希曼——本已定于1月14日跟基辛格开会，听他最新的一些抱怨。在前一天的下午，尼克松跟黑格见了面，又与霍尔德曼见了几次，讨论这个时候让基辛格走人，时机是否合适。

总统要黑格对基辛格采取强硬态度。尼克松对霍尔德曼说："与其在莫斯科之后，还不如现在就让事情爆发。"他指的是定于5月召开的莫斯科峰会。这个时候选举年刚开始，霍尔德曼的笔记记载，尼克松认为1968年选战中基辛格在越南和谈问题上玩了两面手法。尼克松说："如果我们现在不正视这个问题，他可能在这次选战里又搞出什么怪招。你记得，他在1968年就摆了我们一道。"

稍后，尼克松又重提这个话题。霍尔德曼的笔记如此记载："K——现在就撵他走吗？忍忍吧。问题是他又会夺取选战的主导权。"

1月14日在"应付亨利委员会"开会时，基辛格吐了海量的苦水。他声称，哥伦比亚广播公司记者马文·卡尔布告诉他，对他处理印巴局势的攻击"出自国务院最高层级"。基辛格指控，政府在印巴战争期间中断对印度的援助的政策被官僚机构阻挠了，"国务院拒绝执行总统的指示"。在一次会议上，他问到策划中的援助印度项目是些什么。国务院的代表说，罗杰斯国务卿指示他不可透露那个信息。基辛格补充说：

"罗杰斯从来没有说他不同意这个政策（基辛格这么说是不准确的），但暗地里还是在破坏这个政策。"

司法部长终于有个机会发声。米切尔说："我们必须找出一个相处的方式，使得罗杰斯能得到足够的信息，让他满足。"基辛格反驳道，问题是罗杰斯每一次看到他不喜欢的信息就会大发雷霆。基辛格说："然后他就跟总统没完，所以我们才总在最后一分钟知会他。"结果是什么问题也没解决。[33]

由于2月要举行的北京首脑会谈和5月要召开的莫斯科峰会，基辛格在1月辞职——或者尼克松要求他辞职——的可能性极小。不久大家都平静了下来。

比较快乐的新年

基辛格的运气在12月急速下跌后，到了1月快速反弹。尼克松原先因为印巴战争的处理不理想而低落的心情逐渐好转，如今他对于访问北京和莫斯科感到兴奋和期待，他又开始跟基辛格讲话了。他甚至决定，在选举年初始，不妨透露一下基辛格一直在巴黎与北越的黎德寿密谈，这对选战不无助益，尽管这样做会有他不喜欢的副作用，那就是使基辛格的媒体明星地位进一步提高。

总统把威廉·萨菲尔找回来写演讲稿。此人正在新奥尔良看1972年超级碗大赛中达拉斯队击败迈阿密队的时候，突然公共广播系统广播找他，要他给办公室打电话，仿佛他是个妇产科医生被紧急召唤去接生一样。当萨菲尔打电话到办公室时，劳伦斯·黑格比说："这是绝密，你火速回来。"萨菲尔问，既然是绝密，为什么要当着8万球迷广播找他。黑格比承认，其实更糟的是电视上都听得到那个广播，所以有6000万人都听到了。萨菲尔后来说："我们同意，不会有人怀疑我被叫走是去执行秘密任务的，因为连一个香蕉共和国的总统团队都不会犯这么蠢的错。"

虽然透露基辛格的秘密和平谈判会增加基辛格的名气，但尼克松还是很想让基辛格明白自己有几斤几两,不要嚣张。他告诉萨菲尔,演讲稿会由总统的私人秘书玛丽·伍兹打字,这样就不需要通过基辛格。此外,萨菲尔的稿子里,所有提到"我要求基辛格"的字眼全被尼克松划掉,改成"我指示基辛格"。

尼克松对于基辛格的膨胀所带来的问题似乎感到厌倦。他对萨菲尔说,自我膨胀"其实是自卑感的一种补偿"。为了不给基辛格的自我膨胀加油打气,不给罗杰斯的怒火火上浇油,尼克松尽可能地删除了稿子中提到基辛格的文字。最后他告诉萨菲尔:"就这么着了,已经删到不能再删了。"[34]

即便有关基辛格的文字被删到不能再删了,尼克松做完演讲之后,上了新闻头条的还是基辛格,而不是尼克松。《时代》周刊和《新闻周刊》让基辛格登上封面,称他为"尼克松的秘密代理人"。基辛格半开玩笑地问一位同事,如果他上了两个杂志的封面,他还活得了吗。他的同事的回答是:"那样死得多轰轰烈烈呀!"

通过透露巴黎秘密会谈,尼克松暂时缓和了国内的反对声浪,也堵上了那些要求政府提出具体建议的批评者的嘴,因为政府已经在这么做了。事实上,本来就没有理由保密到这个程度;北越本来就愿意以与正常的巴黎和谈相同的方式进行这种会谈,也就是闭门会谈,但不需要掩盖它存在的事实。如今事情公开了,河内的立场反而变得比较被动。[35]

正当有关他的最新的戏剧性任务的消息闹得沸沸扬扬时,基辛格成了华盛顿新闻俱乐部一年一度的向国会致敬的晚宴的上宾。在这个黑领带盛会上,两党各有一位知名人物出来发表一个幽默演讲。基辛格在他的演讲里充分显现了他的冷幽默。他拿他的演讲对手参议员弗兰克·丘奇开涮。丘奇是旨在限制总统战争权力的《库珀-丘奇决议》的共同提案人。基辛格说,丘奇参议员是他的老朋友,他们亲密到以名字相称:"他叫我亨利,我叫他库珀。"

但在演讲最后,他做了一个传统的、"言归正传"式的收尾,全场静下来了。基辛格谈到他的一些思考,反映了他当时感到的深层不安。以后,他的根深蒂固的悲观会成为一个政治问题。但当晚,他最后一席话让一个喧闹的晚宴安静了下来。

> 我们明显是在经历我国历史上最困难的时期之一。有些人说这是因为我们在越南问题上的意见有分歧，又有一些人将其归咎于国内的不和，但是我认为我们的焦虑有更深层次的原因。在我国的历史上，我们一直认为，努力本身就是最好的回报。一部分是因为美国取得了极大的成就，我们就往往不假思索地认为，所有问题都一定有解决之道，认为良好的用心就能保证产生良好的结果。我们一直不认为乌托邦仅仅是个梦想，而是只要我们走了正确的道路就必然会实现的结果。第一次发现这条路是漫漫长路、似无止境的就是我们这一代。我们发现这条路走下去，不会找到乌托邦，只会找到我们自己。我们认识到，归根结底我们是孤独的，这才是我们这个时代的困顿和愤怒感的重大原因。[36]

他是由衷地有这种忧愁感的。但这种忧愁感其实没什么必要，因为1972年是非常被看好的一年。总统即将接连访问两个历任美国总统从未访问过的社会主义国家首都并参加首脑会谈，基辛格正在帮助推动美国外交政策上的全面改变。

此外，美国正稳步地从它有史以来错误最严重的战争中抽身。尼克松就职时美国在越南有54万名军人，现在已经撤回美国的有41万人，并且已宣布要再撤7万人。留下的部队都不是作战部队。美军在战场上的死亡人数已降到每星期10人，而在1968年每星期的死亡人数为280人。看起来，美国社会能在这场战争和那个世纪声势浩大的反政府抗争之后存活下来。

在这个过程中，河内在国际上受到了孤立。基辛格的背后渠道外交虽然有些没有章法，但毕竟成就了对中国开放的新政策，与苏联缓和了关系，确保美国即使在后越战时代，也能继续在世界上发挥重大作用，并且有能力通过创新性外交维护自己的利益。

第 19 章

三角平衡术：莫斯科-北京春季峰会

> 亨利·基辛格是唯一学会用筷子吃鱼子酱的人。
>
> ——苏联大使阿纳托利·多勃雷宁

与尼克松到中国，1972 年 2 月

为了使总统与周恩来第一次握手的场景更富有戏剧性，理查德·尼克松决定在 1972 年 2 月 21 日飞机降落北京时，他独自一人步下空军一号。只有他的夫人帕特可以出现，但必须在他身后几步。在飞往北京的飞机上，基辛格至少十几次被提醒，不要在领导人握完手之前从机舱出来。霍尔德曼为了以防万一，在领导人握手的一刻，他叫一名助理堵在机舱过道，直到那一幕已经被摄入镜头并现场通过中方特地为此次访问新安装的卫星上行链路发回美国为止。

这次访问的规划紧密配合电视采访的需要，这令基辛格不悦。1972 年 1 月，尼克松访华前一个月，白宫派了庞大的后勤团队抵达中国。基辛格说："这个先遣队的任务是让最近刚熬过'文化大革命'的中国政府官员见识一下美国公共关系的神奇。我们应该庆幸的是，中国人有悠久的抵抗外族入侵的办法。"

中国人事实上确实比基辛格更懂得电视的威力。他们知道最后联合公报细节的敲定对中美关系的重要性远不如让美国人民在电视黄金时段，在超级巨星如尼克松和沃尔特·克朗凯特担任司仪的情况下，看到神奇美好的中国的那种震撼来得更大。中国的官员有时候比基辛格更能参透一个道理，那就是重新塑造对外政策需要的是对群众进行再教育，而不

是把他们蒙在鼓里。

所以中方很愿意帮忙制作这场电视直播大戏。领导人的握手，尼克松游览长城，中国军乐队在人民大会堂宴会上演奏《美丽的阿美利加》——这些视频图像瞬间改变了美国观众和选民心目中的中国印象，从前令人生畏、有敌意的国度摇身一变成了让人着迷的友善国家。写得再好的联合公报也无法实现这个了不起的成就。日后，基辛格承认"那个先遣队以我事前没有了解和认识到的方式做出了他们自己对历史的一份贡献"。

在飞往中国的途中，国务卿罗杰斯告诉尼克松，到目前还没有敲定与毛主席的会面，这让他担心。国务院甚至已经拟好了一个计划以防万一：如果毛主席决定不会见尼克松，设法将损害降到最低。此外，罗杰斯还担心的是，由于基辛格积极热心的态度，弄得好像美国就像古时候有求于中国的外国使节来朝贡似的。罗杰斯说，必须避免被刻意导入一种毛泽东貌似高于尼克松的处境，例如，让尼克松爬上长长的台阶，而毛泽东高高在上等候他。

罗杰斯的顾虑证明是不必要的。他应该担心的倒是一个他也许想都没有想到的，是可忍孰不可忍的侮辱，那就是基辛格可能会安排一个尼克松总统与毛主席的会晤，却把美国国务卿排除在参加者之外。

在重大活动前的日子里，尼克松通常会忙着下达各种可能相互矛盾的命令，要把这个或那个人排除在活动之外。霍尔德曼记得，尼克松常常下令不得邀请基辛格参加某些仪式，例如完成登月任务的宇航员降落仪式，但是每一次，基辛格和其他一些被排除的人还是出现在了现场。在中美首脑会谈之前的那个星期，尼克松在一次谈话中告诉基辛格，不要让罗杰斯国务卿参加任何他与毛主席的会晤，因为尼克松"可能会讨论一些敏感问题"。

这个理由似是而非，也显示他心胸狭窄。基辛格大可以不理会这个指示，径自安排国务卿参加就是了。他过去也不是没有这样做过。让国务卿参加会晤不仅是外交礼仪的要求，排除国务院意味着更难让国务院官员接受美国政策新方向。国家安全事务助理的一项重要任务就是辅佐总统，使他不致因为一些不厚道的算计而做出不明智的决定。这一次，基辛格没能称职。日后，他也承认他的行为实在"太不对了"。他说："国务卿不应该被排除在那个历史性的会晤之外。"[1]

毛主席在北京中南海红墙内朴素的房子里会见了尼克松和基辛格。他的书房摆满了书架，桌子上、地板上堆着书，这让基辛格觉得那里"更像一个学者静思的地方，而不像是一个人口最多的国家至高无上的领袖的会客厅"。室内的扶手椅都套着褐色的沙发套，仿佛一个勤俭持家的家庭在细心地保护他们的座椅。毛主席旁边有个V形的桌子，上面堆满了书，放着他那杯茉莉花茶，桌前摆了一只痰盂。

毛主席会见他们时发出的微笑给基辛格的印象是"既深邃又略带嘲讽"，仿佛在告诉他们，人类的弱点他见得多了，别想欺骗他。基辛格一开始就说，他曾让他在哈佛大学班上的学生读毛主席的著作。

38年前领导了长征的这位农民之子回答道："我写的这些东西算不了什么，没有什么可学的。"

尼克松说："主席的著作推动了一个民族，改变了整个世界。"

毛泽东答道："我只是改变了北京周围的一些地方。"

毛主席并没有侃侃而谈他的世界观，他用轻松谈笑的苏格拉底式的对话方式表达自己的思想，貌似不经意地把话题带到他的结论。基辛格觉得，他的隐晦的谈话很像柏拉图的洞穴墙上的影子，它们反映了现实，但并没有涵盖全部的现实。后来的一个星期里，中国官员会引述毛主席在这一小时的会见中讲的话，把它当作具体的指导，几乎奉为圣典。

在首脑会谈上，美方做了一些让步，例如，重申它长期以来表达的撤军意愿。中方也做出了一些让步，例如，允许美国表达对于确保不使用武力解决台湾问题的"关切"。基辛格花了很多时间，熬夜争执公报里哪些句子应该是条件句，哪些标点应该放在哪里。但最后这个问题被推迟了。尽管有人对于那些让步和出卖的做法忧心忡忡，但在那之前已经存在20年的台湾体制结果到20年后还继续存在。

第一个晚上，周总理主持的国宴就奠定了此次首脑会谈的象征意义。在人民大会堂里，发生了20世纪历史上一个很不调和的现象：人们看到坚决反共的理查德·尼克松，一个"谁丢掉了中国？"俱乐部的忠实会员，举起手中的茅台酒，引述毛主席的一句话——"只争朝夕！"，来解释美国外交政策的改变。这场景都在乔治·华盛顿诞辰这天的美国早间节目现场播放。然后中国的军乐队奏起《原野上的家》。在美国，人们对于一个从前的敌方就此萌生了一种近乎迷恋的神往。

在与尼克松和基辛格的正式会议上（罗杰斯还是被排除在外），周恩来只谈哲学观点，而不涉及谈判细节。这正合尼克松的意，他最擅长讨论全球战略，而讨价还价的谈判不是他的强项。谈话重点在权力平衡的必要条件，意识形态被摆在次要的位置。

共同利益中最重要的，也是促使两国走到一起的内容就是抗拒苏联势力的扩张。这是毛主席与尼克松和基辛格会晤中表达的主要关切。提到苏联的威胁时，毛主席用了两个委婉的提法："国际环境"和"霸权"。周总理在那个星期的会谈中再次提出这个主题，他强调，两国面临的首要任务就是"共同反对霸权野心"。

中国很希望建立一个明确的反对苏联的伙伴关系，这令美国一方面高兴，一方面有些为难。基辛格的目标是建立一个三角外交，而不是仅仅在旧的两极游戏中加进一个新盟友。据基辛格后来解释："我们并没有一定的理由必须永久与莫斯科为敌。"他既希望缓和与莫斯科的紧张关系，也希望缓解与北京的矛盾。如果中国和苏联各自都试图拉拢美国对付另一方，对美国最为有利。这在1972年真的发生了。基辛格回忆："那是一场三维游戏，但是任何简单化的企图都蕴藏着灾难。"

美国最重要的关切是越南。基辛格想，如果他能使两大共产巨人争相同美国拉近，两国就不会那么坚定支持北越了。这就是基辛格推行的政策，在1972年初，这个政策初见成效。事实上，北越总理范文同曾经访问北京，请求毛主席不要会见尼克松，但被拒绝了。

但是，基辛格没有充分意识到，北京与莫斯科之间的分歧日益扩大就意味着，美国在越南继续争战没有那么重要了。其实，如果美国在1969年就从越南撤出，美国本可以消除最后还把中国和苏联绑在一起的剩余因素之一，那样的话，它们之间的分裂就会加速，那其实比拯救西贡更对美国具有战略价值。在此一过程中，中国会觉得必须把拯救印度支那的任务从苏联霸权那里接过来（最后果然是这样的发展，但那是好多年之后，那时美国不顾基辛格反对终止了对南越的支持）。[2]

在回忆录里，基辛格把美国国务院在北京与中国外交部的会谈描述为无事忙的工作，主要是讨论美国国务院官员"念念不忘"的一些问题，如贸易和文化交流。同时，他可以有时间秘密地打造后来被称为《上海公报》的草案。其他官员对于就这个联合公报的争吵工作并不像基辛格那样给予高度重视。他的谈判对手是仅身为副外长的乔冠华。尼克松对联合公报并不怎么关心，也没有与周总理直接讨论过它。中国总理只有一次莅临基辛格的会谈。事实上，周总理花更多的时间跟罗杰斯和他的谈判团队磋商。

基辛格所谈判的联合公报沿用了周总理前一年建议的格式。文件的一部分列举两国的共同立场，另一部分则列出双方在有分歧的问题上各自态度。关于苏联，双方共同谴责"霸权主义"。但是在越南问题上，双方各表立场。中方"表示坚决支持"这一革命斗争，但同时指出"所有外国军队应该撤回自己的国家"，这想必包括在老挝和柬埔寨的北越军队。

台湾问题直到最后都是棘手问题，虽然双方都打算就此各表立场，但中方要求在美方所发表的声明中做两个让步。其一是华盛顿在它申述中说，对和平解决台湾问题表达"关切"，这个词意味着这是美国外交政策可能努力争取的一个目标。北京要求把"关切"降调为"希望"，基辛格拒绝接受。再一个是中方要求美方承诺从台湾撤走它的驻军。最后基辛格同意美方申述，美国从台湾撤军是"最终目标"。在这之前，美国会在"区域紧张降低的情况下逐步减少"它的驻军。这就巧妙地把从台湾撤军的速度跟越战的沉寂关联上了。

在所有谈判中，基辛格无不努力排除国务院的参与。在这项谈判中也不例外。第一天，基辛格花了一小时向周总理解释哪些美国官员可以知道会谈的哪些方面的信息。据基辛格回忆，"中方在安排会议时，把信息隔离为不同的区块，似乎我们这些对他们来说应该是很奇怪的做法，却对他们来说其实毫不陌生"。

在他与中方讨论联合公报的会谈时，基辛格一律不让国务院的专家参加。为了不让国务院的任何人了解情况，他甚至不用美方的口译，而宁愿使用中方的口译。联合公报的最后定稿是在尼克松、周恩来和中国共产党中央委员会政治局已经同意，总统一行已经启程前往上海之后才拿给国务院专家过目的。

也难怪（这是把人排除在外完全可以料到的结果），国务院开始指出公报中诸多真实与想象的缺点。基辛格后来承认，"把人排除在谈判之外，就必须付出这样的代价：他们可以随心所欲地定出乌托邦式的目标……或者他们会在鸡蛋里挑骨头"。

基辛格在他的回忆录里似乎把国务院提出的异议当成后者，根本就是在鸡蛋里挑骨头。他只字不提，国务院主要的反对意见是，公报里美国虽然提到对区域的一些其他国家的防卫承诺，但没有提到美国与台湾地区的协防条约。最后罗杰斯把这个以及其他一大堆较次要的批评意见呈到尼克松面前。

尼克松大怒，他认为这是国务院心胸狭窄，在那里瞎搅和，基辛格在一边助长总统的这种情绪。基辛格看着总统穿着内衣裤生气地在宾馆房间里踱步，满口粗言，威胁要整顿国务院。当天晚上稍后，总统打电话给人在华盛顿的约翰·米切尔，给他下达一个有些失当的命令，要他开除国务卿罗杰斯（米切尔当然知道他无须理会这个命令）。

基辛格为了解决国务院提出的问题，跑去找乔冠华开诚布公地商谈。他从来没有对罗杰斯用过开诚布公这一招。他向乔冠华解释了美国国务院的不同意见，说这是突然发生的，问乔冠华能不能做些修改。据基辛格回忆，"我提出的理由没有说服乔冠华"。中方的这位谈判专家同意讨论几个修辞上的改动，但是没有改动有关台湾的部分，那是已经在中央政治局里讨论并批准的内容。[3]

与国务院这次最新的争执的后果是，基辛格坚持要求以后的任何与中国的沟通来往函件都必须通过背后渠道发给他的办公室，完全把国务院排除在外。这个做法后来引起一些荒唐事儿。例如，尼克松送给中国的麝牛得了疥癣，于是一连串绕开国务院的秘密电报如雪片般飞来，基辛格的助理们疲于奔命地到处寻找可以防止麝牛继续掉毛的药膏。国务卿罗杰斯告诉一位助理："亨利背着我处理越南和平问题就够糟了，现在他还背着我处理得了疥癣的麝牛，这实在太过分了。"[4]

尼克松构思了向中国开放的政策，不顾官僚组织的不乐意，锲而不舍地推动这个政策。基辛格虽然一开始对此采取比较审慎的态度，但后来为这个政策制定了一个"三角"外交政策框架，并采取了虽然是一波三折但最终成功的步骤，把这个政策落实到开花结果。结果为两人带来一片美誉，但尼克松对此并不高兴。基辛格说："他耿耿于怀的是，他觉得他的功劳没有得到应有的肯定。"

在白宫，闹情绪的总统开始吵着要霍尔德曼搞个公关活动，彰显他应得的功劳。尼克松给霍尔德曼的一份有着17个段落的备忘录里详细列出了他要基辛格向他的新闻界朋友推销的他自己在外交政策上的强项。但是尼克松给了基辛格一个难题，他命令霍尔德曼不得让基辛格看到这份备忘录，而且要他假装这些"只是你自己对基辛格可能说的几个要点的看法"。尼克松在那份备忘录里说，基辛格应该不要再谈那个公报的事，"因为一般人可能已经听厌了"。后面他就（提到自己时用第三人称）列举了一些他希望基辛格能强调的内容。

> RN（尼克松）去开这些会的时候做了比历任总统更充分的准备。
>
> 他能处理任何临场出现的问题。
>
> 在原则问题上他寸步不让，事实上他在原则问题上比他的顾问更坚持，因为有时他的顾问不建议他如此。
>
> 他不吹毛求疵。
>
> 他永远盯着主要目标。
>
> 他有巧妙细腻、幽默的特质……在据理力争时却语调平静。
>
> 他在会谈中从不喝饮料。
>
> 他甚至抗拒摆到他面前的诱惑，特别当中方主人把坚果和其他美味的食物放在他面前时。

最后这一句是在讽刺基辛格，尼克松常常说，基辛格在谈判时，只要有零食在手边就会忍不住大把大把地往嘴里送。在这份冗长的备忘录里，尼克松接着向霍尔德曼解释他的"理论"，他认为"吃东西往往会让人反应不够敏锐"，然后他又以非常典型的尼克松方式补充道，他"当然不会强求别人经受这个考验"（在18年后受访时，尼克松还在谈基辛格在谈判中吃了多少花生和零食）。

霍尔德曼是个服从命令的模范军人，第二天就给基辛格写了一份备忘录，把尼克松建议的那几点当作自己的意见，基本都写在里面。基辛格后来对此写道："霍尔德曼的有些建议很到位，其他的就很离谱。"

尼克松参观明十三陵的时候，一个美国记者注意到在那里玩耍的衣着鲜艳的女孩儿好像是着意安排在那儿的，于是就发出这样的报道。在美国访问团离开北京之前的一次拍照场合，周总理提起这个事情。他以身边的美国总统难以想象的坦率说："那确实是门面功夫。贵国记者向我们指出这一点，我们也承认这是不应该的……我们不打算掩饰这一错误。"

周总理关于掩盖事实有危险这番话，尼克松没有听进去。尼克松总统回复道，那些漂亮的女孩儿很可爱，然后他批评新闻记者不可靠。这时，在华盛顿，"水管工"班组的资深成员霍华德·亨特用艾德·沃伦的假名，正在雇用大学生渗透到民主党竞选组织里。他的同伙戈登·里迪也在与约翰·米切尔和约翰·迪安会商秘密监视民主党的计划。这个计划需要花费50万美元。作为电话窃听的首个目标，他们选定了设在水门大厦的民主党总部。[5]

秘密访问莫斯科，1972年4月

尼克松在北京首脑会谈的成功，以及5月即将在莫斯科举行峰会，都没有减弱北越发起一年一度春季攻势的决心。这次共产党人于3月30日开展了越过非军事区的进攻，人们很快就看到，就像1968年的春节攻势（那时也正好赶上美国选举）一样，1972年的行动规模也相当大。

尼克松马上的反应是再一次试图用直接关联的强硬做法。他要让莫斯科,以及在较小程度上让北京,为北越的行为负责。基辛格不同意这样的做法。他后来解释称:"尼克松要跟河内以及它的后台老板对着干,我则主张在施压时要区别对待。"[6]

中国很聪明地置身在火线之外:它跟北越的关系不像苏联跟北越的关系那么牢固,而且尼克松和基辛格刚跟中国交了朋友,还甜蜜着呢,所以不想跟中国寻衅。

苏联又是另一回事。北越大部分的武器都是苏联供应的。应尼克松的要求,基辛格在4月3日在白宫与多勃雷宁大使会晤,并表示,如果河内的攻势持续,美国将取消莫斯科峰会。那个星期稍后,多勃雷宁又被召到白宫,再一次听到类似的严厉警告。

4月9日基辛格邀请多勃雷宁到白宫观看他访问北京的影片时,三角外交的微妙性完全被抛弃了。多勃雷宁继续不理会基辛格关于越南的恐吓之词,但他转告白宫,苏联将允许尼克松访问莫斯科时带上100名记者。他完全知道美国政府的优先考虑是什么。

基辛格再度加码,这次是有关暂定4月24日将在巴黎与黎德寿举行的秘密谈判。他告诉苏联大使:"阿纳托利,这次会谈必须取得具体结果,否则会有无可估计的后果。"多勃雷宁向他保证,苏联对于4月24日的会谈取得良好进展抱有希望。

多勃雷宁不理会基辛格取消峰会的所有威胁,邀请他到莫斯科敲定5月会议的计划。这在争取公平待遇的游戏中相当于基辛格到北京的秘密访问。在2月提起这个问题时,基辛格提出一个条件,他去不去莫斯科访问"取决于莫斯科是否为结束越战有所作为"。在那之后,北越大举南侵,苏联并没有采取任何行动阻止北越的攻势。但基辛格还是同意前去莫斯科。

基辛格提到他收到的访问莫斯科的邀请时,语带讽刺地说:"尼克松听到这个提议时的反应是五味杂陈。"简单地说,尼克松很不喜欢这个提议,并且在一番挣扎后终于说出他不喜欢,但是当基辛格坚持时,他却不愿跟基辛格正面冲突。尼克松在他自己的回忆录中引用了当时他在日记里的一段话："我想我今天也许对亨利太坚持我的意思，太不客气了……亨利有很多优点，但是他花太多心思在为与苏联谈判做准备。可是，当他面对事实的时候，他也知道，除非我们在越南问题上得到好的结果，否则我们不可能到莫斯科谈判。"

基辛格日后承认，满足他的自我感觉是他决定走访莫斯科的一个因素。继他与中方和北越的密谈之后，他现在有个机会可以来个连中三元。他日后写道："身居高位的官员在考虑国家利益时鲜有不掺杂虚荣心的。我访问莫斯科的决定无疑与我想有一番表现有关。"

毫无疑问，如果当初是提议由罗杰斯担任密使访问莫斯科，基辛格就会使出洪荒之力反对。现在提议由他担任特使，他就又有一次机会对罗杰斯来个攻其不备。由于罗杰斯一直以来跟他就谁来处理峰会的准备工作问题进行鏖战，这个发展更加令他甘之如饴。

基辛格才说服了满心不情愿的尼克松批准他的密访莫斯科之行，北越就宣布取消了他4月24日与黎德寿的会谈，这显示苏联并没有过度努力说服它的盟友把这次会谈进行好。当天，基辛格给苏联发出他所谓的"强烈信息"，指出"如果苏联连一次会议都没有能力促成，我很怀疑我到了莫斯科是否能就越南问题取得任何进展"。基辛格在他的回忆录中称这个照会"很有魄力"。可是在这种情况下，基辛格还是有密访莫斯科的意愿，这样的反应可谓惊人的疲软无力。

尼克松就是这么想的。他日后说："我告诉基辛格，在我们弄清楚他们到底在玩什么把戏之前，我不觉得他应该密访莫斯科。"在从白宫往行政办公大楼办公室去的路上，尼克松把坏消息告诉了基辛格。由于当时有几拨游客在附近转悠并且在看着他们，他们走到草地的另一头。尼克松回顾这件事的时候，强调他做这个决定是因为他认为"亨利以谈判专家自居有点冲昏了头"。

尼克松在他4月15日的日记里似乎对于基辛格的反应有一种冷淡的困惑："亨利显然认为这是顶级严重的危机。我严厉地告诫他，在目前这种情况下他不可以去莫斯科……我可以看出来，这给他很大的打击，因为他太想去莫斯科了，用什么办法都行。"

但局面并不是完全无法收拾的。那天下午较晚时，两人又谈了一次。尼克松悲观地预测，莫斯科峰会一定会被取消，那样美国就必须在越南问题上"向右急转弯"，那就可能意味着美国要轰炸北越并封锁其港口。尼克松说，那样做会引起政治喧嚣，所以他有义务找一位继承他位子的人。他琢磨，也许可以找洛克菲勒，或者里根，或者康纳利（如果可以说服他支持共和党）。

尼克松讲出这些悲观的考量无非是想博取情感上的支援，根据他的日记所记，他的确得到了情感上的支援："亨利两手往上一抛说，他们都不行……接着亨利激动地表示，我不应该这样想，也不要跟任何人这样说。"

基辛格深知尼克松天生无法拒绝别人的请求，所以在晚餐后他又继续锲而不舍地恳求尼克松：多勃雷宁还是很想让他到莫斯科进行一次峰会前的密谈。为了说服尼克松让他去莫斯科，他抛出一个诱饵（后来他说他明知那是完全不可能实现的事）：他在莫斯科期间，苏联有可能会说服北越派外长到莫斯科谈判。

尼克松的立场松动了。他告诉基辛格："那你就必须去。"但是，总统周围的人不久就发现，他做这个决定是心不甘情不愿的。[7]

4月19日星期三晚上，基辛格去参加乔治敦的一个晚宴。午夜左右，他的黑色凯迪拉克轿车来接他，但他没有回家，而是往安德鲁斯空军基地驶去。在差不多同一时间，一辆白宫的旅行车在乔治敦某个角落接走了多勃雷宁。基辛格已经同意带上他一起去莫斯科参加那个会谈。不幸的是，中情局预先没有得到通知，所以当中情局探员看到苏联大使半夜在一个街角被一辆车接走时，就决定尾随那部旅行车。白宫的这位司机成功地穿过停车场，开进小巷子，最终把中情局跟踪的车子甩掉了，他简直得意非凡。中情局和联邦调查局花了一天左右才搞清楚状况。

在基辛格离开前，尼克松告诫他，如果苏共总书记列昂尼德·勃列日涅夫不就越南问题给美国一个实质性的东西，他就必须"立马走人，打道回府"。尼克松担心基辛格会为了很想让峰会开成而违反他的命令。于是在基辛格的飞机还在飞往莫斯科的途中时，尼克松发了电报到机上，坚持要他到了莫斯科立刻跟苏方提越南的事，如果勃列日涅夫不同意"某种谅解"，就不要往下谈别的问题。[8]

从4月21日星期五早晨开始，基辛格参加了四天的会谈，会谈预定要持续到下一个星期一下午。他和他的助理们——哈尔·索南费尔特、温斯顿·洛德、彼得·罗德曼和约翰·内格罗蓬特——都被安排在列宁山的几处宾馆下榻，这个有围墙环绕的大院里有许多俯瞰莫斯科河的别墅。那里有游泳池让内格罗蓬特游泳，有网球场供洛德和索南费尔特打球，还有很多电影录像带，包括一部关于一个笨手笨脚的珠宝贼的很有趣的电影。基辛格是个一有机会就喜欢发出隐晦信号的人，这一次，他要发的信号就是决定跟一位苏联的安保人员打乒乓球。

罗杰斯在基辛格已经上路以后才得知基辛格的莫斯科之行。多勃雷宁的对口，美国驻莫斯科的大使雅各布·比姆，也不知道基辛格到了莫斯科。这样的羞辱当然会影响一个大使的工作效率，因为这会使驻在国认为他的上级不信任他，而就此事而言，显然上级对他的信任还不如多勃雷宁。基辛格在他的回忆录里多处赞扬那些曾经被他冷落的人，比姆就是其中之一，基辛格说："不应该那样对待他。"由于比姆被排除在外，基辛格发往华盛顿的电报就不能通过大使馆的电报室发送，而必须通过他飞机上不怎么可靠的无线电设备。

克里姆林宫的顶级美国问题专家乔治·阿尔巴托夫回忆道，勃列日涅夫非常忐忑。他是个貌似粗鲁但跟人很合得来的人，他对于外交政策完全没有感觉。在基辛格到莫斯科的一个星期前，勃列日涅夫邀请阿尔巴托夫到他在克里姆林宫外面的中央委员会大楼五楼的办公室。他们谈基辛格，整整谈了两个小时。阿尔巴托夫告诉勃列日涅夫："基辛格很有本事让人感受到他的魅力，也很有本事通过直觉知道用什么论点能够说服一个人。"

阿尔巴托夫最重要的忠告就是，要攻下基辛格的心，就必须顾及他的优越的自我感觉。阿尔巴托夫说："他很自负，你可以把这种自负善加利用。你要哄他，把他当作很特殊的人对待，不要只把他当作一位总统助理，而是当成同等地位的人。"在四天之中，勃列日涅夫一直努力这么做，不过他自始至终没能像周恩来和毛泽东那样令基辛格感到惊艳和着迷。在基辛格的印象中，他是一个粗鲁且领悟力不高的人。[9]

基辛格遵照尼克松的命令，上来就提越南问题。他警告说，由于河内的攻势，美国可能取消5月的峰会。莫斯科已经懂得这种威胁无须理会。勃列日涅夫作为答复，宣读了河内发来的电文，电文表示拒绝派出特使到莫斯科与基辛格会面，然后他得意地把这封（俄文的）电文拿给基辛格看，仿佛是以此证明他的诚心。

然后，勃列日涅夫提出苏联版的停火建议，这个建议允许所有军队留在原地不动。这个建议与先前美国的建议相似，但被基辛格拒绝了，因为它会让春季攻势中越过非军事区大举南下的新增的北越几个师的军队得以留在南方。

日后，基辛格对于他拒绝勃列日涅夫的建议提出他的理由，他认为这种建议最好是由河内自己在谈判桌上提出，然后再讨论不迟。可是河内没有这么做。如果在勃列日涅夫提出这个建议时基辛格接受了，苏联很可能不得不努力促成这样的解决方案。[10]

其后，虽然在越南问题上没有任何进展，但基辛格不顾尼克松的命令，包括星期五晚上收到的电报中的明确指示，而在星期六的会议上开始谈军控问题。关于限制反弹道导弹防御系统的问题，勃列日涅夫提议，为了打破美方互相矛盾的几个建议造成的僵局，不如允许双方各自建两个ABM防御系统基地，一个用来保护首都，另一个用来保护一个攻击性导弹基地。关于潜艇问题，他说苏联可以接受为它们的部署设置上限，但这个上限设得很高，而且还有一套允许以旧导弹"换"新导弹的复杂选项。同时，苏联同意允许限制进攻性武器的整个一揽子计划执行整整五年，而这正是美国希望的。

总的来说，这些是很重大的让步。接下来的两天，基辛格进一步与葛罗米柯探讨了这些建议。他这样做遭到来自国内的一排冷枪攻击，这使得他进一步怀疑他委托留守白宫担任后卫的艾尔·黑格的忠诚度。

在这种情况下，正面冲突似已不可避免。在列宁山上的高墙内，基辛格把自己与美国使馆隔绝开来，只能再次依靠他的飞机上不怎么可靠的无线电设备,当洛德和索南费尔特在努力起草可以让国内放心的电报文本时,他啃着指甲,来回踱步,厉声批评尼克松"愚蠢"。基辛格再情绪激动也知道不能让苏联的监听装置录到他对自己总统的谩骂,所以在骂总统的时候,他启动了所谓Babbler(胡言乱语器),即一种录音干扰器,以各种频率放出喧闹的胡言乱语,这样固然可能屏蔽窃听的企图,但那种噪声也把使用者自己逼疯了。

这时,尼克松正在戴维营与比比·瑞波佐度周末;此人恐怕和一个电子录音干扰器一样不利于安静思考。4月21日星期五,艾尔·黑格和鲍勃·霍尔德曼乘直升机到戴维营,听尼克松批评基辛格这次在外交上违抗命令的行为。尼克松通过黑格传话给基辛格,叫他在星期日晚上,而不是原计划的星期一,启程回国。

基辛格回复黑格,请他帮忙劝阻尼克松。基辛格在电报里说:"勃列日涅夫几乎不计代价地希望召开峰会。他告诉我,在任何情况下他都不会取消峰会。他发誓他事先完全不知道河内的攻势。"尼克松觉得这个说法太天真。基辛格还说,总统"必须"放手让他"坚持下去,而避免过度刺激苏联"。末了他还拜托黑格:"正确理性看待事物,我就只能靠你帮忙了。"

虽然基辛格后来被允许停留到星期一,但尼克松叮嘱他,只有在"越南问题上取得进展"时,他才可以停留到星期一。黑格说,与此同时,总统已在考虑立刻轰炸河内和海防港附近。黑格向基辛格解释尼克松的强硬态度时,引述了白宫自己的民调新结果:"你应该知道总统已收到辛德林格民意调查的结果,该调查显示自越南战事升级以来,他的民意支持度也大幅上升了。"

基辛格发回一封措辞锋利的电报给黑格,力主在他确定是否有办法让北越安排5月2日在巴黎举行新一轮密谈之前不要将轰炸行动升级。这封电报中他不加掩饰地道出了他的挫折感:

读了你的几封电文后我越发惊讶。我无法苟同华盛顿的行动依据。我不认为莫斯科直接与河内勾结……请让大家少安毋躁。我们的政策成功在即。难道非要因为急于轰炸那些反正跑不了的目标而功亏一篑吗？而且只要再等一个星期就好。"

基辛格说动了勃列日涅夫派特使带着美方的建议到河内。如果这件事情能公开宣布，那就会是外交的一大成就，也许就能够缓和尼克松的担忧。如果莫斯科公开宣布，它现在正帮美国试图解决越战问题，那么就能够孤立和恫吓到河内。此外，美国的国内舆论的支持声浪也会高涨。

这就是为什么尼克松给了基辛格那么明确的指示：基辛格在离开莫斯科时，宣布他此行的声明应该清楚表示他们讨论了越南问题。由于尼克松心中认为他允许基辛格密访莫斯科的唯一目的就是这个，他当然期待基辛格会遵从他的命令。

但是，基辛格接受访问莫斯科的邀请时并没有跟苏方讲清楚这个目的。最后葛罗米柯外长提议的案文暗示这次会议是基辛格要求的，其目的是为峰会做准备工作。虽然基辛格做了修改案文的努力，但只能做到在最后的声明中不提哪一方要求这次会晤，声明说："为了准备尼克松总统和苏联领导人5月会谈，讨论了重大国际问题，以及双边问题。"

基辛格说"重大国际问题""明显"指的是越南。但是由于讨论的"国际问题"还包括中东和柏林问题，这个含糊的措辞并没有反映出尼克松所要的内容。

总统大怒。他给基辛格发了电报，说基辛格被苏联"骗了"。尼克松在戴维营口授了一份很长的、措辞严厉的备忘录。他责备道："看起来他们让你去莫斯科的主要目的是讨论峰会，如今他们如愿以偿了，而我们的目的是在越南问题上取得一定进展，却落空了。"

基辛格先前发电报给尼克松，讲到限制战略武器问题上的进展，并向总统预言："您将会签署有史以来最重要的军控协议。"尼克松在那份备忘录里说这件事只有"一小撮行内的人"关心。最后话锋一转，他写了一两行明显言不由衷的赞扬的话，然后补上一句肯定不会让基辛格开心的话："瑞波佐在此顺便问候你。"

在回忆录中，尼克松比较低调地叙述了他与基辛格的分歧，他只是说,他很"失望"。但是在一次接受访问的过程中,他回顾当时的情况时,批评的味道就比较浓。他说:"来往的电报有的措辞尖锐。我要亨利知道,必须确保我们优先关心的问题先行得到讨论。我要他强调,越南的问题必须摆在第一位。当时我深信,在苏方想要的东西上取得进展必须和我们想要的东西上取得进展挂钩。"[11]

尽管如此,基辛格密访莫斯科被公布后,又产生新的一波赞扬基辛格的声浪。基辛格在回答他为何去莫斯科时说:"为了吃上鱼子酱,我什么都肯干,或许我还真的干了。"《纽约时报》专栏作家詹姆斯·赖斯顿通常在他的专栏里反映正宗的传统观点,他兴奋地写道:"他能完成这么微妙和危险的任务真是奇迹。"休·塞迪在《生活》杂志上列举基辛格成功的特质。他如此说:"没有任何其他人像他这样集如此多种资质于一身:一定的体力、学识、冷静以及与各种位高权重的人士融洽相处的本事。你不得不佩服他。"[12]

基辛格访问莫斯科的前一个月,艾尔·黑格摘得第二颗将星,他晋升为少将。更重要的是,他在如何对付脾气阴晴不定的基辛格方面出的主意,为他赢得了尼克松和霍尔德曼的青睐。黑格那个周末在戴维营的表现再一次证实了一直以来尼克松和霍尔德曼的感觉:基辛格有时会情绪化,失控,而黑格则显得稳重可靠;基辛格太相信谈判,而黑格更像一个硬汉;基辛格愿意做出取悦左翼的让步,而黑格知道坚持强硬立场的重要性。

尼克松在4月5日的日记里的一些话可能印证基辛格最大的忧虑。黑格在讨论越南问题时,私下表示不同意基辛格对北越轰炸应继续维持在零星水平的建议,他建议更加密集地轰炸。他还告诉尼克松,必须确保自己的政治生命。尼克松于5月一次会议后在日记里写道:"黑格强调,比越南问题下场更重要的是,我们在处理这些事务的时候必须有助于我保住我的位子。"简言之,这位新晋少将完全懂得如何讨好总统,他那手忙脚乱的殷勤劲儿,连基辛格都会替他觉得不好意思。

但这样的巴结是有成效的。这位模范军人曾经是窃听的尖兵,曾经深度参与在智利的秘密行动,又伙同霍尔德曼和米切尔"应付基辛格",

虚情假意地关心过基辛格的心理健康，现在他打造了最厉害的背后渠道：一个把秘密外交老手都蒙在鼓里的背后渠道。

在海防港布雷，1972 年 5 月

美国政府的越南政策一败涂地。河内的攻势继续向南挺进，进攻濒临溃散的南越军队。越南化政策成了泡影，西贡的军队连有秩序的撤退都做不到。尼克松和基辛格气呼呼地威胁，如果苏联在越南问题上不帮忙，美国就要取消峰会，结果证明是虚张声势。反而，两个问题之间的关联变成一种镜子现象：看来是美方对峰会更积极，而且莫斯科竟胆敢发出一项照会，警告华盛顿，美方如果面对河内的南下表现克制，5 月峰会的前景将能得到改善。

整个 4 月，尼克松做出的反应是对北越进行一系列不见成效的轰炸，包括自从 1968 年林登·约翰逊总统中止轰炸以来首次使用 B-52 轰炸机。但美军仍在继续撤离越南，尽管北越已经取消 4 月 24 日的巴黎秘密谈判，并且同一天在中央高地发动了攻击。尼克松在 4 月 26 日批准，两个月内再撤 2 万美军。这次宣布撤军是继 1 月已经下令撤离 7 万美军之后，留在南越的美军只剩 4.5 万人，他们均非战斗部队。原先承诺要根据尼克松的越南化标准——敌军减少活动，谈判取得进展，南越军事能力提高——来实施美军的撤离，如今这一言不由衷的承诺已被完全戳穿。敌军的活动达到四年以来最高峰，河内中断了谈判，而南越的军队已经溃不成军。

尼克松在宣布撤军时说："我决定，由于越南化政策已见成效，我们可以继续撤离美军。"事实上政治考量才是他的动机，这在一份他写给基辛格的"仅供亲阅"的备忘录里表露无遗。文中他表示不相信谈判解决有望。尼克松写道："重要的是，在 7 月民主党大会之前必须有某种公告……我们的公告必须要能说，全部美国作战部队都撤离了……要是不能在民主党大会前发表这样一个最后公告，我们可就麻烦大了。"[13]

5 月 1 日，广治沦陷。西德尼·尚伯格在《纽约时报》上写道："今

天，成千的南越军人仓皇逃离广治，他们像失控的暴民，沿着一号公路往南流窜。南越军队向拍摄他们逃亡景象的记者扔石头，而北越军队则向逃难的平民开火。"当基辛格在西贡的艾布拉姆斯将军那里得知这个消息后，他把消息带到了椭圆形办公室。尼克松问："他还说了什么？"

基辛格不安地清清嗓咙，然后回答："他觉得他必须向你报告，很可能，南越已经失去继续作战的意志。"

当天深夜，基辛格就要前往巴黎参加已经重新排期的与黎德寿的密谈。尼克松说，这下子，北越"他们可要趾高气扬了，所以你一定要用你的态度举止把他们的气焰压下来。不要说废话，不要客气，不要让步。我们必须让我们的苏联朋友知道，如果这是他们要我们付出的代价，我愿意放弃峰会。如果我们在越南的困境不改变，我绝不会参加峰会"。

尼克松口授了一份冗长的备忘录，让基辛格在飞往巴黎的飞机上阅读，文中重复了取消峰会的威胁。他指出："除非局势在军事上和外交上有重大改善，否则我打算取消峰会。"唯一的例外是如果"我们从苏联人那儿得到明确坚定的承诺，将在峰会上宣布联合协议，利用双方的影响力结束这场战争"。这些事最后都没有发生。至于北越，尼克松叮嘱他："你只向他们转达一个信息，要么达成协议，要么走着瞧！"[14]

后来，基辛格写道，那次与黎德寿的会谈"很艰辛"。长期钻研力量和外交之间关系的基辛格不会没有料到，当河内的军队正横扫南越之际，它是不会愿意讨论妥协或停火的。在一系列近乎厉声争吵的交谈之后，基辛格中断了会谈。在他准备离开时，黎德寿把他拉到一边，脸上挂着同谋者的诡秘微笑说："北越的前景一片大好啊。"

那个星期二晚上基辛格飞回美国后，黑格就用直升机把他从安德鲁斯空军基地接走，前去"红杉号"总统专用游艇与尼克松会合。黑格不再仅仅是基辛格的忠实副手，而是作为平等参与者受邀参与了这次水上会商，这确立了黑格的新地位。

在这艘高龄游艇的引擎轰鸣声中，他们三人围着餐厅的桌子坐下，然后商定必须做出一个重大军事反应。主要的问题是如何处理那个月稍后计划召开的莫斯科峰会，尼克松很不情愿地说："必须取消！"

基辛格以为取消峰会之议万万不可。虽然他对北越的愤怒使他更加深信，必须对它来一记军事重拳，但是他不能接受谈判的破裂和国内进一步的动荡。他尤其渴望奠定他所谓的"和平构架"的基石。苏联峰会将完成他经营了三年的对外政策新平衡。

霍尔德曼回忆说："亨利在两种意见之间左右摇摆。但是他在列举美方采取强硬行动并取消峰会的不利后果时，说得非常严重，远远超过对有利后果的陈述。"基辛格和尼克松都想找到一个方法，可以既能在北越大举进攻南越之际去莫斯科举行峰会，同时又不会被看成是任人摆布、受欺负的人。[15]

就在他们思考如何找到一个从先前的威胁下台阶的理由，以期挽救峰会时，看问题的角度出现了变化。原先赞成取消峰会的考虑是，由苏联提供的坦克在越南杀害美军的时候去克里姆林宫与苏方推杯换盏不成体统，加之，几个月来美方一直威胁称，如果越南局势不改善，美苏关系就会恶化，美国说到就得做到。突然，大家不再提这些考虑了，一个新的考虑出现，成为取消峰会的主要理由：既然尼克松已经暂定要对北越采取强硬军事行动，那么就理当马上宣布取消峰会，免得苏联抢先取消峰会。

基辛格从巴黎无功而返的那晚，在白宫的林肯客厅与尼克松会面讨论了各种军事选项。霍尔德曼也在场，他无法了解为什么基辛格笃定，如果美国攻击北越，苏方一定会取消峰会。霍尔德曼记得曾当着尼克松的面对基辛格说："亨利，你总是说，你知道苏方一定会取消峰会，但是你不可能确切知道苏方会怎么做，谁都不敢说自己真的知道。"基辛格抗议道，这是个外交政策问题，不是霍尔德曼该管的事。霍尔德曼答道："这只是单纯的逻辑问题，没有道理假装知道苏方会怎么做。"

事实上，最后证明霍尔德曼是对的。毕竟苏联一贯反对把讨论军控问题的峰会与越南问题挂钩。霍尔德曼和政治专家们比基辛格更深刻体会到的是，勃列日涅夫是个政治痞子，不是个地缘战略家，所以比较不会让越南问题搅了峰会的计划。

尼克松叫霍尔德曼和基辛格去找财政部长约翰·康纳利商量。康纳利是硬汉性格，超级自信，具有在艰苦环境中养成的政治本能，因此成为尼克松的新宠。

康纳利记得，基辛格来到康纳利在白宫对面街角的宽敞办公室，即开始对于在港口布雷的计划"搓拧着手表示焦虑"。基辛格说："也许我们不该这么做，因为如果这么做了，我们就得取消峰会。"

康纳利的硬汉本能迸发而出。他答道："那没道理啊。如果我们取消峰会，那就好像我们做错了什么事似的。"康纳利认为尼克松应该惩罚北越，对其轰炸、布雷或采取任何其他必要措施。"如果苏联人要取消峰会，那就随他们去，但是我不认为他们会取消。"

基辛格后来回顾这件事的时候表现出一种应有的，但并非真心的谦虚。他说："康纳利一张嘴，我就知道他是对的。"尼克松和基辛格只要承认他们所谓的"错误"，就可以理直气壮地做他们一直想做的事：即使苏联不理会他们一直以来对关于北越南侵的严重后果发出的警告，他们也要去莫斯科开峰会。[16]

当然还有一个问题，就是苏方会不会因为尼克松决定在越南采取的新军事行动而取消峰会。

5月4日星期四下午，基辛格与康纳利讨论几小时后，总统到行政办公大楼他的办公室去决定对于北越持续的攻势采取何种军事行动。房间里还有基辛格、霍尔德曼以及新加入核心圈子的黑格。国务卿罗杰斯和国防部长莱尔德照例被排除在外。基辛格已经在未告知莱尔德的情况下命令参谋长联席会议主席穆勒海军上将制订应变计划。

此时的尼克松已经走完他扮演巴顿将军的阶段，他现在要扮演的是麦克阿瑟将军。他在长长的办公室来回踱步，手势不断，偶尔把烟斗放到嘴里抽上一口。大家从来没见过他吸烟。根据穆勒海军上将的建议和早在1969年就已经讨论过的"钓鸭行动"选项的新版，基辛格建议在海防港和北越的一些其他港口布雷，并增加B-52轰炸机的轰炸力度，特别是在河内附近。

美国国防部和中情局都认定，在港口布雷没有多大军事意义，它不会影响北越已经开展的攻势。基辛格不同意这个意见。河内的石油大部分由海路运入，很难利用铁路运输。虽然布雷对于遏制北越的攻势直接作用不大，但会使得北越感觉此后长期作战的能力底气不足。

基辛格的幕僚们在星期六下午开会制订相关计划，国务院和国防部都没有参与。哈尔·索南费尔特预测苏方会取消峰会，约翰·霍尔德里奇预测中方会冻结两国关系，约翰·内格罗蓬特预测南越的士气会受到极大鼓舞，中情局的乔治·卡弗说陆地供应线会很快替代海上供应线。结果每个人的预测都错了。[17]

基辛格通过背后渠道送了密电给在西贡的邦克大使，告诉他这个决定。基辛格写道："说白了，我们对不彻底的行动没有兴趣。我们要向河内表明，我们真的是说到做到的。"他要求邦克提供一些可以让尼克松宣布决定时引述的统计数字，证明北越的攻势造成南越大量的平民死伤，是否符合事实并不重要。基辛格在密电里写道："没关系，就给我们估计数字即可，如果数字偏高，我们也不反对。"[18]

那个星期日，基辛格和温斯顿·洛德在戴维营与尼克松和他的两位演讲撰稿人雷·普莱斯和约翰·安德鲁斯会面。洛德惋惜地说，峰会是泡汤了，当他和基辛格讨论总统演讲稿时，他跟基辛格两人你一言我一语地讲些丧气话。基辛格说，这次不用的措辞可以用在明年的"世情咨文"里。

洛德回答说："是啊，咨文标题可能是'土崩瓦解的和平架构'。"

基辛格又补上一句："这次演讲之后，我们可以痛心地庆幸，花了三年半打造的东西被20分钟的演讲全毁了。"[19]

星期一早晨，尼克松召开了国安会会议，把已经做的决定正式化。据政治事务副国务卿乌拉尔·亚历克西斯·约翰逊说，基辛格试图摆威廉·罗杰斯一道。他明知在海防港布雷和轰炸河内的决定已经做出，基辛格还是想鼓动罗杰斯出面反对。

据约翰逊说，这个骗局开始于星期日早晨，基辛格把他叫去，告知轰炸和布雷的决定。约翰逊力陈，在海港布雷会引发许多有船停在那些港口的国家的愤慨。他还表示担心峰会因此被取消。约翰逊记得基辛格是这样回答他的：

亨利说他同意我的看法。他觉得失去峰会的概率是95∶5，可是总统认为是50∶50。他说他一直想说服总统不要布雷，还说布雷是约翰·康纳利和约翰·米切尔的点子，他没能说服总统。于是只好仰赖罗杰斯国务卿在星期一早晨在国安会上试图让总统改变主意。

约翰逊把这些话和盘托出，转告了罗杰斯，罗杰斯说他不相信基辛格说的是事实。在国安会上，国务卿的态度模棱两可。约翰逊后来说："罗杰斯直觉认为亨利只是假装反对总统的计划，结果被他猜中了。基辛格嗜好权谋诡计，也许他当时想通过策动罗杰斯反对总统已经做的决定，使总统对其进一步丧失信任。"基辛格后来否认他搞了两面手法，他说他的用意只是让罗杰斯发表己见。[20]

星期一下午，基辛格拿了下令布雷和加强轰炸的文件到尼克松的办公室请他签字。他看到霍尔德曼也在场，此人刚刚听完尼克松向他大骂基辛格是两面派。霍尔德曼事后解释，总统收到报告，说基辛格跟人说他反对这个决定。于是他们决定测试他。尼克松在一旁点头，就听霍尔德曼说他们现在有点犹豫，觉得这个军事行动对于总统的民意支持度会很不利，可能会让他竞选失败。基辛格随即维护布雷和轰炸的决定。在尼克松去如厕时，基辛格转身责备霍尔德曼到最后一刻还心怀疑点。霍尔德曼腼腆地笑了笑，仿佛说他刚才是演戏，没事儿。白宫的录音系统事发后，基辛格得到的结论是，尼克松当时就是想把他支持这个计划的话录下来，杜绝有关基辛格私下反对此计之说。

尼克松在电视转播的演讲里，宣布美国在北越的军事打击将升级，权威专家和政界人士立刻做出分析，认为在海防港布下的水雷势必"击沉"莫斯科峰会。基辛格也表示悲观，正如霍尔德曼担心的，他给朋友们一个印象，就是他怀疑总统此举是否明智。他的前助理罗杰·莫里斯在《纽约时报》舆论版的文章提到"华盛顿粗心大意地泄露传言，说基辛格最后还是反对这个决定"。《生活》杂志的休·塞迪在跟基辛格谈话后，写道："亨利·基辛格私下的信念，据我判断，并非像花岗岩一样坚硬。"

多勃雷宁大使也很沮丧，因为他也认为他在克里姆林宫的领导现在会取消峰会。但是在尼克松演讲后的第二天，基辛格给大使打电话的时候，并没有莫斯科来的消息可向他报告。基辛格在原来的关联说里又添加了一环：他告诉多勃雷宁大使，联邦德国政府已经掌握足够的票数，可以通过一直卡在德国联邦议院里的有关柏林的条约。苏联对此是非常重视的，基辛格提到这事的目的是想邀功，其实美国在迫使波恩做出这个决定的过程中并没有发挥什么作用（美国对德国联邦议院的控制力可能就像苏联对河内政治局的控制力一样大，可是双方都怀疑对方的控制力更大）。[21]

莫斯科迟迟没有做决定是因为 5 月 9 日是苏联版的欧战胜利纪念日，大家都在这一天出门欢庆上一次苏美合作的伟大胜利。乔治·阿尔巴托夫和他在第二次世界大战中炮兵团的老兵们聚在一起喝得酩酊大醉。当他在夜里 11 点晚餐后终于回到家中时，他得知勃列日涅夫和克格勃首脑尤里·安德罗波夫打电话找过他。第二天早晨 9 点将在中央委员会总部开会讨论如何因应美国的行动，他们要阿尔巴托夫出席。

据阿尔巴托夫后来回忆，到了开会的时刻，勃列日涅夫走进会议室时显得出乎意料的放松。到会的有十来人，包括葛罗米柯、安德罗波夫和国防部的代表。日后会成为苏联领导人的安德罗波夫主持讨论，就像中情局局长理查德·赫尔姆斯会主持美国国安会的讨论一样。当他请阿尔巴托夫发言时，这位美国事务专家建议不要取消峰会。他提出的理由是："取消峰会对越南没有帮助，我们主要的关切应该是德国以及我国与美国的关系。"

那天稍晚时，在政治局的多数支持之下，勃列日涅夫暂定不取消峰会。反对这个决定最激烈的是乌克兰的党领导谢列斯特。他说到尼克松："我不会握那只沾满越南人鲜血的手。"勃列日涅夫转身问政治局里另一位乌克兰成员弗拉基米尔·谢尔比茨基："你同意他吗？"他说："不同意。"勃列日涅夫转向谢列斯特："你看，同志，这是你的意见，但是你不能代表全体乌克兰人。"

但是，勃列日涅夫觉得自己的领导地位并不完全稳固，所以没有更充分的支持，他不便做决定。他让阿尔巴托夫看来自各区域的电报，大多数充满了反美的言辞。勃列日涅夫告诉他的顾问："许多人都要求取消峰会，让尼克松竞选失败，表明我们的原则立场。"所以他决定在5月19日，也就是峰会举行前三天，召开一次不寻常的中央委员会全体特别会议，批准这个决定。勃列日涅夫告诉阿尔巴托夫："我不愿意一个人背负这个责任。"

勃列日涅夫要阿尔巴托夫草拟他将向中央委员会发表的演讲。帮助拟稿的还有阿卡蒂·舍甫琴科，此人当时是外长葛罗米柯的助理，日后成为叛逃到美国的最知名的苏联外交人员。在克里姆林宫中央委员会全体特别会议召开之前，勃列日涅夫已经找到足够的支持。谢列斯特被免去乌克兰党魁的职务，其职位由谢尔比茨基接替，此人在之后那个星期尼克松抵达基辅时与尼克松握了手。

多年后，阿尔巴托夫在一次接受采访时说："基辛格以为，使我们觉得需要守护我们与美国的关系的决定性因素是中国。但实际上，柏林因素更重要，几乎可以说那是决定性因素。解决民主德国局势对我们来说是非常重要的，我们不能危害到那个问题的解决。"

在苏联中央委员会开会期间，联邦德国的联邦议会正在进行有关条约的关键性投票。阿尔巴托夫回忆："为了了解联邦德国投票的结果，勃列日涅夫宣布中央委员会暂时休会。"结果条约以一票的多数通过。"如果波恩投票是相反的结果，我确信勃列日涅夫和中央委员会就会决定取消峰会。但是事先基辛格已经叫我们放心，这次投票一定不会有问题。"[22]

多勃雷宁大使5月10日拜会基辛格时，基辛格就初次感觉到苏联会让峰会召开。多勃雷宁呈递的抗议照会措辞温和，他试图让基辛格参加一种类似密封信封的猜谜游戏，让他猜猜看到底政治局会做怎样的决定。然后他又无意间亮了底，他问总统是否已决定接见应美国商务部长彼得·彼得森之邀正在美国访问的苏联贸易部长尼古拉·帕托利切夫。基辛格表示有可能在尼克松的日程里安排进去。他补充一句说："通常都会有新闻媒体和摄影记者在场。苏方会介意吗？"多勃雷宁说不会介意。

当帕托利切夫抵达白宫时,他和总统讨论如何用不同的语言说"友谊"这个词。一位美国全国广播公司记者大声问峰会会照常举行吗,帕托利切夫如此回答:"我们对于峰会的召开从来没有任何怀疑。我不明白你为什么问这个问题,难道你有任何怀疑吗?"[23]

美国决定布雷和轰炸计划从来没有跟南越的阮文绍总统商量过,但是他听到这个消息还是喜出望外。回想起来,他唯一不满的是美国军事升级时间太短了。他在将近20年后回顾当时的情况说:"当时美国是有机会赢得战争的。如果你们一直轰炸河内,你们就会从你们的飞机上看到河内举起白旗。但是基辛格太顾虑苏联和中国,所以你们打那场战争时没有坚定决心。"[24]

与1970年5月入侵柬埔寨不同,1972年5月的军事升级没有引起民众的齐声抗议。越南化政策已经使国内反对声浪平息不少。此外,苏方决定峰会如期召开,削弱了少数高声抗议者的声量。

越南化在另一方面也经受住了考验:北越的进攻势头很快开始放缓了。到夏末,这次攻势已沦为史书上记载的又一次春季攻势而已,黎德寿又回来谈判了。前助理罗杰·莫里斯一般是批评这个政策的,他后来写道:"布雷行动至少遏止了北越势如破竹的攻势,在一定意义上赢得了时间。比封锁行动更能遏制河内的是他们在北京,当然还有在莫斯科的主子谨慎的漠不关心的态度。"

进行峰会的决定挖了关联原则的墙脚。基辛格原本认为关联说不仅仅是一项政策,也是现实的反映:只有当全世界的紧张减少了,与苏联的军控和贸易协议才能水到渠成。这其实不对。同样不对的是,以为粗暴施压能迫使苏联采取具体步骤结束越战。当苏联不肯就范时,基辛格和尼克松气呼呼表态一番后,也不再坚持以越南问题上取得进展来绑架峰会和贸易协议。

基辛格把这个结果说成是他的较微妙细致的关联政策的胜利:中国和苏联被诱入他所布置的网中,使得它们各自都为了自己的利益争相改善与美国的关系,虽然在这样做的同时,它们都背弃了北越。美国在越南海港布雷是个重大的挑衅行为，换一个环境的话，很可能引发与莫斯科的军事摊牌，特别是因为苏联有船停靠在海防港，而且还被炸。结果，在圣弗拉基米尔大厅互相以香槟敬酒之后，只听到一些微不足道的抗议。

索南费尔特后来说："我一向不同意我们能迫使苏联人积极帮助我们的这种理论。但是我当时认为我们可以构建一个框架，使得他们在这个框架里觉得，让战争逐渐结束，不那么强调与河内的团结，对苏联是有利的。我们搞成了这样一个框架。"

基辛格无比兴奋。第一次对缓和的重大测试的结果是，苏联默许了美国在越南的军事打击。在和总统启程前往莫斯科的路上，基辛格喜形于色地跟总统说："这可是最大的外交胜利之一啊！"他们的莫斯科之行将完成他们追求一个新的国际架构的目标。

如果说基辛格有什么遗憾，那就是美国没有更早些实施布雷和轰炸。他后来说，如果像"钓鸭行动"计划构想的那样，早在1969年就在港口布雷，并恢复对北越的轰炸，战争在1970年就会结束。[25]

莫斯科峰会，1972年5月

5月26日星期五午夜前，理查德·尼克松总统和苏联领导人在克里姆林宫的圣弗拉基米尔大厅会晤，签署了几项协议。这些协议标志着无约束军备竞赛时代的终结，迎来了一个军控谈判一波三折式进行的时代。总统取出一支银色的派克牌钢笔，用它签署了限制战略武器协议中最重要的一个，然后悄悄地把它插回口袋。后来他私下把那支笔送给了基辛格。香槟端出来时，总统向主人敬酒。然后他看到大厅那一头基辛格的眼神。他无言地举杯向基辛格致意，基辛格咧嘴高兴地笑着，向他回敬。[26]

除了几个军控条约，5月22日开始为期一星期的莫斯科峰会还会产生至少另外六个协议以及改善贸易关系和谷物销售的计划。一开始，《纽约时报》的马克斯·弗兰克尔在一次背景吹风会上问基辛格他是否打算"整个星期陆陆续续宣布达成的协议，还是一次性宣布一个大宗协议"。基辛格的回答是："我们的计划是陆陆续续做出大宗宣告。"

在峰会期间，尼克松、基辛格和他们的主要助理都下榻于面向红场、占地广阔的意大利风格的克里姆林宫里面的沙皇公寓。国务卿罗杰斯和国务院的其他人则被安排在5分钟距离以外的俄罗斯酒店，比较偏远，他们享有大片的办公空间，酒店整个一层楼供他们使用，大舞厅供他们工作用，但是却没有给他们什么工作。

基辛格和他的团队——为首的是索南费尔特、海兰德和洛德——使用克里姆林宫一个改装的卧室里一架钢琴作为限制战略武器协议的归档区。有关越南的文件则摆在窗台上。这个临时办公室隔壁是总统夫人帕特·尼克松的美发师丽塔·德·桑提斯的房间，她不懂电器装置，所以总是找基辛格的助理们趴在地上帮她拉电线。海兰德回忆："在那种状况下，我们的举止形态印证了基辛格对我们的看法，就是我们对待峰会态度不够严肃。"[27]

第一天下午，勃列日涅夫邀请尼克松去他那里举行公开会谈。但与跟毛主席会面不同的是，这次尼克松没有带上基辛格，而是独自前往。据乔治·阿尔巴托夫回忆："基辛格气疯了。"他来回踱步，大声要求多勃雷宁放他进去。基辛格气冲冲地说："这可能是这次峰会最重要的一次会议，我都没办法知道他在里面说些什么。"特别令他恼火的是尼克松用了基辛格自己常用的做法：尼克松只用了苏方的口译维克托·苏霍德列夫。这样，就没有基辛格可以看的美方笔记了。

苏霍德列夫去中央委员会办公室写下会谈文字记录，供苏方存档。多勃雷宁带着基辛格的请求到了那个办公室："苏霍德列夫，能给他一份吗？"请示勃列日涅夫得到许可后，苏霍德列夫照办了。

但是，这次自己被排除在外的经历并没有治好基辛格秘密行事的癖好。他请苏霍德列夫以英文提供这份文件，这样就可以避免去找美国国务院翻译。苏霍德列夫半夜到克里姆林宫，开始口授给基辛格秘书朱莉·皮诺。基辛格衬衫有一半的扣子没扣，信步走进来，以他惯常对待下属的和善态度向皮诺咆哮道，早晨7点以前他要拿到文件。然后他转向苏霍德列夫。他说："维克托，把这女孩交给你，我能放心吗？"

苏霍德列夫回答说："你给了我们这么多的工作，哪儿有工夫干别的。"[28]

越南问题虽然不在峰会的正式议程上，但在勃列日涅夫的别墅召开的一次奇怪的会议上却成为主要的议题。这个不起眼的乡村别墅位于莫斯科河边的桦树林中，离克里姆林宫开车要40分钟。有一天，在一次不那么重要的签字仪式后，勃列日涅夫突然地用一部吉尔轿车接走了尼克松，疾驰而去。基辛格、不知道发生了什么事的特勤人员，以及洛德和内格罗蓬特急忙追上去。抵达别墅时，勃列日涅夫又把尼克松带上了一艘水翼船去兜风。[29]

当大家最后都到齐了，便坐在别墅会议室的椭圆形桌子周围，开始拉拉杂杂地讨论各个问题，接着尼克松就把话题引到越南上面。突然，苏方的三位领导人——苏共总书记勃列日涅夫、部长会议主席阿列克谢·柯西金和最高苏维埃主席团主席尼古拉·波德戈尔内——接二连三开始了长篇大论的抨击。

尽管他们的语气强硬，但整个场景几乎像在演戏，仿佛苏方是在刻意留下正式记录，好向国内的强硬派和河内的盟友交代。海兰德的苏方对口后来告诉他，这都是精心设计好的，虽然波德戈尔内因为没有事先得到充分的吹风，表演得有点过火了。火药味十足的辞藻底下其实是比较温和的反应：苏方领导人绝口不提最近有一架飞机才运回国两名在美国轰炸海防港时被炸死的苏联海员的遗体。戏演完之后，勃列日涅夫在二楼餐厅准备了丰盛的筵席款待众人，大家相谈甚欢。

次日，基辛格跟苏联外长葛罗米柯就越南问题进行了更具实质性的讨论，他提到美国的立场可能调整。华盛顿先前曾建议设立一个"选举委员会"主持新的南越选举。现在基辛格做出一个微妙的让步，说这个委员会可以是由西贡政权、共产党和中立派代表共同组成的三方委员会。这样，选举委员会就有点像河内想要设立的"三方联合政府"。这是个小小的让步，但极具意义，因为它将为未来可能找到的蓄意模糊选举委员会与临时联合政府差别的解决方案铺平道路。[30]

基辛格在峰会上特别关注的一点是1000字的苏美关系"基本原则"

宣言，它将成为缓和的路线图。宣言中，双方同意放弃"损害对方、谋取单方优势的努力"，并承诺不利用区域紧张或矛盾，或在世界各地划分势力范围。

苏方官员给予这个宣言高度重视，在莫斯科的新闻报道中给予它的强调甚至多于限制战略武器协议。基辛格也视之为重大成就。但大多数美国官员，特别是总统和国务院，比较把它当作官样文章，没给它太多重视。

这样想不无道理：这个文件企图奠定一个模糊不清、无法操作的行为守则，日后终将导致不满，因为美国一看到苏联冒险主义行为的证据，就会把这一条搬出来。它并没有阻止苏联利用安哥拉的紧张局势，也没有阻止美国在中东谋取单方面的优势。事实上，放弃利用紧张局势或谋取单方优势的概念是狂热地过度推销缓和努力的一部分。斯坦利·霍夫曼后来表示："即便是一辈子的嗜酒之徒，偶尔也会试着戒酒，但大国却少有肯戒掉玩弄国际关系的习惯。"

可是基辛格还是有办法利用这个宣言，就像他利用了《上海公报》一样，耍了一招，把罗杰斯排除在外。罗杰斯压根儿不知道这份文件在酝酿之中，此举毫无道理可言。结果，就像在峰会的邀请问题上及《上海公报》上一样，基辛格不得不找对方帮忙圆谎，到最后一刻才让罗杰斯知道。他让勃列日涅夫假装说是他突然向美方提出这个文件的，这位苏联领导人立马同意了这样做。基辛格日后写道："这种把戏，勃列日涅夫是很懂的。"[31]

关联说的做法里面一个关键因素就是以与美国改善经济关系为诱饵。在峰会上没有取得任何具体成果，但已安排让商务部长彼得·彼得森7月访问苏联，讨论苏联的贸易"最惠国"待遇问题。当初尼克松找彼得森到白宫担任国际经济特别助理时就跟他说，基辛格对这个领域一无所知。有一回进行政策辩论时，基辛格曾对他说："彼得森，那只是个很次要的经济考虑。"彼得森答道："亨利，你觉得那是多余的，因为你认为每一个经济考虑都是次要的。"

其后几个月里，彼得森取得了一项协议，给予苏联最惠国贸易地位，并解决了第二次世界大战遗留的租借法案债务问题。同时，北越也突然愿意通过谈判结束战争（1975年，贸易地位协议瓦解。就在同时，越南和平的希望也破灭了。苏联人不是喜欢用那句话吗，"……并非偶然"）。

后来出现了一个经济安排，就是1972年臭名昭著的谷物协议，后人称之为粮食大劫案。经手这件事的主要是热情洋溢的美国农业部长鄂尔·巴茨，协议安排苏联用信贷方式，并以津贴价格购买大量美国剩余谷物。起初，这个安排被视为总统的一大政绩。可是购买的谷物并非当初基辛格以为的1.5亿美元的谷物，苏联正在悄悄进入谷物市场，与各个美国公司谈交易。不久后发现，苏联以津贴价格购买了价值10亿美元的数量惊人的谷物，导致那个选举年美国人的面包涨价。

基辛格说："发现我们被耍了那种感觉很不是滋味。"他声称自己并不知道苏联因严重歉收而境遇困顿。但是约瑟夫·艾尔索普在峰会时写过一篇专栏（消息来源显然是基辛格），文中曾顺便提到苏联对贸易协议的重视。艾尔索普写道："由于苏联农作物歉收，必然马上会有一笔大的谷物买卖。"

基辛格此前一直在争取取消向苏联出口的一半必须由悬挂美国旗帜的船只运送的规定。基辛格甚至还企图说服美国工会领袖同意这样的修改，但没有成功。当"粮食大劫"的严重性日益明显时，彼得森说服他不要再在这方面下功夫了。他说苏联这回捡了个大便宜，至少他们可以付给美国一些运费。[32]

1972年5月峰会的压轴内容是《第一阶段限制战略武器条约》。它包含两个主要部分：限制ABM防御系统的条约，将进攻性导弹的扩建冻结5年的"临时协议"。在无意间使得苏方以为美国可能接受光是ABM的协议之后，基辛格在1971年5月成功地把它重新与冻结进攻性武器挂钩。但是这个"突破"留下一大堆未决问题：双方各自可以拥有几个ABM基地？潜射导弹是否包括在需要冻结的进攻性武器中？冻结后，多大程度的陆基导弹现代化或升级是被允许的？

在4月密访莫斯科时，基辛格基本上解决了ABM的争议。他同意允许双方各自拥有两个ABM基地，一个用来保护各自首都，另一个用来保护一个导弹基地。这个对美国是不利的，因为美国当时没有，将来也不会有在华盛顿周围建防御系统的计划。但是在整个大局里，这不算什么大事。ABM条约是个重大成就，因为它将确保任何防御系统都不具有战略意义。任何一方现在都不能因为保护自己不受到反击而破坏威慑的稳定性。如此就遏制了一个可能花费极高、错综复杂的军备竞赛。

在4月密访时，基辛格还使得苏方同意将潜艇纳入临时协议的冻结范围，但是美方同意设置较高的上限。有待在峰会上解决的是一些玄奥的问题，例如，潜射弹道导弹如何计算，如何定义洲际弹道导弹的现代化。由于这些问题的复杂性，需要美国的谈判专家参与，但是因为基辛格缺乏耐心，自己又有虚荣心，最后决定让他们留在赫尔辛基的正式会谈中继续讨论。

结果，最后协议的细节的重要性远不如基辛格在缔结协议过程中表现的独行侠作风。他如此惊人的外交遮掩手法，激怒了许多持不同立场、有影响力的美国人，包括军备谈判专家杰拉尔德·史密斯和保罗·尼采、托马斯·穆勒和埃尔莫·朱姆沃尔特海军上将，以及亨利·杰克逊和巴里·戈德华。这为以后的限制战略武器条约的进程带来隐忧。

在洲际弹道导弹现代化问题上，争议的核心是美国想阻止苏联把它的"轻型"导弹升级为更大的导弹。这就涉及对两样东西的增加设限：导弹的大小和导弹发射井的容积。但是碰到一个问题。苏联已经在造两种新的"轻型"导弹，它们配备的MIRV多弹头要比从前的弹头大，所以苏方不肯接受对导弹大小和发射井容积的增加设置严苛的限制。

在赫尔辛基，两国代表团商定了一条模糊的规定，就是不允许发射井容积的"重大增加"，但却没有明确"重大"的定义。基辛格后来声称，美方谈判代表格里·史密斯和他的代表团试图把增加幅度定在15%或更低，并在得到苏方拒绝之后建议由美方就此做出"单边"声明。基辛格贬低它的重要性："把协议建立在一个苏方已经拒绝的单方声明上似乎是很冒险的。"但是为史密斯处理这个问题的雷蒙德·加特霍夫说基辛格错了。美方在赫尔辛基从未建议15%的定义，或单方声明。他说那个声明是根据基辛格的指示，作为备用建议而草拟的，虽然代表团反对他的这个做法。

出乎基辛格意料的是，勃列日涅夫表示只要去掉"重大"一词，这个问题就可以解决。基辛格向赫尔辛基的杰拉尔德·史密斯发去紧急电报，他说勃列日涅夫的新建议显然意味着苏联并不打算增加他们导弹的"大小"。事实上，完全不是么回事：勃列日涅夫指的不是导弹，而是发射井。

更重要的是，苏方的建议只适用于发射井的直径，因为苏方坚持加进"用国家的技术手段可观察到的"这几个字。翻译成白话，这就意味着对尺寸的限制只能通过卫星核查，卫星能测到直径，但无法测知发射井的深度。苏联只要把旧的发射井挖深一些就可以容下它正在建造的新的轻型导弹。

虽然基辛格不是专家，不熟悉这些细微的区别，但他还是继续坚持谈判这些细节时用不着让 SALT 的代表团到莫斯科来。他面对的不只是葛罗米柯，还有一位聪明的军备专家 L.V. 斯米尔诺夫。每当基辛格想在交谈中诙谐一番，此人就会发怒。苏方不再提原先勃列日涅夫好像提过的建议，现在他们说只接受发射井尺寸不做"重大改变"的提法，对于导弹的尺寸则不提。基辛格的回应是，必须将"重大"定义为 15%。

最后，葛罗米柯接受了对发射井"尺寸"的增加设置 15% 的限度。基辛格非常高兴，多年后他声称，这个结果比 SALT 谈判代表团可能接受的结果要好得多。但是加特霍夫后来指出，基辛格即便是事后写到他的胜利时也还没有了解到，原来提的"容积"已被换成"尺寸"。这就意味着，只要苏联愿意，就可以把发射井直径增加 15%，而发射井的总容积则可增加 32%。

此外，基辛格接受的折中方案完全没有限制导弹（不是发射井）尺寸的增加。他却授权发布美方对"轻型"导弹定义的单方面声明。然后在其后一个月国会吹风会上他几乎在搞欺骗，他告诉参议员亨利·杰克逊，有一条"保障条款，就是不可以用大于现在已有的最重的轻型导弹的导弹替换"。其实根本没有这样的保障条款，有的只是那份单方面声明。令人不解的是，这正是基辛格在他的回忆录里讨论到发射井时谴责为"太冒险"、无法执行的解决办法。更令人不解的是，就在几页之后，他又慨叹："我们高估了这样一个单方面声明的限制功效。"

这种言不由衷的态度伤害了SALT进程。基辛格完全清楚，苏联正在计划制造更大的"轻型"导弹；他甚至还电话截听了苏联领导人讨论这种新导弹的计划。当美国显然无法说服苏联签署中止这个计划的协议时，基辛格面临两个选择：要么签订一个接受这个事实的协议，要么用苏方已经拒绝、无法执行的单方面声明掩盖这个事实。基辛格选择了后者，这导致的后果就是，当莫斯科着手建造它的新导弹时，美国强硬派立刻齐声抗议，指责苏联"作弊"。

比这个已经够复杂的问题更深奥的问题是潜射导弹。只有在了解了它的错综复杂的细节之后，才能看清楚这个争端是多么肤浅。争论的产生是因为苏联正在研制建造这种武器，而美国没有。为了让苏方同意将潜艇纳入"冻结"的范围，基辛格提出两个之前莱尔德曾经抛出过的想法：他们可以继续建造他们的新Y级潜艇，但是为了保全冻结的概念，他们必须以销毁老的导弹为条件。

那只是简单的部分，难就难在到底可以允许苏联造多少（基辛格同意在62艘潜艇上部署950枚潜射导弹），计算现在苏联已部署或在建潜射导弹时使用什么基线（这是一个比较武断的数字，要看你相信谁的数字，以及如何定义"在建"），还有莫斯科老化的G级柴油潜艇是否应该算在基线里，或算在总数里，还是算在那些可以用来折旧替换的类别里。

总之，在所有那些被他排除在进程之外的人眼中，基辛格找到的解决办法都太慷慨了，这些人包括杰拉尔德·史密斯和埃尔莫·朱姆沃尔特海军上将。为了要使人们觉得950这个数字其实很低，基辛格特别找人研究在没有任何约束之下苏联会建造多少。假设苏联尽快加速建造，最高的预测大约会造出1150枚潜射导弹，基辛格从此就咬住这个数字不放，以此为自己的成就辩护。可是事实证明，在临时协议有效的5年时间里，苏联连950这个数字都没达到。

大多数被排除在基辛格的谈判之外的美国官员都在电报中表示这个

数字应该定得更低，这当然是意料之中的事。不过，还是得替基辛格说句公道话，他能谈出这样的协议，已经不简单了。当时美国自己并没有一个建造潜艇的积极计划，因此没有筹码。基辛格基本上让苏联人同意把他们的潜艇部署限制在他们原计划既定的数字内，而美国什么也没有放弃。

可是基辛格再一次因为他在处理某些细节上的小动作，损害了未来人们对SALT的支持。比如，苏联拿旧导弹折旧换新的潜射导弹的权利也适用于美国。但这个权利对美国而言有没有都无所谓，因为美国至少在5年内都没有建造新潜艇的计划。但是苏联要求美国提供书面保证美国不会使用折旧权，而基辛格同意了这个要求。不仅如此，他还坚持将书面保证的事保密。

在之后那个月，在杰克逊参议员的追问之下，基辛格还坚称"没有什么秘密谅解"。后来，仿佛突然想起来似的，他稍微坦诚了一些。"当然在讨论中，是有一些一般性的意向陈述。例如，我们把我在这里曾公开说过的话转告给苏方，即鉴于我国现在的建造计划，将泰坦导弹转换为潜艇的选择不一定会执行。"那份秘密的书面照会在1974年被公开。在那个时期，先后被公开的还有电话窃听事件、水门事件和瑞德福间谍网事件。虽然基辛格在国会做证时曾稍稍提及，但秘密照会的揭秘损害了他的信誉，也伤及了公众对缓和的支持。[33]

基辛格说："回过头来看，当时如果让两国代表团到莫斯科在峰会上继续他们的工作也许更好。"没让美国代表团——代表团里有杰拉尔德·史密斯、保罗·尼采和雷蒙德·加特霍夫等专家——参加峰会谈判的后果就是，谈判中产生了一些误会。还有，美方从莫斯科发加密电报到白宫战情室，再转到赫尔辛基，然后再回到莫斯科，浪费了很多时间。海兰德说："坦白说，我们去峰会时并没有为谈判细节做好充分准备。我们没有掌握充分的信息，所以有些时候，搞得一塌糊涂。"

此外，那些本来理所当然最会热诚支持SALT的人，像史密斯、加特霍夫和尼采这些多年来为之付出心血的人，最终却心生反感、士气低落。

基辛格把没有让史密斯和他的团队去莫斯科的决定归咎于尼克松希望白宫独揽谈判成功的功劳，不过他也承认他自己同意这么做"并非没有一点虚荣心作祟"，他也希望能控制最后的谈判。但是如果主要目的是让尼克松大功独揽，应该有更简单、更安全的办法。基辛格大可以向史密斯解释白宫的这个愿望，并坚持将总统的功劳置于首位。杰拉尔德·史密斯是乔治敦一位绅士律师和老派的外交家，他不是个自我膨胀的人。他后来说："如果亨利跟我说清楚尼克松的想法，我肯定乐于从命。"

从一开始，原来的计划就是要让史密斯在星期五晚上从赫尔辛基飞到莫斯科参加最后的签字仪式。星期四夜里会谈出现僵局，签字仪式推迟到星期日，史密斯被告知，在那之前先不要来莫斯科。可是星期五中午，葛罗米柯在政治局开会之后表示美方最后的修改意见已被政治局接受，当晚签字仪式可以如期举行。虽然SALT的最后文字尚未拟就，更不要说打印了，但基辛格和尼克松仍同意签字仪式如期举行。结果，在赫尔辛基的代表团根据收到的电报指示，很狼狈地、手忙脚乱地把最后文件赶了出来。

此外，史密斯、尼采和代表团的其他资深成员必须匆忙启程才赶得上签字仪式的盛会。当天下午，苏方和美方的谈判代表一行爬上一架老旧的美国螺旋桨飞机，在机上喝啤酒庆祝，由于飞机的颠簸，啤酒溅到他们准备的仿羊皮纸文件上，差一点将它们湿透了。

史密斯本来就已经神经紧绷了，不想飞抵莫斯科时又受到无礼对待，因为他发现既无接机官员，也无车辆。一部苏方的车子把他送到克里姆林宫，但是所有美方人员都去出席尼克松在美国大使官邸斯巴索大厦为勃列日涅夫举办的晚宴。史密斯然后去了使馆办公楼，在那里准备和基辛格一道举行吹风会，结果却只能在一个巷道里来回踱步，等大家从尼克松的晚宴归来。从凌晨3点钟起床到现在，一整天他就喝过那一点儿飞机上的啤酒。他回忆道："我到了苏联首都参加我努力谈判出来的SALT的签字仪式，当那些大人物享用盛宴时，我却像个在巷子里寻一口饭吃的野猫。"

此次失误并非有心,不过基辛格后来表示:"尼克松政府的行政作业常常会让一些能干的好人承受这种屈辱。"基辛格在他的回忆录里把他用于比姆、罗杰斯和其他一些人身上的一句话搬出来形容史密斯:"不该那样对待史密斯。"

联合记者吹风会一开始就不是很愉快的。史密斯被记者追问苏联到底具体有多少艘潜艇、在目前协议下能造多少艘。史密斯承认苏联有可能造很多潜艇。最后基辛格插进来,做了简短的回答,说这些数字是有争议的。

当他们离开记者吹风会前往克里姆林宫参加签字仪式时,基辛格责骂史密斯:"你是怎么回事,你想引起恐慌吗?"

由于还有许多有关SALT的问题没有答复,基辛格同意在签字仪式之后再举行一次吹风会。但是他叫人带话给史密斯,这次吹风会由他一人主持,史密斯没有被邀请。

于是史密斯回到比姆大使官邸,两位绅士外交官整晚饮酒,听音乐,发泄他们对基辛格的不满。就是这样的夜晚拟就了基辛格的长长的建制系统内的敌人名单。

与此同时,基辛格到了红场旁的因图瑞斯特酒店的星光天空夜总会,在那里他像一个波希特带的谐星,拿着麦克风,成为台上主角。这天是他49岁生日,在这凌晨时刻,他给记者讲笑话,说哲理,做出详细的解释,对于SALT I具体内容则有些闪烁其词。他强调的一点是,冻结给苏联设置了一些限制,但是对美国没有任何限制,因为美国在协议有效的5年中没有可以部署的武器计划。

当被问及美国如何确定苏联的哪些潜艇是"在建"潜艇时,基辛格俏皮地说:"噢,政府机构里已经有最好的脑子[故意停顿一下]——当然这也不说明什么[笑声]——在处理这个问题了。"当一位记者问有多少美国潜艇将会用MIRV升级时,他说:"我知道这个数字,但我不知道是不是机密。"

另一位记者说:"不是机密。"

基辛格问他:"那你说是什么数字?"

"你们部署了 8 艘。"

"但是你不知道我们将改装的有几艘。"

记者说:"你们将改装 31 艘。"说完,全场大笑。

基辛格说:"你是我的前幕僚吗?我还以为我所有的前幕僚都已加入各竞选人的团队了呢。"全场爆发更大的笑声。[34]

对 SALT 最严厉的批评是,它在处理进攻性导弹发射器问题时使用了"冻结"概念。这种观念不要求平等,它允许苏联锁定其自从 1962 年古巴导弹危机以来取得的数字上的优势(当时苏联在核导弹的数字和大小方面领先美国,但在轰炸机和其他领域并没有领先)。在峰会期间,参谋长联席会议已经开始提出异议,朱姆沃尔特海军上将说,这些数字"太糟糕了"。

在华盛顿的黑格转达了这些关切。在给基辛格的电报里,他表明自己也有同样的关切。可是他没有告诉基辛格,他在华盛顿正积极说 SALT 的坏话。在签字当日,黑格跟不久将出任国防部长,也是基辛格的强硬派对手的詹姆斯·施莱辛格说:"这是国耻日。"

但正如基辛格指出的,一定形式的冻结对美国是有利的,或者说在当时情况下那是能争取到的最佳结果,因为"至少 5 年里美国没有可以生产新导弹的计划"。与此同时,尼克松政府正在推动两项重要的研发面向未来导弹的计划:潜射三叉戟导弹,路基民兵-3 洲际弹道导弹。

当他收到参谋长联席会议和黑格的反对意见时,基辛格觉得有必要把这些意见告诉尼克松。他到时,发现总统正赤裸裸地趴在沙皇公寓的接待厅的按摩台上,由他的私人医生为他做背部按摩。基辛格后来说:"赤条条地趴在按摩台上的尼克松做了他总统任期里最有魄力的决定之一。"其要旨就是,基辛格不需要顾虑华盛顿那边的疑虑,只要努力争取协议就行了。

之后,基辛格给黑格发了一封措辞尖锐的电报,告诉他,他的工作是争取大家的支持,而不仅仅是转达关切。[35]

对基辛格的做法有一项批评,当时没怎么提,但日后证明是对的。这些协议冻结了导弹发射器的数字,却允许"现代化"和"替换"。这就允许——事实上是鼓励——迅速在每一枚导弹上部署分导式多弹头。在里根总统的年代,困扰美国的不稳定和"脆弱性"问题,部分就来自美国早先的决定是鼓励了分导式多弹头,而不是禁止它们。

海兰德说:"MIRV的迅猛发展特别具有毁灭性,也最令人气馁。"到20世纪80年代,美国的弹头已从签订协议时的1700枚增加到10000枚,苏联也增加到同样的水平。海兰德补充道:"所以,第一个战略武器协议反而导致战略武器的剧增。"

但是与莫斯科开展工作关系还是一项巨大的、历史性的成就,特别是在与北京打造了新关系的同时能够办到这一点,确属高招。从大局来看,尽管在一小撮老旧的G级柴油潜艇的计算规则上存在争议,尽管伤了几位海军上将和处理军控问题的大员的自尊,尽管SALT对世界的核武库没有多大影响,但这次的成就还是不容小觑的。

在尼克松给国会的报告中,基辛格和温斯顿·洛德写进一句话,不但迎合了尼克松对于豪言壮语的偏爱,而且还符合事实:"有史以来第一次,因意识形态迥异、政治上竞争而彼此之间存在严重分歧的两个敌对国家,能够同意限制与其存亡攸关的军备。"这两个敌对国家的核竞赛使得世界濒临毁灭持续了一代人的时间,如今它们决定在一个基于现实主义而不是情绪的新关系中成为伙伴。无论在纸面上SALT的影响有多单薄,它都代表了核时代最重要的洞见:肆无忌惮的军备竞赛是徒然、昂贵并且危险的。

此外,这次峰会的整个精神使得自从1945年以来一直驱动美苏两国外交政策的意识形态之争显得不那么具有现实意义了。每天晚间,在电视上报道了签字仪式、互相敬酒、芭蕾舞表演和宴会之后,美国的新闻广播结束时都会打出泛光灯照明的美国国旗在克里姆林宫的红褐色外墙上方高高飘扬的情景,它象征着美国总统第一次来到莫斯科。虽然显得有点不调和,但这情景,继仅仅三个月前从北京播出类似的一幕幕之后,还是挺令人激动的。这样就展开了后来在短暂的一段时间被称为"缓和"的时代。在此期间,华盛顿和莫斯科通过追求共同利益,和偶尔展现友谊的方式,缓和了它们的全球竞争。

Détente（缓和）这个法文词，指的是绷紧的绳索的放松，在俄文里翻译为 razryadka，意思是紧张状态的松弛。古巴导弹危机之后，约翰·肯尼迪在 1962 年 10 月给赫鲁晓夫的信函里用过这个词——"我们愿意讨论关系到北约和华沙条约组织的一种缓和"——在那年晚些时候他在缅因大学的一次演讲中也用了这个词。基辛格在 1968 年 11 月尼克松雇用他之后的那个星期，在向外交人员协会演讲时，第一次公开使用了这个词。他说："北约还没有为缓和政策装备好自己。"当他在莫斯科的背景吹风会上使用这个词时，新闻界接过来，把它普及了。

在 1972 年 5 月的莫斯科峰会后，峰会成为美苏事务上常用的手段，它可以发挥微妙的克制作用，使两国关系不至于失控。SALT 进程发挥了重要的象征性作用：它变成检测两国关系状况的晴雨表。

战略武器不是造成美国和苏联竞争的原因，但是它不同于更根本性的问题——例如，一个政府如何对待自己的人民，它干预区域危机的程度，它是否企图把自己的意志强加于其他国家——核弹头是有形的、可数的、可互换的资产，比基本原则更容易在交易中加以处理。它们提供了一个方便的（虽然有时比较复杂的）通行货币，可用来为无休止的谈判提供便利。[36]

在莫斯科的盛事成功结束后，基辛格的全球超级巨星的地位更加巩固了，他是媒体时代的明星外交官，而且到目前为止是唯一一位。公众对他的崇拜程度从《芝加哥太阳报》彼得·利萨戈（此人是很有主见的华盛顿老手，并非基辛格的密友）在峰会后所撰写的一篇报道的引言里便可见一斑：

> 亨利·基辛格已经不再只是一个非凡人物，他已成为传奇。我是不轻易用这个词的……他是一个颇富造诣的全球大都会人，儒雅而不招摇，以自我为中心，但没有自鸣得意。他以女士的宠儿闻名，这无疑令无数矮胖、猫头鹰眼、体重超标的中年单身汉略感安慰。

在回国的路上，尼克松和基辛格在伊朗停留，为美国在该地区的代理人——伊朗国王撑腰。基辛格在伊朗对自己的新明星地位颇为陶醉，他去了一家夜总会，让那儿一位叫纳迪亚的肚皮舞娘坐到他的大腿上拍照。别人问他们都谈了些什么，他说："她是个可爱的女孩，对外交政策很感兴趣。我花了些时间解释如何把配备潜射导弹的 G 级潜艇改装为 Y 级潜艇。我要使千千万万像纳迪亚这样的人能生活在一个安全的世界里。"

那张照片上了《华盛顿邮报》和其他一些报纸的头版，尼克松在华沙受到 30 万波兰人热烈欢迎的新闻却登在内页。霍尔德曼非常不悦。他在回程的飞机上愤怒地说："够了，太过分了！如此抢总统的风头太说不过去了。"

同行的其他一些同事则很兴奋。萨菲尔说："亨利，这个星期很精彩呀。总统的下一个加演节目会是什么呢？"

基辛格不假思索地回答："实现越南和平。"[37]